U0142999

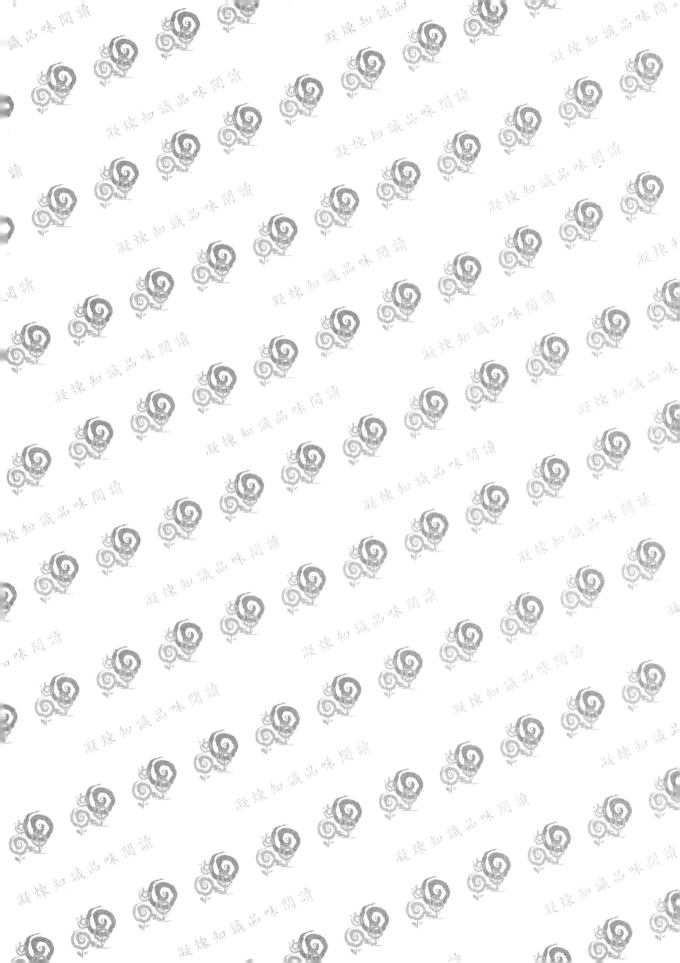

研究&方法

SIMPLIS 結構方程模式 的應用

Structural Equation ModelingThe Application of SIMPLIS（第三版）

吳明隆 著

五南圖書出版公司 印行

　　早期提到結構方程模式的分析，若要使用到 LISREL 統計軟體，多數研究生寧願以其它多變量統計分析方法，來取代結構方程模式的分析。究其原因，是因為早期 DOS 版本的 LISREL 語法指令太過艱深、繁複、不好學，也不好應用，使得很多研究生望而卻步。但自從視窗版的 LISREL8.0 之後的版本，增列了 SIMPLE LISREL 功能；簡稱「SIMPLIS」，大大改善了使用者對使用 LISREL 的觀感，因為「SIMPLIS」（簡易 LISREL）是以「使用者界面」為出發點，其語法程式為一般通俗語法，以日常英文生活的語句來撰寫程式，不用背複繁複語法指令，尤其是不懂數學矩陣符號的使用者也可以使用，這就是為什麼「SIMPLIS」受到多數使用者喜愛的原因。

　　本書的系統結構，完全呼應了上述的論點，全書的內容以「SIMPLIS 的應用」為主，從結構方程模式的認識與概念釐清、模式適配度的內涵與評估、「SIMPLIS」的語法介紹與操作說明、實例應用與報表解析等，均有完整介紹。在實例應用方面，包括初階驗證因素分析、高階驗證因素分析、觀察變項的路徑分析、潛在變項的路徑分析、完整結構方程模式、可逆結構模式與等化限制模式、多群體樣本分析等，這些均是研究者在使用結構方程模式分析時，最常使用到的假設模型。

　　由於本書是以實務及使用者界面為導向，對於初次接觸結構方程模式的研究生或使用者，相信在實質上會有不少助益，綜括本書內容有三大特色：一為系統而有條理，前後相互連貫；二為實務應用取向，詳細的範例語法介紹與報表解析；三為配合各種輸出模式圖，使讀者對輸出結果有更深入認識。本書不僅可作為結構方程模式的參考用書，更可作為論文寫作量化研究從事 SEM 分析的工具書。

　　以 SIMPLIS 語法進行各種 SEM 模式檢定，除了可以使用觀察變項的相關矩陣或共變數矩陣外，最好直接使用單變量或多變量統計分析時之原始資料檔（常見為 SPSS 資料檔或 EXCEL 資料檔），LISREL 模組中可將 SPSS 統計分析之原始資料檔直接匯入轉為 PRELIS 資料檔，以 PRELIS 資料檔進行 SEM 模式檢定更具有彈性，也較為方便；此外，若研究者能配合使用 SIMPLIS 專案（Project），則

建立的 SIMPLIS 語法更為簡易，研究者只需設定測量模式及結構模式，或設定參數限制條件即可。對於如何讀取 SPSS 原始資料檔、如何完整設定 SIMPLIS Project 語法、如何使用畫圖法，及如何解讀報表與進行合理模式的修正，是本書增訂的重要內容。

　　本書得以順利出版，首先要感謝五南圖書公司的鼎力支持與協助，尤其是張毓芬副總編輯與吳靜芳編輯的聯繫與行政支援，其次是感謝恩師高雄師範大學教育學系傅粹馨教授、長榮大學師資培育中心謝季宏副教授在統計方法的啟迪與教誨。由於筆者所學有限，拙作著述雖經校對再三，謬誤或疏漏之處在所難免，尚祈各方先進及學者專家不吝指正。

吳 明 隆

謹誌於　國立高雄師範大學師培中心

民國 98 年 08 月

目　錄

第 1 章
結構方程模式的基本
概念

Structural
Equation
Modeling

　　結構方程模式一詞與「LISREL」統計應用軟體密不可分，「LISREL」是線性結構關係（LInear Structural RELationships）的縮寫，就技術層面而言，「LISREL」是由統計學者 Karl G. Joreskog 與 Dag Sorbom 二人結合矩陣模式的分析技巧，用以處理共變數結構分析的一套電腦程式。由於這個程式與共變數結構模型（covariance structure models）十分近似，所以之後學者便將共變數結構模型稱之為 LISREL 模型。共變數結構模型使用非常廣泛，包括經濟、行銷、心理及社會學，它們被應用於在探討問卷調查或實驗性的資料，包括橫向式的研究及縱貫式的研究設計。共變數結構分析是一種多變量統計技巧，在許多多變量統計的書籍中，均納入結構方程模型的理論與實務於其書中。此種共變數結構分析結合了（驗證性）因素分析與經濟計量模式的技巧，用於分析潛在變項（latent variables）（無法觀察變項或理論變項）間的假設關係，上述潛在變項可被顯性指標（manifest indicators）（觀察指標或實證指標）所測量。一個完整的共變數結構模型包含二個次模型：測量模型（measurement model）與結構模型（structural model），測量模型描述的是潛在變項如何被相對應的顯性指標所測量或概念化（operationalized）；而結構模型指的是潛在變項之間的關係，及模型中其他變項無法解釋的變異量部分。共變數結構分析本質上是一種驗證式的模型分析，它試圖利用研究者所搜集的實證資料來確認假設的潛在變項間的關係，與潛在變項與顯性指標的一致性程度，此種驗證或考驗就是在比較研究者所提的假設模型隱含的共變數矩陣與實際搜集資料導出的共變數矩陣之間的差異。此種分析的型態是利用到共變數矩陣來進行模型的統合分析，而非使用輸入之個別的觀察值進行獨立式的分析，共變數結構模型是一種漸進式的方法學，與其他推論統計有很大的差別（*Diamantopoulos & Siguaw, 2000*）。由於 LISREL 能夠同時處理顯性指標（觀察變項）與潛在變項的問題，進行個別參數的估計、顯著性檢定與整體假設模型契合度的考驗，加上其視窗版人性化操作界面，使得其應用普及率愈來愈高，LISREL 一詞逐漸與結構方程模式劃上等號。

　　結構方程模式（structural equation modeling；簡稱 SEM），有學者也把它稱為「潛在變項模式」（latent variable models；簡稱 LVM）（*Moustaki et al., 2004*）。結構方程模式早期稱為「線性結構關係模式」（linear structural relationship model）、「共變數結構分析」（covariance structure analysis）、「潛在變數分析」（latent variable analysis）、「驗證性因素分析」（confirmatory factor analysis）、「簡單的 LISREL 分析」（*Hair et al., 1998*）。通常結構方程模式被歸類於高等統計學範疇中，

屬於「多變量統計」（multivariate statistics）的一環，它整合了「因素分析」（factor analysis）與「路徑分析」（path analysis）二種統計方法，同時檢定模式中包含了顯性變項、潛在變項、干擾或誤差變項（disturbance variables/error variables）間的關係，進而獲得自變項對依變項影響的直接效果（direct effects）、間接效果（indirect effects）或總效果（total effects）。

1.1 結構方程模式的特性

SEM 或 LVM 是一個結構方程式的體系，其方程式中包含隨機變項（random variables）、結構參數（structural parameters）、以及有時亦包含非隨機變項（non-random variables）。隨機變項包含三種類型：觀察變項（observed variables）、潛在變項（latent variables）、以及干擾／誤差變項（disturbance/error variables），因而學者 Bollen 與 Long（1993）明確指出：「SEM 是經濟計量、社會計量與心理計量被發展過程的合成物」，其二者認為：SEM 大受吸引的關鍵來自於它們本身的普及性，就像在經濟計量中，SEM 可允許同時考量到許多內衍變項（endogenous variables）的方程式，不像大多數的經濟計量方法，SEM 也允許外衍變項（exogenous variables）與內衍變項之測量誤差或殘差項的存在。就如在心理計量以及相關性的社會計量中被發展出來的因素分析（factor analysis），SEM 允許多數潛在變項指標存在，並且可評估其信度與效度。除此之外，SEM 比傳統的因素分析結構給予更多普遍性的測量模式，並且能夠使研究者專一的規劃出潛在變項之間的關係（此關係在 SEM 分析中，稱為結構模式）（周子敬，民 95）。

傳統上，使用探索性因素分析可以求得測驗量表所包含的共同特質或抽象構念，但此種建立建構效度的因素分析有以下的限制：1. 測驗的個別項目只能被分配至一個共同因素，並只有一個因素負荷量，如果一個測驗題項與二個或二個以上的因素構念間有關，因素分析就無法處理；2. 共同因素與共同因素之間的關係必須是全有（多因素斜交）或全無（多因素直交），即共同因素間不是完全沒有關係就是完全相關；3. 因素分析假定測驗題項與測驗題項之間的誤差是沒有相關的，但事實，在行為及社會科學領域中，許多測驗的題項與題項之間的誤差來源是相似的，也就是測驗題項間的誤差間具有共變關係。相對於以上因素分析的這些問題，採用結構方程模式就具有以下優點（黃芳銘，民 93）：

1. 可檢定個別測驗題項的測量誤差，並且將測量誤差從題項的變異量中抽離出來，使得因素負荷量具有較高的精確度。

2. 研究者可根據相關理論文獻或經驗法則，預先決定個別測驗題項是屬於哪個共同因素，或置於哪幾個共同因素中，亦即，在測驗量表中的每個題項可以同時分屬於不同的共同因素，並可設定一個固定的因素負荷量，或將數個題項的因素負荷量設定為相等。

3. 可根據相關理論文獻或經驗法則，設定某些共同因素之間是具有相關，還是不具有相關存在，甚至於將這些共同因素間的相關設定相等的關係。

4. 可對整體共同因素的模式進行統計上的評估，以瞭解理論所建構的共同因素模式與研究者實際取樣蒐集的資料間是否契合，即可以進行整個假設模式適配度的考驗。故結構方程模式可說是一種「理論模式檢定」（theory-testing）的統計方法。

結構方程模式有時也以「共變結構分析」（covariance structure analysis）或「共變結構模式」（covariance structure modeling）等名詞出現，不論是使用何種名詞，結構方程模式具有以下幾個特性（邱皓政，民 94）：

■ SEM 具有理論先驗性

SEM 分析的一個特性，是其假設因果模式必須建立在一定的理論上，因而 SEM 是一種用以檢證某一理論模式或假設模式適切性與否的統計技術，所以 SEM 被視為一種「驗證性」（confirmatory）而非「探索性」（exploratory）的統計方法。

■ SEM 可同時處理測量與分析問題

相對於傳統的統計方法，SEM 是種可以將「測量」（measurement）與「分析」（analysis）整合為一的計量研究技術，它可以同時估計模式中的測量指標、潛在變項，不僅可以估計測量過程中指標變項的測量誤差，也可以評估測量的信度與效度。SEM 模型的分析又稱潛在變項模式，在社會科學領域中主要在分析觀察變項（observed variables）間彼此的複雜關係，潛在變項是個無法直接測量的構念，如智力、動機、信念、滿足與壓力等，這些無法觀察到的構念可以藉由一組觀察變項（或稱指標）來加以測量，方法學中的測量指標包括間斷、連續及類

別指標，因素分析模型就是一種具連續量尺指標之潛在變項模式的特殊案例（*Moustaki et al., 2004*）。

SEM 關注於共變數的運用

SEM 分析的核心概念是變項的「共變數」（covariance）。在 SEM 分析中，共變數二種功能：一是利用變項間的共變數矩陣，觀察出多個連續變項間的關聯情形，此為 SEM 的描述性功能；二是可以反應出理論模式所導出的共變數與實際蒐集資料的共變數間的差異，此為驗證性功能。

所謂共變數（covariance）就是二個變項間的線性關係，如果變項間有正向的線性關聯，則其共變數為正數；相反的，若是變項間的線性關聯為反向關係，則其共變數為負數。如果二個變項間不具線性關係（linear relationship），則二者間的共變數為 0，共變數的數值介於 $-\infty$ 至 $+\infty$ 之間。共變數的定義如下：

$$\text{母群體資料：COV}(X, Y) = \Sigma(X_i - \mu_X)(Y_i - \mu_Y) \div N$$
$$\text{樣本資料：COV}(X, Y) = \Sigma(X_i - \overline{X})(Y_i - \overline{Y}) \div (N - 1)$$

在 SEM 模型分析中，樣本的變異數共變數矩陣（variance-covariance matrix）簡稱為共變數矩陣（covariance matrix）。共變數矩陣中對角線為變異數，此數值即變項與它自己間的共變數，對角線外的數值為共變數矩陣，如觀察資料獲得的 S 矩陣中，有二個變項 X 與 Y，則其樣本共變數矩陣如下：

$$S = \begin{pmatrix} \text{COV}(X, X) & \text{COV}(Y, X) \\ \text{COV}(X, Y) & \text{COV}(Y, Y) \end{pmatrix}$$

由於 $\text{COV}(X, X) = \text{VAR}(X)$；$\text{COV}(Y, Y) = \text{VAR}(Y)$；$\text{COV}(X, Y) = \text{COV}(Y, X)$，所以上述樣本共變數矩陣也可以以下列表示：

$$S = \begin{pmatrix} \text{VAR}(X) & \\ \text{COV}(X, Y) & \text{VAR}(Y) \end{pmatrix}$$

而二個變項的共變數是二個變項之交叉乘積除以樣本數減一，其定義公式改為變項間交叉乘積（CP），其公式如下：

$$\text{COV}(X, Y) = \Sigma(X - \overline{X})(Y - \overline{Y})/(N - 1) = \text{CP}_{xy}/(N - 1)$$

在 LISREL 模式估計中，會用到母群體或樣本的共變數矩陣，所以變項間的共變數矩陣，在 SEM 模型的分析中是非常重要的資料。共變數與積差相關係數有以下關係存在：二個變項的共變數等於二個變項間的相關係數乘以二個變項的標準差，因而從變項的標準差與相關係數，可以求出二個變項間的共變數。在 SEM 模型的分析中，研究者可以直接鍵入觀察變項間的共變數矩陣，也可以輸入觀察變項間的相關係數矩陣，並陳列變項的標準差，此外，也可以以原始資料作為分析的資料檔，若是鍵入原始資料檔或相關係數矩陣，LISREL 會求出變項間的共變數矩陣，再加以估計。

$$r_{xy} = \Sigma(X - \overline{X})(Y - \overline{Y})/(N - 1)S_x S_y$$
$$= CP_{xy}/(N - 1)S_x S_y = [CP_{xy} \div (N - 1)]/S_x S_y = COV(X, Y)/S_x S_y$$
$$COV(X, Y) = r_{xy}S_x S_y$$

正由於二個變項間的共變數與相關係數呈現正向關係，因而 SEM 模型分析中，若是設定二個測量指標變項誤差間有共變關係，即是將這二個測量誤差值設定為有相關。如果二個變項均為標準化（如 z 分數，平均數為 0、標準差等於 1），此時 X 變項與 Y 變項的共變數就等於二者的積差相關係數，其為二個變項的標準差均為 1：

COV（標準化 X，標準化 Y）= $COV(X, Y)/S_x S_y = r_{xy}$，$r_{xy}$ 類似二個變項間的相關係數，其值介於 -1 至 $+1$ 之間。

▓ SEM 適用於大樣本的統計分析

與其他統計技術一樣，SEM 必適用於大樣本的分析，取樣樣本數愈多，則 SEM 統計分析的穩定性與各種指標的適用性也較佳。一般而言，大於 200 以上的樣本，才可以稱得上是一個中型的樣本，若要追求穩定的 SEM 分析結果，受試樣本數最好在 200 以上。

在 SEM 分析中，到底要取樣多少位樣本最為適當？對於此一論點，有些學者採用相關統計的「首要規則」（rules of thumb），亦即，每一個觀察變項至少要十個樣本，或二十個樣本，對 SEM 分析而言，樣本數愈大愈好，這與一般推論統計的原理相同，但是在 SEM 適配度考驗中的絕對適配度指數 χ^2 值受到樣本數的影響很大，當研究者使用愈多的受試樣本時，χ^2 容易達到顯著水準（p <

.05），表示模式被拒絕的機會也擴增，假設模式與實際資料愈不契合的機會愈大。因而，要在樣本數與整體模式適配度上取得平衡是相當不容易的，學者 Schumacker 與 Lomax（1996）的觀點或許可作為研究者參考，其二人研究發現，大部分的SEM研究，其樣本數多介於 200 至 500 之間，在行為及社會科學研究領域中，當然某些研究取樣的樣本數會少於 200 或多於 500，此時採用學者 Bentler 與Chou（1987）的建議也是研究者可採納的，其二人認為研究的變項符合常態或橢圓的分配情形，每個觀察變項 5 個樣本就足夠了，如果是其他的分配，則每個變項最好有 10 個樣本以上（黃芳銘，民 93）。在完整的結構方程模式分析中，若是有 15 個觀察變項或測量指標，則研究樣本數應有 75 位，較佳的研究樣本數應有 150 位以上。Kling（1998）研究發現，在 SEM 模型分析中，若是樣本數低於 100，則參數估計結果是不可靠的。Rigdon（2005）認為SEM模型分析，樣本數至少應在 150 位以上，若是樣本數在 150 位以下，模型估計是不穩定，除非變項間變異共變數矩陣係數非常理想，其認為觀察變項數若是超過 10 個以上，而樣本大小低於 200 時，代表模型參數估計是不穩定的，且模式的統計考驗力（power）會很低。

　　學者 Baldwin（1989）研究指出在下列四種情境下，從事 SEM 模型分析，需要大樣本：模型中使用較多的測量或觀察變項時、模型複雜有更多的參數需要被估計時、估計方法需符合更多參數估計理論時（如採用非對稱自由分配法－ADF 法）時、研究者想要進一步執行模式敘列搜索時，此時的樣本數最好在 200 以上。Lomax（1989, p.189）與 Loehlin（1992）認為在 SEM 模型分析中，樣本數如未達 200 以上，最少也應有 100 位。Mueller（1997）認為單純的 SEM 分析，其樣本大小標準至少在 100 以上，200 以上更佳，如果從模型觀察變項數來分析樣本人數，則樣本數與觀察變項數的比例至少為 10:1 至 15:1 間（Thompson, 2000）。

SEM 包含了許多不同的統計技術

　　在 SEM 分析中，雖然是以變項的共變關係為主要核心內容，但由於 SEM 模式往往牽涉到大量變項的分析，因此常借用一般線性模式分析技術來整合模式中的變項，許多學者常將 SEM 也納入多變量分析之中。SEM 是一種呈現客觀狀態的數學模式，主要用來檢定有關觀察變項與潛在變項之間的假設關係，它融合了因素分析（factor analysis）與路徑分析（path analysis）兩種統計技術。Bollen 與

Long（1993）指出：SEM可允許同時考慮許多內衍變項、外衍變項與內衍變項的測量誤差，及潛在變項的指標變項，可評估變項的信度、效度與誤差值，整體模型的干擾因素等（周子敬，民95）。

SEM 重視多重統計指標的運用

　　SEM 所處理的是整體模式契合度的程度，關注的整體模式的比較，因而模式參考的指標是多元的，研究者必須參考多種不同指標，才能對模式的適配度作一整體的判別，對於個別估計參數顯著性與否並不是 SEM 分析的重點。在整體模式適配度的考驗上，就是要檢定母群體的共變數矩陣（Σ矩陣），與假設模型代表的函數，即假設模型隱含的變項間的共變數矩陣（Σ(θ)矩陣），二者間的差異程度，其虛無假設為：Σ矩陣＝Σ(θ)矩陣。然而在實際情境中，我們無法得知母群體的變異數與共變數，或根據母群導出的參數（θ），因而只能依據樣本資料導出的參數估計值（$\hat{\theta}$）代替母群導出的參數（θ），根據樣本適配假設模式導出的變異數與共變數矩陣為 $\hat{\Sigma}=\Sigma(\hat{\theta})$，$\hat{\Sigma}$ 矩陣為假設模型隱含的共變數矩陣，而實際樣本資料導出的共變數矩陣為 S 矩陣（代替母群體的Σ矩陣）。LISREL 模式適配度的檢定即在考驗樣本資料的 S 矩陣與假設模型隱含的共變數矩陣 $\hat{\Sigma}$ 矩陣之間的差異，完美的適配狀態是 S 矩陣－$\hat{\Sigma}$ 矩陣的差異值為0，二者差異的數值愈小，模式適配情形愈佳，二個矩陣元素的差異值即為「殘差矩陣」（residual matrix），殘差矩陣元素均為0，表示假設模型與觀察資料間達到完美的契合，此種情境，在行為及社會科學領域中達成的機率值很低（*Diamantopoulos & Siguaw, 2000*）。

　　近年來 SEM 所以受到許多研究者的青睞，主要有三個原因（*Kelloway, 1996*；*Kelloway, 1998*；周子敬，民95）：

1. 行為及社會科學領域感興趣的是測量及測量方法，並以測量所得數據來代替構面（construct）。SEM 模式之中的一種型態是直接反應研究者所選擇構面的測量指標的有效性如何。SEM採用的驗證性因素分析（confirmatory factor analysis；CFA法），比起較為傳統分析之探索性因素分析（exploratory factor analysis；EFA法）來顯得更有意義、周詳。EFA法多數由直覺及非正式法則所引導，SEM模式中的因素分析則奠基於傳統的假設檢定上，其中也考量因素分析模式的整體品質，以及構成模式的特別參數（如因素負荷

量）。SEM方法中最常用到的是一種方式是執行驗證性因素分析來評估因素構念與其指標變項間的密切關係程度。

2. 除了測量問題之外，行為及社會科學領域學者主要關注的是「預測」的問題。隨著時代進步，行為及社會科學領域中所發生的事物越來越複雜，相對地預測模式也會越演變為更複雜些。使得傳統的複迴歸統計無法周延解釋這複雜的實體世界，而 SEM 允許精緻確認及檢測複雜的路徑模式，可以同時進行多個變項的關係探討、預測及進行變項間因果模式的路徑分析。

3. SEM 可同時考量測量及預測獨特的分析，特別稱為「潛在變項模式」（latent variable models），這種 SEM 分析型態提供一種彈性及有效度的方法，可以同時評估測量品質及檢測構念（潛在變項）間的預測關係，亦即 SEM 可同時處理傳統 CFA 及路徑分析的問題，這種 SEM 的分析型態允許研究者對於他們所探討的主題中，能比較可信地將理論架構反映其真實世界，因而 SEM 可以說是一種「統計的改革」（statistical revolution）（*Cliff, 1983*）。

結構方程模型中有二個基本的模式：一為測量模式（measured model）與結構模式（structural model）。測量模式由潛在變項（latent variable）與觀察變項（observed variable；又稱測量變項）組成，就數學定義而言，測量模式是一組觀察變項的線性函數，觀察變項有時又稱為潛在變項的外顯變項（manifest variables 或稱顯性變項）或測量指標（measured indicators）或指標變項。所謂觀察變項是量表或問卷等測量工具所得的數據、潛在變數是觀察變數間所形成的特質或抽象概念，此特質或抽象概念無法直接測量，而要由觀察變項測得的數據資料反映而得，在SEM模式中，觀察變項通常以長方形符號表示，而潛在變項（latent variables）又稱「無法觀察變項」（unobserved variables）通常以橢圓形符號表示。

在行為社會科學領域中，有許多假設構念（hypothetical construct）是無法直接被測量或觀察得到的，這些假設構念如焦慮、態度、動機、工作壓力、滿意度、投入感、角色衝突等，此種假設構念只是一種特質或抽象的概念，無法直接得知，要得知當事者在這些構念上的實際情況，只能間接以量表或觀察等實際的指標變項來反映該構念特質，這就好像一個人的個性與外表行為一樣，一個人的個性如何，我們無法得知，因為它是一個抽象的構念，但我們可以藉由此人的外表行為表現，作為其個性判斷的指標，外表行為的特徵很多，綜合這些外表行為

的特徵，可以瞭解一個人的個性如何。上述個性就是一個假設構念，也就是「潛在變項」，而外表具體行為表現就是個性潛在變項的指標變項（或稱顯著變項、或稱觀察變項）。若是外表行為表現的指標愈多，則對一個人的個性判斷的正確性會愈高，可信度會愈佳。

潛在變項模式隱含的主要概念是潛在變項可以解釋指標變項依變項間多少的變異量，潛在變項的個數需要少於指標變項的數目，在應用上，需要增列共變的變項或解釋變項，以將潛在變項與其指標變項聯結在一起，一個關注的焦點是從模型中確認潛在變項，並探討解釋變項的測量效果，指標變項被潛在變項解釋的變異程度，可以反映出指標變項的有效性。一個潛在變項模式包含二個部分，一為潛在變項與一組觀察指標之共變效果，這種直接效果稱為「測量模式」（measurement model）、二為潛在變項間或一組觀察變項與潛在變項間的聯結關係，稱為「結構模式」，結構模式中變項間的影響效果可以為直接或間接，在結構模式中，研究者可能會關注一組潛在變項之共變效果或不同指標的共變效果（*Moustaki, et al., 2004*）。

1.2　測量模式

在 SEM 分析的模式中，一個潛在變項必須以兩個以上的觀察變項來估計，稱為多元指標原則，不同觀察變項間的共變數，反應了潛在變項的共同影響。觀察變項由於受到特定潛在變項的影響，使得觀察變項分數呈現高低的變化，通常每個觀察變項多少會有不同程度的測量誤差或殘差（觀察變項的變異量中，無法被共同潛在變項解釋的部分），或是反應某種抽象的概念意涵。一個 SEM 分析模式中，觀察變項一定存在，但潛在變項不可能單獨存在，因為在研究過程中，潛在變項並不是真實存在的變項，而是由觀察變項所測量估計出來的（邱皓政，民 94）。

在一份學校效能量表中，各題項所測量的數據為觀察變項，各題項所抽取的共同因素或概念，可稱為潛在變項，如學校氣氛、工作滿足、行政績效等構念均無法直接觀察或測量得到，只有經由受試者在學校效能知覺感受問卷所測得的數據代替，若是題項加總後的得分愈高，表示學校氣氛愈佳，或工作滿足感愈高，或行政績效愈好。因而潛在變項必須透過其外顯的測量指標測得，由於測量會有

誤差，所以每個潛在變項解釋觀察變項的變異量不是百分之百，因為其中有測量誤差存在，但若是潛在變項只有一個觀察變項，則潛在變項正好可以全部解釋其測量指標，此時的誤差項值為 0。一觀察變項與潛在變項的基本模式圖如圖 1-1：

圖 1-1

多個觀察變項與潛在變項的測量模式圖如圖 1-2：

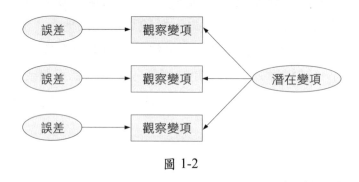

圖 1-2

有三個外顯變項的測量模式如圖 1-3：

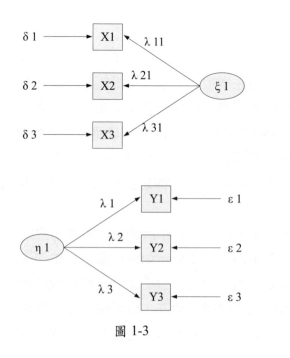

圖 1-3

上述測量模式的迴歸方程式如下：

$$X1 = \lambda1\xi1 + \delta1$$
$$X2 = \lambda2\xi1 + \delta2$$
$$X3 = \lambda3\xi1 + \delta3$$
$$Y1 = \lambda1\eta1 + \varepsilon1$$
$$Y2 = \lambda2\eta1 + \varepsilon2$$
$$Y3 = \lambda3\eta1 + \varepsilon3$$

上述的迴歸方程式可以以矩陣方程式表示如下：

$$X = \Lambda_X\xi + \delta$$
$$Y = \Lambda_Y\eta + \varepsilon$$

其中ε與η、ξ及δ無相關，而δ與ξ、η及ε也無相關。Λ_X與Λ_Y為指標變數（X、Y）的因素負荷量（loading），而δ、ε為外顯變項的測量誤差，ξ與η為外衍潛在變項（exogenous latent variables）與內衍潛在變項（endogenous latent variables）。

以觀察變項作為潛在變項的指標變項，根據指標變項性質的不同，可以區分為「反映性指標」（reflective indicators）與「形成性指標」（formative indicators）二種，反映性指標又稱為「果指標」（effect indicators），所謂反映性指標指的是一個以上的潛在變項構念是引起（cause）觀察變項或顯性變項的因，觀察變項是潛在變項基底下（underlying）成因的指標，此種指標能反映至其相對應的潛在變項，此時，指標變項為「果」，而潛在變項為「因」；相對的，形成性指標又稱為「因」指標或「成因」指標（cause or causal indicators），這些指標變項是成因，潛在變項被定義為指標變項線性組合（加上誤差項），因此潛在變項變成內衍變項（被其指標變項決定），而其指標變項變為沒有誤差項（error terms）的外衍變項，在LISREL模式假定的測量模式估計中，顯性變項（manifest variable）通常是潛在變項的「反映性指標」，如果將其設定為形成性指標，則模式程序與估計會較為複雜（*Diamantopoulos & Siguaw, 2000*）。

反映性指標與形成性指標所構成的迴歸方程式並不相同，如一個潛在變項η，二個指標變項X1、X2，若二個顯性變項是一種反映性指標，其迴歸方程式如下：

$$X1 = \beta_1 \eta + \varepsilon_1$$
$$X2 = \beta_2 \eta + \varepsilon_2$$

其中β_1 與β_2 為估計的參數，ε_1 與ε_2 為測量的誤差。

若二個顯性變項是一種形成性指標，則潛在變項是二個觀察變項的線性組合，其迴歸方程式如下：

$$\eta = \gamma_1 X1 + \gamma_2 X2 + \delta$$

其中γ_1 與γ_2 為估計的參數，而δ為殘差。

反映性指標測量模式圖如圖 1-4：

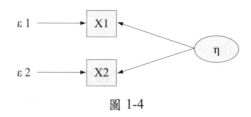

圖 1-4

形成性指標的模式圖如圖 1-5：

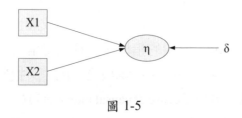

圖 1-5

形成性指標的特性與估計之測量品質（measurement quality）的程序與反應性指標的特性與估計程序有很大的不同，研究在界定指標變項時不可混淆，否則會產生錯誤的結果。如果顯性變項要作為形成性指標，在結構模式中要詳細說明清楚，以免讓他人誤以為理論模式界定錯誤。

如在學校組織效能調查中，組織效能中的層面「行政績效」為一個潛在變項，此變項為一個抽象的概念，無法直接觀察或測量得到，也無法以數據量化來呈現，為了測得學校「行政績效」的程度，可以以下列五個觀察變項或指標變項（indicator variables）來測得：

►本校行政人員能專心投入學校的行政工作。（專心投入）

►本校各處室能充分溝通協調，業務上能相互支援配合。（溝通協調）

►本校在行政上充分授權同仁，在工作上有專業自主的空間。（充分授權）

►本校各處室訂有詳細明確的工作職掌且運作順暢。（職掌明確）

►本校行政程序力求簡化有效率。（程序簡化）

「行政績效」潛在變項與測量變項間所形成的測量模式圖如圖 1-6：

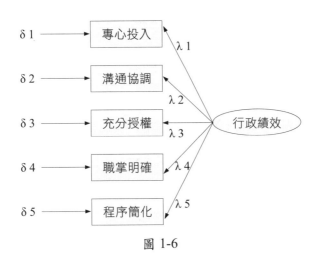

圖 1-6

上述測量模式中，「行政績效」為專心投入、溝通協調、充分授權、職掌明確、程序簡化五個觀察變項所共同建構的因素（factor）或潛在變項，$\lambda 1$ 至 $\lambda 5$ 為因素負荷量（factor loading）、$\delta 1$ 至 $\delta 5$ 表示各觀察變項的殘差，可視為是每個觀察變項去估計潛在變項的測量誤差（measurement errors）。每個觀察變項的因素負荷量愈高，表示受到潛在變項影響的強度愈大；因素負荷量愈低，表示受到潛在變項影響的強度愈小。在 SEM 模式中，測量誤差可以被估計出來，可以被視為是一個潛在變項。測量模式的測量誤差、觀察變項、因素負荷量、潛在變項（潛在因素）、二個潛在因素間關係如圖 1-7 所列：

測量模式在 SEM 的模型中就是一般所謂的「驗證式因素分析」（confirmatory factor analysis; CFA），驗證式因素分析的技術是用於檢核數個測量變項可以構成潛在變項（潛在因素）的程度，驗證式因素分析即在考驗包括測量模式中的觀察變項 X 與其潛在變項 ξ 間的因果模式圖是否與觀察資料契合。在 SEM 模式分析中

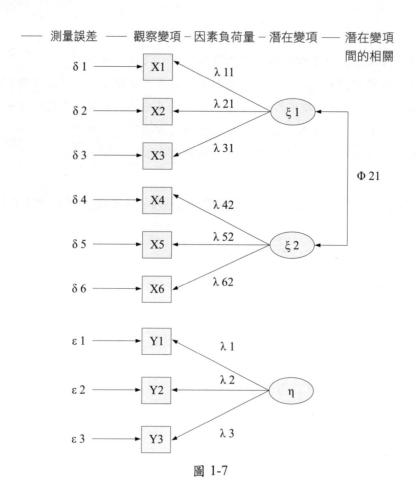

圖 1-7

的變項又可以區分為「外因變項」（或稱外衍變項）（exogenous variables）與「內因變項」（或稱內衍變項）（endogenous variables）。外因變項是指在模式當中未受任何其他變項的影響，但它卻直接影響別的變項，外因變項在路徑分析圖中相當於自變項（independent variables）；內因變項是指在模式當中會受到任一變項的影響，在路徑分析圖中內因變項相當於依變項（dependent variables），也就是路徑分析中箭頭所指的地方，內因變項與外因變項的區分如下：

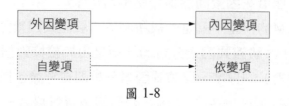

圖 1-8

就潛在變項間關係而言，某一個內因變項對別的變項而言，可能又形成另一個外因變項，這個潛在變項不僅受到外因變項的影響（此時變項屬性為依變項），同時也可能對其他變項產生影響作用（此時變項屬性為自變項），此種同時具外因變項與內因變項屬性的變項，可稱為是一個「中介變項」（mediator）。

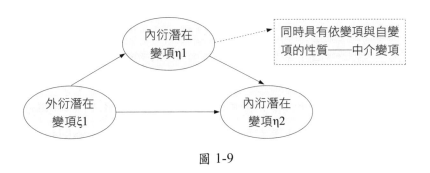

圖 1-9

潛在變項中被假定為因者之外因變項，以ξ（xi/ksi）符號表示，被假定為果的內因變項以η（eta）符號表示。外因變項（潛在自變項）ξ的觀察指標或測量指標稱為 X 變項、內因變項η（潛在依變項）的觀察指標或測量指標稱為 Y 變項。上述潛在自變項與潛在依變項及其觀察指標形成下列關係：

1. 潛在自變項ξ與測量指標 Y 變項間沒有直接關係；而潛在依變項η與測量指標 X 變項間也沒有直接關係。

2. 潛在自變項ξ與潛在自變項ξ間共變數矩陣（二者的關係），以Φ（phi）表示。

3. 潛在自變項ξ與潛在依變項η間的關係，以γ（gamma）表示，二者的關係即內因潛在變項被外因潛在變項在變項解釋之迴歸矩陣。

4. 外因潛在變項ξ與其測量指標X變項間的關係，以Λ_x（lambda x）表示，外因觀察變項 X 的測量誤差以δ（delta）表示，測量誤差δ之間的共變數矩陣以θ_δ（theta-delta）。

5. 內因潛在變項η與其測量指標Y變項間的關係，以Λ_y（lambda y）表示，內因觀察變項 Y 的測量誤差以ε（epsilon）表示，測量誤差ε之間的共變數矩陣以θ_ε（theta-epsilon）。

6. 內因潛在變項η與內因潛在變項η間的關係，以β（beta）表示。

1.3 結構模式

結構模式即是潛在變項間因果關係模式的說明，作為因的潛在變項即稱為外因潛在變項（或稱潛在自變項、外衍潛在變項），以符號ξ表示，作為果的潛在變項即稱為內因潛在變項（或稱潛在依變項、內衍潛在變項），以符號η表示，外因潛在變項對內因潛在變項的解釋變異會受到其他變因的影響，此影響變因稱為干擾潛在變項，以符號ζ（zeta）表示，ζ即是結構模式中的干擾因素或殘差值。結構模式又可稱為因果模式、潛在變項模式（latent variable models）、線性結構關係（linear structural relationships）。在 SEM 分析模式中，只有測量模式而無結構模式的迴歸關係，即為驗證性因素分析；相反的，只有結構模式而無測量模式，則潛在變項間因果關係的探討，相當於傳統的「徑路分析」（或稱路徑分析）（path analysis），其中的差別在於結構模式是探討潛在變項間的因果關係，而徑路分析是直接探討觀察變項間的因果關係。結構模式所導出的每條方程式稱為結構方程式，此方程式很像多元迴歸中的迴歸係數。

$$Y_i = B_0 + B_1 X_{i1} + B_2 X_{i2} + \cdots + B_p X_{ip} + \varepsilon_i$$

ε_i 為殘差值，表示依變項無法被自變項解釋的部分，在測量模式即為測量誤差，在結構模式中為干擾變因或殘差項，表示內衍潛在變項無法被外衍潛在變項及其他內衍潛在變項可解釋的部分。

SEM 模式與傳統的複迴歸分析並非一樣，SEM 除了同時處理多組迴歸方程式的估計外，更重要的是變項間的處理更具有彈性。在迴歸分析模式中，變項僅區分為自變項（預測變項）與依變項（效標變項），這些變項均是無誤差的觀察變項（測量變項），但在SEM模式中，變項間的關係除了具有測量模式關係外，還可以利用潛在變項來進行觀察值的殘差估計，因此，於 SEM 模式中，殘差的概念遠較傳統迴歸分析複雜。其次，在迴歸分析中，依變項被自變項解釋後的殘差是被假設與自變項間的關係是相互獨立的，但在 SEM 模式分析中，殘差項是允許與變項之間帶有關聯的（邱晧政，民 94）。一個外衍潛在變項預測一個內衍潛在變項的結構模式圖如下，其中外衍潛在變項與內衍潛在變項間的迴歸係數以γ（gamma）表示，其結構係數矩陣以Γ表示。內衍潛在變項與內衍潛在變項間

的迴歸係數則以符號β（beta）表示，其結構係數矩陣以 B 表示。外衍潛在變項對內因潛在變項無法解釋的部分稱為「殘差項」（residuals term）或「干擾變因」（disturbance），殘差值為結構方程模式的「方程式誤差」（equation errors），以ζ（zeta）符號表示，殘差項ζ與殘差項ζ之間的共變數矩陣以Ψ（psi）符號表示。

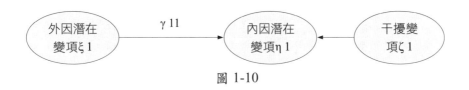

圖 1-10

上述潛在變項間的迴歸方程式如下：

$$\eta_1 = \gamma_{11}\xi_1 + \zeta_1$$

二個外因潛在變項預測一個內衍潛在變項基本的結構模式圖如圖 1-11：

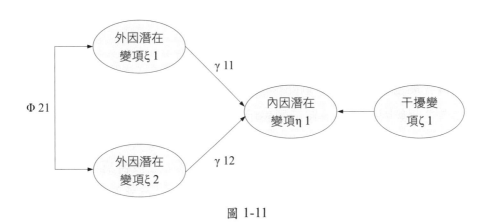

圖 1-11

上述潛在變項間的迴歸方程式如下：

$$\eta_1 = \gamma_{11}\xi_1 + \gamma_{12}\xi_2 + \zeta_1$$

二個內衍潛在變項間的關係模式圖如圖 1-12：

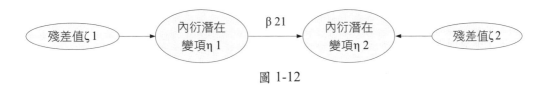

圖 1-12

上述潛在變項間的迴歸方程式如下：

$$\eta_2 = \beta_{21}\eta_1 + \zeta_2$$

一個外衍潛在變項與二個內衍潛在變項間的飽和模式圖如圖 1-13：

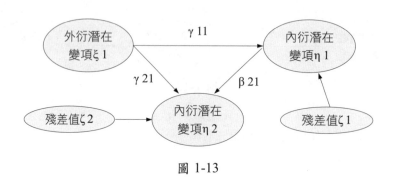

圖 1-13

上述潛在變項間的迴歸方程式如下：

$$\eta_2 = \beta_{21}\eta_1 + \gamma_{21}\xi_1 + \xi_2$$
$$\eta_1 = \gamma_{11}\xi_1 + \xi_1$$

結構模式與測量模式的簡易關係圖如下，其中雙箭頭表示二個潛在變項間的相關，二者之間無因果關係，單箭頭表示變項間的因果關係，箭頭來源處（from）表示外因變項（為因）、箭頭所指處（to）表示內因變項（為果）。潛在變項間因果關係係數註標寫法，先寫箭頭所指的變數註標，之後再寫箭頭來源的變數註標，如外因潛在變項 ξ_2 對內因潛在變項 η_1 的影響，以符號註標 γ_{12} 或 $\gamma_{1,2}$ 表示；外因潛在變項 ξ_3 對內因潛在變項 η_2 的影響，以符號註標 γ_{23} 或 $\gamma_{2,3}$ 表示。此外 X 變項的測量誤差（measurement errors）與 Y 變項的測量誤差之間的共變數，在 LISREL 分析的內定設定，皆預設為零相關，研究者也可以設定其有相關（如 X3 與 X4 之測量誤差）。結構模式的方程式可以以下列矩陣方程式表示：

$$\eta = \Gamma\xi + \zeta$$

或

$$\eta = B\eta + \Gamma\xi + \zeta$$

其中 ξ 與 ζ 無相關存在。

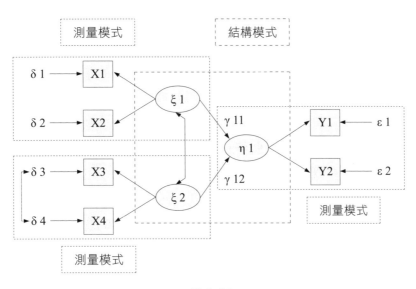

圖 1-14

　　在結構模式中，外因潛在變項之間可以是無關聯的或是彼此間有相互關聯的，而外因潛在變項對內因潛在變項之間的關係必須是單方向的箭號，前者必須為「因」變項，後者為「果」變項（ξ→η），此單向箭號不能顛倒。而二個內因潛在變項間，可以是單向預測或是形成一種互惠關係，互惠關係即相互預測關係，其關係如：η1→η2，或η2→η1，或η1⇌η2，而內因潛在變項（η）無法被外因潛在變項（ξ）解釋或預測的部分，即方程模式中所無法預測到或解釋到的誤差值（ζ），稱為「殘差」（residuals）或「干擾」（disturbance）變因。

　　一個廣義的結構方程模式，包括數個測量模式及一個結構模式，以上述模式圖而言，其結構方程模式包含了三個測量模式及一個結構模式。在SEM模式中，研究者依據理論文獻或經驗法則建立潛在變項與潛在變項間的迴歸關係，亦即確立潛在變項間的結構模式；此外，也要建構潛在變項與其測量指標間的反映關係，即建立各潛在變項與其觀察指標間的測量模式（黃芳銘，民 94）。在SEM分析中，由於涉及了數個測量模式及一個結構模式，變項間的關係較為複雜，因而SEM 的分析，即在探究一組複雜變項間的關係，變項間關係的建立要有堅強的理論為根據，模式界定時必須依循「簡約原則」（或稱精簡原則）（principle of parsimony），在 SEM 分析中，同樣一組變數的組合有許多種的可能，不同的關係模式可能代表了特定的理論意義，若是研究者可以用一個比較單純簡單的模型來解釋較多的實際觀察資料的變化，如此，以這個模型來反應變項間的真實關

係，比較不會得到錯誤的結論，避免犯下第一類型的錯誤（邱皓政，民 94）。

簡約原則本身是模式理論建構的一個重要原則。在社會及行為科學領域中，一個好的理論必須具備下列條件：一為對客觀現象解釋的情況要強而有力，即此理論能否正確地且廣泛地解釋不同現象；二為理論必須是可檢證的（testable），可檢證性是理論能否具有科學特性的條件之一，能夠被檢驗的理論，才具有科學的特性，也才能對其所犯之錯誤做修正，使此理論更能正確地預測現象；三為理論必須具備簡單性，在既有的解釋程度之下，能夠以愈少的概念和關係來呈現現象的理論愈佳。簡約原則期待研究者能夠以一個比較簡單的模式來解釋複雜的關係，當一個簡約模式被接受時，表示它比其他較不簡約的模式具有較低的被拒絕率。從簡約原則的內涵中，研究者在界定模式的參數時，每一個參數皆必須有相當的理論基礎，一個沒有理論支持或理論薄弱的關係，最好將之排除於模式之外（黃芳銘，民 94）。

一個完整的結構方程模式如圖 1-15 所列：

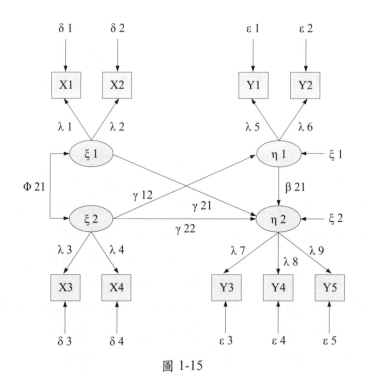

圖 1-15

1.4 結構方程模式圖中的符號與意義

LISREL 分析模式中常用的符號與定義如表 1-1：

表 1-1

符號	讀法	維度	意義說明
X		q × 1	ξ的觀察變項或測量指標
Y		p × 1	η的觀察變項或測量指標
ξ	xi	n × 1	外因潛在變項（因變項）
η	eta	m × 1	內因潛在變項（果變項）
δ	delta	q × 1	X 變項的測量誤差
ε	epsilon	p × 1	Y 變項的測量誤差
ζ	zeta	m × 1	內因潛在變項的誤差
β	beta	m × m	內因潛在變項間（η）關連的係數矩陣
γ	gamma	m × n	外因潛在變項（ξ）與內因潛在變項（η）間關連的係數矩陣
Φ	phi	n × n	外因潛在變項（ξ）的變異共變數矩陣
Ψ	psi	m × m	內因潛在變項（η）殘差項的變異共變數矩陣
λx	lambda x	q × n	X 與外因潛在變項（ξ）間之關連係數矩陣
λy	lambda y	p × m	Y 與內因潛在變項（η）間之關連係數矩陣
θ_δ	theta-delta	q × q	δ變項間的變異共變數矩陣
θ_ε	theta-epsilon	p × p	ε變項間的變異共變數矩陣
S 矩陣			樣本資料推演出的共變數矩陣
$\hat{\Sigma}$矩陣			基於樣本之假設模式的共變數矩陣

一個完整的 LISREL 模式的參數矩陣如表 1-2：

表 1-2

矩陣名稱	數學符號	LISREL 縮寫	矩陣描述
LAMBDA-Y	Λ_y	LY	為（p × m）階矩陣，表示聯結 Y 變項對η變項的係數
LAMBDA-X	Λ_x	LX	為（q × n）階矩陣，表示聯結 X 變項對ξ變項的係數
BETA	B	BE	為（m × m）階矩陣，表示η變項間有方向性的聯結係數（迴歸係數）

矩陣名稱	數學符號	LISREL 縮寫	矩陣描述
GAMMA	Γ	GA	為（m×n）階矩陣，代表ξ變項對η變項影響的迴歸係數
PHI	Φ	PH	為（n×n）階矩陣，代表ξ變項間的共變數
PSI	Ψ	PS	為（m×m）階矩陣，代表內衍潛在變項殘差項（ζ）間的共變數。
THETA-EPSILON	θ_ε	TE	為（p×p）階矩陣，代表指標變項Y測量誤差（ε變項）間的共變數。
THETA-DELTA	θ_δ	TD	為（q×q）階矩陣，代表指標變項X測量誤差（δ變項）間的共變數。

註：p、q、m、n 各為變項 Y、X、η、ξ的個數

在 SEM 路徑關係圖中，常用的符號說明如下：

◧ 潛在變項

潛在變項（latent variables）又稱「無法觀察的變項」（unobserved variables）、「建構變項」（construct variables）。所謂潛在變項即是構念因素，是不可直接測量或無法直接觀察得到的，只能以間接的方式推論出來，通常稱為構念、層面或因素。其圖形以圓形（circle）或橢圓形（ellipse）表示，作為「因」（causes）的潛在變項又稱為自變項或外因潛在變項或外衍潛在變項（exogenous），以變項名稱以符號ξ表示；作為「果」（effects）的潛在變項又稱為依變項或內因潛在變項或內衍潛在變項（endogenous），變項名稱以符號η表示。

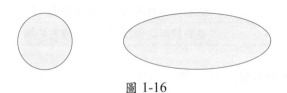

圖 1-16

◧ 觀察變項

觀察變項又稱為「顯性變項」（manifest variables）或「指標變項」（indicator variables）或「可測量變項」（measured variables），研究者可以直接觀察得到或

直接測量獲得，獲得的數據可以轉化為量化資料，外因潛在變項的指標變項以符號「X」表示；而內因潛在變項的指標變項以符號「Y」表示。其圖形通常以正方形或長方形表示。若以量表問卷來作為指標變項，則觀察變項可能是量表在個別題項上的得分，或是數個題項加總後的分數；若是以觀察法來獲得數據，觀察變項為觀察內容，其數據為觀察所得轉化為量化的分數。

圖 1-17

▌誤差變異項（error term）

內因潛在變項無法被模式中外因潛在變項解釋的變異量，即結構方程模式中的隨機變異部分，以希臘字母ζ表示；內因潛在變項（η變項）的測量誤差（errors in measurement），即觀察變項無法被其潛在變項解釋的變異，以希臘字母ε表示；外因潛在變項（ξ變項）的測量誤差，以希臘字母δ表示。

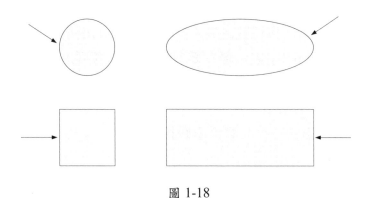

圖 1-18

▌變項間的關係

單一方向的箭號（one-way straight arrow）：表示直接效果或單方向的路徑關

係，單向因果關係影響的關係又稱為「不可逆模式」（recursive models），以單箭號表示，箭號的起始點為因變項，箭號所指的地方為果變項，係數註標表示時，先呈現「果」的變項編號，再呈現「因」的變項編號。在 SEM 模式中，外因潛在變項（ξ）間沒有單箭號的關係存在，即外因潛在變項間沒有因果關係，但它們可能有共變關係存在。

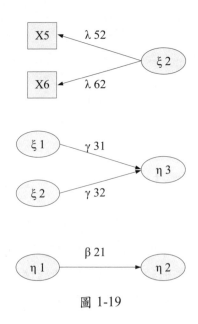

圖 1-19

上述符號註標「β21」與符號註標「β12」所表示的變項間的關係是不同，後者的圖示如下。註標「β21」表示潛在變項η1 直接影響到潛在變項η2，其中潛在變項η1 為「因」變項，潛在變項η2 為「果」變項；而註標「β12」表示潛在變項η2 直接影響到潛在變項η1，其中潛在變項η2 為「因」變項，潛在變項η1 為「果」變項，二者的影響路徑及關係剛好相反。

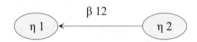

雙向箭號（two-way arrow）：表示二個變項間為相關或共變的關係，即二個變項間不具方向性的影響，互為因果的關聯路徑，在 SEM 模式中，外因潛在變項間不具單向因果關係，但可能具有相關或共變關係，以希臘符號Φ表示；此外內因潛在變項的殘差間，也可能具有相關或共變關係，以希臘符號Ψ表示。由於

雙向箭號表示變項互為因果關係，因而符號註標「Φ12」與符號註標「Φ21」是相同的。

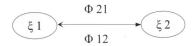

可逆模式（non-recursive modes）：又稱互惠關係（reciprocal relationship）效果模式，表示二個變項間具有雙向因果關係的影響路徑，第一個變項直接影響到第二個變項，而第二個變項也直接影響到第一個變項，在 SEM 分析中，若是遇到模式無法聚合，參數無法進行估計時，將二個變項改設為可逆模式，也是一種解決策略。

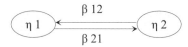

1.5 參數估計方法

在SEM分析中，提供七種模式估計的方法：工具性變項法（instrumental variables；IV 法）、兩階段最小平方法（two-stage least squares；TSLS 法）、未加權最小平方法（unweighted least squares；ULS法）、一般化最小平方法（generalized least squares；GLS 法）、一般加權最小平方法（generally weighted least squares；GWLS 法或 WLS 法）、最大概似法（Maximum Likelihood；ML 法）、對角線加權平方法（diagonally weighted least squares；DWLS 法）。研究者如要檢驗樣本資料所得的共變數矩陣（S矩陣）與理論模式推導出的共變數矩陣（Ê矩陣）間的契合程度，即是模式適配度的考驗，測量Ê矩陣如何近似 S 矩陣的函數稱為「適配函數」（fitting function），不同的適配函數有不同的估計方法。在上述七種方法中，假定研究者所提的理論模式是正確的（模式沒有敘列誤差或界定錯誤），而且取樣樣本夠大，則以上方法所產生的估計值會接近真正的參數數值（*Bollen, 1989; Joreskog & Sorbom, 1996*）。

最廣泛使用的估計模式方法為ML法，其次是GLS法（*Kelloway, 1998*）。Ｍ Ｌ

使用會這麼普遍，主要是許多研究者似乎將 LISREL 與 ML 畫上等號，且 LISREL 將 ML 法作為預設的模式估計方法。即使 LISREL 允許不同型態的估計方法，ML 法估計值可用在持續及非對稱的大樣本上（*Bollen, 1989*）。如果是大樣本及假設觀察資料符合多變量常態性，卡方檢定才可以合理使用，此時，使用 ML 估計法最為合適；如果資料為大樣本，但觀察資料不符合多變量常態性假定，最好採用 GLS 估計法（周子敬，民 95）。

IV 法與 TSLS 法是一種使用快速、非遞迴式（non-iterative）、有限訊息技術（limited-information technique）的估計方法。它們沒有使用模式中其他方程式訊息，單獨地估計每個參數，因而對於敘列誤差較有強韌性，但與同時估計整個模式方程系統之「完全訊息技術」（full-information techniques）相較之下，顯得較無效率，因為採用完全訊息技術可同時考量到模式之中的所有方程式，進行綜合判斷以獲得最佳的估計數。因而 IV 法與 TSLS 法多使用其他估計方法來計算「計始值」（starting values）之用。但它們也可以用於模式是暫時性的、且模式的敘列誤差不明確的狀態下之初步估計法。至 ULS 法、GLS 法、ML 法、WLS 法、DWLS 法等均使用「遞迴式的程序」（或疊代估計程序）（iterative procedure），均屬於一種「完全訊息技術」的估計方法，比起採用有限訊息技術的 IV 法與 TSLS 法，較有統計上的效率，然而這些估計方法也容易受到敘列誤差（specification errors）的影響，因為每個參數的估計完全根據模式中的其他參數，每個參數的估計會受到模式中每個方程式的敘列誤差值所影響（*Diamantopoulos & Siguaw, 2000*；*Long, 1983*）。

採用完全訊息技術的估計法會經由疊代估計程序，而使模式達到聚合（或收斂）程度（convergence），模式收斂表示經由疊代估計程序可以儘可能使假設模式隱含的共變數矩陣（$\hat{E}$ 矩陣）接近樣本資料的共變數矩陣（S 矩陣）。一般而言，若是假設模式與實徵資料的相容性高，LISREL 程式會有效的提供適當的起始值，經過一定疊代程序後，使模式達到收斂程度，此種情形稱為「可接受解值」（admissible solution）。若是研究者所提的理論模式不適切，起始值與最終解值的差異太大，假設模式與實徵資料的相容性低，則模式可能無達到收斂程度，或是達到收斂，但許多參數無法合理的解釋，此種情形稱為「不可接受解值」（non-admissible solution）或「不適當解值」（improper solution），不可接受解值會導致參數不合理，如參數超出合理的範圍，如變項間相關係數的絕對值超過 1、出現負的誤差變異量、共變數矩陣或相關矩陣出現非正定（positive-definite）

的情形等（*Diamantopoulos & Siguaw, 2000*）。

在上述七種估計方法中，模式主要常用的參數估計方法為未加權或一般最小平方法（unweighted or ordinary least squares；ULS 法）、一般化最小平方法（generalized least squares；GLS法）、最大概似估計法（maximum likelihood estimation；ML法）、漸進分配自由法（asymptotic distribution free；ADF 法）。最大概似估計法是目前最廣應用的 SEM 適配函數估計法，也是 SIMPLIS 內定參數估計方法。最大概似法的基本假設，是觀察數據都是從母群體中抽取得到的資料，且所抽出的樣本必須是所有可能樣本中被選擇的機率之最大者，若符合此一假設，估計的參數即能反應母群體的參數（邱皓政，民 94）。所謂最大概似法是可能性為最大的一種優良估計量，其目的是替母群參數尋求「最可能」解釋觀察資料的值，使用ML法時必須滿足以下基本條件：樣本是多變項常態母群體且是以簡單隨機抽樣來獲得的（黃芳銘，民 93）。在常態分配且大樣本之下，ML 估計值、標準誤和卡方值檢定結果，都是適當、可信且正確的；但是，當觀察變項是次序性變項，且嚴重地呈現偏態或高峽峰之非常態分配情形時，ML 的估計值、標準誤和卡方值檢定的結果，都是不適當的、不可信且令人質疑的，因而，在違反常態分配的假設時，最好使用含有加權式估計程序的方法，如WLS法較為適宜（余民寧，民 95）。

當資料符合多變項常態性假定時，GLS 法非接近 ML 估計法，若是資料違反多變項常態性假定時，GLS 法在使用上也有其強韌性。至於 ULS 方法通常不需符合某種統計分配的假定，它在資料不符合統計分配的假定時也能獲得穩定的估計結果（*Bentler & Weeks, 1979*），在所有估計方法中，ULS 法是唯一運用「量尺單位依賴法」（scale-dependent methods）之估計方法，所謂「量尺單位依賴法」表示改變一個以上觀察變項的量尺單位，會造成參數估計值的改變，因而無法簡單反映量尺轉換的效果；與「量尺單位依賴法」相對的即是「量尺單位自由法」（scale-free methods），這種方法如 ML 估計法與 GLS 估計法，此種方法的特性是參數估計的改變，只有反映到被分析之觀察變項量尺單位的改變（*Long, 1983，p. 58*）。當所有觀察變項以相同的單位測量時，採用 ULS 法可以獲得最適當的估計結果。而 WLS 法與 DWLS 法不像 GLS 法與 ML 法一樣，受到資料須符合多變量常態性的假定限制，將其歸類為一種 ADF（asymptotic distribution free）估計值（*Browne, 1984*），但為了使估計結果可以收斂，WLS 法與 DWLS 法的運算通常需要非常大的樣本，一般要在 1000 位以上。一般而言，當資料呈現「非常態」

（non-normality）的情境下，致使無法採用 ML 法與 GLS 法來估計參數，才考慮使用替代估計方法－ WLS 法與 DWLS 法（*Diamantopoulos & Siguaw, 2000*）。

一般最小平方法（GLS）的基本原理是使用差異平方和的概念，只是在計算每一個差值時，以特定權數來加權個別的比較值（邱皓政，民 94）。GLS 與 ML 法的基本假定是相同的，包括樣本要夠大、觀察變項是連續變項、測量指標必須是多變項常態分配，以及必須有效界定模式等。GLS 產生的估計結果與 ML 法類似，二者具有相同的統計特質（黃芳銘，民 93）。當資料無法符合多變量常態性的假設時，最好使用不受常態分配假設限制（asymptotic distribution free；ADF）的估計方法，如加權最小平方法（generally weighted least squares；WLS），使用 WLS 法與 DWS 法時，必須為大樣本（通常樣本數在 1000 以上，若要能在任何分配下估計順利，則樣本數更要提高至 5000 以上），如果是小樣本時，屬於 ADF 的 WLS 法就沒有實務應用的價值，並且也比較會耗費電腦運算的時間，而在實務操作上，使用這二種方法，必須提供資料的漸近共變數矩陣（asymptotic covariance matrix）（余民寧，民 95）。

1.6　模式的概念化

一個完整 LISREL 模式化程序的成功與模式完整概念化（sound conceptualization）界定有密切關係，一個欠佳概念化的模式不可能利用 LISREL 方法學而產出有用的結果。LISREL 能夠也曾經使用過於探索性的目的，但結構方程模式要更進一步讓其於驗證性脈絡情境中更有效率。模式概念化（model conceptualization）的內涵包括二部分：一為結構模式概念化（structural model conceptualization）、一為測量模式概念化（measurement model conceptualization）（*Diamantopoulos & Siguaw, 2000*）。

結構模式的概念化主要在界定潛在變項間的假設關係，模式發展的階段關注於結構模式的關係界定，以形成可以作為統計檢定的「理論架構」（theoretical framework）。在結構模式的界定中，研究者必須明確區分模式中那些變項為「外衍變項」（exogenous variables）、那些變項為「內衍變項」（endogenous variables）。外衍變項在模式中一直扮演自變項（independent variables）角色，不能直接被模式中其他變項所影響，但它可直接影響到其他的內衍變項；內衍變項在模式內通常

可被其他變項直接影響，因而常扮演依變項（dependent variables）的角色，這種內衍變項常可被外衍變項解釋或受到外衍變項直接的影響。此外，這些內衍變項有些有時會直接影響到其他的內衍變項，因而又扮演起自變項的角色，對於解釋模式中其他內衍變項的內衍變項，在結構模式中可能具有「中介變項」的性質，對外衍變項而言，它是一個依變項，對於其他內衍變項而言，它是一個自變項。當內衍變項無法完全或完整地被假設的變項（外衍變項及其他內衍變項）解釋或影響時，「誤差」（error term）或「殘差」（residual）就會於模式估計中產生，所謂誤差或殘差即是被假設可影響內衍變項的部分。

在模式概念化的階段，研究者要注意確保模式中沒有遺漏重要的外衍變項與內衍變項，若是某些重要或關鍵的變項被遺漏掉，會嚴重導致參數估計的偏差，造成「敘列誤差」的出現，所謂敘列誤差是指研究者所提的理論模式，無法反映出母群體及變項的真正特質（true characterization），研究中的待答問題無法獲得解決。結構模式概念化中，除確認適當的潛在變項、區隔外衍變項與內衍變項外，還要注意以下二種情況：(1)內衍變項的順序有無界定錯誤、(2)外衍變項與內衍變項，及內衍變項間的聯結關係數目與期望方向有無界定錯誤，其中變項間期望出現路徑係數的正負號的解釋是不相同的。模式估計中若是忽略上述二種情況，很容易出現「敘列誤差」的情形。因而於結構模式概念化階段，結構模式要考量的是：根據之前的理論文獻、過去實徵證據資料或某些探索性研究的資訊等，依據這些內容來建構假設模式。

模式概念化的第二個主要階段為測量模式的概念化，測量模式概念化主要是關於潛在變項如何被操作型定義和如何被測量的，這些潛在變項通常藉由顯性變項（manifest variables）或觀察變項（observable variables）來反映其潛在特質。此階段所關注即學者 Blalock（1968）所提出的「附屬理論」（auxiliary theory），此理論的功能在於確認理論架構與實徵世界的聯結關係，更具體而言是界定抽象概念與其指標變項間的關係（*Sullivan & Feldman, 1979, p.11*）。在 SEM 分析中，顯性變項通常皆是反映性指標（reflective indicators），即作為「效果指標」（effect indicators）。測量模式概念化階段要考量的是每個潛在變項的顯性變項，最好採用多個指標變項，此外，要考量的是在單一模式中，潛在變項與顯性變項的數目要多少才是最適當的？這個問題要視研究主題、研究者界定模式的目的與可用的測量數量而定。一般而言，一個愈複雜的模式（包含較多的潛在變項與顯性變項），愈有可能遭遇到模式適配度不佳的問題，假設所有的條件都一樣，模式所包含的

變項愈多，則模式所需要的樣本數愈大。因為模式愈複雜，愈有可能遺漏重要的潛在變項，在模式的結構部分要達到模式精簡程度，會出現敘列誤差；而由於遺漏潛在變項關鍵的指標變項，使得測量品質不佳。為兼顧樣本的多少、敘列誤差的程度，學者 Bentler 與 Chou（*1987, p.97*）提出以下建議：使用小規模式的資料組時，至多 20 個變項即可，其中潛在變項大約 5～6 個，而每個潛在變項的指標變項大約為 3～4 個即可。對於樣本數的需求，學者 Ding 等人（*1995*）建議：在使用共變數結構模式（covariance structure modeling）時，最少的受試樣本數是 100 至 150 位；另一方面，Boomsma（*1987, p.4*）則建議：「使用最大概似法估計結構方程模式時，最少的樣本數為 200，研究的樣本數若少於 100，會導致錯誤的推論結果。」而最近的研究者如 Marsh 等人（*1998*）從模式收斂程度、參數的穩定性與理論建構信度的觀點來看，其認為每個潛在變項的指標變項數愈多，對於模式的估計愈能得到不錯的效果。但另一個要考量的是，變項數愈多，所需的樣本數愈多，此時模式適配度的卡方值很容易達到顯著水準，而易於拒絕虛無假設；此外，愈複雜的模式，愈有可能使模式無法收斂，因而研究者在模式界定上要格外慎重。

完整測量模式概念化的架構圖如圖 1-20：

在 SEM 模型的分析步驟上，Bollen 與 Long（*1993*）從驗證性因素分析的觀點來看，有下列五個程序：模型的確認（model specification）→ 模型辨識（identification）→ 參數估計（estimation）→ 檢定適配度（testing fit）→ 模型的再確認（re-specification），若是假設模式與觀察資料適配良好，則分析程序可以停止；如果假設模型與觀察資料沒有適配，則藉由再確認的程序改善假設模型，直到可以獲得一個較佳的解值，在分析歷程中，可以檢定偏態與峰度的自由度，以確認觀察資料符合多變量常態性的假定。Hair 等人（*1998*）對於 SEM 模型的分析程序，根據測量模式、結構模式的建構與模式產生的有效性，認為應有下列七個步驟：*1.* 理論模式架構的建立、*2.* 建立因素變項間因果關係的路徑圖、*3.* 轉換因果路徑圖為結構方程式與測量方程式、*4.* 選擇分析模式（是以相關係數矩陣或以共變數矩陣為資料檔）、*5.* 評估模式的鑑定、*6.* 模型適配標準的評估、*7.* 模型的解釋與修改。

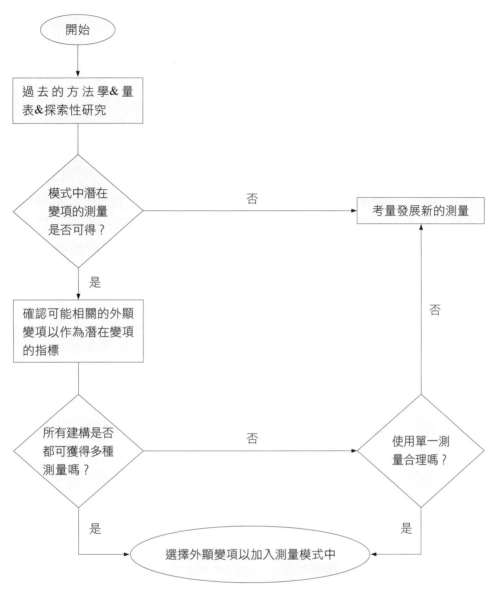

圖 1-20 測量模式概念化流程圖

資料來源：Diamantopoulos & Siguaw, 2000, p.17

　　Diamantopoulos 與 Siguaw（*2000, p.7*）認為 LISREL 模型的分析程序有八個步驟：*1.* 模型的概念化（model conceptualization）、*2.* 路徑圖的建構（path diagram construction）、*3.* 模型的確認（model specification）、*4.* 模型的辨識（model identi-fication）、*5.* 參數的估計（parameter estimation）、*6.* 模型適配度的評估（assessment of model fit）、7.模型的修改（如確認要修改，則回到步驟 1 模型的概念化）、8.模型的複核效化（model cross-validation）。模型的概念化就是依據理論假設或實徵證據來發展模型中的潛在變項與其指標變項。模型的確認在於描述估計參數的本質與數目。模型的辨識利用觀察資料分析結果資訊，來決定參數估計是否足夠，可否根據蒐集的觀察資料來確認參數的單一值與唯一值。參數的估計在於根據 LISREL 程式執行結果，來判別假設模型隱含的共變數矩陣是否相等於觀察或實際的共變數矩陣，所估計的參數是否顯著的不等於 0。模型適配度的評估要參考不同的適配度指標來進行綜合判斷，適配度指標允許研究者評估測量與結構模式的品質及完整性，進而指標值支持所提的概念化模型及理論假設。模型的修改最好配合理論基礎，不能純以資料為導向（data-driven），進行暫時性的修飾，重複修改模型，以獲得模型能適配觀察資料，可能會誤用 LISREL 提供修正指標的原意，研究者在進行模型的修飾時要格外謹慎。

綜合上述學者的看法，一個完整結構方程模式的分析歷程可以以圖 1-21 表示：

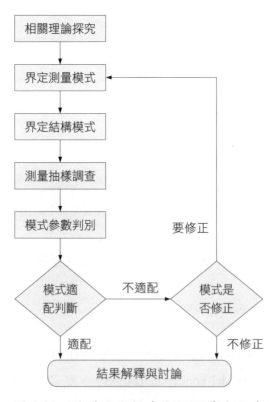

圖 1-21　結構方程模式分析的基本程序

1.7 模式的修正

　　當模式進行參數估計後，發現假設理論模式與觀察資料的適配度不佳，研究者可能會對模式進行適當的改變，改變的目的在於模式適配度的改善。模式適配度不佳可能是違反基本分配的假定、有遺漏值或敘列誤差的存在、或具非直線關係（*Kaplan, 1988; 1989*）。模式改變意謂「模式界定」（model specification），模式界定就是增列或刪除某些參數；而模式的改善指的是模式朝向更佳的適配或成為更簡約的模式，可以得到實質的合理的解釋。針對初始理論模式進行局部的修改或調整的程序，以提高假設模式的適配度，稱為「模式修正」（model modification），修正完的模式應是合理的、明確的與可完整解釋的。模式修正如果沒有理論基礎，完全是一種受資料驅使（data-driven）的模式修正法，易犯「機遇坐大」（capitalization on chance）的迷思，新的修正模式可能與某些樣本特質接近，因而可能需要重新選取樣本來檢定修正的模式（*MacCallum, 1995*）。因而已修正過的模式在一個特殊樣本中可能適配度很好（甚至完美），但應用於同母群體中的另一組樣本時，可能出現適配度不足的情形。

　　在模式參數估計中，有時理論模式與觀察資料已經適配，但研究者為了改善適配情形，使模式的適配度更佳而達到簡化模式的目標，如偵測某些參數來修改模式而達到精簡模式的目的。但學者研究證實，一個適配良好的模式通常是不穩定的，這些適配良好的模式無法再製於其他樣本，也就是原始模式與觀察資料契合度良好，但與其他觀察資料適配度可能不佳。對此，學者MacCallum等人（*1992, p.501*）就建議：「當一個初始模式適配良好時，去修正模式使它獲得更好的適配度可能是相當不明智的作法，因為修正只是適配了樣本微小的獨特之特質而已。」

　　第二種常見模式修正的重要原因是初始模式適配度不佳，造成模式適配度差的可能原因有以下幾種：違反資料分配的假定、變項間非直線性關係、遺漏值太多、敘列誤存等（*Bentler & Chou, 1987*）。模式的修正就是偵測與改正敘列誤差，改善模式適配的情形。所謂敘列誤差如從模式中遺漏適當的外衍變項、遺漏模式所包含的變項間的重要聯結路徑，或模式中包含不適當的聯結關係等。模式修正的程序通常處理的「內在敘列誤差」（internal specification errors），如遺漏模式變項中重要的參數或包含不重要的參數，至於「外在敘列誤差」（external specification errors），表示研究者的理論或方法上出了問題，單靠模式修正程序也很難使模式適配度變得較好（*Gerbing & Anderson, 1984*）。為了避免「內在敘列誤差」的產生，在模式概念化的階段中，重要的是避免遺漏關鍵的變項。

辨識與更正內部敘列誤差的程序，就是一種「界定敘列搜尋」（specification search）的程序，界定敘列搜尋的最後目的，在於找尋母群體中可以明確表示顯性變項與潛在變項之間結構關係的模式（*MacCallum, 1986*）。此種界定敘列搜尋的程序有三點需要加以注意（*Diamantopoulos & Siguaw, 2000, p.103*）：

1. 資料分析的本質已不再是「驗證性的」（confirmatory），而是變成「探索性」（exploratory）的，所謂驗證性的程序乃是檢定先前已決定好的假設初始模式，而探索性的程序指是經由界定敘列搜尋過程所衍出的最後模式都只是暫時性的而已，而此修正模式必須獨立確認，亦即以其他不同樣本來重新檢定並做效度考驗，若是使用相同的資料組來產生模式並進行模式考驗，是不符合驗證性的本質，驗證性分析的邏輯是不能以相同的資料來發展一個模式，同時又以此資料來評估模式的適配度（*Biddle & Marlin, 1987; Breckler, 1990*）。

2. 經由界定敘列搜尋程序所發展的新模式未必與原先所提的初始模式類似或相同，模式的差異度與修正的數目與本質有關，因而理所當然的將新模式視為是可辨識的模式是錯誤的，使用者必須經由界定敘列搜尋程序來確認模式是否可被辨識，才能進一步對模式進行有意義的參數估計（*Long, 1983*）。

3. 經由界定敘列搜尋程序，研究者應知道何時開始？更要知悉何時停止，以避免產生一個「過度適配的模式」（overfitting model）。如研究者額外增加估計參數，使得：(1)增加的參數可能會相當脆弱，表示參數所代表的效果很微弱，進而無法進行驗證；(2)導致標準誤顯著地膨脹；(3)影響模式中原始的參數估計值，使其變得沒有意義或無使用的價值（*Byrne, 1998*）。事實上，估計參數的過度增列，界定敘列搜尋程序的結果，可能會出現一個自由度為0、適配非常完美的飽和模式，但此種完全適配完美的飽和模式是不可能的，且沒有實質意義存在，也違反了可否證性的原則（principle of disconfirmable）。

模式違反了可否證性的原則，表示模式是不合理的。一個理論是否符合科學的本質，主要的關鍵在於此理論是否可以接受否證的驗證，如果一個理論無法否證，只有二種可能，一為它是一種意識型態並非是理論，二為此理論根本不存在

於這個現實世界情境中。對於 SEM 而言，一個模式是否可以被否證，在統計的觀點上，從模式自由度的有無就可以判別，一個沒有自由度的模式，雖然它不是唯一的，因為研究者可以再改變理論模式的方向，讓模式成為對等模式，但就統計而言，它的假設是無法檢定或考驗的，因此，無法檢定的假設模式就不具有可否證性（黃芳銘，民 93）。自由度為 0、完美適配的路徑分析模式在後面的章節中會有範例說明。

參數的調整會影響模式的自由度（複雜度），進行影響卡方值的計算，使得參數的調整除了參數背後理論適合性的問題之外，另外摻雜了技術上的不確定性。一般而言，若是研究者移除一個參數的估計，將增加整個模式的自由度，如此將會擴增卡方值，卡方值擴大會造成模式適配度的降低，由於假設模式中使用較少的參數進行估計，較符合模式「精簡原則」（愈簡單的模式愈佳）；相對的，如果研究者減少參數的限制，增加參數的估計，將使模式的自由度變小，造成卡方值也減少的自然傾向，可有效改善模式的適配度，但是，由於模式中有較多的參數估計，違反了精簡原則。由此可知，參數的增列或移除，會使得模式精簡度（parsimony）與適配度（goodness-of-fit）間呈現互為消長的關係。但是，由於模式修正的主要目的在於改善模式的適配度，因此，一般建議使用者先增加參數的估計，提高模式的適配度之後，再進行參數的刪減，以簡化模式的複雜度（邱皓政，民 94）。

LISREL 模式中可能的模式修正內容如下（*Diamantopoulos & Siguaw, 2000, p.104*）

表 1-3

	放寬（減少）限制	增加限制
測量模式	放寬測量參數	固定測量參數
結構模式	放寬結構參數	固定結構參數

表 1-3 中典型的放寬（減少）限制是指將原先模式中設定為固定參數（fixed parameters）改為自由參數，或是取消原先設定為相等的參數，使這些參數以自由參數（free parameters）的方法各自進行估計。而典型的增加限制的設定剛好與上述相反，將原先的自由參數改為固定參數，不進行參數估計（將參數設定為 0）；將原先各自進行自由估計的二個參數，將其二個參數值設成相等，以進行參數相等化的估計。所謂自由參數是研究者根據理論而想要去估計的參數，至於

所謂的固定參數，是把參數設定成某個固定值（一般皆設定成 0 或 1），而不會去估計的參數。界定敘列搜尋程序時要注意以下幾點（*Diamantopoulos & Siguaw, 2000, p.106*）：

1. 與有限制的理論指引（theory-drivern）之有限度的搜尋相較之下，模式以資料導向式（data-driven）的無限制搜尋較不易成功，因而研究者不能只根據輸出報表中的診斷訊息來作為模式修正的策略，而應適當的納入相關的理論。

2. 在小至中規模的樣本中，界定敘列搜尋程序往往會造成模式檢定的不穩定，易造成統計結果較大的波動，在相同樣本大小的情況下，會出現多種不同的修正方式，如果樣本數小於 100，則不宜進行界定搜尋。模式修正時最好採用大樣本，但要注意統計考驗力過高時的模式可能不佳情況。

3. 在小至中規模大小的重複樣本中，初始模式與修正模式的適配度測量結果可能都會不太穩定，即模式修正會造成模式適配度指標不理性的波動。在此種情況下，如果研究樣本夠大的話，最好把樣本數隨機分割為二部分，每一部分均進行模式界定敘列搜尋程序，並進行交叉檢驗。

4. 模式敘列錯誤處愈多，則模式界定敘列搜尋結果愈不容易成功，因而研究者在確認初始模式時，必須參閱相關的文獻理論，以建構一個完整的假設模式圖，同時兼顧測量模式與結構模式的合理性。

5. 在模式界定搜尋過程中，常出現第二類型的錯誤，即無法拒絕一個有敘列錯誤的模式，此時研究者應確保樣本數足夠，足以支持檢驗模式的統計考驗力，不要把一個未達顯著的卡方值檢定結果作為停止界定搜尋的信號，研究者要避免過度依賴卡方統計量作為模式適配度的唯一檢驗指標，因為卡方值考驗易受樣本數大小的影響。

1.8 模式的複核效化

當假設模式經過修正後達成一個較佳的模式（better model）之後，研究者可以進一步以此較佳模式與初始模式進行比較，以獲得實質的意義。這個問題就是要關注最後模式的可信度如何？一個模式若是有用的，這個模式不僅適用於已知的樣本，同樣也能適用於其他的樣本（*Yi & Nassen, 1992*）。一種可能的結果是最

後發展的模式只適配於一組樣本，對於其他樣本並不適配；如果模式建構得很理想，應該可以一次又一次的適配相同的資料樣本組（*Saris & Stronkhorst, 1984*）。此種模式可交叉驗證的過程稱為模式的「複核效化分析」（cross-validation analysis），複核效化的分析就是修改的較佳模式是否也可適配於來自相同母群體的不同樣本；進一步若是不同母群體的樣本是否也可獲致理想的適配結果。

如果研究者想要在一對立模式中選取最佳模式（best model），就需要採用複核效化的分析程序，當樣本數不大時，研究者所要選取的不是適配最佳的模式，而是最具複核效化的模式（*MacCallum et al., 1994*）。如果先前建立的對立或競爭模式代表不同的理論，研究者的目的應當選擇一個對未來樣本具有預測效度的模式，而不是挑選一個最能再製此特定樣本結構的模式，因為後面的模式對於來自相同母群體的觀察資料可能是不適當的（*Diamantopoulos & Siguaw, 2000*）。

依據學者Bagozzi和Yi（*1988, p.85*）的看法，至少有四種情境，須用到複核效化的程序：

1. 為了確定模式的適配不是特異樣本特徵（idiosyncratic sample characteristics）所導致的結果，研究者必須將一個模式的評鑑分開來估計以便建立效度時。
2. 當界定搜尋程序或模式探究時，是使用一個適配資料的假設修正模式時。
3. 根據現有資料從數個模式中選擇一個最適配的模式，且需要檢驗結果是因「機遇坐大」（capitalization on chance）造成的結果時。
4. 當研究目標在於辨識可以很好預測未來資料的模式時。

根據效度樣本（樣本是否來自相同的母群體或來自不同母群體）及模式數目（單一模式或數個模式的比較）來劃分複核效化的型態，通常可劃分為以下四種類型，這四種類型也是在共變數結構模式中常見的複核效化的型態（*Diamantopoulos & Siguaw, 2000, p.130*）。

模式複核效化的四種類型如下：

表 1-4

		效度樣本	
		相同母群體	不同母群體
模式數目	單一模式	模式穩定	效度延展
	模式比較	模式選擇	效度概化

四種類型的模式複核效化說明如下（*Diamantopoulos & Siguaw, 2000*）：

▓ 模式穩定（model stability）

模式穩定的目的主要在評估一個已經適配良好的單一模式，是否被應用在相同母群體中的其他樣本時也可以適配得很好。模式穩定類型是最基本的複核效化分析的形式，通常它不是從獨立樣本中選擇一組資料，就是將原先總樣本數採隨機分割或使用分割樣本的作法，將既有的樣本數一分為二（其樣本數比例為 50：50）。採用第二種方法時，原先的樣本要夠大才可以。分為二群的樣本分別稱為「校正樣本」（calibration sample）與「效度樣本」（validation sample），前者是用來建立發展假想的理論模式，而後者則是用來檢定前者發展之模式的適當性。這種分割樣本的作法前提是需要一個夠大的樣本，才足以將樣本一分割為二，一般建議的最小樣本數為 300，但如果考量到模式的複雜性，被估計的參數愈多，則需要的樣本數可能要愈大（*Homburg, 1991*），如 Homburg（*1991*）研究發現，模式較複雜時，樣本人數介於 300 至 500 之間時，進行複核效化的效果最佳。另一方面，學者 MacCallum 等人（*1992*）則認為樣本人數若沒有超過 800 位，則進行複核效化的結果會呈現不穩定的狀態，此論點與 Homburg（*1991*）的觀點相同，其認為正式的樣本分割，所需的樣本數愈多，則複核效化會呈現更大的一致性。此外 Bentler（*1995, p.6*）對模式複核效化的觀點提出以下建議：在資料符合常態分配基本理論時，被估計的自由參數個數與樣本數的比例至少為 1：5，即樣本大小至少為自由參數個數的 5 倍，如果資料不是常態分配而是呈現其他次數分配的情況下，樣本數與自由參數的比例至少要在 10：1 以上才較適當，上述比例值愈大，在參數顯著性方面才能獲得可信賴的 z 檢定值，並提高正確模式評估的卡方分配機率值。

▓ 效度延展（validity extension）

效度延展非常類似於模式穩定的評估，其中的差異是效度驗證的第二組樣本來自不同的母群體，也就是一個適配較佳的模式發展在第一個母群體觀察樣本裡，然後再隨機抽取第二個母群體中樣本來檢定上述的模式是否在此樣本中也會得到適配，效度延展的目的在決定理論模式的效度是否可以擴展到不同的母群

體，如果可以，表示模式效度延展情形良好。要進行效度延展的程序之前，要先建立模式的穩定性，因為若理論模式在同一母群體中的樣本都無法適配，如何複製擴展到其他不同的母群體呢？

模式選擇（model selection）

模式選擇的主要目的在於從數個競爭或對立的模式中，選擇一個最佳的模式，而前述數個競爭或對立的模式在同一母群體的不同樣本間可以再製，均具有模式穩定的特性。模式選擇背後的意涵，即是從一組競爭模式中，比較出哪一個假設模式具有較佳而相對的解釋力，而不會考量只選擇原先建構的一個模式。在此上述情況下，如果樣本數夠大的話，分割樣本作法是可行的，因為競爭模式在相同的樣本中已被評估過，模式的適當性不會受到樣本大小的影響（*Yi & Nassen, 1992*）。對研究者而言，發展不同的競爭模式，其目的在於選擇一個模式，但此模式卻不一定是所有模式中最佳的，但它卻是可以接受且最能夠應用到其他觀察資料裡。當然，若是最適配模式也是最穩定的模式是最好的。不過，若是最佳適配模式無法推論到其他的樣本，就表示此一最佳模式是一種特殊樣本所界定的，因而其擁有的效度只是一種內在效度，而缺乏外在效度。其實，最好的模式應當同時具備內在有效性與外在有效性，模式選擇就是要同時考量這二個條件的一種複核效化（黃芳銘，民93）。

效度概念（validity generalization）

效度概念是從不同母群體中，具有模式延展的一組競爭模式中，辨識出一個較佳的模式。效度概念是在不同母群體中從事模式選擇的工作，這和「模式選擇」最大的不同是模式選擇是在同一母群中產生模式。效度概念的邏輯可以以下列例子說明：假設有三個競爭模式，A、B、C，經由模式選擇程序的過程，在第一個母群體中，模式從最好到最差的排序為B、A、C；在第二個母體中模式複核效化的排列順序為 C、A、B。雖然模式 A 在母群體一和母群體二中均不是最佳的模式，但是在母群體一中卻比模式 C 佳，在母群體二中卻比模式 B 佳，因而如同時考量二個母群體，模式 A 不見得會比模式 B、模式 C 表現還差。因而效度概念包含於不同母群體中模式選擇程序的應用。

複核效化的概念也可以從它使用的「複核效化的策略」（cross-validation strategy）來考量。MacCallum 等人（*1994, p.13*）將「複核效化的策略」分為三種：

▌寬鬆複製策略（loose replication strategy）

寬鬆複製策略指在校正樣本下獲得的適配模式，用於效度樣本中進行複核效化時，模式界定是相同的，但模式中所有的參數均讓其自由估計，允許模式中所有參數在校正樣本與效度樣本間獲得不同的估計，也就是在效度樣本中，將模式的參數放寬讓其自由估計。

▌嚴格複製策略（tight replication strategy）

嚴格複製策略就是在校正樣本下獲得的適配模式，用於效度樣本中進行複核效化時，不僅模式界定是相同的，且模式中所有的固定的參數也必須完全一樣，不允許模式中所有參數在校正樣本與效度樣本間獲得不同的估計，也就是在效度樣本中模式的參數限制與估計與先前之校正樣本下是相同的。

▌適中複製策略（moderate replication strategy）

適中複製策略指的是已經獲得適配的模式，在校正樣本中限制某些關鍵性的參數，如反映測量或結構路徑的參數，而允許某些參數如誤差變異數可以自由估計，模式中限制與放寬的參數在效度樣本中部分是相同的，部分是有差異的，因而適中複製策略乃是寬鬆複製策略與嚴格複製策略的一個折衷，又稱部分複核效化（partial cross-validation）。

為了進行複核效化的工作，LISREL 會執行「多群組樣本分析」（multi-sample analysis）的程序，此程序功能可以同時適配多組樣本，並且可對參數界定「恆等限制」（invariance constraints），此項又稱「等化限制」（equality constraints）或「群組限制」（group restrictions），即允許多組樣本間的全部或某些參數值設定為相等。LISREL 應用軟體在進行多群組樣本分析時，其預設的功能是採用「嚴格複製策略」，先將多組樣本上的所有參數值設定為相同，之後，研究者再根據自己的需求或相關理論、模式修正數據等，改採「寬鬆複製策略」或「適中複製

策略」，來逐步放寬某些參數值的估計，以達多組樣本都能適配於同一模式下的目的（余民寧，民 95；*Diamantopoulos & Siguaw, 2000*）

複核效化的評鑑指標，常用者為 AIC（Akaike information criterion）與 ECVI（expected cross-validation）二個。在數學基礎上，AIC 指標是從代表模式適配度的卡方值轉換而來的一種基於概率原理的統計數，其公式如下：$AIC = \chi^2 - 2df$。從模式複雜度來看，當模式的自由度愈小，表示估計的參數愈多，模式愈複雜，模式能從 χ^2 值中扣減的數值愈少，使得 AIC 數值增大，因此，兩個 SEM 假設模式的比較，AIC 指標值較低者，表示模式的變動性愈低，模型愈精簡、該模型在預測分配（predictive distribution）上的表現較佳，複核效化愈理想。在做模式比較時，AIC 值愈小表示模式愈簡約，所以 AIC 指標值可以作為模式的選擇之用，所有競爭模式中 AIC 值最小者，此模式最具有複核效化。而 ECVI 指標（期望複核效度指標是由 Cudeck 和 Browne（*1983*）所發展可以評鑑複核效化適當問題的指標。此指標是基於非中央性參數的估計，所得到的一個用以反應模式估計的波動性之指標。在實際應用上，ECVI 指數反應了在相同的母群體之下，不同樣本所重複獲得同一個理論模式的適配度之期望值，ECVI 值愈小，表示模式適配度的波動性愈小，該理論模式愈好。在 ECVI 指數的判別上，要注意樣本的分配，因為 ECVI 值受到樣本分配假定的影響相當大，如果樣本分配相當偏離常態，這個值的可信度就會減低（黃芳銘，民 93；邱皓政，民 94）。

二個潛在因素，各有三個指標變項的因素結構，其複核效化的 SIMPLIS 的語法範例如下（將全部樣本分割為男生群體與女生群體二個次樣本）：

```
Group1: 男生群體
Observed Variables: X1 X2 X3 X4 X5 X6
Covariance Matrix: <輸入男生群體的共變數矩陣>
Sample Size: 600
Latent Variables: FACT1 FACT2
Relationships:
X1 X2 X3 = FACT1
X4 X5 X6 = FACT2


Group2: 女生群體
```

Covariance Matrix: <輸入女生群體的共變數矩陣>

Sample Size: 650

Options: SC RS ND=3

End of Problem

第 2 章
模式適配度統計量
的介紹

S tructural
E quation
M odeling

適配度指標（goodness-of-fit indices）是評鑑假設的徑路分析模式圖與蒐集的資料是否相互適配，而不是在說明徑路分析模式圖的好壞，一個適配度完全符合評鑑標準的模式圖不一定保證是個有用的模式，只能說研究者假設的模式圖比較符合實際資料的現況。當我們討論到模式的適配（fit），指的是假設的理論模式與實際資料一致性的程度，在模式估計的過程中，假設模式隱含的共變數矩陣 $\hat{\Sigma}$，儘可能的接近樣本共變數矩陣 S，Σ 矩陣與 S 矩陣愈接近，表示模式的適配度愈佳。嚴格上來講，共變數結構的假設是：$\Sigma = \Sigma(\theta)$，其中 Σ 矩陣為母群體共變數矩陣、$\Sigma(\theta)$ 矩陣為母群體假設模式隱含之共變數矩陣，整體適配度的測量在於幫忙評估這個假設是否成立，如果沒有成立，也可以協助測量其二者之間的差異。但因為母群體的參數 Σ 矩陣與 $\Sigma(\theta)$ 均無法獲得，因而研究便以其相對應的樣本資料 S 矩陣與 $\Sigma(\hat{\theta})$ 矩陣（也就是 $\hat{\Sigma}$ 矩陣）來檢驗估計（*Bollen, 1989, p.256*）。適配度的指標（fit indices）就是在估量 $\hat{\Sigma}$ 矩陣與 S 矩陣間的緊密性（closeness），緊密性的測量有許多種不同方法。

在推論統計中，會根據變項的屬性與其間的關係，選用適當的統計方法，並選定顯著水準（一般是使用 $\alpha = 0.05$ 或 $\alpha = 0.01$），並決定單側檢定或雙側檢定，之後會得到統計量及顯著性機率值 p，若是顯著性考驗機率值 p 小於 0.05，就可拒絕虛無假設，而接受對立假設，形成變項間相關顯著，或自變項在依變項上有顯著差異，或自變項對依變項有顯著的解釋力等，拒絕虛無假設往往是研究者所期盼的結果。但在結構方程模式檢驗中，研究者所期望獲致的結果是「接受虛無假設」（不要拒絕虛無假設），因為一個不顯著的檢定結果，表示虛無假設不應被拒絕，此時樣本共變數矩陣 S，假設理論模式隱含的 $\hat{\Sigma}$ 矩陣就愈接近，表示理論模式愈能契合實徵資料的結構，模式的適配度愈佳。

SEM 模式評鑑的一個重要概念，是 SEM 分析只能用來評估研究者所提的假設理論模式是否適切，但是究竟何者才是真正能夠反應真實世界的變項之間關係的模式，這一個結論並不能夠從模式評鑑過程中得到答案，因為除了研究者所提出的理論模式之外，同樣的一組顯性便可能有許多不同模式的組合，這些基於同樣觀察資料的基礎假設模式可能都有理想的適配度，SEM 分析並無法區辨這些計量特徵類似理論模式何者為真，使用結構方程模式的研究者不但必須謹記統計方法學本身的限制，更必須避免自己陷入過度統計推論的迷思之中（邱皓政，民 94）。

在模式適配度的評鑑時，要注意以下幾個問題：

1. 適配度指標的優劣並無法保證一個模式是有用的。適配指標所提供的訊息

只是告知研究者模式適配度的不足，適配度的指標值絕對不是反映模式是否可靠的程度（*Byrne, 1998, p.119*）。

2. 一個模式適配良好並無法證明什麼。研究者應該相信還有許多理論模式也可以適配得很好，甚至在某些案例中可能會適配得更好。事實上，一個適配不佳的指標值可能會提供研究者更多的訊息，它反而是一個比較好得出結論的證據，它的訊息明確的告知研究者理論模式無法被觀察資料所支持（*Darden, 1983, p.28*）。

3. 模式適配度的評估應該來自不同的資料源，從不同的觀點採用多種準則指標來評估模式的適配度（*Byrne, 1998, p.103*）。

4. 帶有潛在變項的結構方程模式應用於實際的世界中時，會表現出某種程度的模糊性存在，這意謂著某些指標準則會指向接受模式，而其他指標準則會出現模稜兩可的情形，甚至呈現拒絕模式的相反結果（*Bagozzi & Yi, 1988, p.90*）。

5. 最重要的一點是研究者無法對檢驗結果加以評估和解釋，因為此結果好像與研究者建構的理論相分離，或是無法根據研究發現相關連的其他概念或哲學議題來評鑑或解釋模式（*Bagozzi & Yi, 1988, p.90*）。研究者應根據相關的理論，來建構假設模式，之後再參酌適配度係數來進行模式的判斷，而不要依據適配係數指標來調整模式，這樣才符合科學進步本意。

在進行模式適配度估計之前，研究者需先檢驗模式是否違反估計，模式違反估計有以下三種情形（*Hair et al., 1998*）：

1. 出現負的誤差變異數（negative error variances），此種情形特稱為「Heywood」案例（黑屋案例）。實際情境的誤差變異數愈小愈好，其最小值為 0，表示沒有測誤差，如果其值為負數，表示違反估計。因為此時的 R^2 值大於 1，當 R^2 值大於 1 時，是不合理的參數。

2. 標準化係數超過或非常接近 1（standardized coefficient exceeding or very close to 1.0）（通常可接受的最高門檻值為 0.95）。

3. 出現非常大的標準誤（very large standard errors）。

上述三種情況的補救方案，相關學者均提出一些規則及方案，但不是十分明確。如對於「Heywood」案例的問題，學者 Dillon 等人（*1987*）提供一種「脊常數」（ridge constant）的解決方法，就是將負的誤差變異數加上一個非常小的正數，如 0.001，此種方法也稱為平滑程序法。雖然此種方法相當能夠符合實際估

計程序的要求，但是這樣的做法卻也混淆了基本的問題。因此，在解釋此種結果時，必須對此一方法所造成的影響加以考量。

太大的標準誤通常意涵著參數無法估計，主要是因為標準誤是受到觀察變項、潛在變項，或是二者的測量單位以及參數估計的統計量所影響。解決不適當解值的方法，如嘗試找出可能影響此種結果的有問題變項，之後刪除此變項；若是因為樣本數不夠，可以再增加樣本人數；如果理論允許的話，可以增加每一個潛在變項的測量指標數（黃芳銘，民 93）。當標準化係數超過 1 或太接近 1 時，研究者必須考量刪除其中一個建構（因素），或者是能確認在所有建構中，真正的區別效度（discriminant validity）（鑑別效度）已被建立（*Hair et al., 198*）。此觀點就是模式的建立必須有相關的理論或經驗法則為基礎，完全沒有理論基礎的假設模式是脆弱的、不完整的。

有關模式適配度的評鑑有許多不同主張，但以學者 Bogozzi 和 Yi（*1988*）二者的論點較為周延，其二者認為假設模式與實際資料是否契合，須同時考慮到下列三個方面：基本適配度指標（preliminary fit criteria）、整體模式適配度指標（overall model fit）、模式內在結構適配度指標（fit of internal structural model），上述整體模式適配度指標，Bogozzi 和 Yi（*1988*）又將其細分為「絕對適配指標」（absolute fit indices）、「相對適配指標」（relative fit indices）、「簡約適配指標」（parsimonious fit indices），整體模式適配度的檢核可說是模式外在品質的考驗，模式內在結構適配度的程度乃代表各測量模式的信度及效度，可說是模式內在品質的檢核。此外學者 Hair 等人（*1998*）也將整體模式適配度評估分為三類：絕對適配度測量（absolute fit measurement）、增值適配測量（incremental fit measurement）及簡約適配度測量（parsimonious fit measurement）。Hair 等人也認為在進行模式適配度評估時，最好能同時考量到以上三種指標，因為當研究者同時考量到三類指標時，對模式的可接受性或拒絕比較能夠產生共識的結果。而學者 Diamantopoulos 與 Siguaw（*2000*）二人認為模式適配度的評估方面要從四個方面考量：整體適配度評估（overall fit assessment）、測量模式的評估（assessment of measurement model）、結構模式的評估（assessment of structural model）、統計考驗力的評估（power assessment），其中整體適配度評估包括絕對適配指標值、相對適配指標值、簡約適配指標值的檢核，是模式外在品質的檢核；而測量模式評估及結構模式的評估代替的是模式基本適配度指標與模式內在適配度指標的評估。

2.1 模式基本適配指標

在模式基本適配指標檢證方面，Bogozzi 和 Yi（1988）提出以下幾個項目：

1. 估計參數中不能有負的誤差變異數，即 θ_ε 與 θ_δ 矩陣元素中沒有出現負數，且達到顯著水準。
2. 所有誤差變異必須達到顯著水準（t 值>1.96）。
3. 估計參數統計量彼此間相關的絕對值不能太接近 1。
4. 潛在變項與其測量指標間之因素負荷量（Λ_X、Λ_Y）值，最好介於.50 至.95 之間。
5. 不能有很大的標準誤。

當違反這幾項標準時，表示模式可能有敘列誤差、辨認問題或資料建檔輸入有誤，此時研究者最好重檢核模式參數的敘列是否有意義，同時檢查語法程式是否與假設模式徑路圖一致（*Bogozzi & Yi, 1988*）。

2.2 整體模式適配度指標（模式外在品質的評估）

SIMPLIS 格式報表或 LISREL 的輸出報表中，均會呈現「Goodness of Fit Statistics」的數據，此數據中包含各種模式整體適配度的指標值，這些指標值皆是根據實際資料得到的相關係數矩陣或變異數共變數矩陣（簡稱 S 矩陣）與假設理論模式推導出之相關係數矩陣或變異數共變數矩陣（簡稱 $\hat{\Sigma}$ 矩陣）的差異，所估算出來的統計值。

模式整體適配度指標輸出格式範例如下：

Goodness of Fit Statistics【適配度統計量指標】

Degrees of Freedom = 14【自由度等於 14】

Minimum Fit Function Chi-Square = 18.48 (P = 0.19)【最小適配函數卡方值】

Normal Theory Weighted Least Squares Chi-Square = 18.31 (P = 0.19)【常態化最小平方加權卡方值，顯著性機率值 p = 0.19 > 0.05】

Estimated Non-centrality Parameter (NCP) = 4.31【非集中化參數估計值－NCP】

90 Percent Confidence Interval for NCP = (0.0 ; 19.56)【NCP 值 90%的信賴區間】

Minimum Fit Function Value = 0.062【最小適配函數值】

Population Discrepancy Function Value (F0) = 0.014【母群差異函數值－F0】

90 Percent Confidence Interval for F0 = (0.0 ; 0.065)【F0 值 90%的信賴區間】

Root Mean Square Error of Approximation (RMSEA) = 0.032【漸進殘差均方和平方根－RMSEA 值】

90 Percent Confidence Interval for RMSEA = (0.0 ; 0.068)【RMSEA 值 90%的信賴區間】

P-Value for Test of Close Fit (RMSEA < 0.05) = 0.76【RMSEA 值顯著性考驗】

Expected Cross-Validation Index (ECVI) = 0.21【期望跨效度指數－ECVI 值】

90 Percent Confidence Interval for ECVI = (0.19 ; 0.26)【ECVI 值 90%的信賴區間】

ECVI for Saturated Model = 0.24【飽和模式的 ECVI 值】

ECVI for Independence Model = 3.90【獨立模式的 ECVI 值】

Chi-Square for Independence Model with 28 Degrees of Freedom = 1151.52【有 28 個自由度之獨立模式的卡方值】

Independence AIC = 1167.52【獨立模式的 AIC 值】

Model AIC = 62.31【理論模式的 AIC 值】

Saturated AIC = 72.00【飽和模式的 AIC 值】

Independence CAIC = 1205.15【獨立模式的 CAIC 值】

Model CAIC = 165.79【理論模式的 CAIC 值】

Saturated CAIC = 241.34【飽和模式的 CAIC 值】

Normed Fit Index (NFI) = 0.98【NFI 值】

Non-Normed Fit Index (NNFI) = 0.99【NNFI 值】

Parsimony Normed Fit Index (PNFI) = 0.49【PNFI 值】

Comparative Fit Index (CFI) = 1.00【CFI 值】

Incremental Fit Index (IFI) = 1.00【IFI 值】

Relative Fit Index (RFI) = 0.97【RFI 值】

Critical N (CN) = 472.44【CN 值】

Root Mean Square Residual (RMR) = 0.13【RMR 值】

Standardized RMR = 0.030【SRMR 值】

Goodness of Fit Index (GFI) = 0.98【GFI 值】

Adjusted Goodness of Fit Index (AGFI) = 0.96【AGFI 值】

Parsimony Goodness of Fit Index (PGFI) = 0.38【PGFI 值】

一般而言，整體模式適配度指標是否達到適配標準可從以下幾個指標來檢視，而在考驗整體模式適配度指標時，學者 Hair 等人（1998）建議，應先檢核模式參數是否有違規估計現象，此方面可從下列三方面著手：1. 有無負的誤差變異數存在；2. 標準化參數係數是否 ≧ 1；3. 是否有太大的標準誤存在。如果模式檢核結果沒有違規估計現象，則可以進行整體模式適配度的檢定。

▋絕對適配統計量

卡方值

卡方值（χ^2）愈小表示整體模式之因果徑路圖與實際資料愈適配，一個不顯著（p > .05）的卡方值表示模式之因果徑路圖模式與實際資料相適配，二者不一致（discrepancy）的情形愈小，當 χ^2 值為 0 時，表示假設模式與觀察數據十分適配；而一個顯著的 χ^2 值，表示理論模式估計矩陣與觀察資料矩陣間是不適配的，「飽和模式」（Saturated model）是假定模式完全適配樣本數據的模式，因而其 χ^2 值為 0。但卡方值對受試樣本的大小非常敏感，如果樣本數愈大，則卡方值愈容易達到顯著，導致理論模式遭到拒絕的機率愈大，χ^2 值檢定最適用的樣本數為受試者在 100 至 200 位之間，如果是問卷調查法，通常樣本數均在 200 位以上，因而整體模式是否適配須再參考的適配度指標。學者 Rigdon（1995）認為，使用真實世界的數據資料來評鑑理論模式時，χ^2 統計通常實質的助益不大，因為 χ^2 值受到估計參數及樣本數影響很大。當估計的參數愈多（自由度愈大），影響假設模式的變因愈多，假設模式適配度不佳的情形就愈明顯；而當樣本數愈大，往往造成卡方值變大，此時很容易拒絕虛無假設，接受對立假設，表示假設模式的共變異數矩陣與觀察資料間是不適配的。如果模式參數愈多，所需的樣本數就愈多，若是在一個模式大而小樣本的狀態下，χ^2 檢定的問題就會更嚴重。

在 SIMPLIS 報表中，第一行會呈現模式的自由度（degrees of freedom），第二

行為「最小適配函數卡方值」（minimum fit function Chi-Square），它的值等於 $(N-1)F_{min}$，其中 N 為樣本人數，而 F_{min} 是使用 ML 法或 GLS 法等估計模式後聚合的適配函數值。卡方統計量以傳統的共變數結構之測量方法來評估整體模式的適配度，以提供完美適配的檢定－虛無假設模式完美地適配母群資料。一個統計顯著的卡方值應該拒絕虛無假設，表示不完善的模式適配，進而拒絕假設的理論模式。卡方統計量的虛無假設如下：$H_0 : S = \hat{\Sigma}$ 或 $H_0 : \Sigma = \Sigma(\theta)$，其相對的自由度等於 $\frac{k(k+1)}{2}-t$；其中 k 是觀察變項的數目，而 t 估計參數的數目。

卡方值統計值對於樣本母群多變項常態性（特別出現極端峰度時）、樣本大小特別敏感。而卡方值的基本假定中，假設模式完美適配母群體的分布，因而卡方值可作為模式是「適配」（goodness-of-fit）或「不適配」（badness-of-fit）的檢定統計量，一個很大的卡方值反應出模式適配不佳、一個小的卡方值反應出模式適配度良好。對於卡方值的大小，模式的自由度則提供了一個重要的「標準」（standard）。在實際上，研究者使用的樣本資料，而非母群體資料，因此卡方值很容易偏離常態分配的基本假設（大部分的量化研究均採用樣本資料），尤其是在小樣本時，卡方值對模式與資料間缺乏適配的程度便非常敏感，假設理論模式與實際資料差異愈大，$\Sigma \neq \Sigma(\theta)$。在此種情境下，檢定統計的卡方值不再是 χ^2 分配，而是呈現一種非集中化的 χ^2 分配，此分配具有非集中化的參數（non-centrality parameter; NCP 值）λ，λ 值反映的是 Σ 與 $\Sigma(\theta)$ 間的差異值，當此差異值愈大，表示虛無假設愈偏離真正的對立假設，模式的卡方值愈大，顯示理論模式與資料間愈不適配。NCP 值等於「常態化最小平方加權卡方值」（Normal Theory Weighted Least Squares Chi-Square）與模式自由度的差值，NCP 值 90% 的信賴區間（90 percent confidence interval）如包括 0 在內，表示檢定結果未達顯著水準，應該接受虛無假設，表示理論模式與實際資料可以適配（*Diamantopoulos & Siguaw, 2000*；余民寧，民 95）。上述報表中的卡方值有二行，一為「Minimum Fit Function Chi-Square = 18.48 (P = 0.19)【最小適配函數卡方值】」，此為假設值，另一行為「Normal Theory Weighted Least Squares Chi-Square = 18.31 (P = 0.19)【常態化最小平方加權卡方值，顯著性機率值 p = 0.19 > 0.05】」，為模式契合度的卡方值，研究者應該查看此行中的數據，其中 χ^2 值等於 18.31，顯著性機率值 p = 0.19 > 0.05 未達顯著水準，接受虛無假設，表示假設模式與觀察資料間適配情況佳，二者有良好的契合度。

如採用最大概似法（ML 法）與 GLS 來估計參數，其 F 值與 χ^2 值計算公式如

下：

$$ML \text{ 的 } \chi^2 = (n-1)F(S;\hat{\Sigma})$$
$$GLS \text{ 的 } \chi^2 = (n-1)F_{GLS}$$
$$F(S;\hat{\Sigma}) = tr(S\hat{\Sigma}^{-1}) + \log|\hat{\Sigma}| - \log|S| - p$$

上式中，p 為測量變項的數目，$\hat{\Sigma}$ 為估計樣本的共變數矩陣，當假設模型隱含的共變數矩陣與觀察資料矩陣完全契合時，$\hat{\Sigma}$ 矩陣的對數值與S矩陣的對數相減為 0，而 $tr(S\hat{\Sigma}^{-1})$ 則為 $tr(I)$，解開後的數值等於p，因此 $tr(S\hat{\Sigma}^{-1})-p$ 的值也等於 0，使得 $F(S;\hat{\Sigma})$ 的值為 0。由於 $F(S;\hat{\Sigma})$ 是基於機率原理的非線性函數，不容易獲得參數解，因此需仰賴疊代的程序來獲得參數最後估計值（邱皓政，民 94）。

$F_{GLS} = \frac{1}{2}tr[(S-\hat{\Sigma})S^{-1}]^2$，$tr[\cdot]$ 是矩陣內對角線元素之和。

卡方自由度比

當假設模式的估計參數愈多，自由度會變得愈大；而當樣本數愈多，卡方值也會隨之擴大，若同時考量到卡方值與自由度大小，則二者的比值也可以作為模式適配度是否契合的指標。卡方自由度比值（$=\chi^2 \div df$）愈小，表示假設模式的共變異數矩陣與觀察資料間愈適配，相對的，卡方自由度比值愈大，表示模式的適配度愈差，一般而言，卡方自由度比值小於 2 時，表示假設模式的適配度較佳（*Carmines & McIver, 1981*）。卡方自由度比也稱為「規範卡方」（Normed chi-square; NC），此指標提供二種模式來評鑑不適當的模式：(1)當其值小於 1.00 時，表示模式過度的適配，即該模式具有樣本獨異性；(2)當模式值大於 2.0 或 3.0，較寬鬆的規定值是 5.0，則表示假設模式尚無法反映真實觀察資料，即模式契合度不佳，模式仍須改進。很明顯地，卡方自由度比由於使用卡方值作為分子，因此此一指標仍然受到樣本大小的影響，其次，卡方自由度也無法更正過多的統計考驗力的問題（黃芳銘，民 93）。NC指標值適用於辨認下列二種不適當的模式：一為某種靠機運產生的過度辨識模式；二為某種無法契合實徵資料而需要修改的模式。事實上，NC 指標值也像卡方值一樣，容易受到樣本大小的影響，在大樣本使用時較不可靠，因而在判別模式是否可以接受時，最好還是參考其適配度指標值，進行綜合的判斷才可信（*Hayduk, 1987; Wheaton, 1987*）。

範例中的自由度等於 14、χ^2 值等於 18.31，卡方自由度比之NC值等於 $18.31 \div 14$

=1.31，符合模式可以接受的標準。

RMR & SRMR & RMSEA

在評估 LISREL 模式中，基本上有四種殘差值的差異型態（*Cudeck & Henly, 1991*）：

(1)如果模式接近於實體社會，一個假設模式無法完美地適配母群體，母群體適配的不足是由於母群體共變數矩陣（Σ 矩陣）與基於母群體假設模式隱含之共變數矩陣（$\Sigma(\theta)$ 矩陣）之間的差異值（$= \Sigma$ 矩陣$-\Sigma(\theta)$ 矩陣），此種差異值稱為「近似差異值」或「近似誤」（discrepancy of approximation），事實上由於 Σ 與 θ 無法得知，因而此種「近似差異值」無法正確決定，它只存於理論概念中，事實上無法得知。

(2)由於母群體的性質無法得知，因而只能以樣本資料來代替，即以樣本共變數矩陣（S 矩陣）與樣本模式隱含的共變數矩陣（$\hat{\Sigma}$ 矩陣）來取替上述母群體的資料，其中 $\hat{\Sigma}$ 矩陣 $= \Sigma$ $(\hat{\theta})$ 矩陣，樣本模式適配度的不足是由於樣本共變數矩陣（S 矩陣）與基於樣本假設模式隱含之共變數矩陣（$\hat{\Sigma}$ 矩陣）之間的差異值（$=$ S 矩陣$-\hat{\Sigma}$ 矩陣），此種差異值稱為「樣本差異值」（sample discrepancy）。在 LISREL 輸出的適配殘差共變數矩陣中的殘差差異值，即為「樣本差異值」，若是樣本資料所得之 S 矩陣與樣本模式隱含之 $\hat{\Sigma}$ 矩陣的差異值很小，表示假設模式與實際資料的適配度較佳。

(3)基於母群體假設模式隱含之共變數矩陣（$\Sigma(\theta)$ 矩陣）與基於樣本假設模式隱含之共變數矩陣（$\hat{\Sigma}$ 矩陣）之間的差異值（$= \Sigma(\theta)$ 矩陣$-\hat{\Sigma}$ 矩陣），此種差異值代表實際參數的數值與從某一樣本獲得之參數估計值間的適配不足程度，此種差異值稱為「估計差異值」（discrepancy of estimation）。

(4)為「近似差異值」（$= \Sigma$ 矩陣$-\Sigma(\theta)$ 矩陣）與「估計差異值」（$= \Sigma(\theta)$ 矩陣$-\hat{\Sigma}$ 矩陣）的和$= \Sigma$ 矩陣$-\Sigma(\theta)$ 矩陣$+\Sigma(\theta)$ 矩陣$-\hat{\Sigma}$ 矩陣$= \Sigma$ 矩陣$-\hat{\Sigma}$ 矩陣，表示母群體共變數矩陣（Σ 矩陣）與基於樣本適配模式隱含之共變數矩陣（$\hat{\Sigma}$ 矩陣）之間的差異值，此差異值稱為「整體差異值」（overall discrepancy）。

RMR 為「殘差均方和平方根」（root mean square residual），即從適配殘差的概念而來，所謂適配殘差矩陣是指資料樣本所得之變異數共變數矩陣（S矩陣）與理論模式隱含之變異數共變數矩陣（$\hat{\Sigma}$ 矩陣）的差異值，矩陣中的參數即是適配殘差（fitted residual）。當 S 矩陣與 $\hat{\Sigma}$ 矩陣的差異值很小時，表示實際樣本資料

與假設模式愈契合,此時的適配殘差值會很小。把殘差值轉換成平均數等於 0、標準差等於 1 的數值,稱為標準化殘差值(standardized residuals),若單獨以標準化殘差值來解釋模型的適配度,則當標準化殘差值的絕對值大於 2 以上時,表示模型缺乏適配(*Stevens, 1996*)。

RMR 值就等於適配殘差(fitted residual)變異數共變數的平均值之平方根。由於 RMR 值是一個平均殘差的共變數,指標值很容易受到變項量尺單位的影響,常呈現數據大小不一的情形,因而沒有一個絕對的門檻來決定其數值多少為可以接受的指標值。但就適配殘差值的觀點來看,模式要能被接受,RMR 值要愈小愈好,愈小的 RMR 值表示模式的適配度愈佳,一般而言,其值在 0.05 以下是可接受的適配模式。

為了克服以上殘差值未標準化,造成 RMR 指標值數據大小不一的現象,將殘差標準化,以使殘差值不受測量單位尺度的影響,即成為「標準化殘差均方和平方根」(standardized root mean square residual; SRMR),SRMR 值為平均殘差共變異數標準化的總和,其值的範圍介於 0 至 1 間,數值愈大表示模式的契合度愈差,其值為 0 時,表示模式有完美的契合度,一般而言,模式契合度可以接受的範圍為其值在 0.05 以下。

RMSEA 為「漸進殘差均方和平方根」(root mean square error of approximation),其概念與 NCP 值類似,都是根據上述「近似差異值」(=Σ 矩陣−Σ (θ) 矩陣)的概念而估算出來的。其意義是每個自由度之平均 Σ 與 Σ(θ)間差異值(discrepancy),由於考慮到自由度,因此可將模式的複雜度也列入考量。RMSEA 值通常被視為是最重要適配指標訊息,其公式如下:

$$RMSEA = \sqrt{\frac{F_0}{df}}$$

上述公式中的 F_0 為母群體差異函數值(population discrepancy function value),表示一個模式被用來適配母群共變數矩陣Σ時之適配函數的估計值。當模式完全適配時,母群差異函數值 F_0 等於 0,此時 RMSEA 值等於 0。RMSEA 為一種不需要基準線模式的絕對性指標,其值愈小,表示模式的適配度愈佳。一般而言,當 RMSEA 的數值高於.10 以上時,則模式的適配度欠佳(poor fit);其數值.08 至.10 之間則是模式尚可,具有普通適配(mediocre fit);在.05 至.08 之間表示模式良好,即有合理適配(reasonable fit);而如果其數值小於 0.05 表示模式適配度非

常良好（good fit）（*Browne & Cudeck, 1993*）。此外，Sugawara 與 MacCallum（*1993*）二人認為RMSEA值在 0.01 以下時，代表模式有相當理想的適配（outstanding fit）；Steiger（*1989*）認為RMSEA值小於 0.05 時，表示模型有良好的適配；Byrne（*1998*）指出RMSEA值若高於 0.08 表示在母群體中有一合理的近似誤差存在。MacCallum 等人（*1996*）則進一步提出 RMSEA 的分割點（cut-points），其認為 RMSEA 值介於 0.08 至 0.10 之間，模式還是普通適配，但 RMSEA 值超過 0.10 時，模型呈現的不良的適配（poor fit）。上述學者個別論點就是 Browne 與& Cudeck（*1993*）的論點。

學者 Hu 與 Bentler（*1999*）建議模式適配度可以接受的範圍為 RMSEA 數值低於 0.06；McDonald 與 Ho（*2002*）以 RMSEA 數值等於 0.08，認為是模式契合度可以接受的門檻，其數值若小於 0.05，表示模式的適配度良好。與卡方值相較之下，RMSEA 值較為穩定，其數值的改變較不受樣本數多寡的影響，因而在模式契合度的評鑑時，RMSEA 值均比其他指標值為佳（*Marsh & Balla, 1994*）。最近研究指出，RMSEA 值如使用於小樣本數時，其指數反而有高估現象，使得假設模式的適配度呈現為不佳的模式（*Bentler & Yuan, 1999*）。

GFI&AGFI

GFI 為「適配度指數」（goodness-of-fit index），GFI 指標用來顯示：觀察矩陣（S 矩陣）中的變異數與共變數可被複製矩陣（$\hat{\Sigma}$ 矩陣）預測得到的量，其數值是指根據「樣本資料之觀察矩陣（S 矩陣）與理論建構複製矩陣（$\hat{\Sigma}$ 矩陣）之差的平方和」與「觀察之變異數」的比值（余民寧，民 95）。GFI 類似於迴歸分析中的 R 平方，表示被模式解釋的變異數及共變數的量，代表模式緊密完美適配觀察資料再製之共變數矩陣。如果 GFI 值愈大，表示理論建構複製矩陣（$\hat{\Sigma}$ 矩陣）能解釋樣本資料之觀察矩陣（S矩陣）的變異量愈大，二者的契合度愈高。GFI 數值介於 0～1 間，其數值愈接近 1，表示模式的適配度愈佳；GFI 值愈小，表示模式的契合度愈差，一般的判別標準為 GFI 值如大於 0.90，表示模式徑路圖與實際資料有良好的適配度。GFI 值相當於複迴歸分析中的決定係數（R^2），R^2 值愈大，表示可解釋變異量愈大；在 SEM 分析中，GFI 值可認為是假設模式共變異數可以解釋觀察資料共變異數的程度。

GFI 指標的定義公式如下：

$$GFI = 1 - \frac{F(S; \hat{\Sigma})}{F(S; \hat{\Sigma}(0))}, \quad \text{公式類似於} = 1 - \frac{ERROR_{VAR}}{TOTAL_{VAR}}$$

定義中的GFI值相當於Specht（*1975*）所提出的一般化複相關係數（generalized multiple correlation coefficient），此係數類似複迴歸中決定係數（coefficient of determination）的概念，表示全部 S 的變異量與共變數能夠被Σ解釋的部分，因而相當於複迴歸分析中的 R^2。其中 $F(S; \hat{\Sigma}(0))$ 是所有參數皆為 0 時之虛無模式（null model）的適配函數值。

AGFI為「調整後適配度指數」（adjusted goodness-of-fit index）。調整後的GFI值不會受單位影響，其估計公式中，同時考量到估計的參數數目與觀察變項數，它利用假設模式的自由度與模式變項個數之比率來修正GFI指標。其公式如下：

$$AGFI = 1 - (1 - GFI)\left[\frac{(p+q)(p+q+1)}{df}\right],$$

也可以表示如下：

$$AGFI = 1 - (1 - GFI)\left[\frac{k(k+1)}{2df}\right],$$

k表示模型中變項的數，*df*表示模型的自由度，AGFI值調整了 GFI 值中的自由度，導致模型中有較多的參數但有較低的指標值。這個調整數值的背後，合理的呈現可以再製S矩陣，並藉由增加較多估計參數至模型中。當S矩陣正確完整地被再製，所呈現的最終模式是「剛好辨識模型」（*Stevens, 1996*）。

當 GFI 值愈大時，則 AGFI 值也會愈大，AGFI 數值介於0～1間，數值愈接近 1，表示模式的適配度愈佳；GFI 值愈小，表示模式的契合度愈差。一般的判別標準為 AGFI 值如大於 0.90，表示模式徑路圖與實際資料有良好的適配度（*Hu & Bentler, 1999*）。學者Bollen與Long（*1993*）更認為模式的契合度良好的評鑑指標值應提高到 0.92 以上。在模式估計中，AGFI估計值通常會小於GFI估計值。AGFI值相當於複迴歸分析中的調整後的決定係數（adjusted R^2），因而 AGFI 值會同時考量估計參數的多少，當估計參數數目愈多，AGFI 值相對的就會變得較大，得到假設模式的適配度更佳的結論。至目前為止，並沒有 GFI 與 AGFI 二個指標值的統計機率分配，因而無法對這二個指標值進行顯著性的考驗。

ECVI

ECVI 為「期望跨效度指數」（expected cross-validation index）。在 NCP 與 RMSEA 指標值中，皆是以「近似誤差值」的理念來推導其公式的，此近似誤差值為母群體的共變數矩陣（Σ）與母群體假設模式導出之共變數矩陣 $\Sigma(\theta)$ 的差異值。但 ECVI 值關注的是「整體誤差值」（overall error），整體誤差值表示母群體共變數矩陣（Σ）與模式適配樣本隱含之共變數矩陣 $\hat{\Sigma}$ 的差異。ECVI值主要功能在於探究從同一母群體中，抽取同樣大小的樣本數，考驗同一個假設模式是否具有跨效度的效益（理論模式可以適配），它所測量分析的是從分析樣本的適配共變數矩陣與從其他大小相同之樣本所獲得的期望共變數矩陣（expected covariance matrix）的差異值（*Byrne, 1998*）。因而ECVI值在模式整體適配度指標的評鑑上是一個有用的指標值。

ECVI 的公式如下：

$$ECVI = \frac{\chi^2}{N-1} + \frac{2t}{N-1}$$，其中 t 為模式中自由參數的個數。

在實務應用上，ECVI 值不像其他指標值一樣，在模式的適配方面有一個固定的數值可供判別模式是否被接受，ECVI 值主要作為診斷模式之複核效度用，常用於假設模式與「獨立模式」（independence model）及「飽和模式」（saturated model）模式間的比較。所謂獨立模式是指假設所有變項間完全獨立，所有觀察變項間彼此間完全沒有相關，此種模式是限制最多的模式，又稱為「虛無模式」（null model），表示此種模式在行為及社會科學領域中實際上是不存在的，是研究者所構擬的一個假設理論模式。獨立模式有 k 個參數，$\frac{k(k-1)}{2}$ 個自由度，其中k為觀察變項的數目；所謂飽和模式是指待估計的參數完全等於觀察變項間變異數及共變數的數目，它有 $\frac{k(k+1)}{2}$ 個參數，模式的自由度等於 0，在路徑分析中，卡方值會等於0，因而模式是一種「剛好辨識」（just-identified）的模式，此模式即為飽和模式（*Medsker ed al., 1994*）。一個待檢定的假設理論模式之 ECVI 值會落於獨立模式的ECVI值與飽和模式的ECVI值之間，因而假設理論模式之ECVI值可與獨立模式的ECVI值及飽和模式的ECVI相互比較，以作為模式選替之用。

構成模式的結構方程式數目如果正好等於未知數，則模式只有唯一解值，此模式會提供獨特一組解答（如一套路徑係數），以能夠完全地重製相關係數矩

陣，所以模式是「剛好辨識」的模型。SEM 鑑定中一個必要但非充分條件（necessary but not sufficient），是研究者在共變數矩陣中，不可能估計超過獨特元素的參數個數，若是 p 為觀察變項的數目、t 值為模型中自由估計參數的數目，若 t< $\frac{p(p+1)}{2}$，就可能獲得唯一解值，但會造成「過度辨識」（overidentified）的情形，過度辨識的數學運算類似方程式數目多於未知數的數目；若是 t=$\frac{p(p+1)}{2}$，則模式一定可以獲得唯一解值，且模型與觀察資料間會呈現最完美的適配（perfect fit），此種完美適配的飽和模式，由於卡方統計量為 0，因而無法進行模式適配度的考驗；若是，t>$\frac{p(p+1)}{2}$，則會造成模式「無法辨識」或「辨識不足」（under-identified or unidentified），辨識不足的數學運算類似方程式數目少於未知數的數目，在模式「辨識不足」的情況下，模式中的參數無法進行估計。上述模式辨識法則，就是學者 Bollen（1989）所提的模式鑑定「t 規則」（t-rule）。

ECVI 值愈小，表示不同組樣本間之一致性愈高，由於 ECVI 值無法檢定其顯著性，因而常使用於不同模式間適配度之比較。ECVI 通常用於不同模式的選替，一般而言其值愈小愈好，但如果 ECVI 值不是用在選替模式之中，一般以下列方法來判斷接受或拒絕模式，即理論模式的 ECVI 值小於飽和模式的 ECVI 值，且理論模式的 ECVI 值也小於獨立模式的 ECVI 值時，就可接受理論模式，否則就應拒絕理論模式；另外一個輔助的判別是查閱 ECVI 值 90% 的信賴區間，如果理論模式的 ECVI 值落入信賴區間時，表示模式可以被接受。當一個假設模式具有良好的 ECVI 值，表示理論模式具有預測效度，即此假設模式能應用到不同的樣本（黃芳銘，民 93；民 94）。

NCP & SNCP

NCP 為「非集中性參數」（non-centrality parameter），是一種替代性指標（alternative index），就替代指標值性質而言，對於模式契合度的檢驗並非針對假設模式導出之矩陣與資料所得矩陣是否相同的這一個虛無假設進行檢驗，因為觀察資料本身是否能夠反應真實變項的關係並無法確定，替代指標不再關注於虛無假設是否成立，而是去直接估計理論模式與由抽樣資料導出的卡方值的差異程度（邱皓政，民 94）。NCP 值的目的在於減低樣本數對 χ^2 統計的影響，其數值估算公式如下：NCP=χ^2-df。統計理論認為此種非集中性參數指標能夠減低樣本大小對卡方值的影響，但是，這種指標值依然根據原始的樣本數來計算。所以統計學

者再度發展「量尺非集中性參數」（scaled non-centrality parameter; SNCP），SNCP
值的估算公式如下：SNCP＝$(\chi^2-df)\div$N（黃芳銘，民 94）。NCP 與 SNCP 值的目
標均在於使參數值最小化，其值愈大，表示模式的適配度愈差，當 NCP（/SNCP）
的值為 0 時，表示模式有完美的契合度，在 LISREL 報表中，也呈現 NCP 值 90%
的信賴區間，若是此信賴區間包含 0 值，表示模式有不錯的適配度。由於 NCP
（/SNCP）二種指標值無統計檢定準則作為判別依據，一般皆用於模式選替的狀
態下，在許多模式選擇下，NCP（/SNCP）值較小者，表示該理論模式較優。

◙ 增值適配度統計量

增值適配指標、比較適配指標、相對適配指標與規準指標等多是一種衍生指
標，也是一種比較性適配指標，一般典型上使用此種指標的基準線模式（baseline
model）是假設所有觀察變項間彼此相互獨立，完全沒有相關（變項間的共變數
假設為 0），此種基準線模式就是「獨立模式」，又稱「虛無模式」。增值適配
度統計量通常是將待檢驗的假設理論模式與基準線模式的適配度相互比較，以判
別模式的契合度如何。

基準線比較（baseline comparisons）指標參數

NFI 為「規準適配指數」（normal fit index），又稱「Delta1」（Δ1）指標。
RFI 為「相對適配指數」（relative fit index），又稱「rho1」（ρ1）指標。
IFI 為「增值適配指數」（incremental fit index），又稱「Delta2」（Δ2）指標。
TLI 為「非規準適配指數」（Tacker-Lewis index＝non-normal fir index）；簡稱
NNFI，又稱「rho2」（ρ2）指標。
CFI 為「比較適配指數」（comparative fit index）。

TLI 指標用來比較二個對立模式之間的適配程度，或者用來比較所提模式對
虛無模式之間的適配程度，TLI 指標經過量化後的數值，介於 0（模式完全不適
配）到 1（模式完全適配）之間，此指標又稱為「非規準適配指標」（NNFI），
它是修正 NFI 的計算公式（亦即把自由度或模式複雜度考量在內，亦即，自由度
也作為模式複雜度的測量指標之一），而 NFI 值則是用來比較某個所提模式與虛
無模式之間的卡方值差距，相對於該虛無模式卡方值的一種比值。至於 CFI 指標
值則是一種改良式的 NFI 指標值，它代表的意義是在測量從最限制模式到最飽和

模式時，非集中參數（non-centrality parameter）的改善情形，並且以非集中參數的卡方分配（自由度為 k 時）及其非集中參數來定義（余民寧，民 95；*Bentler & Bonett, 1980*）。在 LISREL 的報表中，輸出的適配表數據，呈現的是 NNFI 值（Non-Normed Fit Index），以取代 TLI 指標值。

NFI 值的估算公式如下：

$$NFI = \frac{\chi^2_{null} - \chi^2_{test}}{\chi^2_{null}}$$

NNFI 值的估算公式如下：

$$NNFI = \frac{\left[\dfrac{\chi^2_{null}}{df_{null}} - \dfrac{\chi^2_{test}}{df_{test}}\right]}{\dfrac{\chi^2_{null}}{df_{null}} - 1}$$

IFI 值的估算公式如下：

$$IFI = \frac{\chi^2_{null} - \chi^2_{test}}{\chi^2_{null} - df_{test}}$$

上述中 df_{null}、df_{test} 分別表示虛無模式與假設模型的自由度；而 χ^2_{null}、χ^2_{test} 分別代表虛無模式與假設模式的卡方值。

NFI 與 NNFI 二種指標是一種相對性指標值，反應了假設模式與一個觀察變項間沒有任何共變假設的獨立模式的差異程度。根據研究發現，在小樣本與大自由度時，對於一個契合度理想的假設模式，以 NFI 值來檢核模式契合度情形會有低估的現象。因此，學者另外提出了 NNFI 指數，此指標考量了自由度的影響，二者的關係，類似 GFI 與其調整指標值 AGFI。由於 NNFI 值中對自由度加以調整，使得其值的範圍可能超出 0 與 1 之間，顯示 NNFI 值的波動性較大；同時，NNFI 值係數值可能會較其他指標值來得低，使得其他指標值顯示假設模式是契合的狀態下，顯示了理論模式適配度反而不理想的矛盾現象（邱皓政，民 94）。

其中 NFI 值、RFI 值、IFI 值、CFI 值、TLI 值大多介於 0 與 1 之間，愈接近 1 表示模式適配度愈佳，指標值愈小表示模式契合度愈差，其中 TLI 值（NNFI 值）、CFI 值、IFI 值可能大於 1。學者 Bentler（*1995*）研究發現：即使在小樣本情況下，CFI 值對假設模式契合度的估計仍然十分穩定，CFI 指標值愈近 1，表示能夠有效改善非集中性的程度（noncentrality）。一般而言，上述五個指標值用於判

別模式徑路圖與實際資料是否適配的判別標準均為 0.90 以上。學者 Hu 與 Bentler（*1999*）指出，如果 RFI 值大於或等於 0.95，則模式的適配度相當完美。

▌簡約適配統計量

AIC& CAIC

AIC 為「Akaike 訊息效標」（Akaike information criteria），它試圖把待估計參數個數考量進評估模式適配程度的概念中，以用來比較兩個具有不同潛在變項數量模式之精簡程度（*余民寧，民95*）。其估算公式有二種：

$$AIC = \chi^2 + 2 \times 模式中自由參數的個數$$
$$AIC = \chi^2 - 2 \times 模式中的自由度$$

AIC 值的概念與 PNFI 值的概念類似，在進行模式適配度的考驗時，期望其數值愈小愈好，如果接近 0，表示模式的契合度愈高且模式愈簡約。AIC 值的數值愈小表示模式的適配度愈佳，它主要的功能是用於數個模式的比較。與 AIC 指標相同性質的評鑑指標，還包括 BCC、BIC、CAIC 指標（consistent Akaike information criterion; CAIC），CAIC 指標是 AIC 指標的調整值，其指標是將樣本大小的效果（sample size effect）也考量到估算公式中。在判斷假設模式是否可以接受時，通常採用理論模式的 AIC 值必須比飽和模式以及獨立模式的 AIC 值還小；假設模式的 CAIC 值必須比飽和模式以及獨立模式的 CAIC 值還小；若作為模式選替功能時，則應當選取 AIC 值／CAIC 值中最小者。其中有一點需要注意的是，使用 AIC 指標與 CAIC 指標時，樣本的大小至少要在 200 位以上，且分析資料要符合多變量常態性，否則指標探究的結果缺乏可靠性（*Diamantopoulos & Siguaw, 2000*）。在最近的研究顯示（*Bandalos, 1993*）：ECVI 與 AIC 值皆可作為 CFA 雙樣本複核效化的有效指標值，但雖然二者對於實際雙樣本複核效化皆能提供正確的指標值，但以 ECVI 值的正確性較高。在實務應用上，當研究者要選擇一組之前已假設的競爭模型時，AIC 與 ECVI 均是有用的判別指標值，假設模型的 ECVI 值或 AIC 值愈小，則模型愈佳（*Stevens, 1996*）。

PNFI

PNFI 為「簡約調整後之規準適配指數」（parsimony-adjusted NFI）。PNFI 指標把自由度的數量納入預期獲得適配程度的考量中，因此它比NFI指標更適合作為判斷模式精簡程度的一種指標，當研究者欲估計某個模式參數時，他只使用較少的自由度，即能獲得一個較高程度的適配時，此時即表示已經達到「模式的精簡程度」（余民寧，民 95）。PNFI的功能主要使用在不同自由度的模式之比較，其值愈高愈好，一般而言，當比較不同的模式時，PNFI值的差異在.06 至.09 間，被視為是模式間具有真實的差異存在（黃芳銘，民 94）。如不做模式比較，只關注於假設模式契合度判別時，一般以 PNFI 值 > 0.50 作為模式適配度通過與否的標準，亦即在整體模式契合度的判別上，若是 PNFI 值在 0.50 以上，表示假設理論模式是可以接受的。

PNFI 的定義公式如下：

$$PNFI = \left(\frac{df_{\text{proposed}}}{df_{\text{null}}} \right) \left(1 - \frac{\chi^2_{\text{proposed}}}{\chi^2_{\text{null}}} \right) = \left(\frac{df_{\text{proposed}}}{df_{\text{null}}} \right) NFI = \left(\frac{df_1}{df_0} \right) \left(1 - \frac{F_1}{F_0} \right)$$

上述中的χ^2_{proposed}、χ^2_{null} 代表的是假設與虛無模式的適配函數。

CN 值

CN值為「臨界樣本數」（Critical N）。此一判別指標值由學者Hoelter（1983）提出，所謂「臨界樣本數」是指：「在統計檢定的基礎上，要得到一個理論模式適配的程度，所需要的最低樣本的大小值」。CN 值的作用在估計需要多少樣本數才足夠用來估計模式的參數與達到模式的適配度，亦即，根據模式的參數數目，估計要產生一個適配度符合的假設模式時，其所需的樣本數需要多少？一般用來的判別標準或建議值是 CN 值 ≥200，當 CN 指標值在 200 以上時，表示該理論模式可以適當的反映實際樣本的資料。Hu 與 Bentler（1995）主張模式可以接受範圍的最小值是CN值在大於 250，Hu 與 Bentler（1995）的此種觀點是較為嚴格的。

CN 值的計算公式如下：

$$CN = \frac{\chi^2}{F_{\text{min}}} + 1 \text{ ；其中 } F_{\text{min}} \text{ 為適配函數的最小值。}$$

PGFI

PGFI 為「簡約適配度指數」（parsimony goodness-of-fit index），其性質與 PNFI 指標值雷同，PGFI 的值介於 0 與 1 之間，其值愈大，表示模式的適配度愈佳（模式愈簡約）。判別模式適配的標準，一般皆採 PGFI 值大於 0.50 為模式可接受的範圍。PGFI 值是將 GFI 值乘以一個簡約比值，其計算公式如下：

$$PGFI = \frac{df_h}{\frac{1}{2}p(p+1)} \times GFI$$，其中 df_h 為假設模式的自由度，而 p 為觀察變項的

數目，而 $\frac{df_h}{\frac{1}{2}p(p+1)}$ 為簡約比值。

▌殘差分析指標

在一個 SEM 模式當中，可能有某一個測量模式的結構非常不理想，觀察變項的測量誤差非常大，使得整個理論模式的適配度不佳，此時可以透過殘差分析來檢視 SEM 模式中特定參數的設定是否理想。一般而言，在 SEM 分析中提供二種殘差的數據，一為「非標準化殘差值」，一為「標準化殘差值」（standardized residuals）。SEM 的標準化殘差分析，與複迴歸分析的作法類似，當標準化殘差值大於 +3 時，表示該估計變異量或共變量不足；當標準化殘差值小於 −3 時，表示該估計變異量或共變量對於二個觀察變項的共變有過度解釋的現象（邱皓政，民 94）。因而當標準化殘差值的絕對值高於 3 時，會造成理論模式適配度不良的狀況，學者 Stevens（1996）則採用較為嚴格的標準，其認為標準化殘差的絕對值大於 2，表示模型的適配情形就欠佳。此外模式較佳的修正指標值應小於 3.84。

綜合上面所述，茲將整體模式適配度的評鑑指標及其評鑑標準整理如表 2-1：

表 2-1　SEM 整體模式適配度的評鑑指標及其評鑑標準

統計檢定量	適配的標準或臨界值
絕對適配度指數	
χ^2 值	顯著性機率值 p > .05（未達顯著水準）
GFI 值	> .90 以上
AGFI 值	> .90 以上

統計檢定量	適配的標準或臨界值
RMR 值	<0.05
SRMR 值	<0.05
RMSEA 值	<0.05（適配良好）　<0.08（適配合理）
NCP 值	愈小愈好，90%的信賴區間包含 0
ECVI 值	理論模式的 ECVI 值小於獨立模式的 ECVI 值，且小於飽和模式的 ECVI 值
增值適配度指數	
NFI 值	>.90 以上
RFI 值	>.90 以上
IFI 值	>.90 以上
TLI 值（NNFI 值）	>.90 以上
CFI 值	>.90 以上
簡約適配度指數	
PGFI 值	>.50 以上
PNFI 值	>.50 以上
CN 值	>200
NC 值（χ^2 自由度比值）	1<NC<3，表示模式有簡約適配程度 NC>5，表示模式需要修正
AIC	理論模式的 AIC 值小於獨立模式的 AIC 值，且小於飽和模式的 AIC 值
CAIC	理論模式的 CAIC 值小於獨立模式的 CAIC 值，且小於飽和模式的 CAIC 值

　　模式適配度評估的指標值很多，供研究者選擇評估的組合也有多種，在進行模式適配度的判斷時要格外慎重，學者 McDonald 與 Ho（2002）明確指出研究者在使用以上不同評鑑指標時應注意以下四點（邱皓政，民 94）：

1. 適配度的指標雖然都有很明確的意義存在，但是從實證的角度或數學觀點來看，並沒有一個強而有力的理論基礎來支持數字背後的意義與其使用原則，指標值的背後仍存有未知或未被察覺的隱憂。

2. 不同的指標值的優劣比較仍具有相當大的爭議，尤其是某些指標以獨立模式（假設所有觀察變項間不具有共變關係的模型），作為比較基礎點的作法，其合理性仍有待商榷。

3. SEM 模式的檢驗應以理論為依歸，進行統計決策時，應該兼顧理論的合

理性準則，然而，多數模式適配度指標往往只是反應一種分析技術上的程
度，而非理論上的證據，當研究者提出無數種可能的模式時，指標的完美
適配只是反映在其中一個可能模式之中，這是一種技術的最佳化，而非理
論上的最佳化。

4. 不佳的模式適配度多數是因為錯誤的模式界定所造成的。由於模式適配度
指標是一種概括性指標，模式中不適當的參數界定無法被模式這些適配度
指標偵測出來，造成模式適配度不佳，此方法可以從模式適配殘差值瞭解
模式大致的估計情況。

2.3　模式內在結構適配度的評估（模式內在品質的考驗）

　　Bollen（*1989*）將模式內在結構指標稱為「成分適配測量」（component fit me-
asures），他認為有時整體模式的適度得到契合，但是個別參數的解釋可能是無
意義的，因而深入探究每一個參數，對理論的驗證更能獲得保障。內在結構適配
的評鑑包括以下二個方面：一為測量模式的評鑑；二為結構模式的評鑑。前者關
注於測量變項是否足夠來反映其相對應的潛在變項，其目標在於瞭解潛在建構的
效度與信度；後者是評鑑理論建構階段所界定的因果關係是否成立。

　　在測量模式適配度的評量方面，研究者所關注的是潛在變項與其指標變項
（如外顯變項）間的關係，此種關係即是代表構念之測量的效度（validity）與信
度（reliability）的問題。效度所反映的是指標變項對於其想要測量的潛在特質，
實際測量多少的程度，信度指的是測量的一致性。除非我們相信測量的品質無
誤，進一步探究潛在變項間的關係才有實質的意義。SEM 的適配度評估中，模
式測量部分的評估應該先於模式結構部分的評估，因而應先進行指標變項的效度
檢驗，效度分析即是潛在變項與其指標變項間路徑（因素負荷量）的顯著性檢
驗，如果指標變項 X 被假定是潛在變項ξ的有效測量值，變項 X 和潛在變項ξ間
的直接關係應該是非 0 值的顯著性，此種關係以測量方程式表示如下：

$$X = \lambda \xi + \delta$$

λ為因素負荷量（factor loadings）、δ為測量誤差。

如果測量模式中的因素負荷量均達顯著（p<.05，t 的絕對值大於 1.96），此種情形表示測量的指標便能有效反映出它所要測量的構念（潛在變項），該測量具有良好的效度證據（validity evidence）。相反的，若是因素負荷量未達顯著，表示該指標變項無法有效反映出它所要測量的構念或特質，此指標變項的效度欠佳，因它無法真正反映出它所代表的潛在變項。

此外，在上述測量方程式中，測量誤差是指標變項的誤差變異量，測量誤差要愈小愈好，但也要是非 0 值的顯著性，測量誤差達到顯著，表示測量指標變項反映出它的潛在變項時，有誤差值存在，但此種關係是有實質意義的。一個無效的指標變項顯示出指標沒有測量誤差的存在（測量誤差不顯著），在行為與社會科學領域中，一個好的指標變項應有最小的測量誤差，而此測量誤差也要達顯著水準（p<.05，t 的絕對值大於 1.96），但若測量誤差為 0，表示該測量指標完全沒有測量誤差存在，這在研究脈絡情境中是一種「不合理」或「不可能」的事情。一個不顯著的誤差變異量表示模式中可能有「敘列誤差」（specification error）存在（*Diamantopoulos & Siguaw, 2000*）。

至於指標變項的信度檢核，可從指標變項多元相關係數的平方（R^2）值來衡量，指標變項的 R^2 表示指標變項的變異數部分能被其基底潛在變項（underlying latent variable）解釋的多少，無法解釋的部分即為測量誤差。若 R^2 值達到顯著，而其值愈高，表示指標變項能被其潛在變項解釋的變異量愈多，代表指標變項有良好的信度，相反的，若 R^2 值很低又未達到顯著水準，表示指標變項與潛在變項的關係不密切，指標變項的信度值不佳。

在模式內在結構適配度準則方面，Bogozzi和Yi（*1988*）建議以下面六個標準來判斷：

1. 個別觀察變項的項目信度（individual item reliability）在.05 以上。

   觀察變項的 R^2 反應出其在潛在變項的信度值，Bogozzi 二者認為個別潛在變項之信度值（標準化係數值的平方）應大於.50，亦即標準化係數必須在等於或大於.71 以上。個別觀察變項的 R^2 等於其標準化λ值（因素負荷量）的平方。

2. 潛在變項的組合信度（composite reliability）在 0.6 以上。

   除了個別觀察變項之係數外，尚須檢定因素的信度，因素的信度即潛在變項的「建構信度」（construct reliability），或稱「組合信度」（composite reliability）。建構信度在檢定每一個潛在變項之觀察變項間內部一致性高低的程度，Bogozzi 與 Yi（*1988*）採較低標準準則，認為組合信度在.60 以上，就表示潛在變項的組合信度良好，此觀點與學者 Diamantopoulos & Siguaw（*2000*）所提的論點相同。但 Hair 等人（*1998*）則認為 Cronbach α 係數最好在.70 以上，才是較佳的組合信度。而學者 Raine-Eudy（*2000*）採用更低標準，其認為組合效度只要在.50 以上即可。雖然並沒有一個明確的規準來決定組合信度要多高才能夠宣稱內在適配指標的信度是好的，但多數學者採用以下的分類觀點（*Kline, 1998*）作為判別的依據：信度係數值在 0.90 以上是「最佳的」（excellent），0.80 附近是「非常好的」（very good），0.70 附近則是「適中」，0.50 以上是最小可以接受的範圍；若是信度低於 0.50，表示有一半以上的觀察變異是來自隨機誤差，此時的信度略顯不足，最好不應接受。從以上的觀點來看，個別顯性變項的信度接受值可以採用 0.50，但潛在變項的信度相對上的需求就要高一些，其組合信度最好在.60 以上，這個論點也是學者 Diamantopoulos 與 Siguaw（*2000*）及 Bogozzi 與 Yi（*1988*）所主張的。

在 LISREL 的報表中並沒有直接呈現組合信度值，研究者要根據「完全標準化解值」（Completely Standardized Solution）數值中的因素負荷量及誤差變異量與下列公式求出：

上述潛在變項的組合信度之計算公式如下：

$$組合效度 = \rho_C = \frac{(\Sigma\lambda)^2}{[(\Sigma\lambda)^2 + \Sigma\theta]} = \frac{(\Sigma 因素負荷量)^2}{[(\Sigma 因素負荷量)^2 + \Sigma 測量誤差變異量]}$$

其中 ρ_C = 組合信度

λ = 為觀察變項在潛在變項上的標準化參數（因素負荷量），即指標因素負荷量

θ = 為指標變項的誤差變異量，即 ε 或 δ 的變異量。

Σ = 把潛在變項的指標變項值加總

3. 潛在變項的平均變異數抽取量（average variance extracted）

潛在變項的平均變異量抽取值表示相較於測量誤差變異量的大小，潛在變項構念所能解釋指標變項變異量的程度，此指標以 ρ_v 符號表示，若是 ρ_v 值小於 0.50，表示測量誤差解釋指標變項的變異量反而高於基底潛在變項所

能解釋的變異量，此種情形表示潛在變項平均變異量抽取值不佳。潛在變項平均變異數抽取值的大小若是在 0.50 以上，表示指標變項可以有效反映其潛在變項，該潛在變項便具有良好的信度與效度。

潛在變項的變異抽取量表示每個測量模式中，全部觀察變項的變異量可以被潛在變項因素解釋的百分比，其計算公式如下：

$$\rho_v = \frac{(\Sigma \lambda^2)}{[(\Sigma \lambda^2) + \Sigma \theta]} = \frac{(\Sigma \text{因素負荷量}^2)}{[(\Sigma \text{因素負荷量}^2) + \Sigma \text{測量誤差變異量}]}$$

其中 ρ_v = 平均變異數抽取量

λ = 為觀察變項在潛在變項上的標準化參數（因素負荷量），即指標因素負荷量

θ = 為指標變項的誤差變異量，即 ε 或 δ 的變異量。

Σ = 把潛在變項的指標變項值加總

當觀察變項能確實有效反應其代表的潛在變項時，則其潛在變項應該有較高的變異抽取量，多數學者建議其判別的臨界值為.50 以上，當潛在變項的變異抽取在.50 以上時，表示觀察變項（或指標變項）被其潛在變項（或構念特質）解釋的變異數的量，遠高於其被測量誤差（measurement error）所解釋的變異量，潛在變項具有良好的操作化測量定義（operationalization）；相反的，若是潛在變項的變異抽取量太低，表示其測量變項無法代表或反映其潛在變項，觀察變項（或指標變項）被其潛在變項（或構念特質）解釋的變異數的量，遠低於其被測量誤差所解釋的變異量。

4. 所有參數統計量的估計值均達到顯著水準（t 值絕對值 > 1.96；或 p < .05）。

5. 標準化殘差（standardized residuals）的絕對值必須小於 2.58（或 3）。

標準化殘差是適配殘差除以其漸近標準誤（asymptotic standard error），標準化殘差也可以解釋為標準化常態變異，其值應介於 −2.58 至 +2.58 之間（α = 0.01 時 z 值的臨界值）。對於標準化殘差的判別標準，有些學者主張採用其絕對值應小於 1.96（α = 0.05 時 z 值的臨界值），但 LISREL 的輸出報表中還是以絕對值大於 2.58 為超出接受的指標值。

6. 修正指標（modification indices）小於 3.84。

修正指標若大於 3.84，表示模式的參數有必要加以修正，如將限制或固定的參數，將之改為自由參數。修正指標是針對限制的參數而來，數值表示

　　若將某一限制參數改成自由參數（即估計該參數），模式的 χ^2 值將減少多少。在統計上，一個修正指標可以被有一個自由度的 χ^2 分配所解釋，因而將一個限制參數改成自由參數時，模式的自由度將減少一個，而 $\chi^2_{.95(1)}$ 的臨界值是 3.84（在 .05 的顯著水準），所以當修正指標大於 3.84 時，即表示將原先一個限制或固定參數（fixed parameter）改成自由參數（free parameter）後將顯著改善模式的適配度，此種情形也同時表示模式有敘列誤差存在（*Bagozzi & Yi, 1988*；程炳林，民 *94*）。學者 Joreskog 與 Sorbom（*1993*）認為修正指標值大於 7.882（$\chi^2_{0.995(1)}$）才有修正的必要。模式中如自由地估計參數會使得修正指標值等於 0。如果研究者根據修正指標值來重新評估模式，則最大的修正指標值的參數應該將其設為自由參數，以對模式的適配度作最大的改善。

　　模式中所估計的參數是否達到顯著水準，可以直接查看輸出報表中的 t 值，若 t 值大於 1.96，表示達到 .05 的顯著水準，此時表示模式的內在品質良好；相反的，若模式中所估計的參數有部分未達顯著，則顯示模式的內在品質不理想。

　　在結構模式適配度的評估方面，關注的焦點在於不同外衍潛在變項與內衍潛在變項間的路徑關係，這些關係包括外衍潛在變項對內衍潛在變項的影響，或內衍潛在變項間的影響是否可以獲得支持，即概念性階段所提的因果模式關係是否可以被實徵資料所支持。結構模式適配度的評估包括三個方面：一為潛在變項間路徑係數所代表的參數符號（不論是正數或負數），是否與原先研究者所提的理論模式中，所假設的期望之影響的方向相同，路徑係數為正表示自變項對依變項有正向的影響，路徑係數為負表示自變項對依變項有負向的影響，理論假設概念模式圖中認為參數具有正向的影響時，則路徑係數之參數估計值必須是正數，若是原先期望的參數符號與實際資料剛好相反，則此條路徑係數最好刪除，模式再重新評估；二為對於假設模式提供重要訊息的所有的路徑係數之參數估計值，均必須達到統計上的顯著水準，即該參數估計值顯著性考驗的 t 值之絕對值的數值必須大於 1.96（| t 值 | > 1.96），路徑係數達到顯著（p < .05），表示變項間的影響存有實質的意義；三為每一條結構方程式中的多元相關的平方值（R^2），要愈大愈好，並且達到顯著水準，但不能出現負的誤差變異量，若出現負的誤差變異量表示 R^2 值超過 1，解釋上不合理。R^2 值愈大時，表示內衍潛在變項被獨立潛在變項（外衍潛在變項或其餘內衍潛在變項）解釋的變異量愈高，多元相關平方值愈高，表示先前假設理論變項間的解釋力也愈高，此時結構方程式具有較佳的信度

與效度值（*Diamantopoulos & Siguaw, 2000*）。

從上述測量模式與結構模式的評估，可以歸納模式評估時之基本適配度檢定及內在適配度指標檢定（內在模式檢定）的摘要表。

基本適配度檢定的建議判斷值如下表 2-2：

表 2-2　SEM 基本適配度檢定項目與標準

評鑑項目	適配的標準
是否沒有負的誤差變異量	沒有出現負的誤差變異量
因素負荷量是否介於 0.5 至 0.95 之間	Λ_X、Λ_Y 介於 0.5 至 0.95 間
是否沒有很大的標準誤	標準誤值很小

內在適配度指標檢定的建議判斷值如下表 2-3：

表 2-3　SEM 內在適配度檢定項目與標準

評鑑項目	適配的標準
所估計的參數均達到顯著水準	t 絕對值 > 1.96，符號與期望者相符
指標變項個別項目的信度高於 0.50	$R^2 > 0.50$
潛在變項的平均抽取變異量大於 0.50	$\rho_v > 0.50$
潛在變項的組合信度大於 0.60	$\rho_c > 0.60$
標準化殘差的絕對值小於 2.58	標準化殘差值的絕對值 < 2.58
修正指標小於 3.84	MI < 3.84

由於假設模型與觀察資料是否適配的判斷指標值很多，不同的適配指標值的評估可能對模型支持與否未盡一致，但研究者應依據多元準則：「在假設模式的檢定上，沒有單一指標值可以作為唯一明確的規準，一個理想化的適配指標值是不存在的」（*Schumacker & Lomax, 1996, p.135*），從實務應用的目的而言，研究者主要應從卡方值大小、顯著性及 RMSEA 值、ECVI 值、SRMR 值、GFI 值和 CFI 值等適配指標，來作為判別模式是否達成整體適配程度的決策之用，因為這幾個指標值有較多充足性（*Diamantopoulos & Siguaw, 2000, p.88*）。此外學者 Hoyle 與 Panter（*1995*）二人則建議，在模式適配度指標的檢驗中，研究者最好提供卡方值、量尺法卡方值、GFI 值、NNFI 值、IFI 值、CFI 值、RNI 值等適配指標值，才能對模式是否接受做出決策，而多數學者則認為假設模式與觀察資料的契合度檢驗，應

參酌上表中整體模式適配度指標值標準做出整體的判斷決策，此種決策有「多數指標值符合標準」的意涵，即當多數適配度指標值均達到接受標準，才能對模式做出適配佳的判斷（*Hair et al., 1998*）

在表 2-1 所列的各種指標，其實都是用來表示模式整體適配程度的指標值之一，沒有單獨一種指標即可涵蓋或完全取代其他指標值，因此研究者最好不要以「多數決」方式來做成「假設模型是否與觀察資料契合」的結論，因為有時這些指標值會出現互有衝突、不一致結論的現象，因而「多數決」判斷並不能保證結論一定能夠符合理論所期望者。研究者最好從表 2-1 中的三類指標值中，根據理論架構與假設模型挑選幾項最有關聯的指標值，並輔以測量模式與結構模式適配度的評估，來詮釋考驗假設模型與觀察資料是否契合，如此 SEM 的分析才會以理論建構為基礎，而不會陷入以資料為導引的技術分析的迷思中（余民寧，民 95）。

學者 Huberty 與 Morris（*1988, p.573*）觀察提出：「就如在所有統計推論中，主觀判斷是沒有辦法避免的，更遑論合理性。」這是所有推論統計時的一般情境，但就科學的本質而言，在 SEM 分析中更需要判斷及理性的融入，因為 SEM 分析是一個統合的複雜過程，正因為如此，所以模型的建構更需要有理論建構為導引，尤其是在模式修正時，不能完全依據 LISREL 提供的修正指標來修改模式，以使得假設模型可以適配觀察資料，這是一種資料導向的分析，而不是理論建構的驗證。對於 SEM 的分析應用，Thompson（*2000*）提出以下十點的原則，供使用者參考：

1. 在應用 SEM 分析時，應使用大樣本，不可使用小樣本。

2. 在選擇相關聯的矩陣作為分析資料時，要注意測量指標變項尺度的屬性。

3. 一個可以獲得的假設模式是適配好而又簡約的模式，但此結果應儘量減少人為操控。

4. 模式使用的估計方法需配合資料是否符合多變量常態性假定，不同的假定需使用不同的估計方法。

5. 使用多元判斷準則，不同適配指標反應不同的模式的計量特徵，參考不同的指標值進行模型適配度的綜合判斷。

6. 模式評估及界定搜尋程序時，除了考量統計量數外，更要兼顧理論建構與實務層面。

7. 進行整體模式適配度評估之前，應進行個別測量模式與結構模式的檢驗，查驗模式是否有違反模式辨識規則。

8. 界定模式搜尋程序，最好採用較大的樣本，或不同的受試群體，這樣模式的複核效化才會可靠。

9. 一個適配良好的模式並不一定是有用的，因為許多不同的假設模型也許與觀察資料均能適配。

10. 假設模型必須有其基底的理論基礎，有理論基礎的假定模型才能經得起檢驗。

綜合相關學者的論點，使用者對於 SEM 的分析與模式適配度的判別應有以下幾點認識：

1. 使用者所提的 SEM 假設模型應以理論為基礎，或有一般的經驗法則來支持，而非根據使用者編製量表或觀察資料來架構假設模型。

2. 對於測量模式最好採用多測量指標變項原則，每個測量指標最好是數個題項的總和，這樣測量指標變項才能有效反映其對應的潛在變項。

3. 當一個 SEM 模型當中兼含測量模式與結構模式時，研究者宜先進行測量模式的檢驗，待測量模式具有相當的合理性之後，再進行結構模式的參數估計，使 SEM 模式評估程序具有測量的「漸進合理性」（邱皓政）。

4. 對於模式適配度的評估，應同時包含模式內在品質與模式外在品質的評估，模式內在品質評估最重要的是不能違反模式辨認原則。模式適配度的評估應使用多元適配指標值進行綜合判斷，因為每一個適配指標值反應不同模式的計量特徵，未達模式接受標準的指標值也有其統計意義存在，研究者不應忽略。

5. LISREL 提供的自動修正指標數據，只是模型修飾或模型剪裁的一個參考指標而已，研究者不應完全依據自動修正指標數據不斷修飾模型，以使假設模型能適配觀察資料，此種修正是一種資料導引與人為的操弄，研究者應同時根據理論與判別修正指標建議值的合理性來進行模型修飾，最終結果若是假設模型無法適配觀察資料，此假設模型也有探討分析的價值。

6. 受試樣本可以取得的話，SEM 的分析應儘量使樣本數愈大愈好，如果樣本數愈大，模式檢定的適配度又佳，則表示假設模型的十分穩定。在大樣本的狀況下，若是卡方值數值很小，顯著性考驗未達顯著水準，則表示假設模型與觀察資料可以適配，此時，其他適配指標值也會呈現相同的結果。

7. 當假設模式達到適配時，研究者可進一步就假設模型進行複核效化的分析，以不同的母群樣本進行多群組的比較分析，以確定假設模型的複核效

化及模式的推估合理性如何。

8. 若是整體假定模式檢定結果，其適配情形不甚理想，研究者應進一步就假設模式加以探究，SEM分析的最終結果並非是一定要提出一個適配觀察資料的假設模式，而是要探究依據理論建構的假設模式之合理性與適當性。

9. 模式適配度的評估中，除探究假設模式與觀察資料是否適配外，對於模式統計考驗力的評估也應留意。

10. 一個有用的模式適配度策略包括：(1)如果可能的話，應使用數個估計方法（如最小平方法、最大概似法）來進行參數估計，並比較這些估計值：估計值的符號與期望假設相一致嗎？所有的變異數估計數都是正數嗎？殘差矩陣差異很小嗎？S矩陣與$\hat{\Sigma}$矩陣相似嗎？(2)變項間影響的標準化效果值是否達到顯著？(3)將一個大樣本一分割為二時，二個樣本群體是否皆可以與假設模型適配？模型的穩定性是否有加以比較？（*Johnson & Wichern, 1998*）。

2.4　模式統計考驗力的評估

在推論統計中，由於未知母體參數的真正性質，而是根據樣本統計量來做推論或下決策，因而可能會發生錯誤。用來表示推論錯誤的機率值有以下二種：

1. 第一類型錯誤（type Ⅰ），以符號α表示。
2. 第二類型錯誤（type Ⅱ），以符號β表示。

它們與研究者作決定之關係圖如下：

母群真正的性質

	H_0為真	H_0為假
拒絕 H_0	α（第一類型錯誤）	1−β (power)（統計考驗力）（裁決正確率）
接受 H_0	1−α（正確決定）	β（第二類型錯誤）

研究者決定

圖 2-1

所謂第一類型錯誤，為研究者拒絕虛無假設，但實際上虛無假設為真的情況

下，所犯的錯誤率，第一類型錯誤的機率以α表示：α＝P(I)＝P（拒絕 H₀｜ H₀ 為真），α又稱為「顯著水準」（significance level）；而第二類型錯誤，是指當研究者接受虛無假設，但事實上虛無假設為假的情況下所犯的錯誤率。第二類型錯誤的機率以β表示：β＝P(II)＝P（接受 H₀｜H₀ 為假）或 P（接受 H₀｜H₁ 為真）。事實上，第一類型錯誤與第二類型錯誤並不是完全獨立的（*Kirk, 1995*）。如將顯著水準α值定得較小，則統計決策時犯第一類型錯誤比較小；但相對的，犯第二類型之錯誤率反而變得比較大。如果虛無假設為假，而研究者又正確拒絕它，此種裁決正確率以 1－β表示，這就是所謂的「統計考驗力」（power）。研究假設驗證方面，除避免犯第一類型錯誤外，也應該有較高的統計考驗力（吳明隆、涂金堂，民 95）。

　　一個約定俗成的用法是將第二類型錯誤率β設定在小於或等於.20，如果β值設為.20，則考驗的統計考驗力為 1－β，就等於.80。統計考驗力在.80 以上，是許多學者認為可接受的最小值，如果一個研究的統計考驗力低於.80，則最好重新設計實驗程序，以提高統計考驗力。當採納α值等於.05，而β值等於.20 的準則時，研究程序可接受的錯誤率關係是犯第一類型錯誤率為第二類型錯誤率的 $\frac{1}{4}$倍，亦即，普通在研究結果推論中，犯第一類型的錯誤率如為第二類型錯誤率的四倍以上，是較為嚴重之事（吳明隆、涂金堂，民 95）。

　　模式假設考驗錯誤的型態如下：

母群真正的性質

	模式正確	模式不正確
拒絕模式	α （第一類型錯誤）	1－β (power) （統計考驗力） （裁決正確率）
接受模式	1－α （正確決定）	β （第二類型錯誤）

決策型態

圖 2-2

　　在線性結構模式之模式評估中，模式的考驗也應關注「統計考驗力」（statistical power）的問題。統計考驗力即是正確拒絕一個不正確模式的機率，當我們以卡方值考驗一個模式的適配度時，強調的是「第一類型的錯誤」（Type I error），

第一類型的錯誤即是拒絕一個正確模式的機率，此機率值的標準為顯著水準α（significance level α），α值通常定為 0.05，一個達到顯著的卡方值代表：如果虛無假設是真（如模式在母群中是正確的），不正確拒絕虛無假設的機率很低（若是α設定 0.05，100 次中會小於 5 次）。另外一個檢定的錯誤是沒有拒絕一個不正確的模式，當母群的模式不正確，而研究者接受了此模式，所犯下的錯誤即為「第二類型的錯誤」（Type II error）。第二類型的錯誤以符號β表示。避免第二類型錯誤的發生，就是拒絕一個不正確模式（假的虛無假設）的機率，此機率值為 1−β，「1−β」代表的模式檢定時的統計考驗力。因而所謂模式估計的統計考驗力，即是模式真的不正確，而模式被拒絕的機率，此機率也代表著對模式的判斷正確。

統計考驗力的分析之所以重要，因為樣本大小在模式考驗中扮演著重要角色。如果樣本數很大，一個統計顯著的卡方估計值意謂著會有嚴重的「敘列誤差」（specification error）存在，若是內在的敘列誤差可能為遺漏值或結構模式的路徑界定錯誤，或檢定時發生過高的統計考驗力；另一方面，在小樣本的情境下，遭遇到實質的敘列誤差時，一個不顯著的χ^2值會發生，而此時的統計考驗力會相當的低（*Bollen, 1989*）。當一個模式包含小的敘列誤差、而樣本很大時，模式效果會被膨脹，導致拒絕虛無假設；相反的，當一個模式包含大的敘列誤差、而樣本很小時，模式效果無法彰顯，導致接受虛無假設（*Kaplan, 1995*）。因而在評估模式的適配度時，根據檢定的顯著性與統計考驗力，會呈現以下四種情形（*Diamantopoulos & Siguaw, 2000, p.95*）。

模式考驗的四種情境：

檢定的統計考驗力

		低	高
檢定結果	顯著	拒絕模式[1]	? [2]
	不顯著	? [3]	接受模式[4]

圖 2-3

如果檢定統計（如χ^2值考驗）是顯著的（p<0.05），且統計考驗力很低，可以安心的拒絕模式，因為在此種情形下，很小的界定誤差值（敘列誤差）無法被統計的考驗偵測出來，在此種情況下，實質的界定誤差值（模式必須是錯誤的）

也可能是顯著的[情境 1]。相反的，如果檢定統計是顯著的，但其統計考驗力很高，則無法對模式的拒絕或接受作出決策，因為我們無法得知檢定統計的高值是由於模式界定錯誤（嚴重的敘列誤差）所造成，或是因為統計檢定對不適切的界定錯誤的偵測不夠敏感所導致的[情境 2]。若是統計考驗不顯著，且其統計考驗力很低，也無法對模式的拒絕或接受作出決策，因為我們無法得知低的檢定統計量反映的是模式的正確性或是對模式的敘列誤差的敏感度不足[情境 3]。若是統計考驗不顯著，且其統計考驗力很高，模式可以被接受，因為高的統計考驗力表示嚴重的敘列誤差（或錯誤界定）可以被模式偵測出來[情境 4]。從上述情境的探究中，可以發現模式評估中如果忽略統計考驗力，則模式的檢定是不完整的。

有關計算統計考驗力的型態有三種適配假設：「完全適配」（exact fit）、「近似適配」（close fit）與「非近似適配」（not-close fit）（*MacCallum, Browne & Sugawara, 1996*），在探討絕對適配度時，以前二者檢定的概念較為普遍。完全適配檢定（test of exact fit）用於檢定模式完美地適配母群資料的虛無假設，通常使用卡方值來考驗虛無假設；此種檢定是有所限制的，因為模式只是實體的近似值，模式不會完全剛好與母群資料適配。完全適配的方式大略反應了模式適配的卡方值，檢定方式要求統計量 ε 信賴區間在下限時為 0；而近似適配檢定（test of close fit）是一種接近於母群的不完美適配的虛無假設，此種假設所考量到的誤差是一種近似誤的概念，比較接近實際的情境。近似適配的檢定方式要求統計量 ε 信賴區間在 0.05 上下。以上二種統計考驗力皆使用 RMSEA 統計量作為檢定指標值，在母群中若以 ε 符號表示 RMSEA 值，若模式完美地適配，則近似誤差大約是 0，因而完全適配的虛無假設可以用 ε 值來表示：

$$H_0 : \varepsilon_0 = 0$$

在絕對適配度指標的判別中，RMSEA 值若小於 0.05，表示模式與資料間有良好的適配度，模式真實適配接近 $\varepsilon_a = 0.05$，$\varepsilon_a = 0.05$ 的假定即為「對立假設」（alternative hypothesis）。相似的觀點應用於近似適配的假設，此種假設符合更多的實際脈絡情境，其虛無與對立假設如下：

$$H_0 : \varepsilon_0 \leq 0.05$$
$$H_a : \varepsilon_a = 0.08$$

若是 RMESA 值在 0.05 至 0.08 間，模式與資料間的契合度則屬於不錯的適

配。如果有ε_0、ε_a的資訊，也給予顯著水準α（一般為0.05）和樣本人數N，則模式檢定的統計考驗力是模式中自由度（v）的函數，在其他條件皆相等的情況下，自由度較高，則統計考驗力也會較大（*Diamantopoulos & Siguaw, 2000*）。至於非近似適配的檢定方式要求統計量ε信賴區間要超過0.05上下。根據樣本數及自由度推導出的RMSEA值比卡方檢定對於模式適配給予更寬廣的解釋空間，因為這些相關學者都意識到有關影響模式適配估計的重要角色就是樣本大小，臨界值0.05被挑選的原因，是因為低於此數值時假設模式與觀察資料間會呈現幾近完美的適配（*Browne & Cudeck, 1993; MacCallum, Browne & Sugawara, 1996*）。

學者McQuitty（*2004*）對於模式統計考驗力提出以下論點，其指出SEM研究者對於統計考驗力與模式大小（自由度）及樣本多寡間有密切關係存在，當使用大樣本來檢定複雜模式時（自由度大的情況），統計考驗力可能都會超出研究者所預測的，結果產生的是「過度拒絕」（overrejection）正確的模式；情形相反時亦然，所以模式估計結果時常會產生接受統計考驗力很小的錯誤模式。為避免上述情形發生，SEM 參數估計時，根據模式大小與樣本數的現況，適時進行統計考驗力的評估顯得十分重要。

2.5　典型相關分析與結構方程模式關係

典型相關分析（canonical correlation analysis；簡稱CCA）為多變量統計方法之一，它也包含了母數統計法與無母數統計法（卡方分析），即其他母數統計法均為典型相關分析的特例（傅粹馨，民 87；*Arnold, 1996*；*Campbell & Taylor, 1996*）。而如納入結構方程模式分析，則典型相關分析為結構方程模式的一個特例，SEM 優於 CCA 之處有二：一為 SEM 可對加權係數與 index 係數作顯著性的檢定；二為 SEM 可對每一個典型相關係數作顯著性之考驗，其方法較 CCA 之檢定方法更為嚴謹（*Fan, 1997*）。

Bagozzi 等人（*1981*）將 CCA 以 SEM 的方式來表示，不僅可達成原來 CCA 之目的，且 SEM 更提供二項優點，此二項優點為 CCA 所沒有的，其一為可對典型加權係數與 index 係數作顯著性的考驗；其二是可對每一個典型相關係數逐一作顯著性的考驗（*Dawson, 1998*）。這二個特性詳細的意涵如下，就加權係數與index係數顯著性之檢定而言，SEM 提供了 X 組變項與 Y 組變項在各個典型變項上的

參數：如 *1.* 未標準化之加權係數與 index 係數，*2.* 該估計參數之標準誤，*3.* 讓估計係數顯著性考驗的t值，這三項數據使研究者易於瞭解哪一個項之何種係數達到顯著水準。再者，以往在作 CCA 時，若只有第一個典型相關係數顯著，則研究者會從 X 組變項中選擇結構係數或加權係數較大者，認為其對第一個典型相關較有貢獻，研究者若只以標準化加權係數值之大小來決定變項的重要性，似乎是不妥當的，因為有可能變項的加權係數大，但其標準誤亦大，則顯著性考驗的t值會變小，而未達顯著；相反的，有些變項的加權係數較小，但其標準誤也很小，則顯著性考驗的 t 值會反而變大，因而研究者除考慮X組變項的加權係數外，也應考量到變項標準誤的大小（*Fan, 1997*；傅粹馨，民 *91*）。

其次，SEM 比 CCA 略勝一籌的第二個特性為 SEM 能為每一個典型相關係數進行顯著性的檢定，不若 CCA 中將數個典型相關係數當成一組而進行所謂的次序性檢定（sequentially testing）。例如在 CCA 中，若得到三個典型相關係數，則執行第三個概似比率（likelihood ratio）的檢定，第一個檢定之零假設（虛無假設）所有的典型相關皆為 0，第二個檢定之零假設為第二個與第三個典型相關皆為 0，第三個檢定之零假設為第三個典型相關為 0。若第一、第二個檢定均達統計上的顯著水準（p<.05），而第三個檢定未達統計上的顯著水準（p>.05），則我們可以說第一、第二個典型相關係數達到顯著水準，而第三個典型相關係數則否，這似乎是研究者對每一個典型相關係數進行檢定，然而事實上並非如此。嚴格來講，只有第三個典型相關係數之檢定是道地的個別參數考驗，而前面的二個檢定並非個別典型相關係數的檢定，此種情況就理論而言，可能第二個典型相關係數本身並未顯著，因它與第三個典型相關係數結合後，而達到顯著水準，是否有這種可能，在 CCA 之情況下是無法得知，但若是採用 SEM，則可以對每個典型相關係數進行個別顯著性的檢定，此種檢定即是：第一個虛無假設為第一個典型相關係數為 0，第二個虛無假設為第二個典型相關係數為 0，第三個虛無假設為第三個典型相關係數為0；此種檢定可以藉由SEM模型分析中的「階層模式」（nested model）來達成（*Fan, 1997*；傅粹馨，民 *91*）。

第 3 章
「SIMPLIS」的基本
操作步驟

Structural

Equation

Modeling

本章主就SIMPLIS的操作流程作一說明，有關詳細的語法程式、變項界定及指令運用在第四章中會有詳細介紹。

3.1 SIMPLIS的操作

利用 SIMPLIS 的語法程式可以直接產生 SIMPLIS 格式報表，也可以配合 LISREL 指令「LISREL Output」來輸出傳統 LISREL 的報表，SIMPLIS 格式報表中將原先 LISREL 格式輸出中的參數及檢定值，以方程式（包含測量方程式與結構方程式）的方式輸出，對研究者而言比較報表格式比較簡易，要輸出SIMPLIS格式報表，可以直接採用指令「Options:」，後面再界定要輸出的內容次指令，完整的結構方程模式通常設定如下：

> Path Diagram
> Options: RS SC MI EF ND = 3 IT = 100
> End Problem

其中「Path Diagram」指令界定繪製出各種參數估計的結構模式圖，「RS」界定輸出所有適配殘差值的資訊、「SC」界定輸出參數估計的完全標準化解值（最後的標準化係數）、「MI」界定輸出模型的修正指標及期望參數改變值、「EF」界定輸出變項間影響的總效值與間接效果值、「ND = 3」界定輸出數字的小數位數，內定值為ND = 2（輸出到小數第二位）、「IT = 100」界定模式疊代運算的次數。

SIMPLIS 語法程式的副檔名為（*.spj），因果模式出路徑圖（Path Diagram）的副檔名為（*.pth）、結果報表檔案（Output Files）的副檔名（*.out）。

建立新的簡化模式檔（SIMPLIS Project）

1. 執行功能列【File】（檔案）→【New】（開啟新檔案）程序，出現「開啟新檔」對話視窗，在中間「開啟新檔」方盒中選取「SIMPLIS Project」（簡化模式檔）選項→按「確定」鈕。

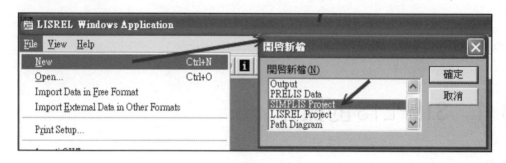

圖 3-1

2.出現「另存新檔」的對話視窗,於「檔案名稱:」右邊的方格中輸入新簡
化模式檔的檔案名稱,如「教學效能」,此時下方「存檔類型」中出現
「SIMPLIS Project(*.spj)」→按「儲存」鈕。

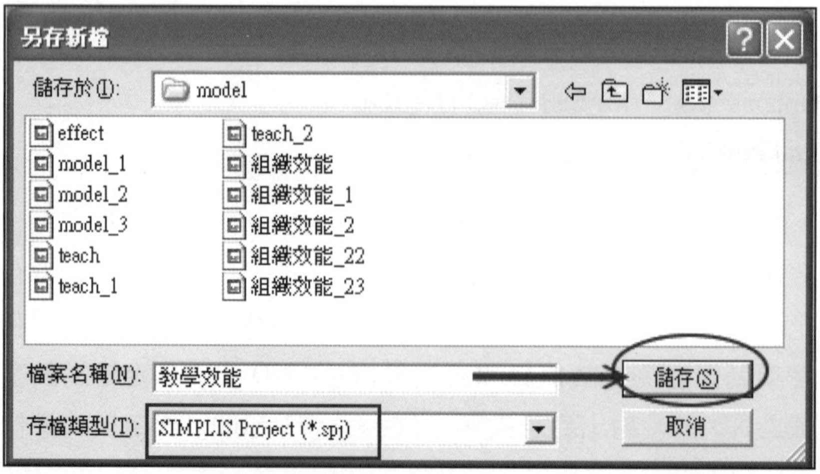

圖 3-2

3.出現「LISREL Windows Application-[教學效能]」的對話視窗(LISREL 應用
視窗),在中間空白處輸入 SIMPLIS 語法程式。

圖 3-3

開啟已存檔的簡化模式檔（SIMPLIS Project）

1. 執行功能列【File】（檔案）→【Open】（開啟舊檔）程序，出現「開啟
舊檔」的對話視窗。

2. 在下方「檔案類型」下拉式選單中選取「SIMPLIS Project（*.spj）」選項，
選取要開啟的檔案，如「教學效能」，再按「開啟」鈕。

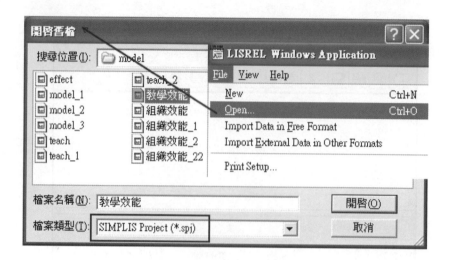

圖 3-4

圖 3-5

▌執行語法程式

1. 在「LISREL Windows Application-[教學效能]」的對話視窗（LISREL 應用視窗）中鍵入 SIMPLIS 語法程式，完成後，按工具列【Save】（儲存）鈕，再按「Run LISREL」 ![Run LISREL] 鈕，若是語法程式沒有語法錯誤或模式無法聚合問題，則會繪出因果模式圖及報表。

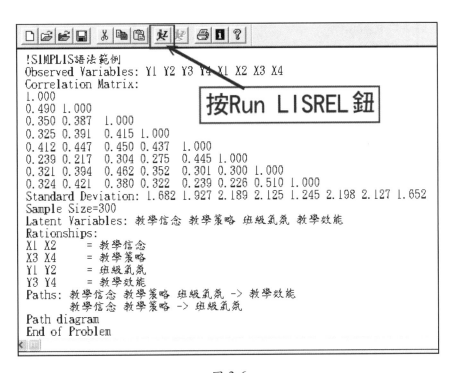

```
!SIMPLIS語法範例
Observed Variables: Y1 Y2 Y3 Y4 X1 X2 X3 X4
Correlation Matrix:
1.000
0.490 1.000
0.350 0.387  1.000
0.325 0.391  0.415 1.000
0.412 0.447  0.450 0.437  1.000
0.239 0.217  0.304 0.275  0.445 1.000
0.321 0.394  0.462 0.352  0.301 0.300 1.000
0.324 0.421  0.380 0.322  0.239 0.226 0.510 1.000
Standard Deviation: 1.682 1.927 2.189 2.125 1.245 2.198 2.127 1.652
Sample Size=300
Latent Variables: 教學信念 教學策略 班級氣氛 教學效能
Rationships:
X1 X2     = 教學信念
X3 X4     = 教學策略
Y1 Y2     = 班級氣氛
Y3 Y4     = 教學效能
Paths: 教學信念 教學策略 班級氣氛 -> 教學效能
       教學信念 教學策略 -> 班級氣氛
Path diagram
End of Problem
```

按Run LISREL鈕

圖 3-6

2. 若要更改語法程式的文字大小、字型，字型樣式：執行功能列【Edit】（編輯）→【Select all】（選擇全部）程序，先選取文字，再執行功能列【Options】（選項）→【Font】（字型）程序，開啟「字型」對話視窗，可以設定字型、字型樣式、字型大小、色彩，若是選取中文字型，在下方「字集」下拉式選單中，選取「CHINESE_BIG5」選項。

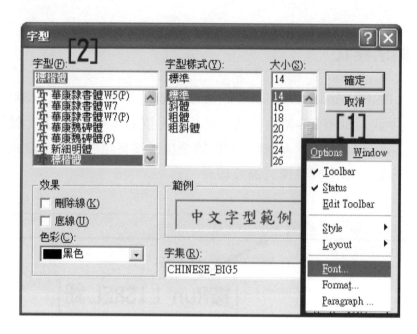

圖 3-7

因果模式圖應用視窗

在SIMPLIS語法中,若有設定「Path Diagram」關鍵詞,表示同時繪製因果模式圖,因果模式應用視窗的功能列及工具列如下,其中【View】(檢視)功能列可以設定各種模式的圖形。

圖 3-8

圖 3-9 為「基本模式」中呈現非標準化估計值的完整線性結構模式圖,包括測量模式與結構模式。

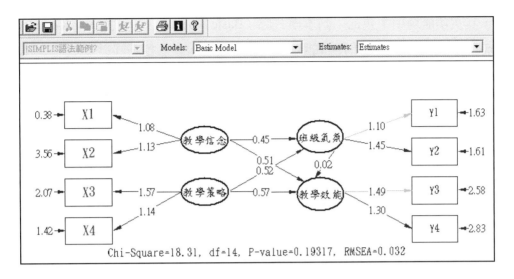

圖 3-9

　　要呈現各種參數估計的模式圖，可以直接於「Estimates」（估計值）的下拉
式選單中選取，或執行功能列【View】（檢視）→【Estimations】（估計）程序，
內包含六個選項：原始估計值模式圖（Estimates）、標準化解值模式圖（Standardized
Solution）、模式概念圖（Conceptual Diagram）、估計值顯著性的 t 值模式圖（t-
Value）、修正指標模式圖（Modification Indices）、期望參數改變值模式圖（Expected
Changes）等。

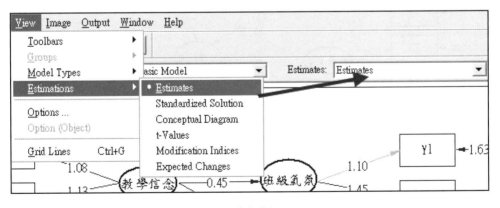

圖 3-10

　　在完整的線性結構方程中，若同時包含測量模式、結構模式，則模式圖有五
種選項可供選擇：執行功能列【View】（檢視）→【Mode Types】（模式型態）

程序，其次功能選項中包括：基本模式圖（Basic Model）、X模式圖（X-Model）、Y模式圖（Y-Model）、結構模式圖（Structural Model）、相關誤差模式（Correlated Errors）等。

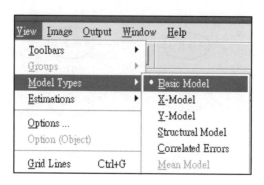

圖 3-11

圖 3-12 為「基本模式」的模式型態，估計值為「標準化解值」的模式圖。

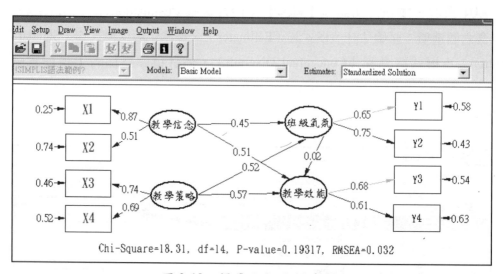

圖 3-12　標準化解值模式圖

圖 3-13 模式型態為「結構模式圖」（Structural Model）

圖 3-14 為 X 模式圖（X-Model）（X變項的測量模式，外因潛在變項間的關係）

圖 3-15 為 Y 模式圖（Y-Model）（Y變項的測量模式，內因潛在變項間的關係）

　　圖 3-16 為相關誤差模式圖（Correlated Errors）等，呈現顯性變項的測量誤差估計值。

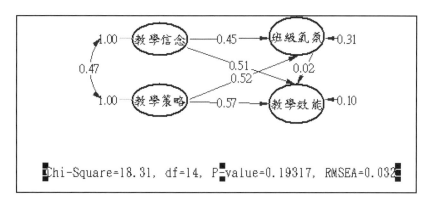

圖 3-13　結構模式圖

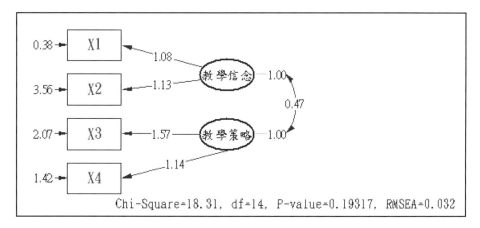

圖 3-14　X 模式圖

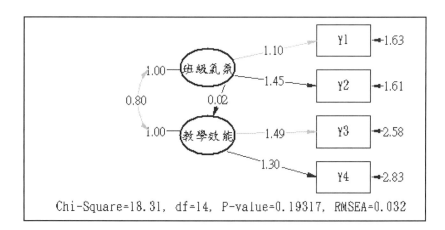

圖 3-15　Y 模式圖

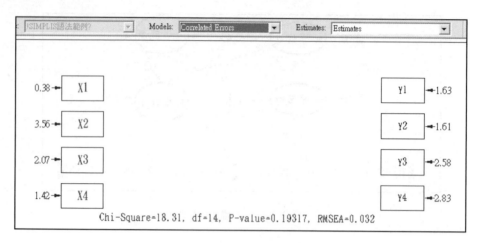

圖 3-16

在因果模式徑路圖的視窗中（Path Diagram Window），可將模式圖存成（*.pth）的檔案，其存檔類型為「Path Diagram（*.pth）」，模式圖除可以存檔（Save As）、列印（Print），也可以轉換成「*.gif」、「*.wmf」圖檔：執行功能列【File】→【Export As Gif file】「*.gif」程序，或執行功能列【File】→【Export As Metafile】「*.wmf」程序，可以將各種模式輸出為副檔名為「.gif」、「.wmf」的圖檔。

此外，在因果模式徑路圖的視窗中，如果選取每個物件（觀察變項、潛在變項或箭號），會出現八點控制點（箭號只有二個控制點），拉曳這些控制點，可以放大或縮小物件，或移動物件的位置。因而 LISREL 繪製的因果模式圖，各物件符號可以再編輯。

要美化模式圖中的物件或更改各參數的字型、大小，可以執行功能列【View】（檢視）→【Options...】（選項）程序，開啟「選項」（Options）對話視窗，在「物件型態」（Type of Object）的下拉式選單中包括：「X-Variables」（X 變項）、「Y-Variables」（Y 變項）、「Ksi-Variables」（ξ變項即為外因潛在變項或外衍潛在變項－潛在自變項）、「Eta-Variables」、（η變項即為內因潛在變項或內衍潛在變項－潛在依變項）「Fixed parameters」（固定參數－預先將某一參數之估計值設定為一個常數，通常為 1）、「Free Parameters」（自由參數－參數沒有預先設定，由 LISREL 根據實際資料進行估計）等選項。選完物件的型態後，會出現「選項」的次一對話視窗。

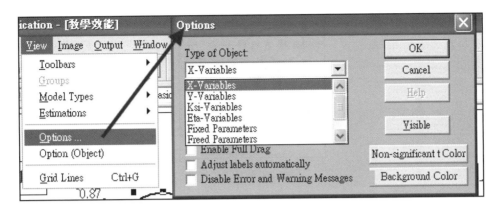

圖 3-17

選好一個物件型態後，會出現此物件型態相對應的美化設定功能鍵，通常有四個：物件的邊框粗細設定（Outline）、物件內顏色的設定（Fill Color）、物件邊框的顏色（Outline Color）、字型的設定（Font）（包含字型大小、字型樣式、字型、字集等），設定完後，按「OK」鈕。

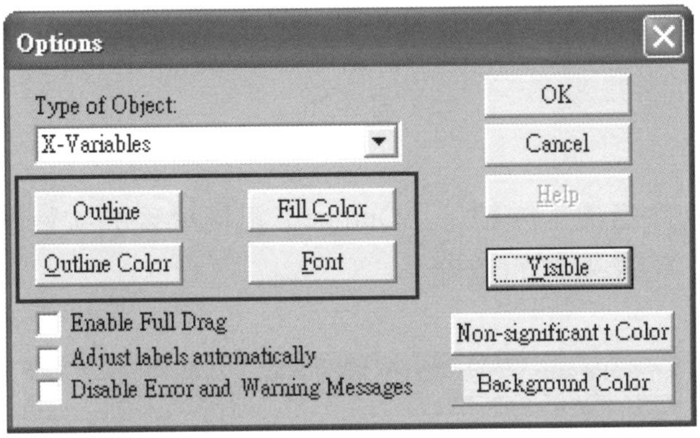

圖 3-18

如果只要更改一個物件，先選取此物件，再按滑鼠右鍵，出現快顯功能表，選取「選項」（Options），之後可開啟「物件選項」的對話視窗。

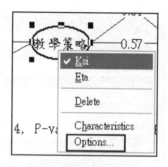

圖 3-19

「物件選項」（Options for Object）的對話視窗也有四個按鈕選項：物件的邊框粗細設定（Outline）、物件內顏色的設定（Fill Color）、物件邊框的顏色（Outline Color）、字型的設定（Font）（包含字型大小、字型樣式、字型、字集等）。

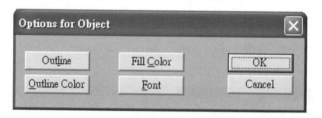

圖 3-20

下圖為在「物件選項」中按下「Outline」鈕後呈現的次對話視窗，可以直接輸入數字，以設定物件邊框的粗細。

圖 3-21

下圖為在「物件選項」中按下「Fill Color」或「Outline Color」鈕後呈現的次對話視窗，選取一種顏色，再按「確定」鈕即可。

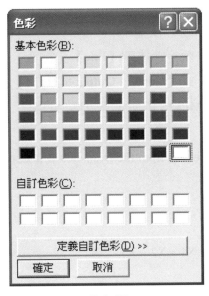

圖 3-22

▣ 結果輸出應用視窗（Output Window）

結果輸出視窗會出現語法是否有誤，如果語法沒有錯誤而模式又可聚合，則會依研究界定的輸出選項參數，將結果呈現於此。

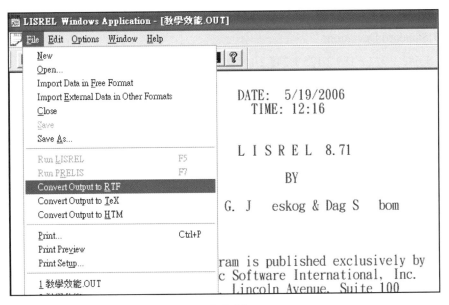

圖 3-23

上述結果輸出檔除可直接存成「Output Files（*.out）」的檔案外，也可以轉成 MS_WORD 檔案（*.RTF）、文書檔（*.TEX）、網頁檔（*.HTM），轉換輸出檔案到以上三種格式內容：執行功能列【File】（檔案）→【Convert Output to RTF】或【Convert Output to TeX】或【Convert Output to HTM】程序。

下面的報表為採用 SIMPLIS 內定的輸出結果格式。

The following lines were read from file D:\model\教學效能.spj:

! SIMPLIS 語法範例

[1]Observed Variables:

    Y1 Y2 Y3 Y4 X1 X2 X3 X4

[2]Correlation Matrix:

```
 1.000
 0.490  1.000
 0.350  0.387  1.000
 0.325  0.391  0.415  1.000
 0.412  0.447  0.450  0.437  1.000
 0.239  0.217  0.304  0.275  0.445  1.000
 0.321  0.394  0.462  0.352  0.301  0.300  1.000
 0.324  0.421  0.380  0.322  0.239  0.226  0.510  1.000
```

[3]Standard Deviation:

    1.682 1.927 2.189 2.125 1.245 2.198 2.127 1.652

[4]Sample Size＝300

[5]Latent Variables:

    教學信念 教學策略 班級氣氛 教學效能

[6]Rationships:

    X1 X2 ＝教學信念

    X3 X4 ＝教學策略

    Y1 Y2 ＝班級氣氛

    Y3 Y4 ＝教學效能

[7]Paths:

    教學信念 教學策略 班級氣氛→教學效能

　　教學信念　教學策略　　→班級氣氛

[8]Path diagram

[9]End of Problem

【說明】

上表數據第一行呈現 SIMPLIS 的檔案路徑及存檔的檔案名稱（教學效能.
spj），之後重複呈現 SIMPLIS 的語法程式。如要輸出各種殘差資料，在「End of
Problem」上一行，可鍵入「Print Residuals」。上面語法中「[數字]」為之後加上
去，原始語法程式中不能出現。

[1]界定觀察變項，作為潛在變項的指標變項共有八個：Y1、Y2、Y3、Y4、
　　X1、X2、X3、X4，其順序先界定 Y 變項（內衍潛在變項的顯性變項）再
　　界定 X 變項（外衍潛在變項的顯性變項）。

[2]界定八個觀察變項的相關矩陣。

[3]界定八個觀察變項的標準差。

[4]界定樣本的人數。

[5]界定四個潛在變項：教學信念、教學策略、班級氣氛、教學效能。

[6]以「Rationships:」關鍵句界定四個測量模式。

[7]以「Paths:」關鍵句界定結構模式。

[8]界定輸出因果模式路徑圖。

[9]語法結束。

　Sample Size = 　300

上表數據為取樣的樣本數，分析受試樣本有 300 位。

　! SIMPLIS 語法範例

　Covariance Matrix

	Y1	Y2	Y3	Y4	X1	X2
Y1	2.83					

Y2	1.59	3.71			
Y3	1.29	1.63	4.79		
Y4	1.16	1.60	1.93	4.52	
X1	0.86	1.07	1.23	1.16	1.55
X2	0.88	0.92	1.46	1.28	1.22	4.83
X3	1.15	1.61	2.15	1.59	0.80	1.40
X4	0.90	1.34	1.37	1.13	0.49	0.82

Covariance Matrix

	X3	X4
	--------	--------
X3	4.52	
X4	1.79	2.73

【說明】

上表數據為八個觀察變項的共變數矩陣。

! SIMPLIS 語法範例

Number of Iterations = 14

【說明】

上表數據為疊代運算的次數，分析經過 14 次疊代運算而達到模式聚合。

LISREL Estimates (Maximum Likelihood)

Measurement Equations

Y1 = 1.10*班級氣氛，Errorvar.= 1.63，$R^2 = 0.42$

(0.17)

9.36

Y2 = 1.45*班級氣氛，Errorvar.= 1.61，$R^2 = 0.57$

(0.16)   (0.24)

9.01   6.83

Y3 = 1.49*教學效能，Errorvar.= 2.58，$R^2 = 0.46$

                             (0.30)

                             8.49

Y4 = 1.30*教學效能，Errorvar.= 2.83，$R^2 = 0.37$

  (0.15)   (0.29)

  8.87   9.93

X1 = 1.08*教學信念，Errorvar.= 0.38，$R^2 = 0.75$

  (0.087)   (0.15)

  12.37   2.61

X2 = 1.13*教學信念，Errorvar.= 3.56，$R^2 = 0.26$

  (0.14)   (0.33)

  8.22   10.78

X3 = 1.57*教學策略，Errorvar.= 2.07，$R^2 = 0.54$

  (0.13)   (0.29)

  12.14   7.12

X4 = 1.14*教學策略，Errorvar.= 1.42，$R^2 = 0.48$

  (0.100)   (0.17)

  11.46   8.32

Structural Equations

班級氣氛 = 0.45*教學信念 + 0.52*教學策略，Errorvar.= 0.31，$R^2 = 0.69$

    (0.094)   (0.096)   (0.10)

    4.77   5.40   3.08

教學效能 = 0.024*班級氣氛 + 0.51*教學信念 + 0.57*教學策略，

Errorvar. = 0.095，$R^2 = 0.90$

    (0.21)   (0.14)   (0.15)

(0.11)

    0.12   3.62   3.86

 0.89

Reduced Form Equations

班級氣氛 = 0.45*教學信念 + 0.52*教學策略，Errorvar.= 0.31，$R^2 = 0.69$

    (0.094)   (0.096)

$$4.77 \qquad\qquad 5.40$$
$$教學效能 = 0.52^*教學信念 + 0.59^*教學策略，Errorvar. = 0.095，R^2 = 0.90$$
$$(0.096) \qquad\qquad (0.096)$$
$$5.46 \qquad\qquad 6.11$$

【說明】

上述為測量方程、結構方程之原始參數（parameter）估計值，每一個自由參數的方程式中，變項前面的數字為「未標準化的參數估計值」（unstandardized parameter estimate），其下括號內的數字為「標準誤」（standard error），括號下的數字為估計值顯著性考驗的 t 值，t 值等於「未標準化的參數估計值」÷「標準誤」。t值絕對值若大於 1.96，表示達到 0.05 的顯著水準；t 值絕對值若大於 2.58，表示達到 0.01 的顯著水準。「未標準化的參數估計值」表示自變項 1 單位的改變會導致依變項多少的改變量；正的符號，顯示會造成依變項改變量的增加；負的符號，表示會造成依變項改變量的減少。「未標準化的參數估計值」的性質與傳統迴歸分析中的「迴歸係數」（regression coefficients）類似。

參數估計值的標準誤表示參數的數值如何被正確估計的程度，愈小的標準誤有愈佳的估計值，但極端值的標準誤（如接近 0），反而無法反映檢定顯著性統計量；相反的，一個甚大的標準誤指標，無法使參數被實際資料合理地決定，亦即指標變項無法反映其潛在變項，採用最大概似法（ML 法）來估計原始參數的標準誤，資料必須符合多變量常態性（multivariate normality）的假定才可以。

「Errorvar.」右邊的數字表示「誤差變異量」（error variances），在測量模式中稱為「測量誤差」（errors in measurement），在結構模式中稱為「殘差項」（residual terms）。若是自由參數，誤差變異量的估計值，也會出現其估計標準誤與顯著性考驗的 t 值。

如果誤差變異數出現負值，表示模式的基本適配度指標不佳，輸出的報表中會呈現下列的提示語：

W_A_R_N_I_N_G : Error variance is negative.

R^2 表示多元相關的平方（squared multiple correlation），與傳統迴歸分析中的

決定係數相同，表示依變項（內因潛在變項）被自變項（外因潛在變項）解釋的變異量，如「班級氣氛 = 0.45*教學信念 + 0.52*教學策略，Errorvar.= 0.31，R^2 = 0.69」行中的 R^2 等於.69，表示班級氣氛可以被教學信念、教學策略二個外因潛在變項解釋的變異量為69%。

Correlation Matrix of Independent Variables

	教學信念	教學策略
教學信念	1.00	
教學策略	0.47	1.00
	(0.07)	
	6.47	

【說明】

上表數據為教學信念、教學策略二個自變項（外因潛在變項）間的相關矩陣。相關矩陣的對角線的數值為 1。教學信念與教學策略間的相關為 0.47，顯著性考驗的t值等於 6.47（＝0.47÷0.07），絕對值大於 1.96，達到 0.05 的顯著水準。

Covariance Matrix of Latent Variables

	班級氣氛	教學效能	教學信念	教學策略
班級氣氛	1.00			
教學效能	0.80	1.00		
教學信念	0.69	0.80	1.00	
教學策略	0.73	0.83	0.47	1.00

【說明】

上表數據為四個潛在變項間共變矩陣，即潛在變項間相關係數矩陣。

Goodness of Fit Statistics【適配度統計量指標】

Degrees of Freedom = 14【自由度等於 14】

Minimum Fit Function Chi-Square = 18.48 (P = 0.19)【最小適配函數卡方值】

Normal Theory Weighted Least Squares Chi-Square = 18.31 (P = 0.19)【常態化最小平方加權卡方值，顯著性機率值 p = 0.19 > 0.05】

Estimated Non-centrality Parameter (NCP) = 4.31【非集中化參數估計值－NCP】

90 Percent Confidence Interval for NCP = (0.0 ; 19.56)【NCP 值 90% 的信賴區間】

Minimum Fit Function Value = 0.062【最小適配函數值】

Population Discrepancy Function Value (F0) = 0.014【母群差異函數值－F0】

90 Percent Confidence Interval for F0 = (0.0 ; 0.065)【F0 值 90% 的信賴區間】

Root Mean Square Error of Approximation (RMSEA) = 0.032【漸進殘差均方和平方根－RMSEA 值】

90 Percent Confidence Interval for RMSEA = (0.0 ; 0.068)【RMSEA 值 90% 的信賴區間】

P-Value for Test of Close Fit (RMSEA < 0.05) = 0.76【RMSEA 值顯著性考驗】

Expected Cross-Validation Index (ECVI) = 0.21【期望跨效度指數－ECVI 值】

90 Percent Confidence Interval for ECVI = (0.19 ; 0.26)【ECVI 值 90% 的信賴區間】

ECVI for Saturated Model = 0.24【飽和模式的 ECVI 值】

ECVI for Independence Model = 3.90【獨立模式的 ECVI 值】

Chi-Square for Independence Model with 28 Degrees of Freedom = 1151.52【有 28 個自由度之獨立模式的卡方值】

Independence AIC = 1167.52【獨立模式的 AIC 值】

Model AIC = 62.31【理論模式的 AIC 值】

Saturated AIC = 72.00【飽和模式的 AIC 值】

Independence CAIC = 1205.15【獨立模式的 CAIC 值】

Model CAIC = 165.79【理論模式的 CAIC 值】

Saturated CAIC = 241.34【飽和模式的 CAIC 值】

Normed Fit Index (NFI) = 0.98【NFI 值】

Non-Normed Fit Index (NNFI) = 0.99【NNFI 值】

Parsimony Normed Fit Index (PNFI) = 0.49【PNFI 值】

Comparative Fit Index (CFI) = 1.00【CFI 值】

Incremental Fit Index (IFI) = 1.00【IFI 值】

Relative Fit Index (RFI) = 0.97【RFI 值】

Critical N (CN) = 472.44【CN 值】

Root Mean Square Residual (RMR) = 0.13【RMR 值】

Standardized RMR = 0.030【SRMR 值】

Goodness of Fit Index (GFI) = 0.98【GFI 值】

Adjusted Goodness of Fit Index (AGFI) = 0.96【AGFI 值】

Parsimony Goodness of Fit Index (PGFI) = 0.38【PGFI 值】

【說明】

上表為整體模式適配度檢驗的各種指標值，其中卡方值在自由度等於14，其數值等於 18.31，顯著性機率值 p = 0.19 > 0.05，未達顯著水準，接受虛無假設。研究的虛無假設與對立假設如下：

對立假設：因果模式之路徑圖 ≠ 實際蒐集資料

虛無假設：因果模式之路徑圖 = 實際蒐集資料

或

H_1：觀察資料的 S 矩陣 ≠ 假設模式隱含的 $\hat{\Sigma}$ 矩陣

H_0：觀察資料的 S 矩陣 = 假設模式隱含的 $\hat{\Sigma}$ 矩陣

因而接受虛無假設，表示理論因果模式圖與實際資料相契合或適配，表示觀察資料所得的S矩陣可以契合假設模式隱含的$\hat{\Sigma}$矩陣。此外，再從其他適配指標指數來看，RMSEA 值等於 0.032、SRMR＝0.03，均小於 0.05 的接受標準；GFI 值＝0.98、AGFI 值＝0.96、NFI 值＝0.98、NNFI 值＝0.99、CFI 值＝1.00、IFI 值＝1.00、RFI 值＝0.97，均大於 0.90 的接受標準；而 CN 值＝472.44，大於 200，達到模式接受標準；而 RMR 值＝0.13（>0.05），PGFI 值＝0.38（<0.50）、PNFI 值＝0.49（<0.50），未達到模式可以接受標準。

在精簡適配度指標方面，理論模式的AIC值等於 62.31，小於獨立模式的AIC值（＝1167.52），也小於飽和模式的 AIC 值（＝72.00）；理論模式的 CAIC 值等於 165.79，小於獨立模式的 CAIC 值（＝1205.15），也小於飽和模式的 AIC 值（＝241.34）；此外整體適配度指標中 ECVI 值＝0.21，其數值很小，均表示模式的適配程度良好。整體而言，因果模式之路徑圖與實際資料可以適配。

上述適配指標中所謂的「獨立模式」（independent model）或稱「虛無模式」

（null model），表示模式中所有變項的共變數均假設為 0，亦即所有變項間完全獨立，所有顯性變項間是完全不相關的。

3.2　模式估計的問題

使用 LISREL 去分析資料時，模式估計常見的問題如：*1.* 鍵入檔案資料的語法錯誤、*2.* 資料檔本身的錯誤、*3.* 資料和模式不合，如資料是對某些特定的模式是不適當的，或者是觀察資料使用錯誤的模式等（*Diamantopoulos & Siguaw, 2000, pp. 76~78*）。

輸入檔案中的語法錯誤包括：*1.* 使用程式無法辨識的關鍵字或拼字錯誤，如界定要輸出完全標準化解值的關鍵詞為「SC」，誤鍵入為「CS」；*2.* 遺漏必要的命令行，如漏打觀察變項或樣本大小行；*3.* 命令行的邏輯錯誤，如有設定潛在變項關係的命令行，但先前卻沒有界定潛在變項；*4.* 使用無效指令名稱；*5.* 變項與變項或關鍵詞之間沒有以空白鍵隔開等。以上的語法錯誤問題，在語法程式執行過程中很容易被 LISREL 偵測出來，並告知研究者。一般而言，大部分的 LISREL 的問題多是因為用字或語法錯誤（*Byrne, 1998, p.66*）

資料檔的錯誤則比較難以被偵測出來，這些資料通常包含在共變數矩陣 S 中，從正向面而言，LISREL 8.0 之後版本的程式會自動偵測觀察資料之共變數 S 矩陣內的元素個數是否過少（與觀察變項行所界定的變項數目是否相符），或出現其他的不合法的特殊字元，如非數字型的文字或符號。但從負向面而言，LISREL 8.0 之後版本的程式並無法偵測出樣本共變數 S 矩陣中是否含有過多的元素或是仍然是合法的不合理值，如有關一個計分從 1 到 5 的變項，出現超過 5 的數值資料或負數，或資料檔出現的順序與觀察變項界定的順序是否一樣，若是資料檔共變數矩陣界定與觀察變項界定的順序不一樣，LISREL 8.0 語法軟體並無法偵測出來，此時會造成模式估計的嚴重的錯誤。

一個比較特別的有關資料的問題，是樣本共變數 S 矩陣無法「正定」（positive definite）的問題。一個非正定的矩陣，或稱「奇異」（singular）矩陣，其矩陣的行列式值（determinant）等於 0，其逆矩陣無法被估算出來，在此種情境下，許多需要用到此逆矩陣來計算的各種統計資訊均無法被計算，且部分計算出來的統計指標也不可信，因而在包含最大概似法中的好幾種估計程序皆要求 S 矩陣必須正

定。碰到樣本共變數 S 矩陣無法出現正定時，LISREL 會自動出現下列的提示語：

F_A_T_A_L E_R_R_O_R: Matrix to be analyzed is not positive definite.

　　S 矩陣無法正定的原因，通常是配對式刪除（pairwie delection）遺漏資料所造成的，或是觀察變項間發生線性相依（linear dependency）關係（即有多元共線性問題），配對式刪除法可能導致共變數矩陣與原先完整產出的資料組不同，同時配對式刪除法對遺漏值的界定是嚴格的，但此嚴格的界定通常是不合理的假定（*Wothke, 1993, p.266*）。對於配對式刪除遺漏值的問題，可採用「列舉出刪出」（listwise delection）遺漏值法，但應用此法時，必須在樣本數夠大，且遺漏值資料不多的情況下才可以。

　　由於 SEM 分析的共變數矩陣是由變項的數值轉換而來，因此，矩陣中的要素就產生了一些限制的規則。第一個規則是所有對角線上的數值必須是正數（在共變數矩陣中，這些數值就是變異數），如果對角線上的數值出現負數表示此數值是錯誤的；第二個規則是在對角線上的數會限制對角線以外數值的可能範圍，第三個規則是矩陣必須是非「奇異的」，因為矩陣若是奇異的，則無法估計出其逆矩陣，第四個規則必須符合「三角不均等條件」（triangular inequality condition）。當共變數矩陣違反以上規則時，即會出現非正定的問題（黃芳銘，民 93）。

　　觀察變項間的共線性問題，通常導因於以下幾個原因：*1.* 資料中有極端值（outliers）的存在；*2.* 樣本數比觀察變項數還少；*3.* 模式中加入組合變項（composite variable），所謂組合變項指的是在共變數矩陣中獨立的二個或數個成分變項的總和。解決共線性無法正定的方法包括：*1.* 極端值的偵測與極端值的移除；*2.* 減少觀察變項的個數；*3.* 移除重複的組合變項等。LISREL 8.0 版之後，有提供「Ridge」指令，採用平滑程序法（smoothing procedure）的技術，使用脊選項（ridge option）估計法，配合「脊常數」（ridge constant）來自動解決線性相依造成模式無法正定的問題，此方法是以一個常數乘以每一個對角線上的數值，再將其加到矩陣中，不斷重複估算，直到負的等徵值消失；此外，研究者也可以考慮改採用不需要假定 S 矩陣必須正定的方法，如 ULS 法也可以。

　　另外一種非正定的問題是模式界定有關的問題，假設模式隱含的共變數矩陣（$\hat{\Sigma}$矩陣）並不是正定，此種情形通常是由不良的起始值（poor starting value）所

造成的，嚴重的話疊代估算無法進行。此時 LISREL 程式執行時會出現以下的訊息：

> F_A_T_A_LE_R_R_O_R: Unable to start iterations because matrix
> SIGMA is not positive definite.
> Provide better starting values.

上述問題的解決方法有二：一為研究者自己提供並設定起始值，二為先使用ULS估計法；再使用估計的結果值作為起始值，再進行模式參數的估計（*Wothke, 1993*）。

假定程式可以進行疊代估算，LISREL 程式還可能碰到所謂「容許性檢查」（admissibility check）或「容許性檢驗」（admissibility test）的問題。這項檢驗是 LISREL 進行到第 20 次疊代運算時，程式會自動檢查估計值的合理性，如確認 LAMBDA-Y 及 LAMBDA-X 矩陣中不能有一列的數值均為 0，且 PHI（Φ）、PSI（Ψ）、THETA-EPS、THETA-DELTA 等矩陣均必須為正定，如果這些參數檢驗不是在容許範圍內，會出現下列錯誤的訊息：

> F_A_T_A_LE_R_R_O_R: Admissibility check failed.

或

> F_A_T_A_LE_R_R_O_R: Admissibility test failed.

如果出現以上的錯誤訊息，LISREL 會停止估計工作，在輸出結果視窗出現一個警告訊息。研究者應該仔細檢查自己的模式和資料，看看是否是研究者想要估計的。在 LISREL 中也可以將容許性檢查功能關閉（AD=OFF），但一般均不建議關閉 AD 檢查的功能，除非在Φ、Ψ、θ_ε、θ_δ 矩陣中，進行對角線 0 矩陣元素的設定（*Joreskog & Sorbom, 1989, p.278*）。如不關閉容許性檢查功能，研究者可以將容許性檢查的疊代次數放寬，如設定 AD=50，允許 LISREL 分析到第 50 次疊代時，才進行容許性檢查。

如果容許性檢驗順利進行，模式的參數估計還會碰到一個問題，那就是模式

無法收斂（converge）。模式無法收斂的原因可能是：模式呈現非線性關係（非遞迴模式）、是模式非常不理想以致觀察資料無法適配它、參數估計的起始值非常差、模式中加入太多不合理的相等化限制、某些關鍵性的參數無法被辨識（*Bentler & Chou, 1987, p.100*）。若是經過內定的疊代運算次數（LISREL預設的疊代運算的最高次數是自由參數個數的 3 倍），估計值還是無法收斂，LISREL 程式會自動停止估計，並出現下列警告訊息：

W_A_R_N_I_N_G: The number of iterations exceeded XX
XX 表示預設疊代的次數

W_A_R_N_I_N_G: Serious problems were encountered during minimization.
Check your model and data.

對於第一個訊息，最簡單的解決策略就是放寬疊代的次數，設定一個較高的疊代次數，在 SIMPLIS 中的語法如下：

Options: IT = 100

對於第二個訊息，通常是由於實徵性無法辨識的問題所造成的，這個訊息矩陣是奇異矩陣（幾乎無法正定），其原因是變項間高度線性相依所造成的，研究者可以藉由關鍵字「PC」以查看估計參數間的相關（Options: PC），若是相關太高，要充分獲得良好的參數估計值較不可能。此外，實徵性無法辨識、無法收斂的問題，其原因可能是資料所提供的訊息太少、有極端值及非常態性資料存在、過多的模式參數及模式敘列誤差等。解決的方法如：蒐集更多的觀察值樣本、使用較少的參數來估計、使用較不會受限於常態分配假設的估計法，如 GLS 法，檢驗資料檔移除極端值、使用平滑程序技術、適當確認模式、對於變異數或共變數給予限制，以產生合理的估計值等（*Schumacker & Lomax, 1996, p.27*）。

第 4 章
「SIMPLIS」的語法與
實例解析

S tructural

E quation

M odeling

本章首先介紹SIMPLIS的指令與語法運用，次則以各種常見的模式圖為實例說明變項間的設定關係。

4.1 SIMPLIS的語法說明

SIMPLIS 為「SIMPLE LISREL」的縮寫，其語法配合日常英文的語句與一般語句來表示，不像 LISREL 語法的複雜，會受到數學矩陣關係的困擾，因而研究者的可接受度較高，學習也較容易，而其功能與輸出報表與原始採用 LISREL 語法結果大同小異。SIMPLE 的語法程式可以直接產生 SIMPLE 報表格式，也可以輸出原始 LISREL 的報表，要輸出 LISREL 的報表格式，要使用關鍵字「LISREL Output:」，並配合輸出選項即可。

SIMPLIS的語法包括三部分，第一部分資料讀取及樣本數的設定，在資料讀取方面可以讀取文書檔（固定格式的檔案）建立的原始資料檔，或變項間的共變數矩陣，或變項間的相關矩陣；第二部分為觀測變項、潛在變項的設定及潛在變項間關係的設定，即設定各測量模式及結構模式；第三部分為輸出報表結果的設定。每一行指令結束時可以按「輸入」鍵直接換行，或以「；」分號表示指令結束，同一行中可用分號以連接多個不同指令。此外，所有SIMPLIS的指令與指令後的冒號均要使用「半形字」，不能使用全形字體，否則會出現語法錯誤。此外，變項名稱大小寫是不相同的，但關鍵詞與選擇性選項大小寫代表的意義是一樣，如界定殘差值、標準化解值與修正指標，下列二者表示是相同的：

Options: RS SC MI（選項詞為大寫）

或

Options: rs sc mi（選項詞為小寫）

【注意】
SIMPLIS語法視窗中的中文字或程式撰寫時，請直接在SIMPLIS語法視窗中鍵入、編輯或修改，切勿以微軟MS_WORD應用軟體來鍵入，然後再利用複

製、貼上到 SIMPLIS 語法視窗中，若是半形字，如英文字、數字比較沒有問題，但若是全形字，如中文字體，會產生語法格式凌亂的問題，建議研究者直接在 SIMPLIS 語法視窗中鍵入、編輯、修改，這樣 LISREL 執行時語法程式比較不會有錯誤。

資料的讀取與變項界定

模式標題的說明

模式標題的說明即為程式的抬頭（Title），程式的抬頭只是 SIMPLIS 語法的註解說明，沒有任何的功用，它是一個選擇性指令，通常以「!」或「／*」為起始字元，後面接中英文註解的說明。SIMPLIS 的關鍵詞不能出現在 Title 中。

◇範例一：「!驗證性因素分析」或

「Title『驗證性因素分析』」

◇範例二：「! Confirmatory Factor Analysis」或

「Title Confirmatory Factor Analysis」

觀察變項的設定

觀察變項（或稱顯性變項或稱指標變項）的指令為「Observed Variables」或「Observed Variables:」。在 SIMPLE 的語法中，各關鍵指令（keywords）後面的冒號可以省略。

語法：「Observed Variables：觀察變項一　觀察變項二　觀察變項三……」

其中「Observed Variables:」為語法關鍵詞，不能錯誤，字元及符號必須為半形字，後面為觀察變項的名稱，觀察變項字元數最多是八個字元，相當於八個英文字母、四個中文字；變項與變項之間要「空一格」，為便於區別，變項如為中文，可在變項的前後加上單引號（不加也可以）。變項可直接置於冒號「：」的後面或鍵入於次一行中。上述變項若直接置放於冒號「：」的後面時，冒號「：」與後面的變項間至少要空一格。觀察變項名稱必須是唯一的（unique），只能有一個，不可以重複出現，若是變項是由二個文字號構成，中間有空間時，要在文字號前面加上單引號，否則會被視是二個變項，如「'MOT STA'」。

◇範例一：「Observed Variables: X1 X2 X3 X4 X5 X6 X7 X8 X9 X10」或

Observed Variables:

X1 X2 X3 X4 X5 X6 X7 X8 X9 X10

上述變項名稱後面為連續數字,可以以短橫線來說明變項的起始與結束,如

Observed Variables:

X1-X10

或

Observed Variables:

X1 X2 X3 X4 X5 X6 X7 X8 X9 X10

◇範例二:「Observed Variables:『開放創新』『積極革新』『研發挑戰』」

或

Observed Variables:

「開放創新」「積極革新」「研發挑戰」

◇範例三:「Observed Variables:開放創新　積極革新　研發挑戰」

或

Observed Variables:

開放創新　積極革新　研發挑戰

上述觀察變項或指標變項可能是量表的一個題項得分,或是一個量表幾個題項的得分總和,包含數個題項者通常為量表的層面或構念的得分,單獨題項或數個題項的分數以一個指標變項名稱稱之,即為觀察變項。

在一個完整的結構方程模式中,研究者若是以共變數矩陣或以相關矩陣(以相關矩陣要增列變項的標準差)為分析資料檔,觀察變項如均為「反映性指標」(reflective indicators),即觀察變項為「果變項」,而潛在變項為「因變項」,指標變項可以反映其建構的潛在變項構念。其觀察變項要先呈現的是內衍潛在變項η的觀察變項(Y變項),再呈現外衍潛在變項ξ的觀察變項(X變項)。

◇範例四

> Observed Variables:
> Y1 Y2 Y3 Y4 Y5 Y6 X1 X2 X3 X4 X5

潛在變項的設定

潛在變項包含外衍潛在變項（或稱外因潛在變項）及內衍潛在變項（或稱內因潛在變項），其指令關鍵字為「Latent Variables」或「Latent Variables:」

語法：「Latent Variables：潛在變項一　潛在變項二　潛在變項三……」

其中「Latent Variables:」為語法關鍵詞，不能錯誤，字元及符號必須為半形字，後面為潛在變項的名稱，潛在變項與潛在變項之間至少要空一格，為便於區別，變項如為中文，可在變項的前後加上單引號。潛在變項可直接置於冒號「：」的後面或鍵入於次一行中。上述變項直接置放於冒號「：」的後面時，冒號「：」與後面的潛在變項間至少要空一格。潛在變項名稱必須是唯一的（unique），與觀察變項一樣只能有一個，不可以重複出現，若是變項是由二個文字號構成，中間有空間時，要在文字號前面加上單引號，否則會被視為是二個變項。若是模式中沒有潛在變項，如徑路分析模式契合度的檢驗，則不用界定潛在變項。

關鍵詞「Latent Variables:」，也可以用指令「Unobserved Variables:」代替。

◇範例一：「Latent Variables: Y1 Y2 Y3 Y4」或

> Latent Variables:
> Y1 Y2 Y3 Y4
> 或
> Latent Variables:
> Y1-Y4

◇範例二：「Latent Variables：組織文化　穩定運作　目標成就」或

> Latent Variables:
> 組織文化　穩定運作　目標成就

資料檔的格式與讀取

原始資料文書檔（固定格式）的讀取

語法：Raw Data From File 路徑及檔案名稱，其中「Raw Data From File」為語法關鍵字。

◇**範例一：**「Raw Data From File d:/cfa_1/cfa001.dat」

範例一的原始資料檔置放D槽資料夾「cfa_1」中，文書檔的檔名為「cfa001. dat」。

假設有十個觀察變項 X1 X2 X3 X4 X5 X6 X7 X8 X9 X10，其「cfa001.dat」資料檔的建檔如下：其中資料檔的順序必須與觀察變項出現的順序相呼應，其次是原始資料檔必須為固定格式的文書檔，資料檔的內容不能有變項名稱。如果研究者是以 SPSS 資料檔建檔，可直接將 SPSS 資料檔（*.sav）轉存成文書檔，其副檔名為「*.dat」：執行功能列「檔案」/「另存新檔」程序，出現「儲存資料為」的對話視窗，在「存檔類型」中選取「固定 ASCII（*.dat）」選項，輸入檔名，按「儲存」鈕即可。下列為固定格式的資料檔：

```
5 4 5 4 5 3 2 5 4 5
7 4 4 6 3 2 1 4 5 7
4 3 2 1 6 5 7 3 2 1
. . . . . . . . . .
. . . . . . . . . .
```

原始資料是以共變數矩陣存放，其使用的語法關鍵詞為「Covariance Matrix」或「Covariance Matrix:」，共變數矩陣通常行數較少，直接存放於 SIMPLIS 的語法程式中較為簡便。在一個完整的結構方程模式中，內因潛在變項的觀察變項（Y變項）要放在前面，外因潛在變項的觀察變項（X變項）要放在Y變項的後面，以三個Y指標變項及三個X指標變項，以共變數矩陣方式呈現，其順序如下：

Y1 Y2 Y3 X1 X2 X3

Y1

Y2

```
Y3
X1
X2
X3
```

◇範例二

```
Covariance Matrix:
1.26
0.68   3.24
1.34   1.29   4.87
2.25   1.28   0.76   3.32
0.36   0.31   2.29   0.30   2.92
0.28   0.46   0.39   1.49   0.29   1.27
```

若將共變數矩陣置放於 LISREL 外部，需要改為下列語法：

「Covariance Matrix From File 路徑及檔案名稱」

◇範例三

「Covariance Matrix From File d:/cfa_1/cfa001.cov」，上述共變數矩陣的檔案名稱為「cfa001.cov」，置放於 D 槽資料夾「cfa_1」內。

其中「cfa001.cov」的資料檔如下，在資料檔中只能有數字，不能出現變項名稱：

```
1.26
0.68   3.24
1.34   1.29   4.87
2.25   1.28   0.76   3.32
0.36   0.31   2.29   0.30   2.92
0.28   0.46   0.39   1.49   0.29   1.27
```

若要在程式中放入平均數與標準差，可在共變數矩陣下方輸入下列語法：

平均數語法：「Means：平均數一　平均數二　平均數三　平均數四……」
標準差語法：「Standard Deviation: SD1 SD2 SD3 SD4 SD5……」

◇**範例四**：上述六個變項的平均數

Means: 3.28　4.25　4.31　3.98　4.01　3.29
或
Means:
3.28　4.25　4.31　3.98　4.01　3.29

◇**範例五**：上述六個變項的標準差

Standard Deviation:
　1.98　0.99　1.86　1.57　1.87　1.13
或
Standard Deviation: 1.98　0.99　1.86　1.57　1.87　1.13

　　關鍵詞「Means:」、「Standard Deviation:」與後面的第一個數字間要空一格
（空格在「:」冒號的後面），而數字與數字間至少也要空一格。
　　若採用相關矩陣，則使用關鍵詞「Correlation Matrix」或「Correlation Matrix:」

◇**範例六**：上述六個變項的相關矩陣

Correlation Matrix
1.00
0.58　1.00
0.24　0.65　1.00
0.78　0.15　0.34　1.00
0.65　0.36　0.79　0.05　1.00
0.24　0.35　0.54　0.18　0.19　1.00

　　上述相關矩陣的對角線數值為 1.00，在 SEM 完整模式分析中，同時有觀察
變項及潛在變項，若以相關矩陣為原始分析資料，還要鍵入各變項的標準差，以

估算變異共變數矩陣。研究者如要將原始資料轉換成共變數矩陣或相關矩陣，可以藉用 SPSS 統計應用軟體的「分析」/「相關」的程序來執行，此外，SPSS 統計軟體也可快速利用描述統計量求出各觀察變項的平均數與標準差。

樣本大小的設定

語法：「Sample Size＝樣本數」

「Sample Size＝」為關鍵字，樣本數為一個整數數值

◇範例：

「Sample Size＝670」，分析的樣本數目共有 670 位。

或

Sample Size 670

或

Sample Size: 670

◙ 測量模式與結構模式的設定

測量模式的設定

假設在一個 SEM 模式中，fact1、fact2、fact3、fact4 為四個潛在變項，而 X1、X2 為 fact1 潛在變項的觀察變項；X3、X4、X5 為 fact2 潛在變項的觀察變項；X6、X7、X8 為 fact3 潛在變項的觀察變項；X9、X10 為 fact4 潛在變項的觀察變項。則其四個測量模式的設定如下：

語法：「Relationships：觀察變項一　觀察變項二……＝潛在變項」

「Relationships:」為關鍵字，其同義字為「Relations」或「Equations」，以等號「＝」來界定觀察變項與潛在變項，等號左邊為觀察變項，等號右邊為潛在變項。若是變項間有因果關係，則等號的左邊變項為箭號所指的變項（TO variables），即為「果變項」；而等號的右邊變項為箭號起始處的變項（FROM variables），即為「因變項」。

在測量模式中的基本語法為：

觀察變項……觀察變項＝潛在變項

在結構模式中的基本語法為：

果變項（內因潛在變項）＝因變項（外因潛在變項）

◇範例一：

Relationships:
X1 X2   = fact1
X3 X4 X5 = fact2
X6 X7 X8 = fact3
X9 X10   = fact4

上述範例中，有四個潛在變項fact1、fact2、fact3、fact4，觀察變項X1、X2為潛在變項fact1的指標變項，觀察變項X3、X4、X5為潛在變項fact2的指標變項、觀察變項X6、X7、X8為潛在變項fact3的指標變項、觀察變項X9、X10為潛在變項fact4的指標變項；上述關係表示有四個測量模式。

在建構潛在變項時，潛在變項是無法觀察到的特質或概念，沒有定義量尺，因此，必須賦予或定義量尺，其方法有二：一是將潛在變項的變異數設定為1.00，將其變異數設定為1.00，即將測量單位標準化，上述「Relationships:」語法範例就是將潛在變項的變異數界定為1.00的方法；二是將潛在變項的量尺等化任何一個反映的觀察變項，學者認為應當選擇最有信度的那一個觀察變項。若是潛在變項只有一個測量指標，則必須將其誤差項的值設定為0（黃芳銘，民94）。上述語法程式可以改寫為以下形式：

◇範例二：

Relationships:
X1   = 1*fact1
X2   = fact1
X3   = 1*fact2

```
X4 X5  = fact2
X6     = 1*fact3
X7 X8  = fact3
X9     = 1*fact4
X10    = fact4
```

上面範例中第二行表示fact1潛在變項用X1觀察變項來等化，等化表示將潛在變項 fact1 的測量單位與其指標變項 X1 的測量單位設定相同，潛在變項 fact1 對指標變項 X1 的路徑係數參數固定為 1，不予估計。第四行表示 fact2 潛在變項用 X3 觀察變項來等化、第六行表示 fact3 潛在變項用 X6 觀察變項來等化、第八行表示 fact4 潛在變項用 X9 觀察變項來等化。

若研究想設定「起始值」（starting value），以解決模式無法聚合問題，語法如下：

X1　 = (1)*FACT1

上述符號不同於

X1　 = 1*FACT1 語法

前者數字 1 前後加上括號（ ），表示以 1 作為起始值，開始進行模式估計；後面的數字 1，表示為固定參數，將路徑參數設定為 1，不予估計。

如果研究者想將指標變項的起始估計值設成 0.5，則格式如下：

X1　 = (0.5)*FACT1

◇範例三：

以下述結構模式關係而言，以「Relationships:」關鍵詞表示如下：

```
Relationships:
   知識管理  組織學習＝主管領導
```

⇒表示「主管領導」變項直接影響「知識管理」變項、「主管領導」變項也直接影響到「組織學習」變項。

```
Relationships:
   組織效能＝知識管理  組織學習
```

⇒表示「知識管理」變項、「組織學習」變項均直接對「組織效能」變項產生影響。

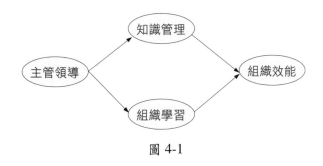

圖 4-1

結構模式的設定

結構模式即在設定外因潛在變項（自變項）與內因潛在變項（依變項）間的關係，其關鍵字為「Paths:」，「→」符號的左邊為「因變項」（From variables），右邊為「果變項」（To variables），它是上述「Relationships」關鍵字的另一種表示法，二個模式所代表的意義均相同，但其「因變項」（自變項）與「果變項」（依變項）的位置表示法剛好相反。

語法：「Paths：外因潛在變項→內因潛在變項一 內因潛在變項二」
或
「Paths：因變項」（From variables）→「果變項」（To variables）」
或
「Paths：自變項→依變項」

「Paths:」也可以設定測量模式，其語法如下：
「Paths：潛在變項 → 觀察變項一 觀察變項二 觀察變項三」

◇範例一：
上述於測量模式中的範例一如以「Paths:」設定，可改寫如下：

Paths:
fact1 → X1 X2
fact2 → X3 X4 X5 或 fact2 → X3－X5

fact3 → X6 X7 X8 或 fact3 → X6−X8

fact4 → X9 X10

以圖 4-2 結構模式為例，潛在變項間的關係設定如下：

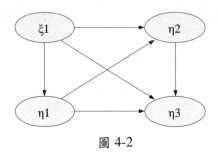

圖 4-2

◇範例二：

Paths:

ξ1 → η1 η2 η3

η1 → η2 η3

η2 → η3

或

Paths:

ξ1 η1 η2 → η3

ξ1 η1　　 → η2

ξ1　　　 → η1

上述結構模式如改以「Relationships:」語法撰寫，則為如下形式：

◇範例三：

Relationships:

η1 η2 η3 = ξ1

η2 η3　　= η1

$$\eta 3 \qquad = \eta 2$$

◇**範例四：**

上述知識管理結構模式以 Paths: 的形式，表示如下：

Paths:
主管領導→知識管理　組織學習

⇒表示「主管領導」變項直接影響「知識管理」變項、「主管領導」變項也直接影響到「組織學習」變項。

Paths:
知識管理 組織學習→組織效能
或
Paths:
知識管理 → 組織效能
組織學習 → 組織效能

⇒表示「知識管理」變項、「組織學習」變項均直接對「組織效能」變項產生影響。

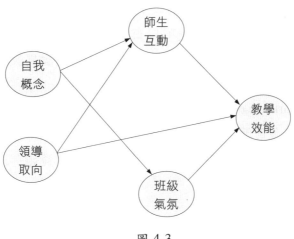

圖 4-3

以上述影響教師教學效能的因果模式圖而言，其外因潛在變項（自我概念、領導取向）與內因潛在變項（師生互動、班級氣氛、教學效能）間的影響關係設定如下：

Paths:

自我概念　領導取向　→師生互動

自我概念　　　　　　→班級氣氛

領導取向　師生互動　班級氣氛→教學效能

或以下述因果關係表示：

Paths:

自我概念　→師生互動 班級氣氛

領導取向　→師生互動 教學效能

師生互動 班級氣氛　→教學效能

測量誤差的設定

在 SEM 模式，誤差變異數（error variances）有二種，一為測量模式的測量誤差（measurement errors），二為結構模式中的殘差（residuals），前者是指標變項的誤差值，後者是模式中內因潛在變項無法被外因潛在變項解釋的變異部分。SEM 分析中，潛在變項通常會有二個以上的觀察變項或指標變項，因而會有測量誤差存在，若是潛在變項的觀察變項只有一個，則潛在變項可以完全解釋觀察變項，因而其測量誤差值為 0，此時需要將其測量誤差變異設定為 0，其語法：

「Let the Error Variance of 變項名稱 to 0」或寫成

「Set the Error Variance of 變項名稱 equal to 0」

如潛在變項「知識管理」的觀察變項只有一個「資訊存取」，由於潛在變項可以完全以觀察變項指標來測量，因而須將觀察變項「資訊存取」的誤差變異設定為 0。其範例如下：

◇範例：

「Let the Error Variance of 資訊存取 to 0」

或

「Set the Error Variance of 資訊存取 equal to 0」

或

「Set the Error Variance of 資訊存取 to 0」

或

「Let the Error Variance of 資訊存取 be 0」

在 SEM 分析中，LISREL 內定測量模式不可能沒有測量誤差存在，因而顯性變項 X 的測量誤差、顯性變項 Y 的測量誤差、結構模式的殘差項，均會被程式估計出來，此時內定的預設值為上面的誤差或殘差為自由參數，若是研究擬將其改為固定參數，而不予估計，則要將測量誤差或殘差設為一個固定值，如將顯性變項 X1 的測量誤差固定為 0.05，其語法如下：

「Let the Error Variance of X1 to 0.05」

或

「Set the Error Variance of X1 equal to 0.05」

或

「Set the Error Variance of X1 to 0.05」

或

「Let the Error Variance of X1 be 0.05」

由於 SIMPLIS 內定選項中，預設各顯性變項誤差間沒有相關存在，若是研究者認為某些顯性變項的誤差間有相關存在，則需要單獨設定，如研究者認為 Y1 顯性變項與 Y2 顯性變項的誤差間有共變關係（有共變關係，表示有相關），則其設定如下：

「Let the Errors between Y1 and Y2 Correlate」

或是寫成如下語法：

「Set the Error Covariance between Y1 and Y2 Free」

在 SEM 模式中，誤差項（X 變項之測量誤差、Y 變項之測量誤差與結構方程式之殘差）之間的共變數，都被預設為零相關，而不予以估計。若使用者擬放寬（set free）該等誤差間的共變數估計時，則只允許設定二個 X 變項間、二個 Y 變項間、一個 X 變項與一個 Y 變項間，以及兩個內因潛在變項間之誤差項的共變數而已，但不能設定一個內因潛在變項與一個 X 變項（或一個 Y 變項）間誤差的共變數（余民寧，民 95）。

若是研究者想要將潛在變項指標變項測量誤差間的關係設定為某種數值，可以寫成如下語法：

「Set the Error Covariance between Y1 and Y2 to 0.2」
或
「Let the Error Covariance between Y1 - Y2 to 0.2」

在 SEM 分析中，有時要對殘差變異量設定為相等，其語法如下：

「Set the Error Variances of 變項一 and 變項二 equal」
或
「Let the Error Variance of 變項一 and 變項二 be equal」

無相關的設定

在 SEM 模型中，外因潛在變項是自由估計的參數，也就是外因潛在變項 ξ 之間的關係若無界定，則二者之間是有相關的，執行 SIMPLIS 程序，程式會自動計算出模型中外因潛在變項間的相關係數，在驗證性因素分析中，即因素間的關係採因素斜交模式。如果，研究者認為外因潛在變項 ξ 間是沒有相關的，在驗證性因素分析中，即因素間的關係採因素直交模式（因素構念與因素構念間的夾角等於 90 度），則需要將潛在變項的相關估計加以界定為 0。

語法：「Set the Covariance of 潛在變項一　潛在變項二　to 0」

從統計學上而言，相關係數與共變數間具有密切關係。相關係數與共變數具有相同的計量原理，用以反應二個變項間的關係程度。二個變項間的相關係數與共變數間以公式表示如下：

$r = \dfrac{Cov(X, Y)}{S_X S_Y}$，相關係數等於二個變項的共變數除以二個變項標準差的乘積，也可以說二個變項間的共變數等於其相關係數乘於第一個變項的標準差，再乘於第二個變項的標準差。若是二個變項的共變數等於0，則二個關係的相關係數也等於0，二者呈零相關，表示二個變項間沒有相關存在。

◇範例：

一階驗證性因素分析中，採用多因素直交模式，三個外因潛在變項FACT1、FACT2、FACT3間沒有相關，其設定如下：

「Set the Covariance of FACT1 - FACT3 to 0」

或每組變項間分開設定

「Set the Covariance of FACT1 FACT2 to 0」

「Set the Covariance of FACT1 FACT3 to 0」

「Set the Covariance of FACT2 FACT3 to 0」

或

「Set the Correlations of FACT1−FACT3 to 0」

等化限制（equality constraints）

等化限制是將二個徑路係數當作一個參數來估計，即將一組徑路係數設定與另一組徑路係數相同，是一個選擇性指令，如

「Set the Path from 知識管理 to 組織效能 Equal to the Path from 組織學習 to 組織效能」

或

「Set Path from 知識管理 to 組織效能 ＝ Path from 組織學習 to 組織效能」

或

「Set Path 知識管理 → 組織效能 ＝ Path 組織學習 → 組織效能」

或

「Let Path 知識管理 → 組織效能 ＝ Path 組織學習 → 組織效能」

更簡單表示如下：

> 「Set 知識管理 → 組織效能＝組織學習 → 組織效能」
>
> 「Let 知識管理 → 組織效能＝組織學習 → 組織效能」

設定誤差變異數相等

界定二個誤差變異數相等的語法，如：

「Set the Error Variance of X1 and X2 Equal」

或

「Let the Error Variance of X1 and X2 be Equal」

或

「Equal Error Variances: X1－X4」

結果輸出的設定

畫出徑路圖

LISREL 執行程序時，會依研究者界定的測量模式與結構模式，繪出相關的徑路圖，繪出徑路圖的語法：「Path Diagram」。如果模式的界定無誤或資料檔沒有錯誤，程序經過疊代過程也可以聚合，則關鍵字「Path Diagram」可以繪出和假設模式相同的徑路圖，徑路圖中會增列各種估計參數。若是省略此指令，則結果不會輸出所分析的因果模式圖。LISREL 繪製之各種參數模式圖，可以修改模式圖的各物件框線粗線、框線色彩、背景色與文字的字型、大小、樣式，此外，各物件也可以移動位置，並縮放其大小等。

選項（Options）指令

語法：「Options：副指令一　副指令二……」

其中的副指令包括以下幾種：

RS: Print Residuals（印出殘差，包括各參數的殘差值、標準化殘差值、適配共變數矩陣、相關矩陣、標準化殘差的 Q-plot 圖等）。

WP: Wide Print（列印格式的寬度，內定為 80 個字元，最大到 132 個字元）。

　　ND＝n: Number of Decimals＝n（印出小數位數，如ND＝3，界定輸出小數位數到第三位，n的數字從1到9）。

　　ME＝[options]: Method of Estimation＝[options]（界定參數估計的方法，LISREL程式中提供七種參數估計方法：工具變項法（instrumental variables method−IV法）、二階段最小平方法（two-stage least squares−TSLS法）、未加權最小平方法（unweighted least squares−ULS法）、概似最小平方法（generalized least squares−GLS法）、最大概似法（maximum likelihood−ML法）、一般加權最小平方法（weighted least squares−WLS法）、對角線加權最小平方法（diagonally weighted least squares−DWLS法），其中最大概似法為LISREL內設方法，如要改採概似最小平方法，改為：ME＝GLS）。

　　如果研究者所使用的資料是原始文書檔（固定格式），相關矩陣或共變數矩陣，最好採用內定之最大概似法（ML），若研究者想要更改為其他估計參數的方法，則需要界定「ME＝method」。

　　AD＝off/on: Admissibility Check＝off/on（如設為off表示關閉可行性的檢查，如 AD＝off）。AD指令主要目的在檢查估計值的適當性，當估計值出現不合理值，或是理論模式與實際資料差異太大時，程式進行某種疊代運算後，即停止模式估計值的工作，此時模式無法聚合，電腦會出現警告訊息。

　　IT＝n: Iterations＝n（設定疊代的次數，LISREL內定最大的疊代數是變項數的三倍，研究者可以界定到100，如IT＝100）。

　　SI＝檔案名稱：Save sigma in file filename（將結果存於外部的檔案）。

◇範例：

選項的範例如：

「Options: RS ND＝3 ME＝GLS AD＝off IT＝100」（採用概似最小平方法）

SIMPLIS的輸出語法範例如：

```
Path Diagram
Options: RS ND = 3 ME = GLS AD = off IT = 100
```

輸出結果參數

上述「Options:」關鍵字後的選項，也可以放在「LISREL Output」關鍵字後

面，「LISREL Output」指令為 LISREL 語法的輸出關鍵字，以下次指令也可以置放於上述「Options:」指令的後面。「LISREL Output」輸出結果常用的選項如下：

SE：界定輸出參數的估計標準誤（standard errors）。

TV：界定輸出參數的 t 值（t-value）。

PC：界定輸出參數間的相關矩陣（correlations of estimates）。

RS：界定輸出參數估計的各種殘差統計量（residuals），包括以矩陣方式呈現的殘差（資料所得的 S 矩陣─模式所得的 $\hat{\Sigma}$ 矩陣）、適配變異數─共變數矩陣（$\hat{\Sigma}$ 矩陣）、標準化殘差值的 Q 型圖（Q-plot of the standardized residuals）

EF：界定輸出參數的效果值，包括總效果與間接效果（total and indirect effects）。

MI：界定輸出理論模式的修正指標值（modification index）。

SS：界定輸出參數之標準化係數，即標準化解值（standardized solution）。

SC：界定輸出所有參數統計量之完全標準化之估計值（completely standardized solution）。

VA：界定輸出變異數和共變數（variance and covariances）。

ND：界定輸出的小數位數（number of decimals），內定的小數位數為 ND＝2，即小數第二位。

FS：界定輸出因素分數迴歸值（factor scores regression）。

TO：一般列印，每行列印 80 個字元數，為模式輸出的預設值。

WP：採取寬式列印的輸出格式，每行列印 132 個字元數。

◇範例：

> LISREL Output SE TV RS MI SS SC IT＝100 ND＝3 ME＝GLS

在 SEM 分析中，語法程式輸出常用的格式如下：

> Options: RS SC MI EF ND＝3 IT＝100 ME＝ML

結束行

SIMPLIS 語法程式的最後一行，要鍵入下列的關鍵字：「End of Problem」，

表示語法程式到此結束。

　　基本 SIMPLIS 的語法架構一──輸出 LISREL 報表

```
Title 模式界定說明
Observed Variables:
〈界定觀察變項〉
Raw data from file〈讀取原始資料檔〉
Sample Size＝N
Latent Variables:
〈界定潛在變項〉
Relationships:
〈界定測量模式與結構模式〉
Path Diagram
LISREL Output〈界定輸出報表〉
End of Problem
```

　　基本 SIMPLIS 的語法架構一──直接輸出 SIMPLIS 報表

```
Title 模式界定說明
Observed Variables:
〈界定觀察變項〉
Raw data from file〈讀取原始資料檔〉
Sample Size＝N〈輸入樣本人數〉
Latent Variables:
〈界定潛在變項〉
Relationships:
〈界定測量模式與結構模式〉
Path Diagram
End of Problem
```

　　基本 SIMPLIS 的語法架構一──直接輸出 SIMPLIS 報表，並增列殘差值與修正指標值、總效果值與間接效果值、完全標準化解值、並將 ADD 的功能設為 off。

Title 模式界定說明

Observed Variables:

〈界定觀察變項〉

Raw data from file〈讀取原始資料檔〉

Sample Size＝N〈輸入樣本人數〉

Latent Variables:

〈界定潛在變項〉

Relationships:

〈界定測量模式與結構模式〉

Path Diagram

Options: RS EF SC AD＝off

End of Problem

基本 SIMPLIS 的語法架構二

Title 模式界定說明

Observed Variables:

〈界定觀察變項〉

Raw data from file〈讀取原始資料檔〉

Sample Size＝N〈輸入樣本人數〉

Latent Variables:

〈界定潛在變項〉

Paths:

〈界定測量模式與結構模式〉

Path Diagram

LISREL Output〈界定輸出報表〉

End of Problem

基本 SIMPLIS 的語法架構三

Title 模式界定說明
Observed Variables:
〈界定觀察變項〉
Covariance Matrix
〈輸入變項的共變數矩陣〉（先 Y 變項再 X 變項）
Sample Size＝N〈輸入樣本人數〉
Latent Variables:
〈界定潛在變項〉
Relationships:
〈界定測量模式與結構模式〉
Path Diagram
LISREL Output〈界定輸出報表〉
End of Problem

基本 SIMPLIS 的語法架構四

Title 模式界定說明
Observed Variables:
〈界定觀察變項〉
Covariance Matrix
〈輸入變項的共變數矩陣〉（先 Y 變項再 X 變項）
Sample Size＝N〈輸入樣本人數〉
Latent Variables:
〈界定潛在變項〉
Paths:
〈界定測量模式與結構模式〉
Path Diagram
LISREL Output〈界定輸出報表〉
End of Problem

基本 SIMPLIS 的語法架構五

Title 模式界定說明
Observed Variables:
〈界定觀察變項〉
Covariance Matrix
〈輸入變項的共變數矩陣〉（先 Y 變項再 X 變項）
Sample Size＝N〈輸入樣本人數〉
Latent Variables:
〈界定潛在變項〉
Relationships:
〈界定測量模式〉
Paths:
〈界定結構模式〉
Path Diagram
LISREL Output〈界定輸出報表〉
End of Problem

基本 SIMPLIS 的語法架構六

Title 模式界定說明
Observed Variables:
〈界定觀察變項〉
Correlation Matrix:
〈輸入變項的相關矩陣〉（先 Y 變項再 X 變項）
Standard Deviation:
〈輸入變項的標準差〉
Sample Size＝N
Latent Variables:
〈界定潛在變項〉
Relationships:
〈界定測量模式〉

Paths:

〈界定結構模式〉

Path Diagram

LISREL Output 界定輸出報表

End of Problem

【備註】

若只有測量模式，沒有設定潛在關係之因果模式（理論模式中沒有結構模式），則不用輸入變項的標準差，如為了讓他人知悉觀察變項的分配情形，除加入標準差外，也可以增列觀察變項的平均數。

上述輸出報表除採用「LISREL Output:」關鍵詞外，也可直接使用「Options:」指令，這部分視研究者個人的偏好，與對輸出報表的瞭解而定。

4.2 假設模式圖與語法舉例

◇範例一

假設模式圖與語法舉例－基本測量模式圖

(一)基本測量模式圖（一個潛在變項）（符號中的λ為因素負荷量、δ為測量指標的誤差項）

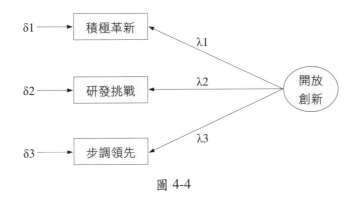

圖 4-4

(二) SIMPLIS 語法程式一——輸入共變數矩陣

Title 模式界定說明

Observed Variables:

　　積極革新　研發挑戰　步調領先

Covariance Matrix

　　〈依照觀察變項順序輸入變項的共變數矩陣〉

Sample Size＝N〈輸入樣本人數〉

Latent Variables

　　開放創新

Relationships:

　　積極革新　研發挑戰　步調領先＝開放創新

Path Diagram

LISREL Output〈界定輸出報表格式〉

End of Problem

【備註】

Relationships:

　　積極革新　研發挑戰　步調領先＝開放創新

也可表示為

Relationships:

積極革新　　　　　＝1*開放創新

研發挑戰　步調領先＝開放創新

或分開表示

Relationships:

　　積極革新＝開放創新

　　研發挑戰＝開放創新

　　步調領先＝開放創新

㈢ SIMPLIS 語法程式二──輸入相關矩陣

Title 模式界定說明

Observed Variables:

　　積極革新　　研發挑戰　　步調領先

Correlation Matrix

　　〈依照觀察變項順序輸入變項的相關矩陣〉

Sample Size＝N〈輸入樣本人數〉

Latent Variables

　　開放創新

Relationships:

　　積極革新　　研發挑戰　　步調領先＝開放創新

Path Diagram

Options: RS SC MI ND＝3 IT＝100

End of Problem

◇範例二

假設模式圖與語法舉例－多因素斜交模式

㈠驗證性因素分析基本假設模式圖（因素間有相關－斜交模式）

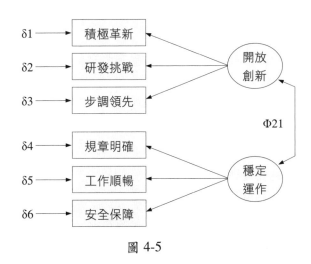

圖 4-5

㈡ SIMPLIS 語法程式一——輸入共變數矩陣

Title 模式界定說明

Observed Variables:

積極革新　研發挑戰　步調領先　規章明確　工作順暢　安全保障

Covariance Matrix

〈依照觀察變項順序輸入變項的共變數矩陣〉

Sample Size＝N〈輸入樣本人數〉

Latent Variables

開放創新　穩定運作

Relationships:

積極革新　研發挑戰　步調領先＝開放創新

規章明確　工作順暢　安全保障＝穩定運作

Path Diagram

Options: RS SC MI ND＝3 IT＝100

End of Problem

(三) SIMPLIS 語法程式二──輸入相關矩陣

Title 模式界定說明

Observed Variables:

積極革新　研發挑戰　步調領先　規章明確　工作順暢　安全保障

Correlation Matrix:

〈依照觀察變項順序輸入變項的相關矩陣〉

Sample Size＝N〈輸入樣本人數〉

Latent Variables

開放創新　穩定運作

Relationships:

積極革新　研發挑戰　步調領先＝開放創新

規章明確　工作順暢　安全保障＝穩定運作

Path Diagram

LISREL Output〈界定輸出報表格式〉

End of Problem

◇範例三

假設模式圖與語法舉例－多因素斜交模式修正圖

㈠驗證性因素分析修正假設模式圖：增加指標變項「步調領先」與潛在變項
「穩定運作」間的路徑，指標變項「安全保障」與潛在變項「開放創新」
間的路徑。

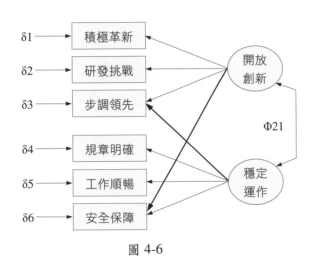

圖 4-6

㈡ SIMPLIS 語法程式

Title 模式界定說明
Observed Variables:
    積極革新　研發挑戰　步調領先　規章明確　工作順暢　安全保障
Covariance Matrix
    〈依照觀察變項順序輸入變項的共變數矩陣〉
Sample Size＝N〈輸入樣本人數〉
Latent Variables
    開放創新　穩定運作
Relationships:
    積極革新　研發挑戰　步調領先　安全保障＝開放創新
    步調領先　規章明確　工作順暢　安全保障＝穩定運作
Path Diagram
LISREL Output〈界定輸出報表格式〉
End of Problem

◇範例四

假設模式圖與語法舉例－直交模式

(一)驗證性因素分析基本假設模式圖（因素間沒有相關－直交模式）

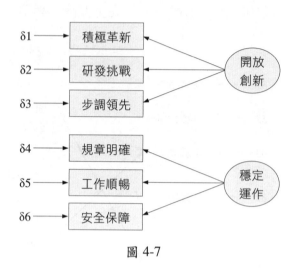

圖 4-7

(二) SIMPLIS 語法程式

1. 輸出類似 LISREL 的報表

Title 模式界定說明
Observed Variables:
 積極革新　研發挑戰　步調領先　規章明確　工作順暢　安全保障
Correlation Matrix
 〈依照觀察變項順序輸入變項的相關矩陣〉
Sample Size＝N〈輸入樣本人數〉
Latent Variables
 開放創新　穩定運作
Relationships:
 積極革新　研發挑戰　步調領先＝開放創新
 規章明確　工作順暢　安全保障＝穩定運作
Set the Covariance of 開放創新 穩定運作 to 0
Path Diagram
LISREL Output 〈輸入界定輸出報表格式〉
End of Problem

2. 直接輸出 SIMPLIS 的報表

Title 模式界定說明

Observed Variables:

　　積極革新　研發挑戰　步調領先　規章明確　工作順暢　安全保障

Covariance Matrix

　　〈依照觀察變項順序輸入變項的共變數矩陣〉

Sample Size＝N〈輸入樣本人數〉

Latent Variables

　　開放創新　穩定運作

Relationships:

　　積極革新　研發挑戰　步調領先＝開放創新

　　規章明確　工作順暢　安全保障＝穩定運作

Set the Covariance of 開放創新 穩定運作 to 0

Path Diagram

Options: RS SC MI ND＝3 IT＝100

End of Problem

3. 直接輸出 SIMPLIS 的報表，加上殘差值、修正指標值與完全標準化解值

Title 模式界定說明

Observed Variables:

　　積極革新　研發挑戰　步調領先　規章明確　工作順暢　安全保障

Covariance Matrix

　　〈依照觀察變項順序輸入變項的共變數矩陣〉

Sample Size＝N〈輸入樣本人數〉

Latent Variables

　　開放創新 穩定運作

Relationships:

　　積極革新　研發挑戰　步調領先＝開放創新

　　規章明確　工作順暢　安全保障＝穩定運作

Set the Covariance of 開放創新 穩定運作 to 0

Path Diagram

Options: RS SC MI ND＝3 IT＝100

End of Problem

◇範例五

假設模式圖與語法舉例－設定誤差項間的相關

(一)誤差項間有相關

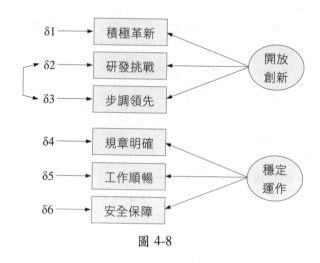

圖 4-8

(二) SIMPLIS 語法程式

```
Title 模式界定說明
Observed Variables:
   積極革新　研發挑戰　步調領先　規章明確　工作順暢　安全保障
Covariance Matrix
   〈依照觀察變項順序輸入變項的共變數矩陣〉
Sample Size＝N〈輸入樣本人數〉
Latent Variables
   開放創新　穩定運作
Relationships:
   積極革新　研發挑戰　步調領先＝開放創新
   規章明確　工作順暢　安全保障＝穩定運作
Set the Covariance of 開放創新 穩定運作 to 0
Set the Error Covariance between 研發挑戰　步調領先 Free
Path Diagram
LISREL Output 〈輸入界定輸出報表格式〉
End of Problem
```

◇範例六

假設模式圖與語法舉例－高階驗證性因素分析

㈠高階驗證性因素分析基本假設模式圖

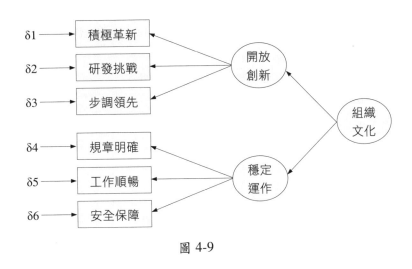

圖 4-9

㈡ SIMPLIS 語法程式

Title 模式界定說明
Observed Variables:
　積極革新　研發挑戰　步調領先　規章明確　工作順暢　安全保障
Covariance Matrix
　〈依照觀察變項順序輸入變項的共變數矩陣〉
Sample Size＝N〈輸入樣本人數〉
Latent Variables:
　開放創新　穩定運作
Relationships:
　積極革新　研發挑戰　步調領先＝開放創新
　規章明確　工作順暢　安全保障＝穩定運作
Paths:
　組織文化→開放創新 穩定運作
Path Diagram
LISREL Output 〈輸入界定輸出報表格式〉
End of Problem

㈢等化路徑之 SIMPLIS 語法程式

Title 模式界定說明
Observed Variables:
　積極革新　研發挑戰　步調領先　規章明確　工作順暢　安全保障
Covariance Matrix
　〈依照觀察變項順序輸入變項的共變數矩陣〉
Sample Size＝N〈輸入樣本人數〉
Latent Variables
　開放創新　穩定運作
Relationships:
　積極革新　研發挑戰　步調領先＝開放創新
　規章明確　工作順暢　安全保障＝穩定運作
Paths:
　組織文化→開放創新　穩定運作
Set 組織文化→開放創新＝組織文化→穩定運作
Path Diagram
LISREL Output〈輸入界定輸出報表格式〉
End of Problem

◇範例七

路徑分析假設模式圖與語法舉例－路徑分析

㈠不可逆式路徑分析模式圖

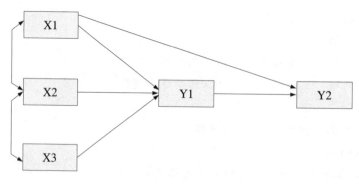

圖 4-10

(二) SIMPLIS 語法程式

Title 模式界定說明
Observed Variables:
  X1 X2 X3 Y1 Y2
Correlation Matrix:
  〈依照觀察變項順序輸入變項的相關矩陣〉
Sample Size = N〈輸入樣本人數〉
Paths:
  X1 X2 X3 → Y1
  X1 Y1 → Y2
Path Diagram
LISREL Output 〈輸入界定輸出報表格式〉
End of Problem

◇範例八

基本可逆式路徑分析假設模式圖與語法舉例

(一)可逆式路徑分析模式圖

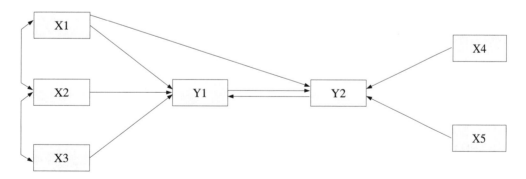

圖 4-11

(二) SIMPLIS 語法程式

Title 模式界定說明
Observed Variables:

```
    X1 X2 X3 X4 X5 Y1 Y2
Correlation Matrix:
    〈依照觀察變項順序輸入變項的相關矩陣〉
Sample Size = N〈輸入樣本人數〉
Relationships：
    Y1 = X1 X2 X3 Y2
    Y2 = X1 X4 X5 Y1
Path Diagram
LISREL Output 〈輸入界定輸出報表格式〉
End of Problem
```

◇範例九

六個變項間的路徑分析假設模式圖與語法舉例

(一)一般路徑分析假設模式圖

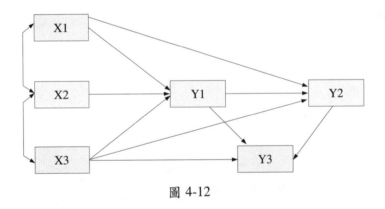

圖 4-12

(二) SIMPLIS 語法程式

```
Title 模式界定說明
Observed Variables:
    X1 X2 X3 Y1 Y2 Y3
Correlation Matrix:
    〈依照觀察變項順序輸入變項的相關矩陣〉
Sample Size = N〈輸入樣本人數〉
```

Relationships :

    Y1 = X1 X2 X3

    Y2 = X1 X3 Y1

    Y3 = X3 Y1 Y2

Path Diagram

Options: RS SC EF ND = 3 IT = 100

End of Problem

◇範例十

㈠二個潛在變項之結構方程模式

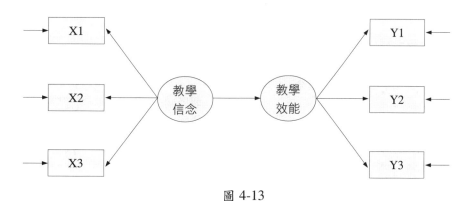

圖 4-13

㈡ SIMPLIS 語法程式

Title 模式界定說明

Observed Variables:

    Y1 Y2 Y3 X1 X2 X3

Correlation Matrix:

    〈依照觀察變項順序輸入變項的相關矩陣〉

Standard Deviation:

    〈依照觀察變項順序輸入變項的標準差〉

Sample Size = N〈輸入樣本人數〉

Latent Variables

    教學信念　教學效能

Relationships：

  X1 X2 X3 = 教學信念

  Y1 Y2 Y3 = 教學效能

Paths：

  教學信念 → 教學效能

Path Diagram

Options：RS SC EF MI ND = 3 IT = 100

End of Problem

◇範例十一

㈠三個潛在變項之結構方程模式

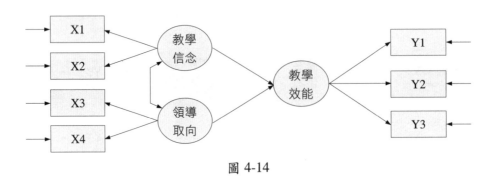

圖 4-14

㈡ SIMPLIS 語法程式

Title 模式界定說明

Observed Variables：

  Y1 Y2 Y3 X1 X2 X3 X4

Correlation Matrix：

  〈依照觀察變項順序輸入變項的相關矩陣〉

Standard Deviation：

  〈依照觀察變項順序輸入變項的標準差〉

Sample Size = N〈輸入樣本人數〉

Latent Variables

  教學信念　領導取向　教學效能

Relationships：

   X1 X2　　＝教學信念

   X3 X4　　＝領導取向

   Y1 Y2 Y3＝教學效能

Paths:

   教學信念　領導取向→教學效能

Path Diagram

LISREL Output:〈輸入界定輸出報表格式〉

End of Problem

◇範例十二

四個潛在變項的結構模式圖與語法舉例

㈠四個潛在變項間之假設結構模式圖（其中外因潛在變項數學信念只有一個

   觀察變項，所以觀察變項 X3 的測量指標的誤差變異量需設定為 0）

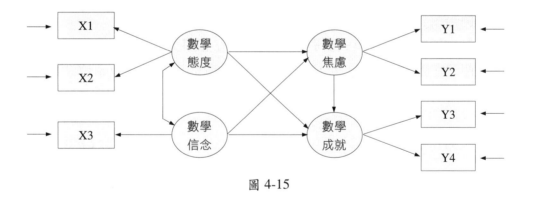

圖 4-15

㈡ SIMPLIS 語法程式

Title 模式界定說明

Observed Variables:

   X1 X2 X3 Y1 Y2 Y3 Y4

Correlation Matrix:

   〈依照觀察變項順序輸入變項的相關矩陣〉

Sample Size＝N〈輸入樣本人數〉

Latent Variables

  數學態度　數學信念　數學焦慮　數學成就

Relationships：

  X1 X2 = 數學態度

  X3　　 = 數學信念

  Y1 Y2 = 數學焦慮

  Y3 Y4 = 數學成就

Paths：

  數學態度　數學信念　　　　　　 → 數學焦慮

  數學態度　數學信念　數學焦慮 → 數學成就

Set the Error Variance of X3 to 0

Path Diagram

LISREL Output 〈輸入界定輸出報表格式〉

End of Problem

◇範例十三

四個潛在變項的結構模式圖與語法舉例－互惠關係

(一)四個潛在變項間之假設結構模式圖（其中外因潛在變項數學信念只有一個
觀察變項，所以觀察變項 X3 的測量指標的誤差變異量需設定為 0）

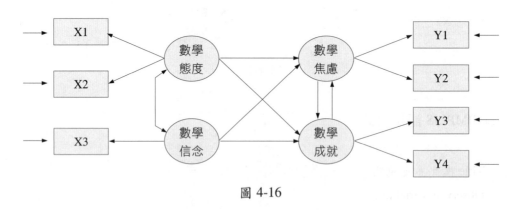

圖 4-16

(二) SIMPLIS 語法程式

Title 模式界定說明

Observed Variables:

　Y1 Y2 Y3 Y4 X1 X2 X3

Covariance Matrix:

　〈依照觀察變項順序輸入變項的共變數矩陣〉

Sample Size = N〈輸入樣本人數〉

Latent Variables

　數學態度　數學信念　數學焦慮　數學成就

Relationships：

　X1 X2 = 數學態度

　X3　　= 數學信念

　Y1 Y2 = 數學焦慮

　Y3 Y4 = 數學成就

Paths:

數學態度　數學信念　數學成就 → 數學焦慮

數學態度　數學信念　數學焦慮 → 數學成就

Set the Error Variance of X3 to 0

Path Diagram

LISREL Output 〈輸入界定輸出報表格式〉

End of Problem

【備註】

因為數學信念潛在變項只有一個觀察變項，所以指標變項的測量誤差要設
定為 0。

◇範例十四

四個潛在變項的結構模式圖與語法舉例－Y 變項的測量誤差值間有相關

㈠四個潛在變項間之假設結構模式圖（其中外因潛在變項數學信念只有一個
　觀察變項，所以觀察變項 X3 的測量指標的誤差變異量需設定為 0）

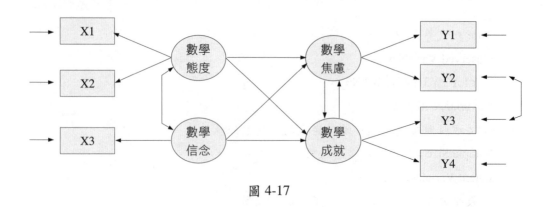

圖 4-17

(二) SIMPLIS 語法程式

Title 模式界定說明
Observed Variables:
    Y1 Y2 Y3 Y4 X1 X2 X3
Correlation Matrix:
    〈依照觀察變項順序輸入變項的相關矩陣〉
Standard Deviation:
    〈依照觀察變項順序輸入變項的標準差〉
Sample Size = N〈輸入樣本人數〉
Latent Variables
    數學態度　數學信念　數學焦慮　數學成就
Relationships :
    X1 X2 = 數學態度
    X3 　 = 數學信念
    Y1 Y2 = 數學焦慮
    Y3 Y4 = 數學成就
Paths:
數學態度　數學信念　數學成就 → 數學焦慮
數學態度　數學信念　數學焦慮 → 數學成就
Set the Error Variance of X3 to 0
Set the Errors between Y2 and Y3 Correlate
Path Diagram
LISREL Output〈輸入界定輸出報表格式〉
End of Problem

◇範例十五

四個潛在變項的結構模式圖與語法舉例－ Y 變項的測量誤差值間有相關，此外設定數學成就對數學焦慮的影響路徑係數等於數學焦慮對數學成就的影響路徑。

㈠四個潛在變項間之假設結構模式圖（其中外因潛在變項數學信念只有一個觀察變項，所以觀察變項 X3 的測量指標的誤差變異量需設定為 0）

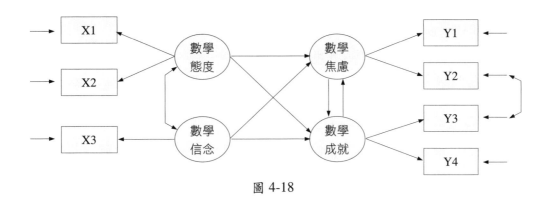

圖 4-18

㈡ SIMPLIS 語法程式

Title 模式界定說明

Observed Variables:

　　Y1 Y2 Y3 Y4 X1 X2 X3

Correlation Matrix:

　　〈依照觀察變項順序輸入變項的相關矩陣〉

Standard Deviation:

　　〈依照觀察變項順序輸入變項的標準差〉

Sample Size＝N〈輸入樣本人數〉

Latent Variables

　　數學態度　數學信念　數學焦慮　數學成就

Relationships：

　　X1 X2＝數學態度

　　X3　　＝數學信念

　　Y1 Y2＝數學焦慮

```
    Y3 Y4 = 數學成就
Paths:
數學態度    數學信念    數學成就 → 數學焦慮
數學態度    數學信念    數學焦慮 → 數學成就
Set the Error Variance of X3 to 0
Set the Errors between Y2 and Y3 Correlate
Set 數學焦慮 → 數學成就 = 數學成就 → 數學焦慮
Path Diagram
LISREL Output〈輸入界定輸出報表格式〉
End of Problem
```

◇**範例十六**：形成性指標模式圖

在形成性指標（formative indicators）中，潛在變項是一組觀察變項的線性組合，此時觀察變項變為「因變項」，而潛在變項是「果變項」。

㈠在下述的模式圖中，觀察變項 X1、X2、X3 是否可以用來預測潛在變項「數學焦慮」，而觀察變項 X3、X4、X5 是否可以用來預測潛在變項「數學成就」；而顯性變項 Y1、Y2 是否可以被認定是潛在變項「數學焦慮」的有效指標變項，顯性變項 Y3、Y4 是否可以被認定是潛在變項「數學成就」的有效指標變項。此外數學焦慮潛在變項是否對數學成就有顯著的影響？

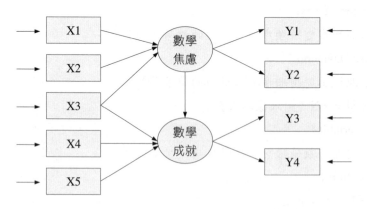

圖 4-19

㈡ SIMPLIS 語法程式

Title 模式界定說明
Observed Variables:
  X1 X2 X3 X4 X5 Y1 Y2 Y3 Y4
Covariance Matrix:
  〈依照觀察變項順序輸入變項的共變數矩陣〉
Sample Size = N〈輸入樣本人數〉
Latent Variables
  數學焦慮 數學成就
Relationships：
  Y1 Y2 = 數學焦慮
  Y3 Y4 = 數學成就
Paths:
  X1 X2 X3→數學焦慮
  X3 X4 X5→數學成就
數學焦慮→數學成就
Path Diagram
LISREL Output〈輸入界定輸出報表格式〉
End of Problem

◇**範例十七**：形成性指標互惠關係模式圖

㈠在下述的模式圖中，觀察變項 X1、X2、X3 是否可以用來預測潛在變項「數學焦慮」，而觀察變項 X3、X4、X5 是否可以用來預測潛在變項「數學成就」；而顯性變項 Y1、Y2 是否可以被認定是潛在變項「數學焦慮」的有效指標變項，顯性變項 Y3、Y4 是否可以被認定是潛在變項「數學成就」的有效指標變項。此外兩個潛在變項數學焦慮與數學成就是否存著相等的交互影響的關係？

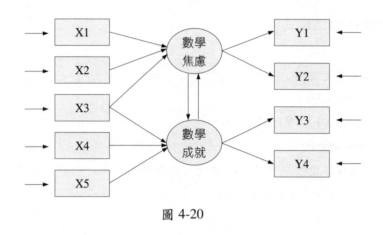

圖 4-20

(二) SIMPLIS 語法程式

Title 模式界定說明
Observed Variables:
　　X1 X2 X3 X4 X5 Y1 Y2 Y3 Y4
Covariance Matrix:
　　〈依照觀察變項順序輸入變項的共變數矩陣〉
Sample Size = N〈輸入樣本人數〉
Latent Variables
　　數學焦慮　數學成就
Relationships :
　　Y1 Y2 = 數學焦慮
　　Y3 Y4 = 數學成就
Paths:
　　X1 X2 X3 數學成就→數學焦慮
　　X3 X4 X5 數學焦慮→數學成就
Path Diagram
Options:〈輸入界定輸出報表格式〉
End of Problem

◇範例十八：多群組樣本結構模式圖

(一)相等結構模式的檢定

第一群組男教師教學效能結構模式圖

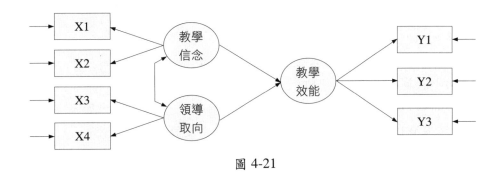

圖 4-21

第二群組女教師教學效能結構模式圖

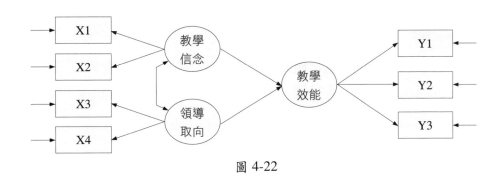

圖 4-22

㈡ SIMPLIS 語法程式

Group1: 〈第一群組界定說明〉

Observed Variables:

　　Y1 Y2 Y3 X1 X2 X3 X4

Covariance Matrix:

　　　　〈依照觀察變項順序輸入第一群組變項的共變數矩陣〉

Sample Size = N 〈輸入第一群組的樣本人數〉

Latent Variables

　　教學信念　領導取向　教學效能

Relationships：

　　X1 X2　　= 教學信念

X3 X4　　= 領導取向

Y1 Y2 Y3 = 教學效能

Paths:

　教學信念　領導取向→教學效能

Group2 :〈第二群組界定說明〉

Covariance Matrix:

　〈依照觀察變項順序輸入第二群組變項的共變數矩陣〉

Sample Size = N〈輸入第二群組的樣本人數〉

Path Diagram

Options: RS SC MI EF ND = 3 IT = 100

End of Problem

◇範例十九

多樣本複核效化分析－企業組織文化為例

㈠第一群組──大型企業組織

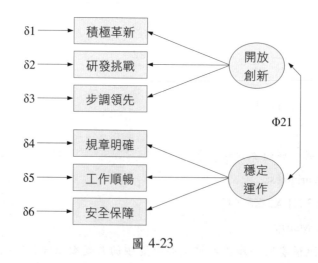

圖 4-23

㈡第二群組──小型企業組織

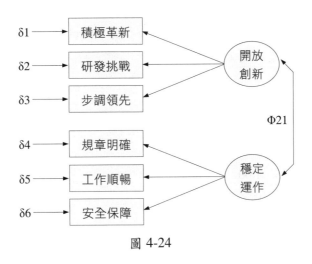

圖 4-24

(三) SIMPLIS 假設範例語法程式

Group1: 大型企業組織文化測量模式

Observed Variables

積極革新　研發挑戰　步調領先　規章明確　工作順暢　安全保障

Correlation Matrix:

1.00

0.69　1.00

0.65　0.77　1.00

0.32　0.35　0.35　1.00

0.31　0.26　0.32　0.74　1.00

0.28　0.41　0.35　0.77　0.84　1.00

Standard Deviation:

1.08　2.18　1.05　1.96　2.07　2.15

Sample Size = 400

Latent Variable:

開放創新　穩定運作

Relationships:

積極革新　研發挑戰　步調領先＝開放創新

規章明確　工作順暢　安全保障＝穩定運作

Set the Errors between 研發挑戰 and 工作順暢 Correlate

Set the Errors between 研發挑戰 and 安全保障 Correlate

Group2: 小型企業組織文化測量模式

Correlation Matrix

1.00

0.70   1.00

0.63   0.79   1.00

0.31   0.35   0.35   1.00

0.30   0.27   0.32   0.76   1.00

0.29   0.40   0.35   0.79   0.82   1.00

Standard Deviation:

1.07   2.15   1.04   1.92   2.05   2.14

Sample Size = 450

Path Diagram

Options: RS SC MI AD = 3 IT = 100

End of Problem

【說明】

　　多群組樣本結構模式分析，每個群組以「Group1」、「Group2」……作為每個群組模式的起始行，其中若只有二個群組，則第一個群組「Group1」通常為原始模型建構樣本、第二個群組「Group2」為校正樣本（calibration sample）（或稱驗證樣本），其分析的策略為「嚴格複製策略」，即第二個群組的路徑關係模型全部與第一個群組相同，因而第二個群組的路徑關係可以省略不陳列出來，若是二個群組模型的路徑不相同，則二個群組的路徑關係要分開撰寫，此時即為「寬鬆複製策略」。

第 5 章
一階驗證性因素分析

在一份組織文化量表的探索性因素分析（exploratory factor analysis）中，研究者以 200 位受試者為樣本，在十個題項的組織文化量表中，採用主成分分析法，並以斜交轉軸法進行因素轉軸，共抽取三大共同因素：目標成就（targ）、開放創新（open）、穩定運作（stab）。其中「目標成就」因素構念包含四個題項（測量指標）：相互競爭（X1）、成就導向（X2）、目標達成（X3）、領導強化（X4）；「開放創新」因素構念包含三個題項（測量指標）：積極革新（X5）、研發挑戰（X6）、步調領先（X7）；「穩定運作」因素構念包含三個題項（測量指標）：規章明確（X8）、工作順暢（X9）、安全保障（X10）。研究者為重新檢驗組織文化量表模式的適配情形，重新選取 450 位受試者為樣本，請問研究者所提的組織文化量表的理論模式是否與實際資料相契合，其整體模式的適配情形是否可以得到支持？研究者所提的組織文化量表多因素斜交模式圖如圖 5-1：

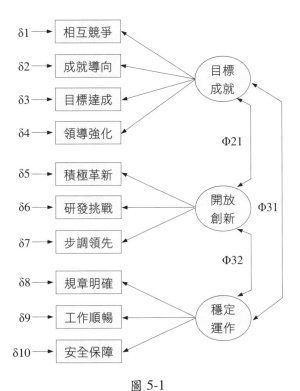

圖 5-1

5.1　語法程式

斜交模式 SIMPLIS 語法程式一

```
! Confirmatory Factor Analysis
Observed Variables:
X1 X2 X3 X4 X5 X6 X7 X8 X9 X10
Raw Data From File d:/cfa/cfada01.dat
Sample Size = 450
Latent Variables:
targ open stab
Rationships:
X1 X2 X3   X4 = targ
X5 X6 X7       = open
X8 X9 X10      = stab
Path diagram
Lisrel Output se tv rs ef mi ss sc nd = 3 iteration = 100
End of Problem
```

斜交模式 SIMPLIS 語法程式二

```
! Confirmatory Factor Analysis
Observed Variables:
X1 X2 X3 X4 X5 X6 X7 X8 X9 X10
Raw Data From File d:/cfa/cfada01.dat
Sample Size = 450
Latent Variables:
```

targ open stab

Rationships:

X1	= 1*targ
X2 X3 X4	= targ
X5	= 1*open
X6 X7	= open
X8	= 1*stab
X9 X10	= stab

Path diagram

Lisrel Output se tv rs ef mi ss sc nd = 3 iteration = 100

End of Problem

斜交模式語法程式三（變項名稱為中文字元）

Title 一階驗證性因素分析

Observed Variables:

　　相互競爭　　成就導向　　目標達成　　領導強化

　　積極革新　　研發挑戰　　步調領先

　　規章明確　　工作順暢　　安全保障

Raw Data From File d:/cfa/cfada01.dat

Sample Size = 450

Latent Variables:

　　目標成就　　開放創新　　穩定運作

Rationships:

　　相互競爭　　成就導向　　目標達成　　領導強化 = 目標成就

　　積極革新　　研發挑戰　　步調領先　　　　　　 = 開放創新

　　規章明確　　工作順暢　　安全保障　　　　　　 = 穩定運作

Path diagram

Lisrel Output se tv rs ef mi ss sc nd = 3 iteration = 100

End of Problem

【注意】

以中文字為變項名稱，變項前後也可以加上單引號，如不加單引號，中文變項名稱與變項名稱間要「空一格」。

◢ 斜交模式語法程式四（變項名稱為中文字元）

```
Title 一階驗證性因素分析
Observed Variables:
    相互競爭   成就導向   目標達成   領導強化
    積極革新   研發挑戰   步調領先
    規章明確   工作順暢   安全保障
Raw Data From File d:/cfa/cfada01.dat
Sample Size = 450
Latent Variables:
    目標成就   開放創新   穩定運作
Rationships:
    相互競爭                        =1*目標成就
    成就導向   目標達成   領導強化 =   目標成就
    積極革新                        =1*開放創新
    研發挑戰   步調領先            =   開放創新
    規章明確                        =1*穩定運作
    工作順暢   安全保障            =   穩定運作
Path diagram
Lisrel Output se tv rs ef mi ss sc nd = 3 iteration = 100
End of Problem
```

【說明】

在上述語法程式一至語法程式四，讀取的是原始資料檔，其前十筆資料如下：

```
5 5 5 4 5 5 4 3 3 3
3 3 4 4 3 3 3 3 3 3
3 4 4 4 3 4 3 3 3 3
3 3 4 4 3 3 3 3 3 3
5 5 4 4 4 4 3 5 4 4
5 4 4 4 4 4 3 5 4 4
5 5 4 4 4 3 5 4 4
5 5 5 5 4 5 4 5 4 4
5 5 5 5 4 5 4 5 4 4
5 4 4 4 5 4 3 3 3
· · · · · ·
· · · · · ·
```

　　上述資料檔必須採取固定格式，數據的順序要與觀察變項的順序一致，在
SPSS資料檔中，研究者在存檔類型，若是存成「*.DAT」文書檔格式，資料檔可
直接被 LISREL 讀取。

　　本範例以相關矩陣輸入，原始語法程式如下：

[1]！組織文化量表初階驗證性因素分析

[2]Observed Variables:

相互競爭　　成就導向　　目標達成　　領導強化

積極革新　　研發挑戰　　步調領先　　規章明確　　工作順暢　　安全保障

[3]Correlation Matrix:

```
1.00
0.81  1.00
0.87  0.75  1.00
0.79  0.70  0.85  1.00
0.39  0.42  0.31  0.40  1.00
0.46  0.22  0.30  0.20  0.71  1.00
0.45  0.35  0.31  0.37  0.78  0.80  1.00
0.34  0.45  0.38  0.41  0.35  0.39  0.35  1.00
```

```
0.41   0.21   0.22   0.28   0.29   0.26   0.24   0.92   1.00
0.32   0.39   0.41   0.35   0.44   0.38   0.40   0.86   0.79   1.00
[4]Sample Size = 450
[5]Latent Variables:
目標成就    開放創新    穩定運作
[6]Rationships:
相互競爭    成就導向    目標達成    領導強化＝目標成就
積極革新    研發挑戰    步調領先＝開放創新
規章明確    工作順暢    安全保障＝穩定運作
[7]Path diagram
[8]Lisrel Output se tv rs ef mi ss sc nd = 3 iteration = 100
[9]End of Problem
```

【語法程式說明】

[1]、[2].....[9]的括號數字在原始語法程式中不能出現，此處是為了加註說明，讓讀者瞭解，之後才加註上去的。

[1]處為SIMPLIS語法程式的註解說明，程式執行時會被視為註解（comments）呈現。

[2]處為界定十個觀察變項，其順序要與相關矩陣或共變數矩陣呈現的矩陣數字相對應，九個觀察變項分別為：「相互競爭」、「成就導向」、「目標達成」、「領導強化」、「積極革新」、「研發挑戰」、「步調領先」、「規章明確」、「工作順暢」、「安全保障」。

[3]處為上述十個變項的相關矩陣，對角線的數字均為 1，形成一個 10×10 的矩陣，若 SEM 分析中包含結構模式，相關矩陣應先呈現 Y 變項再呈現 X 變項，並且要呈現各變項的標準差。如

```
VAR(Y1)
COV(Y1, Y2) VAR(Y2)
COV(Y1, Y3) COV(Y2, Y3) VAR(Y3)
COV(Y1, X1) COV(Y2, X1) COV(Y3, X1) VAR(X1)
COV(Y1, X2) COV(Y2, X2) COV(Y3, X2) COV(X1, X2) VAR(X2)
COV(Y1, X3) COV(Y2, X3) COV(Y3, X3) COV(X1, X3) COV(X2, X3) VAR(X3)
COV(Y1, X4) COV(Y2, X4) COV(Y3, X4) COV(X1, X4) CVO(X2, X4) COV(X3, X4) VAR(X4)
```

COV(Y1, X4) COV(Y2, X5) COV(Y3, X5) COV(X1, X5) CVO(X2, X5) COV(X3, X5) COV(X4, X5) VAR(X5)

Standard Deviation: 1.21 2.25 2.20 1.96 2.30 2.45 1.67 1.85 2.55 2.45

研究者如要呈現平均數讓他人知悉也可以，平均數的關鍵字為「Means:」

[4]設定分析樣本數有多少位，此處分析的樣本有 450 人。

[5]處為設定潛在變項，三個潛在變項（因素構念）分別為：「目標成就」、「開放創新」「穩定運作」。

[6]處界定測量模式的關係，關鍵詞「Rationships:」的設定中，等號左邊為「果」變項（箭號所指的地方），等號右邊為「因」變項（箭號起始點處的變項）

[7]以關鍵詞「Path Diagram」輸出各種因果模式圖，包含原始估計值模式圖、標準化解值模式圖、顯著考驗的 t 值模式圖、修正指標圖、期望參數改變模式圖等。

[8]界定各種輸出統計量：輸出標準化誤（SE）、呈現參數估計之 t 檢定值（TV）、輸出矩陣形式的殘差值、適配的共變數矩陣、常態化殘差與Q圖（RS）、輸出標準化參數估計解值（SS）、輸出完全標準化估計解值（SC），界定輸出小數點的位數到小數第三位（ND = 3）、設定疊代運算次數為 100（iteration = 100）

結果的輸出也可以直接採用「Options:」指令，如：

Options: RS SC MI ND = 3 IT = 100

上述中 MI 為修正指標，RS、SC 的界定與上述相同。「Lisrel Output」與「Options」後面的輸出界定指令大小寫均可以。

[9]界定語法結束，結束整個程式分析的工作。

SIMPLIS 的語法程式在 LISREL 的應用視窗中，畫面如下：

圖 5-2

5.2 操作程序

1. 執行功能表「File」→「New」程序，出現「開啟新檔」對話視窗，在「開啟新檔」方盒中選取「SIMPLE Project」選項，按「確定」鈕。

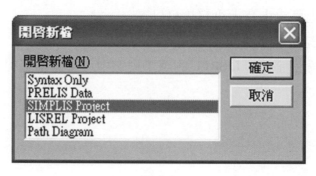

圖 5-3

2.出現「另存新檔」對話視窗，存檔類型出現「SIMPLIS Project (*.spj)」，在「檔案名稱」的右方輸入新檔案的名稱如「cfa001」，按「儲存鈕」。

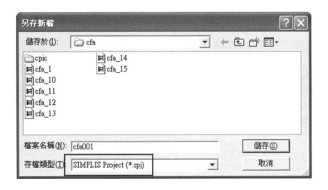

圖 5-4

3.出現「LISREL Windows Application」視窗應用程式盒，在中間空白處直接鍵入 SIMPLIS 的語法程式，輸入完後按「Save」（檔案儲存）鈕，再按功能列「Run Lisrel」鈕 。如語法程式沒有錯誤會出現徑路圖（*.pth）與輸出結果，研究者可按功能列「Window」（視窗）鈕，來切換語法程式視窗、徑路圖視窗、輸出結果文字視窗。

圖 5-5

4.開啟「*.spj」程式檔,執行功能列「File」→「Open」程序,或直接按功能列「Open」鈕,出現「開啟舊檔」對話視窗,在「檔案類型中」選取「SIMPLIS Project (*.spj)」選項,選取檔案→按「開啟」鈕。

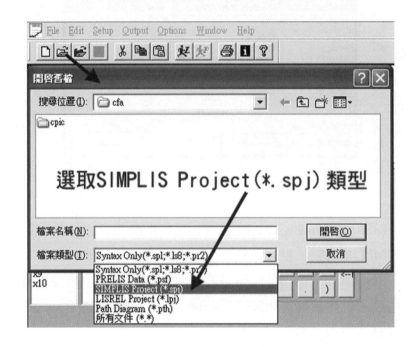

圖 5-6

5.在徑路圖的視窗中,「Estimates」(估計值)的下拉式選單中有六種徑路圖供選擇:「Estimates」(原始估計值的徑路圖)、「Standardized Solution」(標準化解值的徑路圖)、「Conceptual Diagram」(概念模式圖)、「T-values」(顯示 t 值的徑路圖)、「Modification Indices」(修正指標圖)、「Expected Changes」(期望改變值的徑路圖)。

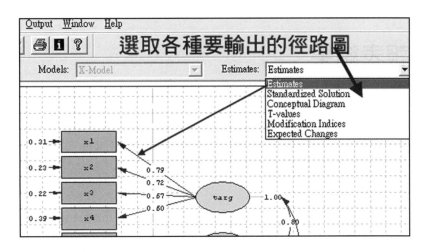

圖 5-7

LISREL 繪出之模式概念路徑圖如下：

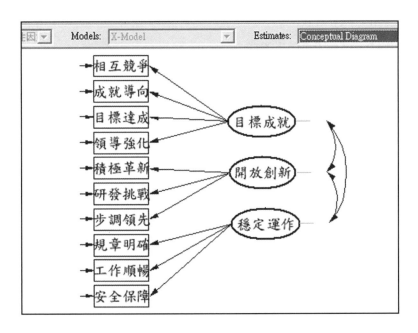

圖 5-8

5.3 報表結果

The following lines were read from file D:\cfa\組織文化_cfa.spj:

！組織文化量表初階驗證性因素分析

Observed Variables:

相互競爭　成就導向　目標達成　領導強化

積極革新　研發挑戰　步調領先　規章明確　工作順暢　安全保障

Correlation Matrix:

1.00

0.81　1.00

0.87　0.75　1.00

0.79　0.70　0.85　1.00

0.39　0.42　0.31　0.40　1.00

0.46　0.22　0.30　0.20　0.71　1.00

0.45　0.35　0.31　0.37　0.78　0.80　1.00

0.34　0.45　0.38　0.41　0.35　0.39　0.35　1.00

0.41　0.21　0.22　0.28　0.29　0.26　0.24　0.92　1.00

0.32　0.39　0.41　0.35　0.44　0.38　0.40　0.86　0.79　1.00

Sample Size = 450

Latent Variables:

目標成就　開放創新　穩定運作

Rationships:

相互競爭　成就導向　目標達成　領導強化 = 目標成就

積極革新　研發挑戰　步調領先 = 開放創新

規章明確　工作順暢　安全保障 = 穩定運作

Path diagram

Lisrel Output　se tv rs ef mi ss sc nd = 3 iteration = 100

End of Problem

【說明】

上表的輸出報表為 LISREL 原始程式格式,第一列會出現語法程式的檔案名稱,再重複出現語法程式。如果檔案的語法或拼字有錯誤,或觀察變項(/潛在變項)沒有界定等,會於此地方將錯誤或問題之處顯示出來,告知使用者語法程式哪裏有問題。如測量指標變項未於觀察變項中定義,在執行功能列「Run Lisrel」鈕 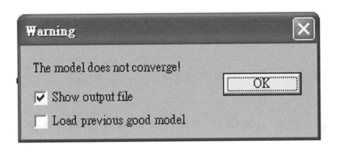 後,會出現「警告」視窗,提醒使用者「模式無法聚合」(The model does not converge)的對話視窗,並出現語法錯誤處於「*.out」的視窗中。

如觀察變項 x10 未於「Observed Variables:」中界定,則會出現以下訊息。

圖 5-9

W_A_R_N_I_N_G: Variable "x10" is not defined.

Path diagram

Lisrel Output se tv rs ef mi ss sc nd = 3 iteration = 100

End of Problem

　F_A_T_A_L E_R_R_O_R: Syntax errors found.

　　　　　　　　　Time used:　　　0.047 Seconds

若是出現下列訊息,表示模式設定有問題,雖然 LISREL 有提供解決策略,如設定 AD 大於 50 或設定 AD = OFF,表示模式分析進行第 50 次疊代算以後,才會進行估計解接受度的檢驗或直接關閉估計解的檢驗,但此二種設定,一般模式還是無法獲得聚合或收斂,研究者最好重新評估模式,檢核共變數矩陣,看是否有多元共線性問題。

W_A_R_N_I_N_G: The solution was found non-admissible after 50 iterations.

The following solution is preliminary and is provided only

for the purpose of tracing the source of the problem.

Setting AD> 50 or AD = OFF may solve the problem

W_A_R_N_I_N_G: Matrix to be analyzed is not positive definite,

ridge option taken with ridge constant = 1.000

【說明】

　　雖然分析的矩陣無法正定，但脊選項中採用「脊常數」（ridge constant）的方法，可以解決模式無法收斂的問題，其中「脊常數」的數值設定為 1。

! 組織文化量表初階驗證性因素分析

Covariance Matrix

	相互競爭	成就導向	目標達成	領導強化	積極革新	研發挑戰
相互競爭	2.000					
成就導向	0.810	2.000				
目標達成	0.870	0.750	2.000			
領導強化	0.790	0.700	0.850	2.000		
積極革新	0.390	0.420	0.310	0.400	2.000	
研發挑戰	0.460	0.220	0.300	0.200	0.710	2.000
步調領先	0.450	0.350	0.310	0.370	0.780	0.800
規章明確	0.340	0.450	0.380	0.410	0.350	0.390
工作順暢	0.410	0.210	0.220	0.280	0.290	0.260
安全保障	0.320	0.390	0.410	0.350	0.440	0.380

Covariance Matrix

	步調領先	規章明確	工作順暢	安全保障
步調領先	2.000			
規章明確	0.350	2.000		
工作順暢	0.240	0.920	2.000	
安全保障	0.400	0.860	0.790	2.000

【說明】

　　上表為十個觀察變項間的共變數矩陣（根據實際資料所得之S矩陣），若沒有出現非正定的錯誤提示語：「Matrix to be analyzed is not positive definite」，表示共變數矩陣是正定的。非正定的現象通常是數據資料有問題，研究者可以增加樣本數或刪除不重要的變項。SEM 分析中如同時包含測量模式及結構模式，除可直接讀取原始資料檔（固定格式文書檔案），也可以鍵入變項的共變數矩陣或相關矩陣，矩陣要先呈現 Y 變項，再呈現 X 變項，如果直接以相關矩陣為分析資料檔，還要鍵入各變項的標準差（Standard Deviation），才能計算出共變數矩陣。

　　！組織文化量表初階驗證性因素分析

Parameter Specifications

　　　　LAMBDA-X

	目標成就	開放創新	穩定運作
相互競爭	1	0	0
成就導向	2	0	0
目標達成	3	0	0
領導強化	4	0	0
積極革新	0	5	0
研發挑戰	0	6	0
步調領先	0	7	0
規章明確	0	0	8
工作順暢	0	0	9
安全保障	0	0	10

　　　　PHI

	目標成就	開放創新	穩定運作
目標成就	0		
開放創新	11	0	
穩定運作	12	13	0

　　　THETA-DELTA

相互競爭	成就導向	目標達成	領導強化	積極革新	研發挑戰
14	15	16	17	18	19

```
THETA-DELTA

步調領先  規章明確  工作順暢  安全保障
------------  ------------  ------------  ------------
   20          21          22          23
```

【說明】

上表數據為驗證式因素分析中所要估計的參數，總共有 23 個，十個測量變項（Λ_X；X1 至 X10）的參數、三個因素（潛在變項）間的相關係數參數（Φ1 至 Φ3），十個測量變項的測量誤差參數（δ1 至 δ10），由於潛在變項的相關間沒有界定「無相關」關係，因而是一種多因素的斜交模式，而非是直交模式。

```
！組織文化量表初階驗證性因素分析
Number of Iterations = 5
```

【說明】

上表數據為模式聚合時所需疊代的次數，總共 5 次即獲得聚合，即 LISREL 採用最大概似法（ML法）總計進行了 5 次的疊代運算而完成了所有的參數估計。在 LISREL 的分析中，疊代的次數是以自由估計參數的三倍作為預設值，如自由估計參數有 15 個，則疊代的最高次數為 45。若是在疊代次數內無法完成參數的估計時，會出現聚合失敗的錯誤訊息，此時，可調整疊代的次數，或是重新檢核模式是否有問題，或是檢查輸入資料是否有錯。無法聚合收斂的提示語如：

```
W_A_R_N_I_N_G: The number of iterations exceeded XX.
F_A_T_A_L E_R_R_O_R: Serious problem encountered during minimization. Un-
able to continue iteration. Check your model and data.
```

【說明】

上面問題的發生主要是假設理論模式與實察資料間差異過大，理論模式設定不適當，研究者可調整疊代的次數（IT = N），或重新檢核理論模式，評估並加以修正模式。

LISREL Estimates (Maximum Likelihood)

LAMBDA-X

	目標成就	開放創新	穩定運作
相互競爭	0.950 (0.070) 13.542	- -	- -
成就導向	0.833 (0.071) 11.686	- -	- -
目標達成	0.919 (0.070) 13.056	- -	- -
領導強化	0.866 (0.071) 12.211	- -	- -
積極革新	- -	0.858 (0.078) 11.059	- -
研發挑戰	- -	0.845 (0.078) 10.897	- -
步調領先	- -	0.920 (0.078) 11.767	- -
規章明確	- -	- -	1.004 (0.075) 13.439
工作順暢	- -	- -	0.885 (0.074) 11.962
安全保障	- -	- -	0.890 (0.074) 12.032

PHI

	目標成就	開放創新	穩定運作
目標成就	1.000		

開放創新	0.449	1.000	
	(0.060)		
	7.475		
穩定運作	0.420	0.422	1.000
	(0.059)	(0.063)	
	7.164	6.727	

THETA-DELTA

相互競爭	成就導向	目標達成	領導強化	積極革新	研發挑戰
1.097	1.306	1.155	1.250	1.263	1.287
(0.103)	(0.107)	(0.104)	(0.106)	(0.119)	(0.119)
10.613	12.186	11.097	11.813	10.622	10.847

THETA-DELTA

步調領先	規章明確	工作順暢	安全保障
1.153	0.993	1.217	1.207
(0.121)	(0.116)	(0.112)	(0.112)
9.497	8.569	10.881	10.790

【說明】

上表數據為各參數之估計結果，模式估計採用的方法為「最大概似法」（Maximum Likelihood），每個參數估計結果有三行數字，第一行數字為原始參數估計值（estimates）、第二行為估計標準誤（standard errors）、第三行為 t 值（t-value）。t 值的絕對值如大於 1.96，表示該估計參數達到.05 的顯著水準、t 值的絕對值如大於 2.58，表示該估計參數達到.01 的顯著水準。以外因潛在變項「目標成就」的測量指標「相互競爭」（X1）變項為例，其參數估計值為 0.950、標準誤為 0.070、t 值等於 13.542（＝0.950÷0.070），t 值遠大於 1.96 達到顯著水準，表示此參數具有統計上的顯著水準。由於測量指標「相互競爭」是外因潛在變項「目標成就」的觀察變項之一，是一種測量模式，「相互競爭」的參數估計值 0.950，也就是「相互競爭」變項在潛在特質層面「目標成就」上的因素負荷量（factor loading）（此數值為原始參數估計值，最終的因素負荷量呈現於完全標準化解值中）。上列表格中，23 個所估計的參數均達.01 的顯著水準，表示模式的內在品質佳。

　　LAMBDA-X、LAMBDA-Y 的參數矩陣分別是外衍潛在變項與內衍潛在變項的指標變項 X、Y 的估計值、標準誤與 t 值。

　　PHI 為三個外因潛在變項（ξ）之參數估計值，為三個外因潛在變項間的相關矩陣（Φ間的相關），此相關以矩陣方式呈現，各潛在變項的變異數被設定為 1，因而其對角線的數值為 1，表示外因潛在變項與自己的相關係數。其中因素層面「目標成就」與「開放創新」間的相關為 0.449、「目標成就」與「穩定運作」間的相關為 0.420、「開放創新」與「穩定運作」間的相關為 0.422，三個相關係數的 t 值分別為 7.475、7.164、6.727，t 值均大於 1.96 達到顯著水準，表示三個相關係數的估計均具有統計上的意義。此外，三個潛在變項間的相關為中度相關，顯示三個因素構念間有關聯，但其相關不是很高。

　　「THETA-DELTA」（δ）矩陣為各測量指標變項（X 變項）的誤差變異量估計值、標準誤與 t 值，十個觀察變項的測量誤差值（δ1 至δ10）均達統計上的顯著水準。在徑路圖的視窗中，勾選「T-values」（t 值的徑路圖），則會顯示各參數顯著性考驗的t統計量。模式內每個估計參數是否都達到顯著水準是檢核模式內在品質的一項重要指標，此處估計的 23 個參數均達到顯著水準，表示模式的內在品質理想。估計參數之標準誤的另一個功用，是可以用來檢測假設模式是否有違反辨認規則，如果估計參數之標準誤很大或有負的誤差變異數存在，表示假設的理論模式有可能違反辨認規則（*Hair et al., 1992*）。上述 23 個估計參數的標準誤均很小，且沒有出現負的誤差變異數，顯示假設模式沒有違反辨認規則。

　　上表 LISREL 輸出的估計值可以整理如下表：最後一欄標準化參數估計值由後面完全標準化解值中（Completely Standardized Solution）的數據而得。

表 5-1

參數	非標準化參數估計值	標準誤	t 值	R^2	標準化參數估計值
λ_1	0.950	0.070	13.452***	0.451	.672
λ_2	0.833	0.071	11.686***	0.347	.589
λ_3	0.919	0.070	13.056***	0.423	.650
λ_4	0.866	0.071	12.211***	0.375	.612
λ_5	0.858	0.078	11.059***	0.368	.607
λ_6	0.845	0.078	10.897***	0.357	.597
λ_7	0.920	0.078	11.767***	0.423	.651
λ_8	1.004	0.075	13.349***	0.504	.710
λ_9	0.885	0.074	11.962***	0.391	.626

參數	非標準化參數估計值	標準誤	t 值	R^2	標準化參數估計值
λ_{10}	0.890	0.074	12.032***	0.396	.629
Φ_{21}	0.449	0.060	7.475***		.449
Φ_{32}	0.420	0.059	7.164***		.420
Φ_{31}	0.422	0.063	6.727***		.422
δ_1	1.097	0.103	10.613***		.549
δ_2	1.306	0.107	12.186***		.653
δ_3	1.155	0.104	11.097***		.577
δ_4	1.250	0.106	11.813***		.625
δ_5	1.263	0.119	10.622***		.632
δ_6	1.287	0.119	10.847***		.643
δ_7	1.153	0.121	9.497***		.577
δ_8	0.993	0.116	8.569***		.496
δ_9	1.217	0.112	10.881***		.609
δ_{10}	1.207	0.112	10.790***		.604

***p<.001

　　LISREL 所輸出之參數估計顯著性考驗的 t 值模式圖如下，所有估計參數的 t 值均大於 2.58，達到 0.01 的顯著水準，如果參數估計顯著性檢定 t 值絕對值小於 1.96（未達顯著水準），則於「t 值模式圖」的 t 值會出現紅色的字體。

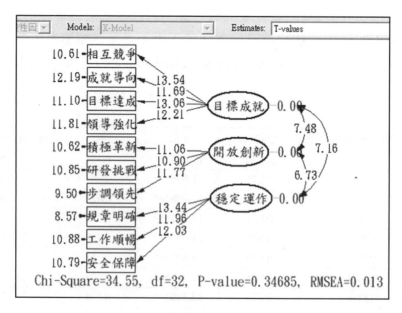

圖 5-10

下圖為非標準化的估計值（原始參數估計數值）及測量誤差值之模式圖：

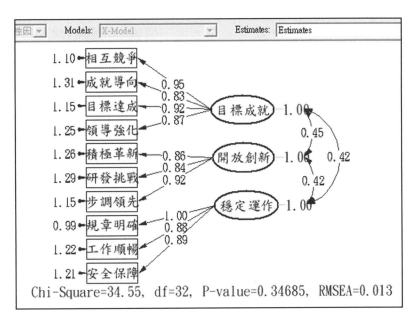

圖 5-11

Squared Multiple Correlations for X - Variables

相互競爭	成就導向	目標達成	領導強化	積極革新	研發挑戰
0.451	0.347	0.423	0.375	0.368	0.357

Squared Multiple Correlations for X - Variables

步調領先	規章明確	工作順暢	安全保障
0.423	0.504	0.391	0.396

【說明】

上表為觀察變項與其外因潛在變項間的多元相關的平方，即複相關的平方，也就是在多元迴歸分析中的 R^2，R^2 是一種解釋變異量，表示各觀察變項被其潛在變項解釋的百分比（觀察變項為依變項、潛在變項為預測變項），在 LISREL 分析模式中，測量變項的R^2表示觀察變項的信度（reliability）指標。以觀察變項「相互競爭」而言，有 45.1%的變異量能夠被潛在變項「目標成就」所解釋，

54.9%（＝1－0.451）的變異量無法被潛在變項「目標成就」所解釋，潛在變項無法解釋的部分即為誤差變異。在模式內在品質的判別上面，個別觀察變項的信度指標可以接受的標準應大於.50 以上。在上述十個觀察指標的個別信度方面，以「規章明確」變項被潛在變項「穩定運作」解釋的百分比最高，其信度指標為0.504，其餘九個觀察變項的信度指標值均未達.50 的標準，表示模式的內在品質不佳。

由於各觀察變項的 R^2 等於下面「完全標準化估計值」（λ值－因素負荷量）的平方，可以計算各潛在變項的平均變異量抽取值，此數值表示透過數個觀察變項，能測到多少百分比的潛在變項。此為模式內在品質的判別準則之一，若是潛在變項的平均變異量抽取值在.50 以上，表示模式的內在品質理想。

Goodness of Fit Statistics【適配度統計量指標】

Degrees of Freedom = 32【自由度】

Minimum Fit Function Chi-Square = 36.850 (P = 0.254)【最小適配函數卡方值】

Normal Theory Weighted Least Squares Chi-Square = 34.552（P = 0.347）【常態化最小平方加權卡方值－ WLS 卡方值】

Estimated Non-centrality Parameter (NCP) = 2.552【非集中化參數估計值－ NCP】

90 Percent Confidence Interval for NCP = (0.0; 20.997)【NCP 值 90% 的信賴區間】

Minimum Fit Function Value = 0.0821【最小適配函數值】

Population Discrepancy Function Value (F0) = 0.00568【母群差異函數值－ F0】

90 Percent Confidence Interval for F0 = (0.0; 0.0468)【F0 值 90% 的信賴區間】

Root Mean Square Error of Approximation (RMSEA) = 0.0133【漸進殘差均方和平方根－ RMSEA 值】

90 Percent Confidence Interval for RMSEA = (0.0; 0.0382)【RMSEA 值 90% 的信賴區間】

P-Value for Test of Close Fit (RMSEA< 0.05) = 0.997【RMSEA 值顯著性考驗】

Expected Cross-Validation Index (ECVI) = 0.179【期望跨效度指數－ ECVI】

90 Percent Confidence Interval for ECVI = (0.174; 0.220)【ECVI 值 90% 的信賴區間】

ECVI for Saturated Model = 0.245【飽和模式的 ECVI 值】

ECVI for Independence Model = 3.026【獨立模式的 ECVI 值】

Chi-Square for Independence Model with 45 Degrees of Freedom = 1338.738【有45 個自由度之獨立模式的卡方值】

Independence AIC = 1358.738【獨立模式的 AIC 值】

Model AIC = 80.552【理論模式的 AIC 值】

Saturated AIC = 110.000【飽和模式的 AIC 值】

Independence CAIC = 1409.831【獨立模式的 CAIC 值】

Model CAIC = 198.065【理論模式的 CAIC 值】

Saturated CAIC = 391.009【飽和模式的 CAIC 值】

Normed Fit Index (NFI) = 0.972【NFI 值】

Non-Normed Fit Index (NNFI) = 0.995【NNFI 值】

Parsimony Normed Fit Index (PNFI) = 0.692【PNFI 值】

Comparative Fit Index (CFI) = 0.996【CFI 值】

Incremental Fit Index (IFI) = 0.996【IFI 值】

Relative Fit Index (RFI) = 0.961【RFI 值】

Critical N (CN) = 652.757【CN 值】

Root Mean Square Residual (RMR) = 0.0551【RMR 值】

Standardized RMR = 0.0276【SRMR 值】

Goodness of Fit Index (GFI) = 0.985【GFI 值】

Adjusted Goodness of Fit Index (AGFI) = 0.974【AGFI 值】

Parsimony Goodness of Fit Index (PGFI) = 0.573【PGFI 值】

【說明】

上列數據為整體模式適配度指標值。上述的模式的自由度等於 32，最小適配函數卡方值（Minimum Fit Function Chi-Square）等於 36.850（p = .254>.05）、常態化最小平方加權卡方值－ WLS 卡方值（Normal Theory Weighted Least Squares Chi-Square）等於 34.552 (p = 0.347 > .05)，均未達到顯著水準，應接受虛無假設，表示假設模式與實際資料能適配。由於卡方值易受到樣本數多寡而波動，當樣本數愈大時，愈容易拒絕虛無假設，表示必須拒絕觀察資料之變異數共變數 S 矩陣與假設模式的變異數共變數 $\hat{\Sigma}$ 矩陣相等的假設，若是變異數共變數 S 矩陣與變異數共變數 $\hat{\Sigma}$ 矩陣不相等，顯示假設模式與觀察資料無法契合，此時，若是受試樣本數很大，只單以卡方值的大小及顯著性與否來判斷模式的契合性，容易得到拒

絕虛無假設的結論，因而判斷模式的適配度必須參考其他的指標值，在 SEM 模式適配度的檢驗中，應從多種指標值來綜合判斷。

為了減低樣本大小χ^2的影響，學者發展出「非集中化參數估計值」（Estimated Non-centrality Parameter；NCP），其公式為：

$NCP = \chi^2 - df = 34.552 - 32 = 2.552$，由公式得知，NCP 的值是$\chi^2$值與自由度的差值，NCP 指數是評量估計參數偏離程度的指標，數值愈接近 0，表示假設模式與觀察資料愈契合。統計理論認為此種非集中性指標能夠減低樣本大小的影響，但是這種指標依然根據原始的樣本大小來計算，因此，統計學者又發展一種尺度化非集中性參數（scaled non-centrality Parameter; SNCP），其公式為：

$SNCP = (\chi^2 - df) \div N = (34.552 - 32) \div 450 = 0.006$，NCP 與 SNCP 的目標皆是最小化參數值，由於這二種指標皆無統計檢定的準則作為依據，因此，大都是在比較各種競爭模式時才使用（黃芳銘，民 93）。

期望跨效度指數（Expected Cross-Validation Index; ECVI）是指在同一母群體中，假設模式由一組觀察資料所得到的變異數共變矩陣與由另一組觀察樣本資料所得到的變異數共變矩陣間誤差量的大小，因此，ECVI 愈小，表示不同組別間的一致性愈高，ECVI 值常用於評鑑模式「複核效度」（cross-validity）的問題，ECVI 愈小，表示複核效度愈佳，即同一個母群體中，假設模式應用到不同樣本的可能性愈高。ECVI 的公式如下：

$$ECVI = \frac{\chi^2}{N-1} + \frac{2 \times q}{N-1}，q \text{ 為待估計參數的個數；N 為樣本大小。}$$

由於 ECVI 無法檢定其顯著性，因而多用於競選模式時選擇模式之用，當 ECVI 值愈小的模式，其契合度愈佳（複核效度愈好）。若要將 ECVI 值用於單一模式契合度的判別上面，則當理論模式的 ECVI 值比飽和模式（saturated model）的 ECVI 值為小，同時理論模式的 ECVI 值也小於獨立模式（independent model）的 ECVI 值，則假設模式與觀察資料愈有可能契合。表中數據中，理論模式的 ECVI 值等於 0.179，小於飽和模式的 ECVI 值（= 0.245），也小於獨立模式的 ECVI 值（= 3.026）。

茲將上述的數據與模式檢定的判斷標準整理如表 5-2：

表 5-2

統計檢定量	適配的標準或臨界值	檢定結果數據	模式適配判斷
絕對適配度指數			
χ^2 值	p>.05（未達顯著水準）	34.552（p>.05）	是
RMR 值	<0.05	0.0551	否
SRMR 值	≦0.05	0.0276	是
RMSEA 值	<0.08（若<.05 優良；<.08 良好）	0.0133	是
GFI 值	>.90 以上	0.985	是
AGFI 值	>.90 以上	0.974	是
Q-plot 的殘差分佈圖	成直線且角度大於 45 度	成直線約成 45 度	是
增值適配度指數			
NFI 值	>.90 以上	0.972	是
RFI 值	>.90 以上	0.961	是
IFI 值	>.90 以上	0.996	是
TLI 值（NNFI 值）	>.90 以上	0.995	是
CFI 值	>.90 以上	0.996	是
簡約適配度指數			
PNFI 值	>.50 以上	0.692	是
PGFI 值	>.50 以上	0.573	是
CN 值	>200	652.757	是
χ^2 自由度比	<2.00	34.552÷32 = 1.080	是

　　在上述 16 個適用於單一模式之契合度檢定統計量中，卡方值等於 34.552，顯著性機率值 p = .347 > .05，接受虛無假設，表示假設模式與觀察值之間沒有顯著差異，即模式的契合度良好，再從其餘十五個模式適配指標來看，除 RMR 值未達模式的接受標準外，其餘均達到模式可接受的檢驗標準，顯示模式的整體適配度佳。由於χ^2值易受到樣本數目而波動，如果樣本數很大，會被視為是一種「較不良適配」指標值，在行為及社會科學領域中，通常會呈現χ^2的數據，但運用此數據時要格外謹慎，若是樣本很大，在模式契合的評鑑方面只能當作一個參考數據。從上面適配度的檢核結果，研究者所提的組織文化一階驗證性因素假設模式圖與實際蒐集的資料契合，即模式的外在品質非常理想。若是一個大樣本的 SEM分析，如果χ^2值未達到顯著水準（p > 0.05），表示假設模型與觀察資料間的適配良好，此時，其餘適配指標值也會呈現一致的結果，即假設模型獲得支持，因為

在一個大樣本之下，χ^2 值未達顯著，表示觀察資料導出的變異共變數矩陣與假設模型隱含的變異共變數矩陣差異很小；相反的，在一個大樣本的 SEM 分析中，若是χ^2值達到顯著水準（$p < 0.05$），假設模型與觀察資料間是否適配良好，必須再參考其餘適配指標值，進行綜合判斷，才能獲得最適切的結果。

再從 AIC 值（Akaike's information criterion）與 CAIC 值二種「訊息標準」（information criteria）來看，這二種指標值與 ECVI 值一樣可作為模式間的比較，在模式適配度評量中作為評估「模式簡約」（model parsimony）的指標，較簡約或較佳的模式是理論模式的 AIC 值（/CAIC 值）必須小於飽和模式與獨立模式的 AIC 值（/CAIC 值），而其值愈小，表示模式適配度較佳。上述理論模式的 AIC 值等於80.552，小於獨立模式的 AIC 值（=1358.738），也小於飽和模式的 AIC 值（=110.000），而理論模式的 CAIC 值等於198.065，小於獨立模式的 CAIC 值（=1409.831），也小於飽和模式的 CAIC 值（=391.009），顯示模式是可以接受的。

! 組織文化量表初階驗證性因素分析

Fitted Covariance Matrix

	相互競爭	成就導向	目標達成	領導強化	積極革新	研發挑戰
相互競爭	2.000					
成就導向	0.792	2.000				
目標達成	0.874	0.766	2.000			
領導強化	0.823	0.722	0.796	2.000		
積極革新	0.366	0.321	0.355	0.334	2.000	
研發挑戰	0.361	0.316	0.349	0.329	0.725	2.000
步調領先	0.393	0.344	0.380	0.358	0.790	0.777
規章明確	0.401	0.351	0.388	0.365	0.363	0.358
工作順暢	0.353	0.310	0.342	0.322	0.320	0.315
安全保障	0.355	0.312	0.344	0.324	0.322	0.317

Fitted Covariance Matrix

	步調領先	規章明確	工作順暢	安全保障
步調領先	2.000			
規章明確	0.390	2.000		

工作順暢	0.344	0.888	2.000
安全保障	0.346	0.893	0.788	2.000

【說明】

　　上表為適配共變數矩陣（Fitted Covariance Matrix），適配的共變數矩陣即是假設理論模式隱含的共變數矩陣 $\hat{\Sigma}$，即根據理論模式所導出的共變數矩陣（根據理論模式所估計之顯性變項的變異數共變數）。另外一個共變數矩陣為實際蒐集資料的共變數矩陣，即樣本的共變數矩陣（sample covariance matrix － S 矩陣），樣本共變數矩陣會呈現在報表最前面的「Covariance Matrix」處。觀察資料所得的共變數矩陣（S矩陣）與假設理論模式共變數矩陣 $\hat{\Sigma}$ 的差異值，即為下表的適配殘差矩陣（fitted residual matrix），此差距值即為殘差值。殘差值愈大，表示觀察資料所得的共變數矩陣 S 與假設理論模式隱含的共變數矩陣 $\hat{\Sigma}$ 的差異愈大；殘差值愈小，表示觀察資料所得的共變數矩陣S與假設理論模式隱含的共變數矩陣 $\hat{\Sigma}$ 的差異愈小，即假設模式與觀察資料愈能契合。如果S－$\hat{\Sigma}$ 的值為負，且其絕對值很大，表示理論模式高估了變項間的共變，實際的共變數被高估了，造成「過度適配」（overfitting）的情形；相反的，若是 S－$\hat{\Sigma}$ 的值為正，且其數值很大，表示理論模式低估了變項間的共變，實際的共變數被低估了，造成「低度適配」（underfitting）的情形。

Fitted Residuals

	相互競爭	成就導向	目標達成	領導強化	積極革新	研發挑戰
相互競爭	0.000					
成就導向	0.018	0.000				
目標達成	－ 0.004	－ 0.016	0.000			
領導強化	－ 0.033	－ 0.022	0.054	0.000		
積極革新	0.024	0.099	－ 0.045	0.066	0.000	
研發挑戰	0.099	－ 0.096	－ 0.049	－ 0.129	－ 0.015	0.000
步調領先	0.057	0.006	－ 0.070	0.012	－ 0.010	0.023
規章明確	－ 0.061	0.099	－ 0.008	0.045	－ 0.013	0.032

| 工作順暢 | 0.057 | − 0.100 | − 0.122 | − 0.042 | − 0.030 | − 0.055 |
| 安全保障 | − 0.035 | 0.078 | 0.066 | 0.026 | 0.118 | 0.063 |

Fitted Residuals

	步調領先	規章明確	工作順暢	安全保障
步調領先	0.000			
規章明確	− 0.040	0.000		
工作順暢	− 0.104	0.032	0.000	
安全保障	0.054	− 0.033	0.002	0.000

【說明】

上表為適配殘差矩陣，其數值為實際資料之共變數矩陣（S矩陣）與適配共變數矩陣的差異值，等於 S 矩陣減去 $\hat{\Sigma}$ 矩陣，以「相互競爭」與「成就導向」二個變項為例，假設理論模式導出的數值為 0.792、實際資料的共變數數值為 0.810，二者的差異值 = 0.810 − 0.792 = .018；以變項「相互競爭」與變項「目標達成」而言，二者實際觀察值的共變數為 0.870、假設模式導出的數值為 0.874，二者的差異值 = 0.870 − 0.874 = −0.004。在概念上，殘差值愈小愈好，因為殘差愈小表示觀察資料所得的共變數矩陣S矩陣與假設理論模式的共變數矩陣 $\hat{\Sigma}$ 愈接近。

殘差值大小會隨著觀察變項的量尺而改變，當改變某一個變項的測量單位後，會導致變異數與共變數的改變，進而導致殘差的改變，所以解釋殘差時最好採用「標準化殘差來解釋」（standardized residuals）（程炳林，民94）。

Summary Statistics for Fitted Residuals

Smallest Fitted Residual = − 0.129

Median Fitted Residual = 0.000

Largest Fitted Residual = 0.118

【說明】

上列數據為適配殘差矩陣中最小值、中間值（中位數）與最大值，最小適配殘差值為 − 0.129、中間適配殘差值為 0.000、最大適配殘差值為 0.118，殘差值不

大，顯示理論模式的共變數矩陣與樣本共變數矩陣十分接近。

Stemleaf Plot
− 12|92
− 10|40
− 8|6
− 6|01
− 4|59520
− 2|53302
− 0|6530840000000000
  0|2628
  2|34622
  4|54477
  6|3668
  8|999
 10|8

【說明】

上列數據為適配殘差矩陣值以莖葉圖的方式表示，莖葉圖左邊莖為小數第一位與第二位、右邊葉為小數的第三位小數，以 6|3668 而言，其數值等於 0.063、0.066、0.066、0.068。由於適配度殘差與測量指標的量尺有關，因而通常會將原始殘差值轉換為標準化殘差值。

Standardized Residuals

	相互競爭	成就導向	目標達成	領導強化	積極革新	研發挑戰
相互競爭	- -					
成就導向	0.510	- -				
目標達成	− 0.119	− 0.410	- -			
領導強化	− 0.974	− 0.500	1.477	- -		
積極革新	0.347	1.343	− 0.641	0.916	- -	
研發挑戰	1.448	− 1.299	− 0.697	− 1.772	− 0.503	- -

步調領先	0.883	0.078	−1.056	0.171	−0.412	0.922
規章明確	−0.963	1.417	−0.118	0.660	−0.208	0.494
工作順暢	0.818	−1.337	−1.720	−0.573	−0.429	−0.773
安全保障	−0.513	1.054	0.937	0.357	1.666	0.880

Standardized Residuals

	步調領先	規章明確	工作順暢	安全保障
	------------	------------	------------	------------
步調領先	- -			
規章明確	−0.654	- -		
工作順暢	−1.527	1.721	- -	
安全保障	0.805	−1.819	0.088	- -

【說明】

　　上列數據為標準化殘差值，在適配殘差值的數據中為原始估計值，若考量各觀察變項的分散性，以及殘差的集中性與分散性，將原始殘差除以 Z 分數型態進行標準化，可以得到標準化殘差值。標準化殘差在變異數部分呈現理論與實際值相等的狀況，因此沒有數據可以參考，只有共變數可以計算出殘差值（邱皓政，民 94）。由於標準化殘差矩陣，不會受到觀察變項不同測量量尺的影響，在解釋上較為容易。標準化殘差等於適配殘差值除以漸近標準誤，標準化殘差也是檢視假設模式內在品質的一個重要指標，其判斷的標準為絕對值小於 2.58，若標準化殘差值的絕對值大於 2.58，表示模式有敘列誤差存在，亦即模式的內在品質不佳。上述數據中，沒有標準化殘差值大於 2.58 者，表示模式的內在品質理想。

Summary Statistics for Standardized Residuals

Smallest Standardized Residual = −1.819

Median Standardized Residual = 0.000

Largest Standardized Residual = 1.721

【說明】

　　上列數據為標準化殘差值的統計量，最大標準化殘差值為 1.721、最小標準化殘差值為-1.819，如果標準化殘差值的絕對值大於 2.58（$\alpha = 0.01$ 的 z 值），表

示此殘差值達到統計的顯著水準，即模式的內在品質檢驗中，個別參數有部分不良適配情形產生。標準化適配殘值如大於 2.58，表示部分觀察指標變項在假設模式的架構下，所導出的共變數與實際觀察值的共變數不契合，表示這些觀察指標的測量題項之適切性不佳，有待進一步修正。

```
Stemleaf Plot
− 1|8875
− 1|33100
− 0|87766555
− 0|4442110000000000
  0|11234
  0|5578899999
  1|1344
  1|577
```

【說明】

上列數據為標準化適配殘差矩陣值以莖葉圖的方式表示，莖葉圖左邊莖為個位數、右邊葉為小數的第一位小數，如 1|577 表示 1.5、1.7、1.7 三個標準化殘差。當模式適配時，莖葉圖會集中在平均數（即 0）的位置，而兩端的分布則較為稀少。當莖葉圖兩端的殘差值呈現較大的數值時（絕對值大於 2.58 時），多半顯示參數不是被低估，便是被高估，通常一個較大的正殘差值（a large positive residual），表示低估了顯性變項之間的共變數，即呈現低度適配情形，此時模式需要增加路徑、採取放寬參數限制的修正方式，才能增進對兩個變項間共變數估計的解釋程度；相反的，一個較大的負殘差值（a large negative residual），顯示高估了顯性變項之間的共變數，即呈現過度適配的情形，此時模式需經由刪減路徑，採取增加參數限制的修正方式，才能增進兩個變項間共變數估計的解釋程度（余民寧，民 95）。

!組織文化量表初階驗證性因素分析
Qplot of Standardized Residuals
```
3.5..........................................................................................
   .                                                            .
   .                                                           ..
   .                                                          ..
```

N
o
r
m
a
l

Q
u
a
n
t
i
l
e
s

− 3.5 . . . .

− 3.5   3.5

Standardized Residuals

【說明】

上列圖形為標準化殘差的 Q 圖，也就是標準化殘差的常態機率圖（normal probability），此圖以標準化殘差當作水平線，而以常態分配作為垂直線來標示標準化殘差。圖中的×表示一個標準化殘差，如果圖中呈現*符號，表示為多個標準化殘差點，這些點所形成的斜率可以看出理論模式適配實際資料的程度，斜率愈大（超過 45 度角）表示整體的適配度愈佳。當其完美適配時，殘差點形成的直線會與垂直線相互平行；相反的，斜率愈小表示整體適配度愈差，當其無法完全適配時，殘差點形成的直線會與水平線相互平行，一個可以接受的適配度準則是標準化殘差值大約沿著45度線分布，若是大於 45 度角則表示有更佳的適配度（黃芳銘，民 93）。由上圖可知，標準化殘差值分布圖的斜率斜度約等於45度，故從標準化殘差的 Q 圖來檢視，假設模式與實際所得資料的契合度理想。

！組織文化量表初階驗證性因素分析

Modification Indices and Expected Change

Modification Indices for LAMBDA-X

	目標成就	開放創新	穩定運作
相互競爭	- -	2.031	0.091
成就導向	- -	0.029	0.498
目標達成	- -	1.867	0.325
領導強化	- -	0.074	0.067
積極革新	0.729	- -	0.322
研發挑戰	0.698	- -	0.072
步調領先	0.001	- -	0.646
規章明確	0.120	0.048	- -
工作順暢	1.705	2.813	- -
安全保障	0.866	3.620	- -

Expected Change for LAMBDA-X

	目標成就	開放創新	穩定運作
相互競爭	- -	0.130	− 0.026
成就導向	- -	0.016	0.060
目標達成	- -	− 0.124	− 0.049
領導強化	- -	− 0.025	0.022

	目標成就	開放創新	穩定運作
積極革新	0.083	- -	0.054
研發挑戰	−0.081	- -	0.026
步調領先	−0.003	- -	−0.080
規章明確	0.032	−0.022	- -
工作順暢	−0.115	−0.157	- -
安全保障	0.082	0.178	- -

Standardized Expected Change for LAMBDA-X

	目標成就	開放創新	穩定運作
相互競爭	- -	0.130	−0.026
成就導向	- -	0.016	0.060
目標達成	- -	−0.124	−0.049
領導強化	- -	−0.025	0.022
積極革新	0.083	- -	0.054
研發挑戰	−0.081	- -	0.026
步調領先	−0.003	- -	−0.080
規章明確	0.032	−0.022	- -
工作順暢	−0.115	−0.157	- -
安全保障	0.082	0.178	- -

【說明】

上表為LAMBDA-X（X指標變項）的修正指標與其期望參數改變值。表中的期望參數改變值與標準化期望參數改變值數據相同，因為範例資料設定已經是標準化資料。

Completely Standardized Expected Change for LAMBDA-X

	目標成就	開放創新	穩定運作
相互競爭	- -	0.092	−0.018
成就導向	- -	0.011	0.043
目標達成	- -	−0.088	−0.034
領導強化	- -	−0.017	0.016

積極革新	0.059	- -	0.038
研發挑戰	−0.057	- -	0.018
步調領先	−0.002	- -	−0.056
規章明確	0.023	−0.015	
工作順暢	−0.081	−0.111	
安全保障	0.058	0.126	

No Non-Zero Modification Indices for PHI

Modification Indices for THETA-DELTA

	相互競爭	成就導向	目標達成	領導強化	積極革新	研發挑戰
相互競爭	- -					
成就導向	0.260	- -				
目標達成	0.014	0.168	- -			
領導強化	0.948	0.250	2.182	- -		
積極革新	0.556	2.134	0.558	1.132	- -	
研發挑戰	4.163	2.461	0.019	4.119	0.253	- -
步調領先	0.314	0.001	0.653	0.200	0.169	0.849
規章明確	2.730	2.653	0.003	0.527	0.438	0.510
工作順暢	5.607	3.104	2.385	0.094	0.005	0.199
安全保障	1.614	0.460	1.524	0.016	1.432	0.039

Modification Indices for THETA-DELTA

	步調領先	規章明確	工作順暢	安全保障
步調領先	- -			
規章明確	0.159	- -		
工作順暢	0.868	2.961	- -	
安全保障	0.272	3.308	0.008	- -

Expected Change for THETA-DELTA

	相互競爭	成就導向	目標達成	領導強化	積極革新	研發挑戰
相互競爭	- -					
成就導向	0.045	- -				
目標達成	−0.011	−0.036	- -			

領導強化	−0.088	−0.042	0.131	- -	
積極革新	−0.053	0.107	−0.053	0.077	- -
研發挑戰	0.144	−0.115	0.010	−0.147	−0.061	- -
步調領先	0.039	0.002	−0.057	0.032	−0.056	0.123
規章明確	−0.111	0.113	0.004	0.050	−0.047	0.051
工作順暢	0.163	−0.126	−0.107	−0.022	−0.005	−0.033
安全保障	−0.087	0.048	0.085	−0.009	0.087	0.014

Expected Change for THETA-DELTA

	步調領先	規章明確	工作順暢	安全保障
	------------	------------	------------	------------
步調領先	- -			
規章明確	−0.028	- -		
工作順暢	−0.067	0.248	- -	
安全保障	0.038	−0.265	0.011	- -

Completely Standardized Expected Change for THETA-DELTA

	相互競爭	成就導向	目標達成	領導強化	積極革新	研發挑戰
	------------	------------	------------	------------	------------	------------
相互競爭	- -					
成就導向	0.022	- -				
目標達成	−0.006	−0.018	- -			
領導強化	−0.044	−0.021	0.065	- -		
積極革新	−0.026	0.053	−0.027	0.038	- -	
研發挑戰	0.072	−0.057	0.005	−0.074	−0.031	- -
步調領先	0.020	0.001	−0.028	0.016	−0.028	0.062
規章明確	−0.055	0.056	0.002	0.025	−0.024	0.026
工作順暢	0.081	−0.063	−0.054	−0.011	−0.003	−0.016
安全保障	−0.044	0.024	0.043	−0.004	0.044	0.007

Completely Standardized Expected Change for THETA-DELTA

	步調領先	規章明確	工作順暢	安全保障
	------------	------------	------------	------------
步調領先	- -			
規章明確	−0.014	- -		
工作順暢	−0.034	0.124	- -	
安全保障	0.019	−0.132	0.005	- -

Maximum Modification Index is   5.61 for Element (9, 1) of THETA-DELTA

【說明】

上列數據為模式的修正指標（Modification Indices）、期望參數改變值（Expected Change）、標準化期望參數改變值（Standardized Expected Change）、完全標準化期望參數改變值（Completely Standardized Expected Change）。

從統計學的觀點而言，修正指標即是自由度為 1 時（即該固定參數被重新設定自由估計時的量數），前後兩個估計模式卡方值之間的差異值，因此，最大的修正指標值，即表示當某一固定參數被改設為自由參數而重新估計時，該參數可以降低整個模式卡方值的最大數值（余民寧，民 95）。修正指標主要在探測限制參數及固定參數，對於每一個限制或固定的參數而言，將之改成自由參數（即加以估計），則模式 χ^2 值將減少的量即為修正指標。修正指標是探究模式是否有敘列誤差的重要線索，修正指標必須要多大才有修正之必要，似乎無一定定論。學者 Bagozzi 與 Yi（1988）認為修正指標高於 3.84 時就有必要加以修正（程炳林，民 92）。但也有學者認為修正指標值高於 5 時，殘差值才具有修正必要（邱皓政，民 94）。若是所有估計參數中，有參數的修正指標小於 3.84，表示模式的內在品質中有敘列誤差存在，若修正指標的數值太大，表示該參數的適配情形不佳。修正指標是判別參數是否界定錯誤的一重要指標值，如果某一個參數的修正指標太大，就應將參數由固定參數改為自由參數，因為如設為固定參數，對模式的契合度並不理想。

較大的修正指標搭配較大的期望參數改變值表示該參數有需要加以釋放，因為釋放的結果可以使整體契合度的卡方值指標降低許多，且獲得較大的參數改變；若是較大的修正指標，而期望參數改變值很小，則雖能降低許多卡方值，但對參數估計的實質意義不大。而一個小的修正指標伴隨一個較大的期望參數改變值，有兩個可能的原因：一為受到樣本變異的影響；二為是該參數對卡方檢定的敏感性較低。當測量變項使用不同量尺時，要比較參數改變值的大小，就必須採用標準化期望參數改變值（黃芳銘，民 93）。

儘管修正指標是探測模式是否有敘列誤差的重要指標，且 LISREL 程式中也有自動修正的指令，但在使用時應注意以下二點：一為不要輕易使用自動修正的指令，因為有時候將一個固定參數改成自由參數，即修改了原先的假設模式，在理論上無法自圓其說；二為若發現真有必要進行模式的修正，而且理論上也可以解釋，則修正時必須以不同的觀察資料來檢驗，同時一次只能修正一個指標（Long, 1983）。

　　在 CFA 模式適配中，研究者如根據修正指標來修正原先假設模式，雖然可以有效改善模式的適配度，降低χ^2數值，使假設模式愈能契合實際資料，但如此不斷修正假設模式，更改參數設定及變項間的關係，修正後的新模式已遠離CFA的本質，研究的模式反而是一種「探索性因素分析」（exploratory factor analysis; EFA），EFA乃是研究者根據統計數據結果來判別因素結構與模式，經不斷嘗試以找出量表最佳的因素結構。因而在 CFA 分析中，要應用修正指標更改參數性質時需格外謹慎。

　　在包含結構模式與測量模式的完整結構方程式中，研究者在採用修正指標時要注意以下幾點：一為放寬最大修正指標的參數，並不一定能保證讓模式得到一個實質的解釋意義，此時，研究者可考慮放寬具有第二大修正指標值的參數，依此類推，以讓模式能獲得實質的解釋意義，例如自由參數的符號是錯誤的，它與原先理論建構的期望方向相反，或參數所代表的路徑在理論概念上有瑕疵，如測量誤差間出現共變問題，因而一個修正指標的檢驗及放寬最大指標適配值的參數應可獲得實質的解釋才可以，若不能得到實質的解釋意義時，研究者應考量放寬次大的修正指標參數（*Joreskog, 1993, p.312*）；二為若同時有數個修正指標值很大時，研究者應一次放寬一個參數（one at a time），將其為固定參數改為自由參數，重新估計模式，而不要一次同時放寬數個參數，再對模式加以估計，因為同時放寬數個參數再行估計，並不是一個適切的模式修正策略（*Long, 1983, p.69*）；三為修正指標必須配合「期望參數改變量」（expected parameter change; EPC值），所謂期望參數改變量即當固定參數被放寬修正而重新估計時，所期望獲得該參數估計值預測改變量（在 SIMPLE 報表中為 New Estimate 中的數據），如果修正指標值（MI 值）較大，且相對應的期望參數改變量也較大，表示修正該參數會帶來期望參數改變量的數值也較大，且此種修正，可以明顯降低卡方值，此種修正才有顯著的實質意義（*Diamantopoulos & Siguaw, 2000*；余民寧，民 95）。

　　根據修正指標與期望參數改變的大小，模式的修正有四種情境（*Diamantopoulos & Siguaw, 2000, p.109*）：

表 5-3

		期望參數改變量	
		大	小
修正指標	大	情境一	情境二
	小	情境三	情境四

　　在上述四種情境中，以〔情境一〕一個大的修正指標聯結一個大的期望參數改變值較有實質的意義，因為放寬一個參數會獲得一個大的期望參數改變量，並且會使卡方值減少很多。〔情境二〕一個大的修正指標聯結一個小的期望參數改變值，在檢定統計上雖然可以大大降低卡方值的數值，但期望參數改變的量則是微不足道，其原因可能是原先設為固定參數的敘列誤差值就很小的緣故，造成參數的放寬後參數值變化不大。〔情境三〕一個小的修正指標聯結一個大的期望參數改變值，在此種情況下，造成修正指標的不明確，因為大的期望參數改變值是由於樣本的變異性造成，還是參數對卡方的敏感度不夠，無從得知。此種情形最好是以相同樣本於模式中不同的地方，檢定敘列誤差值的統計考驗力，因為修正指標對某些固定參數的敘列誤差值較為敏感。〔情境四〕一個小的修正指標聯結一個小的期望參數改變值，很明顯的，此種修正對於模式是沒有實質助益的。

　　LISREL 輸出的修正指標圖如下，圖 5-12 顯示沒有需要修正的線條（增加變項間的路徑或設定變項誤差間的共變），表示模式不需要修正：

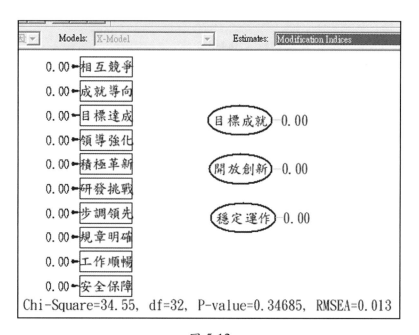

圖 5-12

　！組織文化量表初階驗證性因素分析

Standardized Solution

　　　　LAMBDA-X

	目標成就	開放創新	穩定運作
	------------	------------	------------
相互競爭	0.950	- -	- -
成就導向	0.833	- -	- -
目標達成	0.919	- -	- -
領導強化	0.866	- -	- -
積極革新	- -	0.858	- -
研發挑戰	- -	0.845	- -
步調領先	- -	0.920	- -
規章明確	- -	- -	1.004
工作順暢	- -	- -	0.885
安全保障	- -	- -	0.890

PHI

	目標成就	開放創新	穩定運作
	------------	------------	------------
目標成就	1.000	開放創新	0.449
開放創新	0.449	1.000	0.422
穩定運作	0.420	0.422	1.000

！組織文化量表初階驗證性因素分析

Completely Standardized Solution

LAMBDA-X

	目標成就	開放創新	穩定運作
	------------	------------	------------
相互競爭	0.672	- -	- -
成就導向	0.589	- -	- -
目標達成	0.650	- -	- -
領導強化	0.612	- -	- -
積極革新	- -	0.607	- -
研發挑戰	- -	0.597	- -
步調領先	- -	0.651	- -
規章明確	- -	- -	0.710
工作順暢	- -	- -	0.626
安全保障	- -	- -	0.629

PHI

	目標成就	開放創新	穩定運作
	----------	----------	----------
目標成就	1.000	開放創新	0.449
開放創新	0.449	1.000	0.422
穩定運作	0.420	0.422	1.000

THETA-DELTA

相互競爭	成就導向	目標達成	領導強化	積極革新	研發挑戰
----------	----------	----------	----------	----------	----------
0.549	0.653	0.577	0.625	0.632	0.643

THETA-DELTA

步調領先	規章明確	工作順暢	安全保障
----------	----------	----------	----------
0.577	0.496	0.609	0.604

【說明】

上列數據為標準化解值（Standardized solution; SS）與完全標準化解值（Completely standardized solution; CS）。在標準化解值計算中，只有潛在變項被標準化，觀察變項依然沒有被標準化（依然是原始矩陣）；而在完全標準化解值的估計中，潛在變項與其觀察變項皆設定為標準化，變項間如果是有方向性的聯結，標準化的參數估計表示自變項一個標準差的改變量，導致依變項改變的量，如果變項是沒有方向性（non-directional）的聯結關係（如共變關係），則標準化參數估計值表示的是變項間的相關。完全標準化解值也就是完全標準化係數估計值，是將所有觀察變項與潛在變項的變異數都轉換為 1.00 的標準分數，再進一步估計其參數，完全標準化估計值為模式圖最後的因素負荷量。在一階驗證性因素分析中，「LAMBDA-X」矩陣即為觀察變項的因素負荷量（λ_1 至 λ_{10}），十個測量指標的因素負荷量界於 0.589 至 0.710 間，λ值皆大於.50，而小於.95，表示基本適配指標理想。

潛在因素一「目標成就」四個測量指標的因素負荷量分別為 0.672、0.589、0.650、0.612；潛在因素二「開放創新」三個測量指標的因素負荷量分別為.607、0.597、0.651、潛在因素三「穩定運作」三個測量指標的因素負荷量分別為 0.710、0.626、0.629。

　　一般報告中的數據皆使用「完全標準化參數估計值」來呈現，完全標準化參數估計值的平方正好等於 R^2。如先前觀察變項 X1 與其潛在變項「目標成就」的多元相關係數平方為 $.451 = .672 \times .672$。

　　完全標準化係數估計值中可以計算出三個潛在變項的組合信度（composite reliability），組合信度可作為檢定潛在變項的信度指標，此種信度檢定值也稱為「建構信度」（construct reliability），計算組合信度要利用完全標準化值（Completely Standardized Solution）報表中的指標因素負荷量與誤差變異量來估算，組合信度公式如下：

$$\rho_c = \frac{(\Sigma\lambda)^2}{[(\Sigma\lambda)^2 + \Sigma(\theta)]} = \frac{(\Sigma\text{標準化因素負荷量})^2}{[(\Sigma\text{標準化因素負荷量})^2 + \Sigma(\theta)]}$$

　　上述公式符號中 ρ_c 為組合信度、λ 為指標變項在潛在變項上的完全標準化參數估計值（因素負荷量-indicator loading）、θ 為觀察變項的誤差變異量（indicator error variances）（是 δ 或 ε 的變異量）。在因素分析中，以內部一致性 α 係數作為各構念或各層面的信度係數，在 SEM 分析中，則以「組合信度」作為模式潛在變項的信度係數。

　　三個潛在變項的組合信度分別如下：

$$\rho_{\zeta 1} = \frac{(.672 + .589 + .650 + .612)^2}{(.672 + .589 + .650 + .612)^2 + (.549 + .653 + .577 + .625)} = 0.726$$

$$\rho_{\zeta 2} = \frac{(.607 + .597 + .651)^2}{(.607 + .597 + .651)^2 + (.632 + .643 + .577)} = 0.650$$

$$\rho_{\zeta 3} = \frac{(.710 + .626 + .629)^2}{(.710 + .626 + .629)^2 + (.496 + .609 + .604)} = 0.693$$

　　潛在變項的組合信度為模式內在品質的判別準則之一，若是潛在變項的組合信度值在 .60 以上，表示模式的內在品質理想。上述三個潛在變項的組合信度係數值均大於 .60，表示模式內在品質佳。

　　另外一個與組合信度類似的指標為「平均變異數抽取量」（average variance extracted $- \rho_v$），平均變異數抽取量可以直接顯示被潛在構念所解釋的變異量有多少的變異量是來自測量誤差，若是平均變異數抽取量愈大，指標變項被潛在變項構念解釋的變異量百分比愈大，相對的測量誤差就愈小，一般判別的標準是平均變異數抽取量要大於 0.50。

$$\rho_V = \frac{(\Sigma\lambda^2)}{[(\Sigma\lambda^2) + \Sigma(\theta)]} = \frac{(\Sigma標準化因素負荷量^2)}{[(\Sigma標準化因素負荷量^2) + \Sigma(\theta)]}$$

$$\rho_{v1} = \frac{(.672^2 + .589^2 + .650^2 + .612^2)}{(.672^2 + .589^2 + .650^2 + .612^2) + (.549 + .653 + .577 + .625)} = 0.399$$

$$\rho_{v2} = \frac{(.607^2 + .597^2 + .651^2)}{(.607^2 + .597^2 + .651^2) + (.632 + .643 + .577)} = 0.383$$

$$\rho_{v3} = \frac{(.710^2 + .626^2 + .629^2)}{(.710^2 + .626^2 + .629^2) + (.496 + .609 + .604)} = 0.430$$

　　三個潛在變項的平均變異抽取值分別為 0.399、0.383、0.430，都低於 .50 的標準，表示模式的內在品質欠佳。

Time used:　　　0.031 Seconds

【說明】

上表為語法程式執行所花費的時間。

　　整個模式最後標準化解值圖示如圖 5-13，指標變項與潛在變項間的數據為因素負荷量，此圖主要根據「完全標準化解值」來繪製圖中的參數，模式中的下方會依序出現卡方值、模式的自由度、卡方值顯著機率值（p 值）、RMSEA 值。

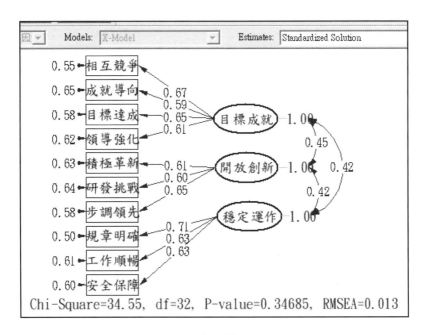

圖 5-13

5.4 模式契合度評鑑結果摘要表

表 5-4 組織文化量表驗證性因素分析之基本適配度檢定摘要表

評鑑項目	檢定結果數據	模式適配判斷
是否沒有負的誤差變異量	均為正數	是
因素負荷量是否介於 0.5 至 0.95 之間	0.589 至 0.710	是
是否沒有很大的標準誤		是

表 5-5 組織文化量表驗證性因素分析之整體模式適配度檢定摘要表

統計檢定量	適配的標準或臨界值	檢定結果數據	模式適配判斷
絕對適配度指數			
χ^2 值	p>.05（未達顯著水準）	34.552（p>.05）	是
RMR 值	<0.05	0.0551	否
SRMR 值	≦0.05	0.0276	是
RMSEA 值	<0.08（若<.05 優良；<.08 良好）	0.0133	是
GFI 值	>.90 以上	0.985	是
AGFI 值	>.90 以上	0.974	是
Q-plot 的殘差分佈圖	成直線且角度大於 45 度	成直線約成 45 度	是
增值適配度指數			
NFI 值	>.90 以上	0.972	是
RFI 值	>.90 以上	0.961	是
IFI 值	>.90 以上	0.996	是
TLI 值（NNFI 值）	>.90 以上	0.995	是
CFI 值	>.90 以上	0.996	是
簡約適配度指數			
PNFI 值	>.50 以上	0.692	是
PGFI 值	>.50 以上	0.573	是
CN 值	>200	652.757	是
χ^2 自由度比	<2.00	34.552÷32 = 1.080	是

統計檢定量	適配的標準或臨界值	檢定結果數據	模式適配判斷
AIC 值	理論模式值小於獨立模式值，且同時小於飽和模式值	80.522<1358.738 80.552<110.000	是
CAIC 值	理論模式值小於獨立模式值，且同時小於飽和模式值	198.065<1409.831 198.065<391.009	是

表 5-6　組織文化量表驗證性因素分析之模式內在品質檢定摘要表

評鑑項目	檢定結果數據	模式適配判斷
所估計的參數均達到顯著水準	t 值 6.727 至 13.542	是
個別項目的信度高於 0.50	均為正數，但只有一個>.50	否
潛在變項的平均抽取變異量大於 0.50	0.383 至 0.430	否
潛在變項的組合信度大於 0.60	0.650 至 0726	是
標準化殘差的絕對值小於 2.58		是
修正指標小於 3.84		是

從上述表 5-4 至表 5-6 可以發現：

1. 組織文化一階驗證性因素分析模式之基本適配指標均達到檢核標準，表示估計結果之基本適配指標良好，沒有違反模式辨認規則。

2. 在整體模式適配度的檢核方面，在絕對適配指標、增值適配指標與簡約適配指標檢定標準的統計量中，除 RMR 值未達模式接受的標準外，餘均達到檢驗標準，在自由度等於 32 時，模式適配度的卡方值等於 34.552，顯著性機率值 p>.05，接受虛無假設，表示研究者所提的理論模式與實際資料可以契合。整體而言，研究者所提之組織文化一階驗證性因素分析模式與實際觀察資料的適配情形良好，即模式的外在品質佳。

3. 在假設模式內在品質的檢定方面，有二個指標值未達標準，表示模式可能有參數界定之誤差存在，因而模式的內在適配度（內在品質）似乎未臻理想。

綜合而言，組織文化一階驗證性因素分析模式的外在品質佳、內在品質欠缺理想，模式的外在品質優於內在品質，而研究者所提的假設模式與實際資料可以適配。

5.5 SIMPLIS 報表

　　下述語法範例，直接採用 SIMPLIS 輸出結果，其中「Print Residuals」為原先 LISREL 輸出結果格式（Output Specification）中的次指令「RS」，表示要輸出適配的變異數－共變數矩陣（$\hat{\Sigma}$ 矩陣）、適配殘差矩陣（S 矩陣 － $\hat{\Sigma}$ 矩陣）、標準化殘差值（normalized residual）和 Q 型圖（Q-plot）。如果省略此指令，則不會輸出以上相關的殘差值資訊。也可以採用「Options:」指令，直接將「RS」列於「Options:」指令的後面，如「Options: RS」。如要再呈現完全標準化解值的數據，則增列關鍵詞「SC」:「Options: RS SC」

　　簡要 SIMPLIS 語法範例如下：

```
！組織文化量表初階驗證性因素分析
Observed Variables:
相互競爭　成就導向　目標達成　領導強化
積極革新　研發挑戰　步調領先　規章明確　工作順暢　安全保障
Correlation Matrix:
1.00
0.81  1.00
0.87  0.75  1.00
0.79  0.70  0.85  1.00
0.39  0.42  0.31  0.40  1.00
0.46  0.22  0.30  0.20  0.71  1.00
0.45  0.35  0.31  0.37  0.78  0.80  1.00
0.34  0.45  0.38  0.41  0.35  0.39  0.35  1.00
0.41  0.21  0.22  0.28  0.29  0.26  0.24  0.92  1.00
0.32  0.39  0.41  0.35  0.44  0.38  0.40  0.86  0.79  1.00
Sample Size = 450
Latent Variables:
目標成就　開放創新　穩定運作
Rationships:
```

相互競爭　成就導向　目標達成　領導強化＝目標成就

積極革新　研發挑戰　步調領先＝開放創新

規章明確　工作順暢　安全保障＝穩定運作

Path diagram

Options: RS

End of Problem

下表為執行結果，其中只呈現與 LISREL 原始報表不同的地方處！組織文化量表初階驗證性因素分析

Number of Iterations = 5

LISREL Estimates (Maximum Likelihood)

Measurement Equations

相互競爭 = 0.95*目標成就，Errorvar.= 1.10，$R^2 = 0.45$

　　　　　(0.070)　　　　　　　　(0.10)

　　　　　13.54　　　　　　　　　10.61

成就導向 = 0.83*目標成就，Errorvar.= 1.31，$R^2 = 0.35$

　　　　　(0.071)　　　　　　　　(0.11)

　　　　　11.69　　　　　　　　　12.19

目標達成 = 0.92*目標成就，Errorvar.= 1.15，$R^2 = 0.42$

　　　　　(0.070)　　　　　　　　(0.10)

　　　　　13.06　　　　　　　　　11.10

領導強化 = 0.87*目標成就，Errorvar.= 1.25，$R^2 = 0.38$

　　　　　(0.071)　　　　　　　　(0.11)

　　　　　12.21　　　　　　　　　11.81

積極革新 = 0.86*開放創新，Errorvar.= 1.26，$R^2 = 0.37$

　　　　　(0.078)　　　　　　　　(0.12)

　　　　　11.06　　　　　　　　　10.62

研發挑戰 = 0.84*開放創新，Errorvar.= 1.29，$R^2 = 0.36$

　　　　　(0.078)　　　　　　　　(0.12)

　　　　　10.90　　　　　　　　　10.85

步調領先 = 0.92*開放創新，Errorvar.= 1.15，$R^2 = 0.42$

       (0.078)   (0.12)

       11.77   9.50

規章明確 = 1.00*穩定運作，Errorvar.= 0.99，$R^2 = 0.50$

       (0.075)   (0.12)

       13.44   8.57

工作順暢 = 0.88*穩定運作，Errorvar.= 1.22，$R^2 = 0.39$

       (0.074)   (0.11)

       11.96   10.88

安全保障 = 0.89*穩定運作，Errorvar.= 1.21，$R^2 = 0.40$

       (0.074)   (0.11)

       12.03   10.79

【說明】

　　上表只呈現十個觀察變項及其測量誤差之原始參數之估計結果，模式估計採用的方法為「最大概似法」（Maximum Likelihood），每個參數估計結果有三行數字，第一行數字為原始參數估計值（未標準化的參數估計值）、第二行為估計標準誤、第三行為 t 值，其數值與上述 LISREL 的報表均相同。相互競爭 = 0.95*目標成就，其中的數字 0.95 為上述 LISREL 報表中的「標準化解值」（Standardized Solution），也就是「相互競爭」與其潛在變項「目標成就」間的迴歸係數或原始因素負荷量，而其右邊的數字 R^2 為多元相關係數的平方，為「相互競爭」指標變項可被其潛在變項「目標成就」所預測或所解釋的變異量，數字愈大，表示觀察變項被其潛在變項解釋的變異愈大，與此觀察變項作為潛在變項的指標變項，其信度係數愈高。中間的「Errorvar.」的數字為指標變項的測量誤差，第一行為測量誤差估計值（誤差變異量）、括號內數字為測量誤差的估計標準誤，第三行數字為顯著性考驗的t值。上表中的誤差變異量均為正數，沒有出現負數，表示模式的基本適配度佳。

　　「相互競爭 = 0.95*目標成就, Errorvar. = 1.10」列的資料為例，其未標準化的估計值與測量變異數如圖 5-14：

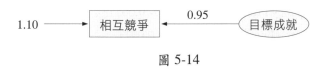

圖 5-14

上面 SIMPLIS 報表之測量方程（Measurement Equations）數據就是 LISREL 報表中的「LAMBDA-X」「THETA-DELTA」之原始參數估計值的數據。

Correlation Matrix of Independent Variables

	目標成就	開放創新	穩定運作
	------------	------------	------------
目標成就	1.00		
開放創新	0.45	1.00	
	(0.06)		
	7.48		
穩定運作	0.42	0.42	1.00
	(0.06)	(0.06)	
	7.16	6.73	

【說明】

上表為三個因素構念間的相關係數，及相關顯著性考驗的 t 值，對角線的數值為變項自己與自己的相關，故其相關係數等於 1.00。潛在變項「目標成就」與「開放創新」、「穩定運作」的相關係數分別為 0.45（$p < 0.05$）、0.42（$p < 0.05$），「開放創新」與「穩定運作」的相關係數為 0.42（$p < 0.05$），三個變項間的相關均達到顯著。

Goodness of Fit Statistics

Degrees of Freedom = 32

Minimum Fit Function Chi-Square = 36.85 (P = 0.25)

Normal Theory Weighted Least Squares Chi-Square = 34.55 (P = 0.35)

Estimated Non-centrality Parameter (NCP) = 2.55

90 Percent Confidence Interval for NCP = (0.0; 21.00)

Minimum Fit Function Value = 0.082

Population Discrepancy Function Value (F0) = 0.0057

90 Percent Confidence Interval for F0 = (0.0: 0.047)

Root Mean Square Error of Approximation (RMSEA) = 0.013

90 Percent Confidence Interval for RMSEA = (0.0; 0.038)

P-Value for Test of Close Fit (RMSEA < 0.05) = 1.00

Expected Cross-Validation Index (ECVI) = 0.18

90 Percent Confidence Interval for ECVI = (0.17; 0.22)

ECVI for Saturated Model = 0.24

ECVI for Independence Model = 3.03

Chi-Square for Independence Model with 45 Degrees of Freedom = 1338.74

Independence AIC = 1358.74

Model AIC = 80.55

Saturated AIC = 110.00

Independence CAIC = 1409.83

Model CAIC = 198.06

Saturated CAIC = 391.01

Normed Fit Index (NFI) = 0.97

Non-Normed Fit Index (NNFI) = 0.99

Parsimony Normed Fit Index (PNFI) = 0.69

Comparative Fit Index (CFI) = 1.00

Incremental Fit Index (IFI) = 1.00

Relative Fit Index (RFI) = 0.96

Critical N (CN) = 652.76

Root Mean Square Residual (RMR) = 0.055

Standardized RMR = 0.028

Goodness of Fit Index (GFI) = 0.98

Adjusted Goodness of Fit Index (AGFI) = 0.97

Parsimony Goodness of Fit Index (PGFI) = 0.57

【說明】

上表為整體模式適配表考驗的各項指標，其數據均與上述 LISREL 輸出的報表相同。若是SIMPLIS的輸出，均不加以設定，在測量模式中，會輸出以下四大

部分：

    1. 共變數矩陣（Covariance Matrix）

    2. 測量方程式（Measurement Equations）（若有結構模式會於測量方程式後面出現結構方程式）

    3. 自變項間的相關矩陣（Correlation Matrix of Independent Variables）

    4. 整體模式適配度考驗的數值（Goodness of Fit Statistics）

5.6 多因素直交模式

    研究者所建構的組織文化量表之理論模式，如假設三個因素構念間沒有關係，各因素間呈現的是一種「正交」或「直交」關係，表示三個因素構念間均沒有相關存在，則此種模式稱為多因素直交模式（因素構念間夾角等於 90 度）。研究者所要探討的問題是：在多因素直交假設模式下，其模式與實際資料是否可以適配？

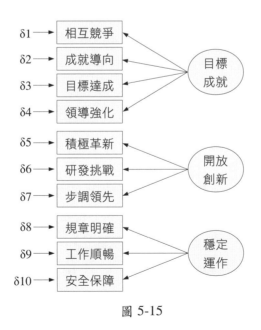

圖 5-15

◢ 多因素直交模式語法程式（讀取原始資料）

```
! Confirmatory Factor Analysis
Observed Variables:
x1 x2 x3 x4 x5 x6 x7 x8 x9 x10 x11 x12
Raw Data From File d:/cfa/cfa_1.dat
Sample Size = 1092
Latent Variables:
targ open  stab
Rationships:
x1 x2 x3 x4        = targ
x5 x6 x7 x8        = open
x9 x10 x11 x12    = stab
Set Covariance of  targ open  to 0
Set Covariance of  targ stab   to 0
Set Covariance of  open stab  to 0
Path diagram
Lisrel Output se tv rs ef mi ss sc nd = 3 iteration = 100
End of Problem
```

【說明】

在因素分析直交模式中，假定潛在因素與潛在因素間的相關為 0，其夾角成九十度。三個潛在因素間沒有相關的設定如下（當二個潛在變項間的共變數設定為 0，表示其相關係數為 0，二者之間為零相關）：

```
Set Covariance of  targ open  to 0
Set Covariance of  targ stab   to 0
Set Covariance of  open stab  to 0
```

多因素直交模式語法程式二（讀取相關矩陣）

！組織文化量表初階驗證性因素分析

Observed Variables:

相互競爭　成就導向　目標達成　領導強化

積極革新　研發挑戰　步調領先　規章明確　工作順暢　安全保障

Correlation Matrix:

```
1.00
0.81  1.00
0.87  0.75  1.00
0.79  0.70  0.85  1.00
0.39  0.42  0.31  0.40  1.00
0.46  0.22  0.30  0.20  0.71  1.00
0.45  0.35  0.31  0.37  0.78  0.80  1.00
0.34  0.45  0.38  0.41  0.35  0.39  0.35  1.00
0.41  0.21  0.22  0.28  0.29  0.26  0.24  0.92  1.00
0.32  0.39  0.41  0.35  0.44  0.38  0.40  0.86  0.79  1.00
```

Sample Size = 450

Latent Variables:

目標成就　開放創新　穩定運作

Rationships:

相互競爭　成就導向　目標達成　領導強化 = 目標成就

積極革新　研發挑戰　步調領先 = 開放創新

規章明確　工作順暢　安全保障 = 穩定運作

Set Covariance of 目標成就　開放創新 to 0

Set Covariance of 目標成就　穩定運作 to 0

Set Covariance of 開放創新　穩定運作 to 0

Path diagram

Lisrel Output se tv rs ef mi ss sc nd = 2 iteration = 100

End of Problem

直接以 SIMPLIS 的報表輸出語法程式如下：

```
！組織文化量表初階驗證性因素分析
Observed Variables:
相互競爭    成就導向    目標達成    領導強化
積極革新    研發挑戰    步調領先    規章明確    工作順暢    安全保障
Correlation Matrix:
1.00
0.81    1.00
0.87    0.75    1.00
0.79    0.70    0.85    1.00
0.39    0.42    0.31    0.40    1.00
0.46    0.22    0.30    0.20    0.71    1.00
0.45    0.35    0.31    0.37    0.78    0.80    1.00
0.34    0.45    0.38    0.41    0.35    0.39    0.35    1.00
0.41    0.21    0.22    0.28    0.29    0.26    0.24    0.92    1.00
0.32    0.39    0.41    0.35    0.44    0.38    0.40    0.86    0.79    1.00
Sample Size = 450
Latent Variables:
目標成就    開放創新    穩定運作
Rationships:
相互競爭    成就導向    目標達成    領導強化 = 目標成就
積極革新    研發挑戰    步調領先 = 開放創新
規章明確    工作順暢    安全保障 = 穩定運作
Set Covariance of 目標成就    開放創新 to 0
Set Covariance of 目標成就    穩定運作 to 0
Set Covariance of 開放創新    穩定運作 to 0
Path diagram
Options: RS SC MI ND = 2 IT = 100
End of Problem
```

圖 5-16 為 LISREL 所輸出的概念模式圖，三個因素構面間沒有相關雙箭號存在。

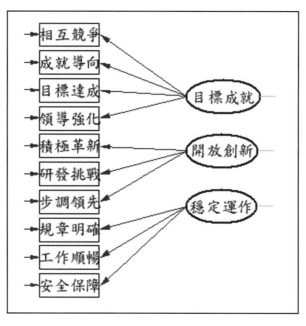

圖 5-16

圖 5-17 為非標準化的參數估計值及原始測量誤差模式圖：

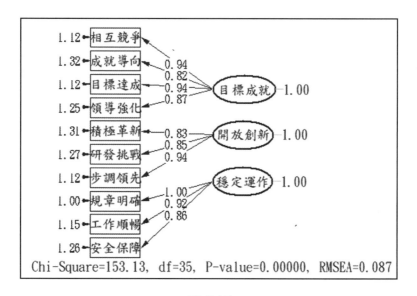

圖 5-17

　　圖 5-18 為上述原始參數估計值顯著性考驗的t值，所有估計值均達 0.01 的顯著水準。

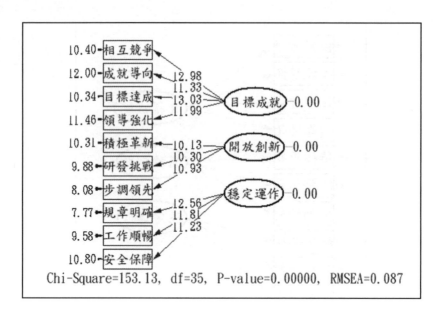

圖 5-18

圖 5-19 為輸出結果的最終標準化估計值模式圖：在自由度等於 35 時，卡方值為 153.13，顯著性機率 p 值 = 0.000 < 0.05，達到顯著水準，拒絕虛無假設，表示多因素直交模式圖與實際資料無法適配。此外，模式的 RMSEA 值等於 0.087，大於 0.080 的接受值，表示假設模式與觀察資料的契合度不佳。

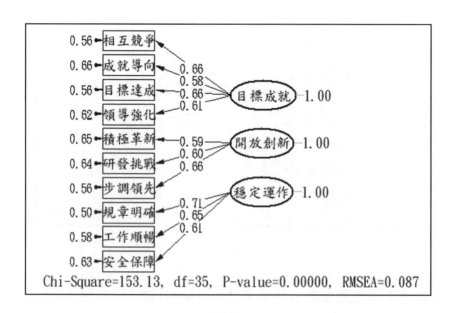

圖 5-19

圖 5-20 為模式修正指標圖：

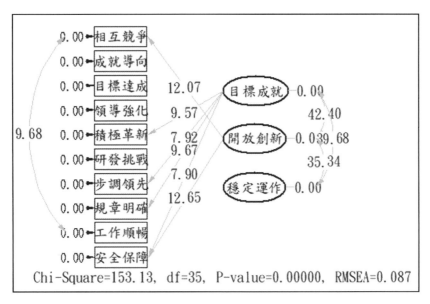

圖 5-20

圖 5-21 為模式修正指標後期望參數改變值的模式圖：

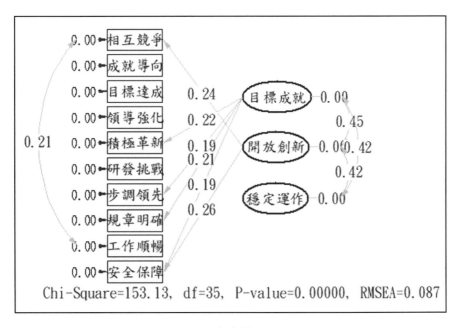

圖 5-21

！組織文化量表初階驗證性因素分析

Covariance Matrix

	相互競爭	成就導向	目標達成	領導強化	積極革新	研發挑戰
相互競爭	2.00					
成就導向	0.81	2.00				
目標達成	0.87	0.75	2.00			
領導強化	0.79	0.70	0.85	2.00		
積極革新	0.39	0.42	0.31	0.40	2.00	
研發挑戰	0.46	0.22	0.30	0.20	0.71	2.00
步調領先	0.45	0.35	0.31	0.37	0.78	0.80
規章明確	0.34	0.45	0.38	0.41	0.35	0.39
工作順暢	0.41	0.21	0.22	0.28	0.29	0.26
安全保障	0.32	0.39	0.41	0.35	0.44	0.38

Covariance Matrix

	步調領先	規章明確	工作順暢	安全保障
步調領先	2.00			
規章明確	0.35	2.00		
工作順暢	0.24	0.92	2.00	
安全保障	0.40	0.86	0.79	2.00

【說明】

上表為 10 個觀察變項的共變數相關矩陣。

！組織文化量表初階驗證性因素分析

Number of Iterations = 14

LISREL Estimates (Maximum Likelihood)

Measurement Equations

相互競爭 = 0.94*目標成就，Errorvar.= 1.12，$R^2 = 0.44$

　　　　(0.072)　　　　　　　　　　(0.11)

　　　　12.98　　　　　　　　　　　10.40

成就導向 = 0.82*目標成就，Errorvar.= 1.32，$R^2 = 0.34$

     (0.073)   (0.11)

     11.33   12.00

目標達成 = 0.94*目標成就，Errorvar.= 1.12，$R^2 = 0.44$

     (0.072)   (0.11)

     13.03   10.34

領導強化 = 0.87*目標成就，Errorvar.= 1.25，$R^2 = 0.38$

     (0.072)   (0.11)

     11.99   11.46

積極革新 = 0.83*開放創新，Errorvar.= 1.31，$R^2 = 0.35$

     (0.082)   (0.13)

     10.13   10.31

研發挑戰 = 0.85*開放創新，Errorvar.= 1.27，$R^2 = 0.36$

     (0.083)   (0.13)

     10.30   9.88

步調領先 = 0.94*開放創新，Errorvar.= 1.12，$R^2 = 0.44$

     (0.086)   (0.14)

     10.93   8.08

規章明確 = 1.00*穩定運作，Errorvar.= 1.00，$R^2 = 0.50$

     (0.080)   (0.13)

     12.56   7.77

工作順暢 = 0.92*穩定運作，Errorvar.= 1.15，$R^2 = 0.42$

     (0.078)   (0.12)

     11.81   9.58

安全保障 = 0.86*穩定運作，Errorvar.= 1.26，$R^2 = 0.37$

     (0.077)   (0.12)

     1.23   10.80

【說明】

    上表數據為觀察變項的原始估計值，原始估計值的標準誤、顯著性考驗的 t 值，測量誤差估計值、測量誤差估計值的標準誤、顯著性考驗的 t 值，觀察變項被其潛在變項解釋的變異量，即個別指標變項的信度指數。其中指標變項「規章

明確」的 R 平方等於 0.50，其餘均小於 .50。

Goodness of Fit Statistics

Degrees of Freedom = 35

Minimum Fit Function Chi-Square = 143.97 (P = 0.00)

Normal Theory Weighted Least Squares Chi-Square = 153.13 (P = 0.00)

Estimated Non-centrality Parameter (NCP) = 118.13

90 Percent Confidence Interval for NCP = (83.53; 160.29)

Minimum Fit Function Value = 0.32

Population Discrepancy Function Value (F0) = 0.26

90 Percent Confidence Interval for F0 = (0.19; 0.36)

Root Mean Square Error of Approximation (RMSEA) = 0.087

90 Percent Confidence Interval for RMSEA = (0.073; 0.10)

P-Value for Test of Close Fit (RMSEA < 0.05) = 0.00

Expected Cross-Validation Index (ECVI) = 0.43

90 Percent Confidence Interval for ECVI = (0.35; 0.52)

ECVI for Saturated Model = 0.24

ECVI for Independence Model = 3.03

Chi-Square for Independence Model with 45 Degrees of Freedom = 1338.74

Independence AIC = 1358.74

Model AIC = 193.13

Saturated AIC = 110.00

Independence CAIC = 1409.83

Model CAIC = 295.32

Saturated CAIC = 391.01

Normed Fit Index (NFI) = 0.89

Non-Normed Fit Index (NNFI) = 0.89

Parsimony Normed Fit Index (PNFI) = 0.69

Comparative Fit Index (CFI) = 0.92

Incremental Fit Index (IFI) = 0.92

Relative Fit Index (RFI) = 0.86

Critical N (CN) = 179.84

Root Mean Square Residual (RMR) = 0.27

Standardized RMR = 0.14

Goodness of Fit Index (GFI) = 0.94

Adjusted Goodness of Fit Index (AGFI) = 0.90

Parsimony Goodness of Fit Index (PGFI) = 0.60

【說明】

上表數據為多因素直交模式整體適配度檢驗指數，其中RMSEA值等於 0.087、RMR 值等於 0.27、SRMR 值等於 0.14，均未達到模式適配標準值；此外 NFI 值等於 0.89、NNFI 值等於 0.89、RFI 值等於 0.86，均小於 .90，這幾個指標值也未達到模式適配標準值，在自由度等於 35，卡方值等於 153.13，顯著性考驗的機率值 p = .00 < 0.05，拒絕虛無假設，顯示理論模式與實際資料間無法契合，而 CN 值等於 179.84，小於 200 的建議值，表示模式無法被接受。整體而言，組織文化量表多因素直交模式圖無法獲得支持，其與實際資料間無法適配。與多因素斜交模式圖相較之下，整體模式的適配情形較差，可見，組織文化量表斜交之假設模式圖與實際資料間較為適配。

表 5-7 為採取多因素斜交模型與多因素直交模型相關適配統計量的比較表：

表 5-7

模型	自由度	χ^2 值	RMSEA	NCP	ECVI	AIC	CAIC	GFI
多因素斜交模型	32	34.552 p = 0.35	0.013	2.552	0.179	80.882	198.065	0.985
多因素直交模型	35	153.13 p = 0.00	0.087	118.13	0.43	193.13	295.32	0.94

從上述模式選替指標值來看，多因素斜交模型的 NCP 值（＝ 2.522）、ECVI 值（＝ 0.179）、AIC 值（＝ 80.882）、CAIC 值（＝ 198.065）等指標值均小於多因素直交模型中的 NCP 值（＝ 118.13）、ECVI 值（＝ 0.43）、AIC 值（＝ 193.13）、CAIC 值（＝ 295.32）等指標值，表示組織文化之多因素斜交模型比多因素直交模型更契合觀察資料，而多因素斜交模式的 χ^2 值在自由度為 32 情況下，等於 34.552（p = 0.35 > 0.05），接受虛無假設，RMSEA 值等於 0.013、GFI 值等於 0.985，均達到模式適配良好的程度。

！組織文化量表初階驗證性因素分析

Standardized Residuals

	相互競爭	成就導向	目標達成	領導強化	積極革新	研發挑戰
	------------	------------	------------	------------	------------	------------
相互競爭	- -					
成就導向	1.11	- -				
目標達成	−0.39	−0.73	- -			
領導強化	−0.73	−0.39	1.11	- -		
積極革新	4.13	4.45	3.28	4.24	- -	
研發挑戰	4.87	2.33	3.18	2.12	- -	- -
步調領先	4.77	3.71	3.28	3.92	- -	- -
規章明確	3.60	4.77	4.03	4.34	3.71	4.13
工作順暢	4.34	2.22	2.33	2.97	3.07	2.75
安全保障	3.39	4.13	4.34	3.71	4.66	4.03

Standardized Residuals

	步調領先	規章明確	工作順暢	安全保障
	------------	------------	------------	------------
步調領先	- -			
規章明確	3.71	- -		
工作順暢	2.54	- -	- -	
安全保障	4.24	- -	- -	- -

Summary Statistics for Standardized Residuals

Smallest Standardized Residual = − 0.73

Median Standardized Residual = 2.75

Largest Standardized Residual = 4.87

The Modification Indices Suggest to Add the

Path to	from	Decrease in Chi-Square	New Estimate
相互競爭	開放創新	12.1	0.24
積極革新	目標成就	9.6	0.22
步調領先	目標成就	7.9	0.19
規章明確	目標成就	9.7	0.21
安全保障	目標成就	7.9	0.19
安全保障	開放創新	12.7	0.26

The Modification Indices Suggest to Add a Covariance

between	and	Decrease in Chi-Square	New Estimate
開放創新	目標成就	42.4	0.45
穩定運作	目標成就	39.7	0.42
穩定運作	開放創新	35.3	0.42
工作順暢	相互競爭	9.7	0.21

Time used: 0.031 Seconds

【說明】

上表為標準化殘差值，最大的標準化殘差值為 4.87，標準化殘差值多數大於 2.58，顯示模式可能有敘列誤差存在。修正指標中建議以下變項間增加其共變關係（The Modification Indices Suggest to Add a Covariance），當「開放創新」與「目標成就」間增加共變關係，可以減少卡方值 42.4，新的估計值為 0.45（二者之間的相關係數）；增加「穩定運作」與「目標成就」間的共變關係，可以減少卡方值 39.7，新的估計值為 0.42；；增加「穩定運作」與「開放創新」間的共變關係，可以減少卡方值 35.3，新的估計值為 0.42。修正指標參數中也建議增加相關的路徑關係（The Modification Indices Suggest to Add the Path），如增加「安全保障」指標變項與「開放創新」潛在變項間的路徑，可以降低卡方值 12.7，新的估計值為 0.26；增加「相互競爭」指標變項與「開放創新」潛在變項間的路徑，可以降低卡方值 12.1，新的估計值為 0.24。從上述修正指標的建議中，增加潛在變項間的共變關係時（設定三個因素構念間有相關），減少的卡方值最大，也就是建立多因素的斜交模式較能符合實際資料。在驗證性因素分析中，研究者不應任意增刪變項間的路徑或共變關係，為了使理論模式能與資料適配，不斷依修正指標來修改原先的假設模式，此種反覆修正的步驟又變成探索性的因素分析，與原先研究者的研究假設與研究目的並不符合，若是研究者要採用修正指標，來更改原先的理論模式，應該重新選取一組樣本來考驗，這樣才符合驗證性因素分析的內涵。

上述輸出報表的語法程式，也可以直接應用 SIMPLIS 的「Options:」（選項）的指令，後面界定輸出的報表，如各項殘差值（RS）、修正指標值（MI）、完全標準化解值（SC）或設定輸出的小數位數（ND = 3）。

！組織文化量表初階驗證性因素分析

Observed Variables:

相互競爭　成就導向　目標達成　領導強化

積極革新　研發挑戰　步調領先　規章明確　工作順暢　安全保障

Correlation Matrix:

1.00

0.81　1.00

0.87　0.75　1.00

0.79　0.70　0.85　1.00

0.39　0.42　0.31　0.40　1.00

0.46　0.22　0.30　0.20　0.71　1.00

0.45　0.35　0.31　0.37　0.78　0.80　1.00

0.34　0.45　0.38　0.41　0.35　0.39　0.35　1.00

0.41　0.21　0.22　0.28　0.29　0.26　0.24　0.92　1.00

0.32　0.39　0.41　0.35　0.44　0.38　0.40　0.86　0.79　1.00

Sample Size = 450

Latent Variables:

目標成就　開放創新　穩定運作

Rationships:

相互競爭　成就導向　目標達成　領導強化＝目標成就

積極革新　研發挑戰　步調領先＝開放創新

規章明確　工作順暢　安全保障＝穩定運作

Set Covariance of 目標成就　開放創新 to 0

Set Covariance of 目標成就　穩定運作 to 0

Set Covariance of 開放創新　穩定運作 to 0

Path diagram

Options: RS MI SC ND = 3

End of Problem

第 6 章
探索性因素分析與
驗證性因素分析

Structural
Equation
Modeling

　　依使用目的而言，因素分析（factor analysis）可分為「探索性因素分析」（exploratory factor analysis; EFA）與「驗證性因素分析」（confirmatory factor analysis; CFA）。EFA與CFA兩種分析方法最大的不同，在於測量理論架構在分析過程中所扮演的角色與檢定時機。就 EFA 而言，測量變項的理論架構是因素分析後的產物，因素結構是從一組獨立的測量指標或題項間，由研究者主觀判斷所決定的一個具有計量合理性與理論適切的結構，並以該結構來代表所測量的概念內容或構念特質，即理論架構的出現是在EFA程序中是一個事後概念；相對之下，CFA的進行則必須有特定的理論觀點或概念架構作為基礎，然後藉由數學程序來確認評估該理論觀點所導出的計量模式是否適當、合理，因此理論架構對 CFA 的影響是在分析之前發生的，其計量模型具有先驗性，理念是一種事前的概念（邱皓政，民 94）。EFA所要達成的是建立量表或問卷的建構效度，而CFA則是要考驗此建構效度的適切性與真實性。

　　探索性因素分析的目的在於確認量表因素結構（factor structure）或一組變項的模型，常考量的包含要決定多少個因素或構念，同時因素負荷量的組型如何，雖然大部分的探索性因素分析允許事先決定因素的個數，但強制某個變項只歸於某一個特定因素則有其困難。探索性因素分析偏向於理論產出的程序，而非是理論架構考驗的方式；相反的，驗證性因素分析通常會依據一個嚴謹的理論及（或）實徵基礎上，允許研究者事先確認一個正確的因素模型，這個模型通常明確將變項歸類於哪個因素層面中，並同時決定因素構念間是相關的，與探索性因素分析比較之下，驗證性因素分析有較多的理論考驗程序。在實際應用上，研究可能同時會使用到探索性因素分析與驗證性因素分析，但有效區分二種分析方法的差異及其適用情境是非常重要的（Stevens, 1996）。

　　在量表或問卷編製的預設上，都會以探索性因素分析，不斷的嘗試，以求得量表最佳的因素結構，以建立問卷的建構效度。當研究者得知量表或問卷是由數個不同潛在面向或因素所構成，為了確認量表所包含的因素是否與最初探究的構念相同，會以不同的一組樣本為對象，加以檢驗，此時量表的各因素與其題項均已固定，研究者所要探究的是量表的因素結構模式是否與實際搜集的資料契合，指標變項是否可以有效作為因素構念（潛在變項）的測量變項，此種因素分析的程序，稱為驗證性因素分析。

　　驗證性因素分析模型被歸類於一般結構方程模型或共變結構模型（covariance structure model）之中，允許反應與解釋潛在變項，它和一系列的線性方程式相聯

結，與探索性因素分析相較之下，驗證性因素分析模型較為複雜，但二種模型基本目標是相似的，皆在解釋觀察變項間的相關或共變關係，但 CFA 偏重於檢驗假定的觀察變項與假定的潛在變項間的關係（*Everitt & Dunn, 2001*）。

探索性因素分析與驗證性因素分析的差異可以歸納如表 6-1（*Stevens, 1996, p.389*）：

表 6-1　探索性因素分析與驗證性因素分析的差異比較表

探索性因素分析	驗證性因素分析
理論產出	理論檢定
理論啟發－文獻基礎薄弱	強烈理論且（或）實徵基礎
決定因素的數目	之前分析後因素的數目已經固定
決定因素間是否有相關	根據之前的分析固定因素間有相關或沒有相關
變項可以自由歸類所有因素	變項固定歸類於某一特定因素

驗證性因素分析被使用在考驗一組測量變項與一組可以解釋測量變項的較少因素構念間的關係，CFA 允許研究者分析確認事先假設測量變項與因素關係間之正確性。通常 EFA 是利用一組樣本來產生測量變項間因素結構，而 CFA 則是再從母群體中抽取另一組樣本來檢定假設因素結構的契合度，有些研究者會將樣本數一分為二，以一半的樣本數來使用 EFA 方法產生因素結構，另外一半樣本採用 CFA 方法來進行模型的正式比較。CFA 是 SEM 家族中的一個應用案例，CFA 也可處理因素結構間斜交（因素構念間有相關）及直交的問題（因素構念間沒有相關），此外，也可以分析指標變項間的隨機測量誤差（random measurement error）、指標變項的信度與效度檢驗等（*Spicer, 2005*）。

CFA 屬於 SEM 的一種次模式，為 SEM 分析的一種特殊應用。由於 SEM 的模式界定能夠處理潛在變項的估計與分析，具有高度的理論先驗性，因而若是研究者對於潛在變項的內容與性質，能提出適當的測量變項以組成測量模式，藉由 SEM 的分析程序，便可以對潛在變項的結構或影響關係進行有效的分析。SEM 中對於潛在變項的估計程序，即是在考驗研究者先前提出的因素結構的適切性，一旦測量的基礎確立了，潛在變項的因果關係就可以進一步的探討，因此，一般而言，CFA 可以說是進行整合性 SEM 分析的一個前置步驟或基礎架構，當然，它也可以獨立進行分析估計（周子敬，民 95）。

6.1 探索性因素分析

　　某研究者編製一份「國民中學兼行政教師所知覺的校長激勵策略量表」，共有十二題，各題項如下：

國民中學兼行政教師所知覺的校長激勵策略量表

- 校長會依績效表現給予兼行政人員不同程度或方式的獎懲【績效獎懲】
- 兼行政人員利用非上班時間辦理活動時，校長會給予合理的加班費【加班補償】
- 對於兼行政人員額外的工作付出，校長會給予合理的工作津貼【工作津貼】
- 校長常會舉辦餐敘或聯誼活動，以凝聚團隊向心力【聯誼餐敘】
- 校長會主動改善學校的軟硬體設備，以提升行政效率【設備改善】
- 校長非常重視並接納兼行政人員各方面的建言【接納建言】
- 校長會極力營造具人性化領導風格的組織文化【領導風格】
- 校長能營造有創意的環境，讓兼行政人員發揮潛能【創意環境】
- 校長經常鼓勵兼行政人員學習新知與技能【鼓勵學習】
- 校長會依兼行政人員的專業知能與所長使其得以適才適所【適才適所】
- 校長能提供兼行政人員完成工作所需的技巧與方法【技巧傳授】
- 校長會依兼行政人員的工作專業需求提供相關的研習機會【提供研習】

　　量表的填答，採用李克特五點量表法，從「非常不符合」到「非常符合」，選項分數給予 1 至 5，得分愈高，表示國民中學兼行政教師所知覺的校長激勵策略愈佳。研究者為得知此量表所包含的因素構念，乃採分層取樣方式，各從大型學校、中型學校、及小型學校各抽取 50 名教師填答，總共有效樣本數為 150 名。

▋ 探索性因素分析的操作程序

　　探索性因素分析的操作主要藉由 SPSS 統計軟體來執行，有關 SPSS 的操作與

其詳細的說明，請參閱吳明隆、涂金堂編著之《SPSS 與統計應用分析》一書（五南出版）。

㈠執行功能列【Analyze】（分析）→【Data Reduction】（資料縮減）→【Factor...】（因子）程序

出現「Factor Analysis」（因子分析）對話視窗，將左邊盒中十二個題項選入右邊「Variables:」（變數）下的空盒中。按「Descriptives...」（描述性統計量）按鈕，出現「Factor Analysis: Descriptives」（因子分析：描述性統計量）次對話視窗：

> 在「Factor Analysis: Descriptives」（因子分析：描述性統計量）次對話視窗中，勾選「☑Initial solution」（未轉軸之統計量）、「☑KMO and Bartlett's test of sphericity」（KMO 與 Bartlett 球形檢定）、「☑Reproduced」（重製的）、「☑Anti-image」（反映像）四個選項。

㈡按「Extraction…」（萃取…）按鈕，會出現「Factor Analysis: Extraction」（因子分析：萃取）次對話視窗。此對話視窗之功能在設定因素抽取的方法、依據及標準。

> 在「Factor Analysis: Extraction」（因子分析：萃取）次對話視窗中，抽取因素方法（Method）選內設「Principal components」法（主成分分析法），次選取「◉Correlation matrix」（相關矩陣）選項、並勾選「☑Unrotated factor solution」（未旋軸因子解）、「☑Screet plot」（陡坡圖）等項，在抽取因素時限定在特徵值大於 1 者，在「◉Eigenvalue over:」（特徵值）後面的空格內輸入 1（1 此為內定值，可以不用更改它）。

㈢按「Rotation…」（轉軸）按鈕，會出現「Factor Analysis: Rotation」（因子分析：轉軸法）次對話視窗。次對話視窗在界定轉軸的方法及轉軸後之輸出結果。

在因素抽取上，通常最初因素抽取後，對因素無法作有效的解釋，轉軸目的在於改變題項在各因素之負荷量的大小，轉軸時根據題項與因素結構關係的密切程度，調整各因素負荷量的大小，轉軸後，大部分的題項在每個共同因素中有一個差異較大的因素負荷量。轉軸後，每個共同因素的特徵值會改變，與轉軸前不

一樣，但每個變項的共同性不會改變。常用的轉軸方法，有最大變異法（Varimax）、四次方最大值法（Quartimax）、相等最大值法（Equamax）、直接斜交轉軸法（Direct Oblimin）、Promax 轉軸法，其中前三者屬「直交轉軸」法（orthogonal rotations），在直交轉軸法中，因素（成分）與因素（成分）間沒有相關，亦即其相關為 0，因素軸間的夾角等於 90 度；而後二者（直接斜交轉軸、Promax 轉軸法）屬「斜交轉軸」（oblique rotations），採用斜交轉軸法，表示因素與因素間彼此有某種程度的相關，亦即因素軸間的夾角不是 90 度。

　　在「Factor Analysis: Rotation」（因子分析：轉軸法）次對話視窗中，選取「◉Varimax」（最大變異法）、「☑Rotated solution」（轉軸後的解）等項。研究者要勾選「☑Rotated solution」選項，才能印出轉軸後的相關資訊。

　　在「Maximum Iterations for Convergence:□」（收斂最大疊代）後面的空格輸入 50，內定值為 25，若是因素分析執行時無法進行轉軸，可將收斂最大疊代運算次數提高。

㈣「Score…」（分數）按鈕，會出現「Factor Analysis: Factor Scores」（因子分析：產生因素分數）次對話視窗。次對話視窗在界定計算與儲存因素分數的方法，以作為後續分析之用。

㈤「Options…」（選項）按鈕，會出現「Factor Analysis: Options」（因子分析：選項）次對話視窗。此對話視窗在界定遺漏值的處理方式與因素負荷量的輸出方式。

「□Sorted by size」（依據因素負荷量排序）：根據每一因素層面之因素負荷量的大小排序（例題中選取此項）。進行因素分析時，最好將此項勾選，如果沒有勾選此項，則轉軸後的因素矩陣會依據變項的順序排列，研究者在找尋因素所屬的題項時比較困難，未來的報表也比較難整理。

　　在「Factor Analysis: Options」對話視窗中，勾選「◉Exclude cases listwise」（完全排除遺漏值）、「☑Sorted by size」（依據因素負荷排序）等項。

探索性因素分析的輸出結果

Factor Analysis

表 6-2　KMO and Bartlett's Test

Kaiser-Meyer-Olkin Measure of Sampling Adequacy.		.881
Bartlett's Test of Sphericity	Approx. Chi-Square	1667.591
	Df	66
	Sig.	.000

Kaiser-Meyer-Olkin

【說明】

表 6-2 為 KMO 取樣適當性檢定及 Bartlett 球面性檢定結果。

KMO 是 Kaiser-Meyer-Olkin 的取樣適當性量數（其值介於 0 至 1 之間），當 KMO 值愈大時（愈接近 1 時），表示變項間的共同因素愈多，愈適合進行因素分析，根據學者 Kaiser（*1974*）觀點，如果 KMO 的值小於 0.5 時，較不宜進行因素分析，進行因素分析之普通的（mediocre）準則至少在.60 以上，此處的 KMO 值為.881，屬於佳的層次，表示變項間有共同因素存在，變項適合進行因素分析。

此外，從 Bartlett's 球形考驗的 χ^2 值為 1187.740（自由度為 231）達顯著，可拒絕虛無假設，即拒絕變項間的淨相關矩陣不是單元矩陣的假設（若變項間的淨相關矩陣不是單元矩陣的話，則量表不適合進行因素分析），代表母群體的相關矩陣間有共同因素存在，適合進行因素分析。

表 6-3　Anti-image Matrices

		績效獎懲	加班補償	工作津貼	聯誼餐敘	設備改善	接納建言
Anti-image Covariance	績效獎懲	.330	− .100	− .079	− .027	− .017	− .009
	加班補償	− .100	.238	− .103	− .075	.008	.037
	工作津貼	− .079	− .103	.240	− .094	.002	− .013
	聯誼餐敘	− .027	− .075	− .094	.370	− .023	− .036
	設備改善	− .017	.008	.002	− .023	.307	− .066

		績效獎懲	加班補償	工作津貼	聯誼餐敘	設備改善	接納建言
	接納建言	−.009	.037	−.013	−.036	−.066	.284
	領導風格	.003	.013	−.014	.003	−.078	−.093
	創意環境	.008	−.040	.005	.034	−.090	−.083
	鼓勵學習	−.016	−.038	−.013	.088	−.033	−.040
	適才適所	−.045	.075	−.027	−.030	−.011	.018
	技巧傳授	−.007	−.014	.006	.010	.019	−.013
	提供研習	.036	−.019	.017	−.058	.013	.019
Anti-image Correlation	績效獎懲	.907(a)	−.358	−.281	−.078	−.052	−.031
	加班補償	−.358	.826(a)	−.429	−.253	.031	.142
	工作津貼	−.281	−.429	.882(a)	−.314	.006	−.049
	聯誼餐敘	−.078	−.253	−.314	.872(a)	−.067	−.110
	設備改善	−.052	.031	.006	−.067	.910(a)	−.223
	接納建言	−.031	.142	−.049	−.110	−.223	.890(a)
	領導風格	.009	.050	−.056	.009	−.271	−.336
	創意環境	.029	−.161	.020	.109	−.317	−.304
	鼓勵學習	−.056	−.154	−.054	.290	−.121	−.149
	適才適所	−.151	.299	−.108	−.096	−.038	.067
	技巧傳授	−.026	−.063	.026	.036	.074	−.052
	提供研習	.144	−.089	.079	−.220	.053	.081

a Measures of Sampling Adequacy (MSA)

表 6-4　Anti-image Matrices

		領導風格	創意環境	鼓勵學習	適才適所	技巧傳授	提供研習
Anti-image Covariance	績效獎懲	.003	.008	−.016	−.045	−.007	.036
	加班補償	.013	−.040	−.038	.075	−.014	−.019
	工作津貼	−.014	.005	−.013	−.027	.006	.017
	聯誼餐敘	.003	.034	.088	−.030	.010	−.058
	設備改善	−.078	−.090	−.033	−.011	.019	.013
	接納建言	−.093	−.083	−.040	.018	−.013	.019
	領導風格	.267	−.087	.032	.011	−.015	−.022
	創意環境	−.087	.261	.032	−.030	.006	−.015

		領導風格	創意環境	鼓勵學習	適才適所	技巧傳授	提供研習
	鼓勵學習	.032	.032	.250	− .051	− .056	− .079
	適才適所	.011	− .030	− .051	.267	− .074	− .057
	技巧傳授	− .015	.006	− .056	− .074	.205	− .083
	提供研習	− .022	− .015	− .079	− .057	− .083	.190
Anti-image Correlation	績效獎懲	.009	.029	− .056	− .151	− .026	.144
	加班補償	.050	− .161	− .154	.299	− .063	− .089
	工作津貼	− .056	.020	− .054	− .108	.026	.079
	聯誼餐敘	.009	.109	.290	− .096	.036	− .220
	設備改善	− .271	− .317	− .121	− .038	.074	.053
	接納建言	− .336	− .304	− .149	.067	− .052	.081
	領導風格	.887(a)	− .329	.125	.039	− .064	− .096
	創意環境	− .329	.879(a)	.124	− .113	.025	− .066
	鼓勵學習	.125	.124	.872(a)	− .199	− .247	− .363
	適才適所	.039	− .113	− .199	.888(a)	− .318	− .254
	技巧傳授	− .064	.025	− .247	− .318	.896(a)	− .418
	提供研習	− .096	− .066	− .363	− .254	− .418	.868(a)

a Measures of Sampling Adequacy (MSA)

【說明】

　　表 6-4 為反映像矩陣（Anti-image Matrices），表的上半部為反映像共變數矩陣（Anti-image Covariance），下半部為反映像相關係數矩陣（Anti-image Correlation），在性質上與淨相關係數矩陣類似，只是二者正負號正好相反。反映像相關係數愈小，表示變項愈適合進行因素分析；相反的，反映像相關係數愈大，表示共同因素愈少，愈不適合進行因素分析。

　　反映像相關矩陣的對角線數值代表每一個變項「取樣適當性量數」（Measures of Sampling Adequacy；簡稱 MSA），「取樣適當性量數」數值大小的右邊會加註「(a)」的標示。MSA 值類似 KMO 值，KMO 值愈接近 1，表示整體資料（整個量表）愈適合進行因素分析，而個別題項的 MSA 值愈接近 1，則表示此個別題項愈適合投入於因素分析程序中，因而研究者可先由 KMO 值來判別量表是否適合進行因素分析，次則判別個別題項的 MSA 值，以初步決定哪些變項不適合投入

因素分析程序中，一般而言，如果個別題項的MSA值小於0.50，表示該題項（變項）不適合進行因素分析，在進行因素分析時可考慮將之刪除，MSA 值若是愈接近 0，愈不適合進行因素分析；若是 MSA 值愈接近 1，愈適合進行因素分析。上述表格中，12 個變項的 MSA 值介於.826 至.910，表示 12 個變項都適合進行因素分析。

表 6-5　Communalities

	Initial	Extraction
績效獎懲	1.000	.781
加班補償	1.000	.849
工作津貼	1.000	.861
聯誼餐敘	1.000	.732
設備改善	1.000	.814
接納建言	1.000	.827
領導風格	1.000	.845
創意環境	1.000	.842
鼓勵學習	1.000	.831
適才適所	1.000	.822
技巧傳授	1.000	.881
提供研習	1.000	.878

Extraction Method: Principal Component Analysis.

【說明】

表 6-5 為每個變項的初始（initial）共同性以及以主成分分析法（principal component analysis）抽取主成分後的共同性（最後的共同性）。共同性愈低，表示該變項不適合投入主成分分析之中，共同性愈高，表示該變項與其他變項可測量的共同特質愈多，亦即該變項愈有影響力。上述十二個題項的共同性值在.732 至 .881 之間，表示每個變項與其他變項間有共同特質存在，即每個變項與其他變項間有共同因素。

表 6-6　Total Variance Explained

Compo-nent	Initial Eigenvalues			Extraction Sums of Squared Loadings			Rotation Sums of Squared Loadings		
	Total	% of Vari-	Cumu-lative %	Total	% of Vari-	Cumu-lative %	Total	% of Vari-	Cumu-lative %
1	6.049	50.408	50.408	6.049	50.408	50.408	3.388	28.234	28.234
2	2.123	17.689	68.097	2.123	17.689	68.097	3.345	27.873	56.107
3	1.790	14.919	83.017	1.790	14.919	83.017	3.229	26.910	83.017
4	.407	3.392	86.409						
5	.296	2.466	88.875						
6	.255	2.128	91.003						
7	.251	2.091	93.093						
8	.208	1.733	94.827						
9	.201	1.671	96.498						
10	.159	1.324	97.822						
11	.135	1.123	98.945						
12	.127	1.055	100.000						

Extraction Method: Principal Component Analysis.

【說明】

　　表 6-6 為經主成分分析後產生的十二個特徵值（Initial Eigenvalues），其中特徵值大於 1 者有三個，表示抽取三個共同因素，這三個特徵值數據呈現中間於「平方和負荷量萃取」欄（Extraction Sums of Squared Loadings），未轉軸前的三個特徵值分別為 6.049、2.123、1.790，每個特徵值個別的解釋變異量為 50.408%、17.689%、14.919%，逐次累積的解釋變異量為 50.408%、68.097%、83.017%，三個共同因素可解釋「激勵策略量表」83.017%的變異量。

表 6-7

Extraction Sums of Squared Loadings		
Total（特徵值）	% of Variance	Cumulative %
6.049	50.408	50.408
2.123	17.689	68.097
1.790	14.919	83.017

　　轉軸後的三個特徵值呈現於「Rotation Sums of Squared Loadings」（轉軸平方和負荷量）欄中，三個特徵值分別為 3.388、3.345、3.229，每個特徵值個別的解釋變異量為 28.234%、27.873%、26.910%，逐次累積的解釋變異量為 28.234%、56.107%、83.017%，三個共同因素可解釋「激勵策略量表」83.017%的變異量。轉軸後三個共同因素的特徵值十分接近，轉軸前與轉軸後的總特徵值及總解釋變異量不會改變。

表 6-8

Rotation Sums of Squared Loadings（轉軸平方和負荷量）		
Total（特徵值）	% of Variance	Cumulative %
3.388	28.234	28.234
3.345	27.873	56.107
3.229	26.910	83.017

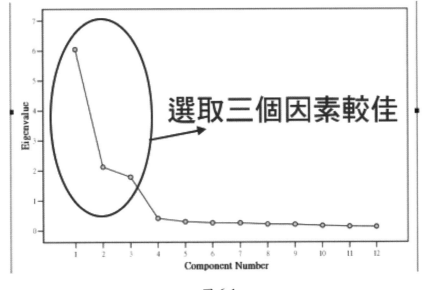

圖 6-1

【說明】

　　圖 6-1 為 SPSS 輸出陡坡圖考驗結果，陡坡圖繪製是根據每個因素解釋變異量的高低，將每一個因素的特徵值由大至小依序繪製成一條坡線（scree），其中橫座標是因素數（Component Number），縱座標是特徵值，陡坡圖決定的原理是

從地質學引用而來，以崖壁上的石頭而言，經雨水沖刷後，小碎石或質輕的碎石會被沖刷到崖壁下水平之處，而固著在崖壁上的不是大碎石，就是其質較重的，較有經濟效益，因而崖壁上的碎石頭較有經濟價值性。陡坡圖的判別原理也是如此，當轉折點以後突然變成水平的，其特徵值較小，解釋變異量也不高，因而可捨棄不用，上圖中從第四個轉折點後，圖形變成水平分布，因而以保留三個共同因素較佳。

表 6-9　Component Matrix(a)

	Component		
	1	**2**	**3**
提供研習	.770	− .264	− .464
技巧傳授	.758	− .266	− .485
適才適所	.738	− .216	− .480
工作津貼	.735	− .299	.480
鼓勵學習	.728	− .286	− .468
績效獎懲	.698	− .313	.443
創意環境	.695	.597	.044
加班補償	.686	− .377	.486
接納建言	.683	.599	.026
設備改善	.680	.589	.065
領導風格	.673	.625	.031
聯誼餐敘	.666	− .265	.467

Extraction Method: Principal Component Analysis.

a　3 components extracted.

【說明】

　　表 6-9 為未轉軸前的因素矩陣，中間的數據為各變項在每個共同因素的組型負荷量（因素負荷量矩陣），組型負荷量是根據上述變項的共同性估算而來，根據此矩陣可以重新估計每個變項的共同性、特徵值、共同因素解釋的百分比及再製相關矩陣。未轉軸前的因素矩陣，多數變項在共同因素的因素負荷量差距不大，因而題項很難歸類於哪個共同因素中，所以需要進行因素矩陣的轉軸，以調整各題項在共同因素的因素負荷量，以便於題項的歸類。

表 6-10　Reproduced Correlations

		領導風格	創意環境	鼓勵學習	適才適所	技巧傳授	提供研習
Reproduced Correlation	績效獎懲	.288	.318	.390	.370	.398	.414
	加班補償	.241	.273	.379	.354	.385	.402
	工作津貼	.322	.354	.396	.376	.404	.422
	聯誼餐敘	.297	.326	.342	.324	.349	.366
	設備改善	.828	.827	.296	.343	.327	.338
	接納建言	.835	.834	.314	.362	.346	.356
	領導風格	.845(b)	.842	.296	.346	.329	.338
	創意環境	.842	.842(b)	.314	.362	.346	.356
	鼓勵學習	.296	.314	.831(b)	.824	.855	.853
	適才適所	.346	.362	.824	.822(b)	.850	.848
	技巧傳授	.329	.346	.855	.850	.881(b)	.879
	提供研習	.338	.356	.853	.848	.879	.878(b)
Residual(a)	績效獎懲	−.005	−.004	.014	.020	−.004	−.039
	加班補償	.003	.028	.028	−.048	.007	.009
	工作津貼	.004	−.006	.007	.012	−.005	−.014
	聯誼餐敘	.003	−.023	−.058	.028	.003	.041
	設備改善	−.064	−.052	.024	.003	−.013	−.009
	接納建言	−.049	−.057	.021	−.016	.003	−.013
	領導風格		−.047	−.017	−.009	.012	.014
	創意環境	−.047		−.012	.006	−.002	.007
	鼓勵學習	−.017	−.012		−.075	−.052	−.044
	適才適所	−.009	.006	−.075		−.046	−.052
	技巧傳授	.012	−.002	−.052	−.046		−.024
	提供研習	.014	.007	−.044	−.052	−.024	

Extraction Method: Principal Component Analysis.

a　Residuals are computed between observed and reproduced correlations. There are 12 (18.0%) nonredundant residuals with absolute values greater than 0.05.

b　Reproduced communalities

表 6-11　Reproduced Correlations

		績效獎懲	加班補償	工作津貼	聯誼餐敘	設備改善	接納建言
Reproduced Correlation	績效獎懲	.781(b)	.812	.820	.755	.320	.301
	加班補償	.812	.849(b)	.851	.784	.276	.256
	工作津貼	.820	.851	.861(b)	.793	.355	.336
	聯誼餐敘	.755	.784	.793	.732(b)	.327	.309
	設備改善	.320	.276	.355	.327	.814(b)	.820
	接納建言	.301	.256	.336	.309	.820	.827(b)
	領導風格	.288	.241	.322	.297	.828	.835
	創意環境	.318	.273	.354	.326	.827	.834
	鼓勵學習	.390	.379	.396	.342	.296	.314
	適才適所	.370	.354	.376	.324	.343	.362
	技巧傳授	.398	.385	.404	.349	.327	.346
	提供研習	.414	.402	.422	.366	.338	.356
Residual(a)	績效獎懲		− .048	− .050	− .115	.008	.004
	加班補償	− .048		− .036	− .081	− .001	− .011
	工作津貼	− .050	− .036		− .056	− .008	.004
	聯誼餐敘	− .115	− .081	− .056		− .007	.007
	設備改善	.008	− .001	− .008	− .007		− .065
	接納建言	.004	− .011	.004	.007	− .065	
	領導風格	− .005	.003	.004	.003	− .064	− .049
	創意環境	− .004	.028	− .006	− .023	− .052	− .057
	鼓勵學習	.014	.028	.007	− .058	.024	.021
	適才適所	.020	− .048	.012	.028	.003	− .016
	技巧傳授	− .004	.007	− .005	.003	− .013	.003
	提供研習	− .039	.009	− −.014	.041	− .009	− .013

【說明】

　　表 6-11 為再製相關矩陣，包含變項間的再製相關係數矩陣及相關係數殘差值矩陣，其數據由上述未轉軸前因素負荷量矩陣再製而得。在上半部再製相關係數矩陣中，對角線標示數字中加註「(b)」符號的數值，就是該變項最後的共同性估計值，下半部的殘差矩陣，是任二個變項間實際的相關係數與再製相關係數的差

異值,稱為殘差值,殘差值愈小,表示因素分析結果愈佳,殘差值愈大,表示分析結果較不理想。

表 6-12　Rotated Component Matrix(a)

	Component		
	1	**2**	**3**
技巧傳授	.899	.174	.207
提供研習	.890	.183	.227
鼓勵學習	.876	.141	.210
適才適所	.865	.204	.177
領導風格	.162	.895	.133
創意環境	.175	.885	.167
接納建言	.181	.879	.147
設備改善	.155	.871	.177
加班補償	.203	.100	.894
工作津貼	.209	.191	.883
績效獎懲	.218	.157	.842
聯誼餐敘	.164	.180	.820

Extraction Method: Principal Component Analysis. Rotation Method: Varimax with Kaiser Normalization.

a　Rotation converged in 4 iterations.

【說明】

表 6-12 為轉軸後的因素負荷量矩陣,轉軸方法採用直交轉軸之最大變異法(Varimax),轉軸時使用內定 Kaiser 常態化(Kaiser Normalization)之最大變異法,轉軸總共經過 4 次疊代運算的過程才達到聚合的程度,表中的係數是因素結構矩陣,是變項與因素之間的相關係數矩陣,係數值也就是因素負荷量。由於在「選項」次指令設定各因素的因素負荷量由高至低排序,所以報表會將在同一共同因素上因素負荷量較高的變項歸類在一起。

三個共同因素中,第一個共同因素包括技巧傳授、提供研習、鼓勵學習、適才適所四個題項;第二個共同因素包括領導風格、創意環境、接納建言、設備改善四個題項;第三個共同因素包括加班補償、工作津貼、績效獎懲、聯誼餐敘。第一個因素四個題項所測得的共同特質為促成專業成長,因素命名為「專業成

長」；第二個因素四個題項所測得的共同特質為健全組織環境，因素命名為「健全組織」；第三個因素四個題項所測得的共同特質為福利措施的改善，因素命名為「福利措施」。

表 6-13　Component Transformation Matrix

Component	1	2	3
1	.604	.558	.569
2	−.356	.828	−.434
3	−.713	.059	.699

Extraction Method: Principal Component Analysis.

Rotation Method: Varimax with Kaiser Normalization.

【說明】

表 6-13 為「因素轉換矩陣」（Component Transformation Matrix），根據此矩陣與未轉軸的因素矩陣，可以估算轉軸後因素矩陣。

6.2 「激勵策略量表」驗證性因素分析的應用

為了驗證在探索性因素分析中的因素結構模型是否與實際資料適配，研究者以「激勵策略量表」為工具，重新取樣，一樣採取分層隨機取樣方式，選取大型學校兼行政人員 80 名、中型學校兼行政人員 60 名、小型學校兼行政人員 60 名，合計有效樣本 200 位。請問研究者所建構的「激勵策略量表」因素理論模式圖是否可以得到支持？

「激勵策略量表」驗證性因素分析之概念模式圖如圖 6-1：

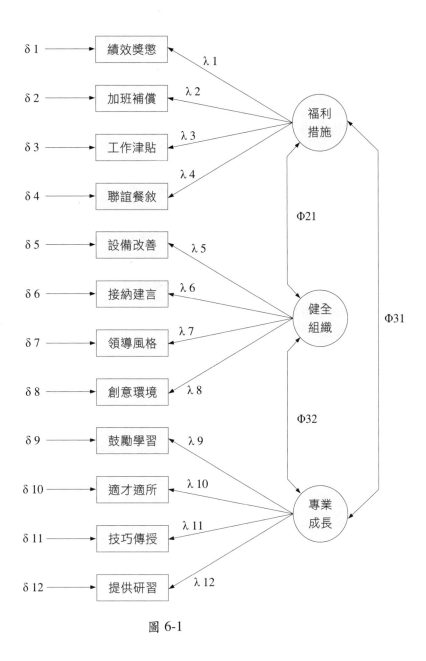

圖 6-1

語法程式

觀察變項與潛在變項直接鍵入中文

Title「激勵策略量表」驗證性因素分析
Observed Variables:
績效獎懲　工作津貼　加班補償　聯誼餐敘
設備改善　接納建言　領導風格　創意環境
鼓勵學習　適才適所　技巧傳授　提供研習
Raw Data From File d:/cfa/moti.dat
Sample Size = 200
Latent Variables:
福利措施　健全組織　專業成長
Rationships:
績效獎懲　工作津貼　加班補償　聯誼餐敘 = 福利措施
設備改善　接納建言　領導風格　創意環境 = 健全組織
鼓勵學習　適才適所　技巧傳授　提供研習 = 專業成長
Path diagram
Lisrel Output se tv rs ef mi ss sc nd = 3 iteration = 100
End of Problem

【說明】

以「Lisrel Output」界定輸出報表輸出的格式,其後面的次指令研究者可根據實際的需要鍵入。原程式中以「Rationships:」指令界定測量模式,如改為「Paths:」指令,語法如下:

福利措施 → 績效獎懲　工作津貼　加班補償　聯誼餐敘
健全組織 → 設備改善　接納建言　領導風格　創意環境
專業成長 → 鼓勵學習　適才適所　技巧傳授　提供研習

觀察變項與潛在變項以英文簡稱代替

! Motivation Strategy Confirmatory Factor Analysis
Observed Variables:
w1 w2 w3 w4 e1 e2 e3 e4 p1 p2 p3 p4
Raw Data From File d:/cfa/moti.dat
Sample Size = 200
Latent Variables:
welf envi prof
Rationships:
w1 w2 w3 w4　　= welf
e1 e2 e3 e4　　 = envi
p1 p2 p3 p4　　 = prof
Path diagram
Lisrel Output se tv rs ef mi ss sc nd = 3 iteration = 100
End of Problem

以 SIMPLIS 的報表輸出之語法程式

Title「激勵策略量表」驗證性因素分析
Observed Variables:
績效獎懲　工作津貼　加班補償　聯誼餐敘
設備改善　接納建言　領導風格　創意環境
鼓勵學習　適才適所　技巧傳授　提供研習
Raw Data From File d:/cfa/moti.dat
Sample Size = 200
Latent Variables:
福利措施　健全組織　專業成長
Rationships:
績效獎懲　工作津貼　加班補償　聯誼餐敘 = 福利措施

設備改善　接納建言　領導風格　創意環境＝健全組織

鼓勵學習　適才適所　技巧傳授　提供研習＝專業成長

Path diagram

Options: RS SC MI ND = 3 IT = 100

End of Problem

【說明】

結果輸出中直接採用SIMPLIS的報表格式，並增列殘差數據（RS）、完全標準化解值（SC）、修正指標值（MI）、數字的小數點界定到小數第三位（ND = 3），疊代的次數設定為 100（IT = 100）。

報表結果

LISREL 所輸出的概念模式圖如圖 6-2：

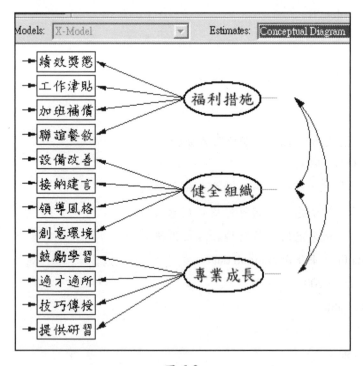

圖 6-2

The following lines were read from file D:\cfa\moti.spj:

Observed Variables:

w1 w2 w3 w4 e1 e2 e3 e4 p1 p2 p3 p4

Raw Data From File d:/cfa/moti.dat

Sample Size = 200

Latent Variables:

welf envi prof

Rationships:

w1 w2 w3 w4   = welf

e1 e2 e3 e4   = envi

p1 p2 p3 p4   = prof

Path diagram

Lisrel Output se tv rs ef mi ss sc nd = 3 iteration = 100

End of Problem

【說明】

在 LISREL 的輸出報表中,首先出現 SIMPLIS 語法程式檔名,副檔名為「*.spj」,之後會重複呈現研究者輸入的語法程式,若是語法、變項有錯誤,會於此部分將問題顯示出來,若是模式無法聚合或收斂,則會出現提示視窗。

表 6-14   ! Motivation Strategy Confirmatory Factor Analysis
　　　　　　Covariance Matrix

	w1	w2	w3	w4	e1	e2
w1	0.931					
w2	0.577	0.741				
w3	0.529	0.482	0.673			
w4	0.477	0.411	0.396	0.748		
e1	0.352	0.347	0.336	0.301	0.566	
e2	0.336	0.280	0.304	0.288	0.289	0.574
e3	0.291	0.294	0.262	0.252	0.277	0.328
e4	0.303	0.327	0.289	0.256	0.298	0.297
p1	0.422	0.425	0.372	0.343	0.317	0.309

	w1	w2	w3	w4	e1	e2
p2	0.417	0.372	0.363	0.351	0.303	0.314
p3	0.423	0.418	0.360	0.353	0.330	0.309
p4	0.383	0.392	0.358	0.351	0.336	0.313

Covariance Matrix (continued)

	e3	e4	p1	p2	p3	p4
e3	0.576					
e4	0.361	0.549				
p1	0.275	0.322	0.851			
p2	0.299	0.304	0.514	0.837		
p3	0.346	0.354	0.530	0.572	0.788	
p4	0.328	0.345	0.461	0.465	0.533	0.685

【說明】

表 6-14 為十二個觀察變項的共變數矩陣，共變數矩陣常稱為 S 矩陣（由母群樣本推導而來），若是研究者不是以原始資料來分析，而是以共變數矩陣為資料檔，則語法程式變為如下。共變數矩陣如果另外存檔，如存在 C 磁碟機「DATA」資料夾下，檔名為「MOTI.COV」，則第四行「Covariance Matrix」更改為：

「Covariance Matrix From File c:/data/moti.cov」。

「moti.cov」的共變數矩陣資料檔如下：

```
0.931
0.577 0.741
0.529 0.482 0.673
0.477 0.411 0.396 0.748
0.352 0.347 0.336 0.301 0.566
0.336 0.280 0.304 0.288 0.289 0.574
0.291 0.294 0.262 0.252 0.277 0.328 0.576
0.303 0.327 0.289 0.256 0.298 0.297 0.361 0.549
0.422 0.425 0.372 0.343 0.317 0.309 0.275 0.322 0.851
0.417 0.372 0.363 0.351 0.303 0.314 0.299 0.304 0.514 0.837
```

0.423 0.418 0.360 0.353 0.330 0.309 0.346 0.354 0.530 0.572 0.788

0.383 0.392 0.358 0.351 0.336 0.313 0.328 0.345 0.461 0.465 0.533 0.685

上述資料分析中有效樣本數為 200 個。直接將共變數矩陣置於 SIMPLIS 語法程式中，其語法程式如下：

```
! Motivation Strategy Confirmatory Factor Analysis
Observed Variables:
w1 w2 w3 w4 e1 e2 e3 e4 p1 p2 p3 p4
Covariance Matrix
0.931
0.577 0.741
0.529 0.482 0.673
0.477 0.411 0.396 0.748
0.352 0.347 0.336 0.301 0.566
0.336 0.280 0.304 0.288 0.289 0.574
0.291 0.294 0.262 0.252 0.277 0.328 0.576
0.303 0.327 0.289 0.256 0.298 0.297 0.361 0.549
0.422 0.425 0.372 0.343 0.317 0.309 0.275 0.322 0.851
0.417 0.372 0.363 0.351 0.303 0.314 0.299 0.304 0.514 0.837
0.423 0.418 0.360 0.353 0.330 0.309 0.346 0.354 0.530 0.572 0.788
0.383 0.392 0.358 0.351 0.336 0.313 0.328 0.345 0.461 0.465 0.533 0.685
Sample Size = 200
Latent Variables:
welf envi prof
Rationships:
w1 w2 w3 w4    = welf
e1 e2 e3 e4    = envi
p1 p2 p3 p4    = prof
Path diagram
Lisrel Output  se tv rs ef mi ss sc nd = 3 iteration = 100
End of Problem
```

! Motivation Strategy Confirmatory Factor Analysis

Parameter Specifications

表 6-15　**LAMBDA-X**

	welf	envi	prof
w1	1	0	0
w2	2	0	0
w3	3	0	0
w4	4	0	0
e1	0	5	0
e2	0	6	0
e3	0	7	0
e4	0	8	0
p1	0	0	9
p2	0	0	10
p3	0	0	11
p4	0	0	12

PHI

	welf	envi	prof
welf	0		
envi	13	0	
prof	14	15	0

THETA-DELTA

W1	w2	W3	w4	e1	e2
16	17	18	19	20	21

THETA-DELTA (continued)

E3	e4	P1	p2	p3	p4
22	23	24	25	26	27

【說明】

上列數據為所有估計的參數，共有 27 個，其中觀察變項（LAMBDA-X）（外衍變項的測量變項）數目有 12 個，潛在因素與潛在因素間相關 Φ（PHI）係數變項數目有 3 個，觀察變項的測量誤差 δ（DELTA）項數目有 12 個，所有估計的參數 = 12 + 3 + 12 = 27。

! Motivation Strategy Confirmatory Factor Analysis

Number of Iterations = 6

【說明】

上為疊代運算的次數，經過六次疊代運算模式達到聚合，若是模式無法聚合或收斂，則會出現警告訊息。

表 6-16　**LISREL Estimates (Maximum Likelihood)**

LAMBDA-X

	welf	envi	prof
w1	0.784	- -	- -
	(0.058)		
	13.404		
w2	0.723	- -	- -
	(0.051)		
	14.086		
w3	0.670	- -	- -
	(0.050)		
	13.507		
w4	0.597	- -	- -
	(0.056)		
	10.668		
e1	- -	0.535	- -
		(0.049)	
		10.940	
e2	- -	0.543	- -
		(0.049)	
		11.048	
e3	- -	0.570	- -

	welf	envi	prof
		(0.048)	
		11.781	
e4	- -	0.578	- -
		(0.047)	
		12.419	
p1	- -	- -	0.694
			(0.058)
			12.060
p2	- -	- -	0.715
			(0.056)
			12.739
p3	- -	- -	0.773
			(0.051)
			15.010
p4	- -	- -	0.685
			(0.049)
			13.871

PHI

	welf	envi	prof
welf	1.000		
envi	0.770	1.000	
	(0.042)		
	18.176		
prof	0.757	0.801	1.000
	(0.040)	(0.038)	
	18.726	20.805	

THETA-DELTA

w1	w2	w3	w4	e1	e2
0.317	0.219	0.224	0.391	0.279	0.279
(0.041)	(0.031)	(0.030)	(0.044)	(0.033)	(0.033)
7.674	7.137	7.601	8.912	8.443	8.396

THETA-DELTA (continued)

e3	e4	p1	p2	p3	p4
0.251	0.215	0.370	0.326	0.191	0.216
(0.031)	(0.028)	(0.043)	(0.039)	(0.029)	(0.028)
8.029	7.630	8.623	8.340	6.686	7.689

【說明】

表 6-16 為採用最大概似法（Maximum Likelihood; ML 法）估計上述 27 個參數的數據，每個參數估計的結果，包括三部分，第一行為參數估計原始數值（非標準化數值）、第二行為參數估計的標準誤，第三行為參數估計顯著性考驗的 t 值，若是 t 值的絕對值大於 1.96，表示該估計參數達到 0.05 的顯著水準、若是 t 值絕對值大於 2.58，表示該估計參數達到 0.01 的顯著水準。參數估計的 t 值如果高於 1.96，表示參數具有統計上的意義。

十二個測量變項（LAMBDA-X）的原始參數估計值為非標準化的λ值，即測量變項在該因素構念的因素負荷量（factor loading），12 個觀察變項原始參數估計值的顯著性考驗之 t 值遠大於 1.96，表示 12 個參數均達到顯著水準。

PHI（Φ）參數估計值以矩陣方式（Φ矩陣）表示，為三個潛在外因變項（ξ）之間的相關，由於各潛在變項的變異數被設定為 1，因而對角線的數值均為 1，對角線下三角形區域的第一個參數為標準化的參數，也就是潛在變項之間的相關係數，潛在變項「福利措施」（welf）、與「健全組織」（envi）、「專業成長」（prof）間的相關分別為.770、.757、而潛在變項「健全組織」（envi）與「專業成長」（prof）間的相關為.801，三個潛在變項間的相關係數均達顯著水準。

「THETA-DELTA」（θ_δ矩陣）為十二個測量變項的測量殘差變異量估計值，即觀察變項的測量誤差，十二個測量誤差值的顯著性考驗也均達.05 的顯著水準，而其估計標準誤的數值均很小，表示無模式界定錯誤的問題。

各參數估計顯著性考驗的 t 值模式圖如下，圖中呈現的數據為 t 檢定值的大小，均大於 1.96，表示各估計參數均達顯著水準，模式的內在品質佳。
上面數據在 SIMPLIS 的輸出格式中為測量方程式中的數據。

原始估計之參數數據如下，指標變項的左邊為測量誤差（THETE-DELTA），中間為非標準化估計值（LAMBDA-X），右邊為三個因素構念間的相關係數（PHI）。

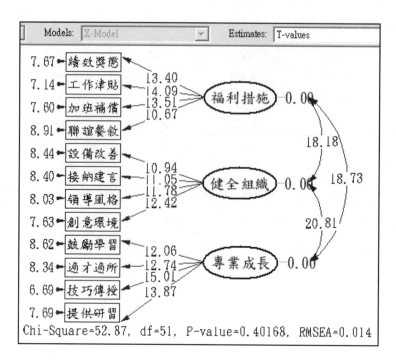

圖 6-3

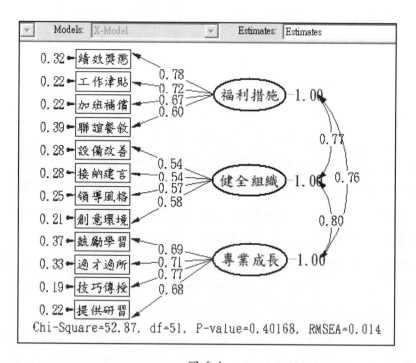

圖 6-4

表 6-17　**Squared Multiple Correlations for X - Variables**

w1	w2	w3	w4	e1	e2
0.660	0.705	0.666	0.477	0.506	0.514

Squared Multiple Correlations for X - Variables (continued)

e3	e4	p1	p2	p3	p4
0.564	0.608	0.566	0.610	0.757	0.684

【說明】

表 6-17 數據為觀察變項（X變項）的多元相關的平方，與複迴歸中的性質相同，表示個別觀察變項被其潛在變項解釋的變異量，此解釋變異量的數值也就是個別測量變項的信度係數，其中除了「聯誼餐敘」（w4）被其潛在變項「福利措施」（welf）解釋的變異量低於 0.50 外，其餘個別測量變項的信度係數都在 0.50 以上。三個潛在變項的平均抽取變異量分別為.6270、.5483、.6543，均大於 0.50，表示模式的內在品質佳（潛在變項的平均抽取變異量由下面完全標準化解值中數據計算而來）。

Goodness of Fit Statistics

Degrees of Freedom = 51

Minimum Fit Function Chi-Square = 50.923 (P = 0.477)

Normal Theory Weighted Least Squares Chi-Square = 52.872 (P = 0.402)

Estimated Non-centrality Parameter (NCP) = 1.872

90 Percent Confidence Interval for NCP = (0.0; 23.377)

Minimum Fit Function Value = 0.256

Population Discrepancy Function Value (F0) = 0.00941

90 Percent Confidence Interval for F0 = (0.0; 0.117)

Root Mean Square Error of Approximation (RMSEA) = 0.0136

90 Percent Confidence Interval for RMSEA = (0.0; 0.0480)

P-Value for Test of Close Fit (RMSEA < 0.05) = 0.962

Expected Cross-Validation Index (ECVI) = 0.537

90 Percent Confidence Interval for ECVI = (0.528; 0.645)

ECVI for Saturated Model = 0.784

ECVI for Independence Model = 7.240

Chi-Square for Independence Model with 66 Degrees of Freedom = 1416.745

Independence AIC = 1440.745

Model AIC = 106.872

Saturated AIC = 156.000

Independence CAIC = 1492.324

Model CAIC = 222.927

Saturated CAIC = 491.269

Normed Fit Index (NFI) = 0.964

Non-Normed Fit Index (NNFI) = 1.000

Parsimony Normed Fit Index (PNFI) = 0.745

Comparative Fit Index (CFI) = 1.000

Incremental Fit Index (IFI) = 1.000

Relative Fit Index (RFI) = 0.953

Critical N (CN) = 303.436

Root Mean Square Residual (RMR) = 0.0229

Standardized RMR = 0.0337

Goodness of Fit Index (GFI) = 0.958

Adjusted Goodness of Fit Index (AGFI) = 0.935

Parsimony Goodness of Fit Index (PGFI) = 0.626

【說明】

上列數據為整體模式適配度的檢驗的指標。將上述的數據與模式檢定的判斷標準整理如表 6-18：

表 6-18

統計檢定量	適配的標準或臨界值	檢定結果數據	模式適配判斷
絕對適配度指數			
χ^2 值	p>.05（未達顯著水準）	52.872（p>0.05）	是
RMR 值	<0.05	0.023	是
SRMR 值	≦0.05	0.034	是

統計檢定量	適配的標準或臨界值	檢定結果數據	模式適配判斷
RMSEA 值	<0.08（若<.05 優良；<.08 良好）	0.014	是
GFI 值	>.90 以上	0.958	是
AGFI 值	>.90 以上	0.935	是
Q-plot 的殘差分布圖	成直線且角度大於 45 度	成直線但角度略小於 45 度線	否
增值適配度指數			
NFI 值	>.90 以上	0.964	是
RFI 值	>.90 以上	0.953	是
IFI 值	>.90 以上	1.000	是
TLI 值（NNFI 值）	>.90 以上	1.000	是
CFI 值	>.90 以上	1.000	是
簡約適配度指數			
PNFI 值	>.50 以上	0.745	是
PGFI 值	>.50 以上	0.626	是
CN 值	>200	303.436	是
χ^2 自由度比	<2.00	$52.872 \div 51 = 1.037$	是

　　表 6-18 中 χ^2 值在自由度等於 51 時，其數值等於 52.872，p = .402>.05，表示未達.05 顯著水準，應接受虛無假設，研究者所提的「激勵策略量表」之因素構念假設模式與實際資料可以契合。再從其他整體適配度指標來看，除標準化殘差值分布之 Q-plot 圖未達檢驗標準，其餘評鑑指標均達到模式可接受的標準值，其中 RMSEA 值等於 0.014、RMR 值等於 0.023、SRMR 值等於 0.034、GFI 值等於 0.958、AGFI 值等於 0.935、NFI 值等於 0.964、NNFI 值等於 1.000、CFI 值等於 1.000、IFI 值等於 1.000、RFI 值等於 0.953、CN 值等於 303.436，可見整體模式的適配度非常理想。理論模式的 CAIC 值等於 222.927，小於飽和模式的 CAIC 值（＝491.269），也小於獨立式模式的 CAIC 值（＝1492.324）；而理論模式的 AIC 值等於 106.872，小於飽和模式的 AIC 值（＝156.000），也小於獨立式模式的 AIC 值（222.927），達到模式可接受的標準。而理論模式的 ECVI 值等於 0.537，小於飽和模式的 ECVI 值（0.784），且小於獨立模式的 ECVI 值（7.240），表示模式可以接受。

表 6-19　**Standardized Residuals**

	w1	w2	w3	W4	e1	e2
w1	- -					
w2	0.901	- -				
w3	0.298	− 0.256	- -			
w4	0.469	− 1.325	− 0.244	- -		
e1	1.083	2.172	2.651	1.914	- -	
e2	0.320	− 0.976	1.078	1.342	− 0.103	- -
e3	− 2.127	− 1.087	− 1.532	− 0.361	− 1.986	1.307
e4	− 1.964	0.290	− 0.469	− 0.404	− 0.900	− 1.303
p1	0.310	1.658	0.747	0.850	0.721	0.260
p2	− 0.231	− 0.707	0.022	0.858	− 0.150	0.104
p3	− 1.450	− 0.196	− 1.525	0.138	− 0.068	− 1.308
p4	− 0.926	0.809	0.527	1.495	1.979	0.735

Standardized Residuals　(continued)

	e3	e4	p1	p2	p3	p4
e3	- -					
e4	2.784	- -				
p1	− 1.624	0.036	- -			
p2	− 1.101	− 1.179	0.896	- -		
p3	− 0.346	− 0.221	− 0.475	1.772	- -	
p4	0.787	1.497	− 0.936	− 1.815	0.486	- -

【說明】

　　表 6-19 數據為標準化殘差值，其中有二個絕對值大於 2.58（亦有學者採用絕對值 1.96 為判別標準，在 SIMPLIS 輸出的殘差值統計量中，將絕對值 2.58 以上者，歸類較大的標準化殘差值），表示模式中有敘列誤差的情形，模式個別參數中有界定錯誤或不良適配的狀況，但此情況不嚴重。標準化適配殘差值可作為模式內在品質的判斷指標之一。

Summary Statistics for Standardized Residuals

Smallest Standardized Residual = − 2.127

　Median Standardized Residual = 　0.000

Largest Standardized Residual = 　2.784

【說明】

　　上表數據簡要呈現最大標準化適配殘差值、最小標準化適配殘差值、中位數標準化適配殘差值，其數值分別為 2.784、0.000、− 2.127。

Stemleaf Plot

− 2|100

− 1|86555

− 1|3332110

− 0|999755

− 0|4433222211100000000000000

　0|1133333

　0|555777888999

　1|1133

　1|55789

　2|02

　2|78

【說明】

　　上表為標準化適配殘差值的莖葉圖。「|」直短線表示小數點，左邊的數字為個位數、右邊為小數第一位，如「2|78」表示有二個標準化殘差適配殘差值，其數值分別為 2.7（2.651 四捨五入值）、2.8（2.784 四捨五入值）。

表 6-20　**Largest Positive Standardized Residuals**

Residual for	e1	and	w3	2.651
Residual for	e4	and	e3	2.784

【說明】

上表為正的標準化適配殘差值大於 2.58 的數據，由於負的標準化適配殘差值的絕對值沒有大於 2.58 者，故沒有呈現出來。

```
! Motivation Strategy Confirmatory Factor Analysis
Qplot of Standardized Residuals
  3.5..........................................................................
     .                                                                    ..
     .                                                                   .
     .                                                                  .
     .                                                                 .
     .                                                                .
     .                                                              .
     .                                                            .
     .                                                     .    x .
     .                                                       x  .
     .                                                  . x     .
     .                                                 x       .
     .                                               xx        .
  N  .                                         .    x x        .
  o  .                                          * x           .
  r  .                                    x  *                 .
  m  .                                  .xx                    .
  a  .                                 *x                      .
  l  .                               x* x                      .
     .                             .*                          .
  Q  .                            x*x                          .
  u  .                           *xx                           .
  a  .                         *                               .
  n  .                       x*x                               .
  t  .                     x .*                                .
  i  .                    xx .                                 .
  l  .                  x* .                                   .
  e  .                x  .                                     .
  s  .              * .                                        .
     .            xx .                                         .
     .          x  .                                           .
```

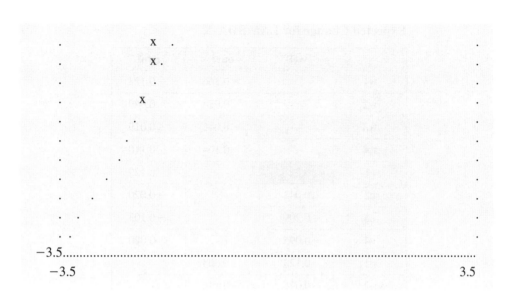

```
        .           X .                                                    .
        .           X .                                                    .
        .                                                                  .
        .        X                                                         .
        .           .                                                      .
        .         .                                                        .
        .       .                                                          .
        .     .                                                            .
        .   .                                                              .
        . .                                                                .
     -3.5...................................................................
       -3.5                                                              3.5
```

【說明】

上圖為標準化適配殘差值之常態機率圖（normal probability plot），圖中顯示大部分的標準化適配殘差值剛好沿著 45°對角線分布，但分布圖的角度則小於45°，若是從標準化適配殘差值之常態機率圖來判別，模式的整體適配度欠佳。

! Motivation Strategy Confirmatory Factor Analysis

Modification Indices and Expected Change

表 6-21 **Modification Indices for LAMBDA-X**

	welf	envi	prof
w1	- -	2.647	1.746
w2	- -	0.074	0.349
w3	- -	0.270	0.058
w4	- -	1.100	1.469
e1	10.453	- -	1.721
e2	0.230	- -	0.040
e3	5.510	- -	1.095
e4	1.207	- -	0.000
p1	1.862	0.002	- -
p2	0.088	1.214	- -
p3	2.900	1.732	- -
p4	0.863	5.979	- -

Expected Change for LAMBDA-X

	welf	envi	prof
w1	- -	− 0.166	− 0.123
w2	- -	0.024	0.049
w3	- -	0.045	− 0.019
w4	- -	0.104	0.110
e1	0.288	- -	0.129
e2	0.043	- -	− 0.020
e3	− 0.209	- -	− 0.103
e4	− 0.095	- -	0.000
p1	0.124	− 0.004	- -
p2	− 0.026	− 0.116	- -
p3	− 0.137	− 0.129	- -
p4	0.071	0.226	- -

No Non-Zero Modification Indices for PHI

Modification Indices for THETA-DELTA

	w1	w2	w3	w4	e1	e2
w1	- -					
w2	0.812	- -				
w3	0.089	0.065	- -			
w4	0.220	1.756	0.060	- -		
e1	0.020	0.531	2.191	0.370	- -	
e2	0.893	4.328	1.119	1.158	0.011	- -
e3	0.634	0.004	1.077	0.009	3.945	1.708
e4	1.913	1.334	0.104	0.666	0.809	1.697
p1	0.037	1.537	0.062	0.058	0.124	0.227
p2	0.513	1.762	0.184	0.326	0.192	0.588
p3	0.022	0.196	1.893	0.080	0.495	1.987
p4	1.548	0.035	0.149	0.804	0.951	0.019

Modification Indices for THETA-DELTA (continued)

	e3	e4	p1	p2	p3	p4
e3	- -					
e4	7.748	- -				
p1	3.121	0.006	- -			
p2	0.201	1.207	0.803	- -		
p3	0.874	0.113	0.225	3.141	- -	
p4	0.412	0.859	0.876	3.295	0.236	- -

Maximum Modification Index is   10.45 for Element (5, 1) of LAMBDA-X

【說明】

表 6-21 為各個參數的修正指標值，其中最大的修正指標值為 10.45，如果修正指標值大於 5 時，表示該殘差值具有修正的必要，但模式修正應與理論或經驗法則相契合，或重新抽取一組樣本施測，以重新考驗修正後新模式的適配情形。上述最大修正指標為 λ_{x51}，表示觀察變項「設備改善」（e1）與潛在變項「福利措施」（welf）間可能有所關連，將此結構納入模式當中，期望參數改變值為 0.288。修正指標後的模式概念圖如圖 6-5：

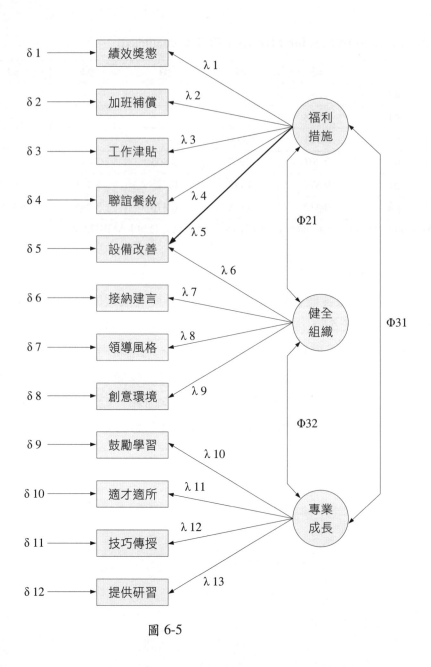

圖 6-5

LISREL 所輸出的修正指標模式圖如下，此模式圖顯示將「設備改善」指標
變項也同時作為「福利措施」潛在變項間的觀察變項，可以減少卡方值 10.45，
新的估計值為 0.29。

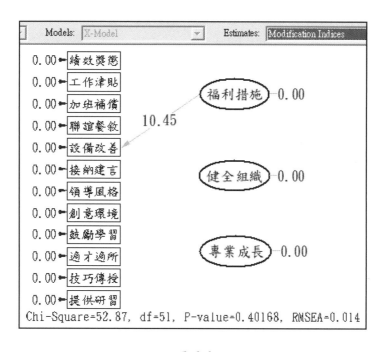

圖 6-6

修正指標後的期望參數改變值的模式圖如圖 6-7：

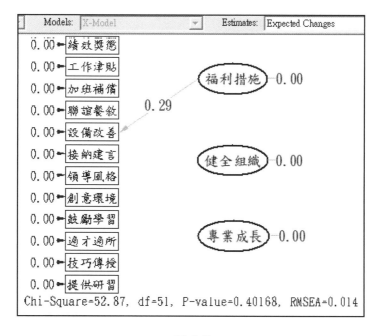

圖 6-7

在LISREL圖示視窗中，若是選項為「估計值」（Estimates），則圖示如下：

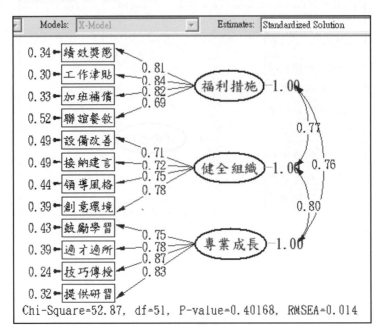

圖 6-8

! Motivation Strategy Confirmatory Factor Analysis

Completely Standardized Solution

表 6-22 **LAMBDA-X**

	welf	envi	prof
w1	0.812	- -	- -
w2	0.839	- -	- -
w3	0.816	- -	- -
w4	0.691	- -	- -
e1	- -	0.712	- -
e2	- -	0.717	- -
e3	- -	0.751	- -
e4	- -	0.780	- -
p1	- -	- -	0.752
p2	- -	- -	0.781
p3	- -	- -	0.870
p4	- -	- -	0.827

【說明】

上表LAMBDA-X的完全標準化參數估計值（Completely Standardized Solution），即每個觀察變項的因素負荷量，其數值在 0.691 至 0.870 之間，λ值均高於 0.50，且小於 0.95，表示模式基本適配度佳。在完全標準化解值中，觀察變項與潛在變項均被設定為標準化係數。

完全標準化係數估計值中可以計算出三個潛在變項的組合信度分別是：

$$\rho_{\zeta 1} = \frac{(.812 + .839 + .816 + .691)^2}{(.812 + .839 + .816 + .691)^2 + (.340 + .295 + .334 + .523)} = .8699$$

$$\rho_{\zeta 2} = \frac{(.712 + .717 + .751 + .780)^2}{(.712 + .717 + .751 + .780)^2 + (.494 + .486 + .436 + .392)} = .8289$$

$$\rho_{\zeta 1} = \frac{(.752 + .781 + .870 + .827)^2}{(.752 + .781 + .870 + .827)^2 + (.434 + .390 + .243 + .316)} = .8830$$

潛在變項的組合信度（composite reliability）為模式內在品質的判別準則之一，此種檢定方法又稱為「建構信度」判別法，若是潛在變項的組合信度值在.60 以上，表示模式的內在品質理想。組合信度的公式如下：

$$\rho_c = \frac{(\Sigma \lambda)^2}{[(\Sigma \lambda)^2 + \Sigma(\theta)]} = \frac{(\Sigma 標準化因素負荷量)^2}{[(\Sigma 標準化因素負荷量)^2 + \Sigma(\theta)]}$$

上述公式符號中ρ_c為組合信度、λ為觀察變項在潛在變項上的完全標準化參數估計值、θ為觀察變項的測量誤差。

此外，根據上列數據也可以計算出三個潛在變項的平均變異量抽取值，如果潛在變項的平均變異量抽取值大於 0.50，表示模式的基本適配情形良好（內在品質佳）。潛在變項的平均變異量的估算公式如下：

$$\rho_v = \frac{(\Sigma \lambda^2)}{[(\Sigma \lambda^2) + \Sigma(\theta)]} = \frac{(\Sigma 標準化因素負荷量^2)}{[(\Sigma 標準化因素負荷量^2) + \Sigma(\theta)]}$$

表 6-23　PHI

	welf	envi	prof
Welf	1.000		
Envi	0.770	1.000	
prof	0.757	0.801	1.000

【說明】

上表為三個潛在變項（因素構念ξ）間的相關矩陣（Φ矩陣），對角線為潛在變項與自己的相關，故其相關係數均為 1。

表 6-24　**THETA-DELTA**

W1	w2	w3	w4	e1	e2
0.340	0.295	0.334	0.523	0.494	0.486

THETA-DELTA (continued)

e3	e4	p1	p2	p3	p4
0.436	0.392	0.434	0.390	0.243	0.316

【說明】

表 6-24THETA-DELTA 值為θ_δ矩陣，是影響外因觀察變項的唯一性因素（測量誤差值），其數值介於.243 至.523 之間。

◎ 模式契合度評鑑結果摘要表

表 6-25　「激勵策略量表」驗證性因素分析之基本適配度檢定摘要表

評鑑項目	檢定結果數據	模式適配判斷
是否沒有負的誤差變異數	均為正數	是
因素負荷量是否介於 0.5 至 0.95 之間	0.691 至 0.870	是
是否沒有很大的標準誤	0.028 至 0.058	是

表 6-26　「激勵策略量表」驗證性因素分析之模式內在品質檢定摘要表

評鑑項目	檢定結果數據	模式適配判斷
所估計的參數均達到顯著水準	t 值 6.686 至 18.176	是
個別項目的信度高於 0.50	一個<.50	否
潛在變項的平均抽取變異量大於 0.50	0.5483 至 0.6543	是
潛在變項的組合信度大於 0.60	0.8289 至 0.8830	是

評鑑項目	檢定結果數據	模式適配判斷
標準化殘差的絕對值小於 2.58	2 個>2.58	否
修正指標小於 5.00	3 個大於 5.00	否

「激勵策略量表」驗證性因素分析標準化解值（Standard Solute）的模式圖如圖 6-9：

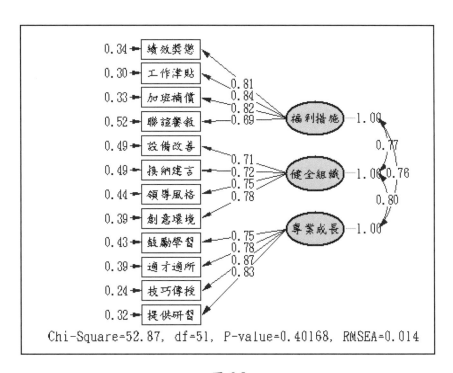

圖 6-9

採取 SIMPLIS 的輸出結果，其語法如下：

Title「激勵策略量表」驗證性因素分析

Observed Variables:

績效獎懲　工作津貼　加班補償　聯誼餐敘

設備改善　接納建言　領導風格　創意環境

鼓勵學習　適才適所　技巧傳授　提供研習

Raw Data From File d:/cfa/moti.dat

Sample Size = 200

Latent Variables:

福利措施　健全組織　專業成長

Rationships:

績效獎懲　工作津貼　加班補償　聯誼餐敘 = 福利措施

設備改善　接納建言　領導風格　創意環境 = 健全組織

鼓勵學習　適才適所　技巧傳授　提供研習 = 專業成長

Path diagram

Options: RS MI SC ND = 3 IT = 100

End of Problem

下面數據為其主要輸出報表：

「激勵策略量表」驗證性因素分析

Covariance Matrix

	績效獎懲	工作津貼	加班補償	聯誼餐敘	設備改善	接納建言
績效獎懲	0.93					
工作津貼	0.58	0.74				
加班補償	0.53	0.48	0.67			
聯誼餐敘	0.48	0.41	0.40	0.75		
設備改善	0.35	0.35	0.34	0.30	0.57	
接納建言	0.34	0.28	0.30	0.29	0.29	0.57
領導風格	0.29	0.29	0.26	0.25	0.28	0.33
創意環境	0.30	0.33	0.29	0.26	0.30	0.30
鼓勵學習	0.42	0.43	0.37	0.34	0.32	0.31
適才適所	0.42	0.37	0.36	0.35	0.30	0.31
技巧傳授	0.42	0.42	0.36	0.35	0.33	0.31
提供研習	0.38	0.39	0.36	0.35	0.34	0.31

Covariance Matrix

	領導風格	創意環境	鼓勵學習	適才適所	技巧傳授	提供研習
領導風格	0.58					

創意環境	0.36	0.55			
鼓勵學習	0.27	0.32	0.85		
適才適所	0.30	0.30	0.51	0.84	
技巧傳授	0.35	0.35	0.53	0.57	0.79
提供研習	0.33	0.34	0.46	0.46	0.53	0.68

【說明】

　　上表為十二個指標變項間的共變數矩陣，若以此矩陣為分析資料檔，則會獲得同樣結果，此矩陣即為母群樣本導出的 S 矩陣。

「激勵策略量表」驗證性因素分析

Number of Iterations = 6

LISREL Estimates (Maximum Likelihood)

Measurement Equations

績效獎懲 = 0.78*福利措施，Errorvar.= 0.32，$R^2 = 0.66$

　　　　　(0.058)　　　　　　　　　(0.041)

　　　　　13.40　　　　　　　　　　7.67

工作津貼 = 0.72*福利措施，Errorvar.= 0.22，$R^2 = 0.70$

　　　　　(0.051)　　　　　　　　　(0.031)

　　　　　14.09　　　　　　　　　　7.14

加班補償 = 0.67*福利措施，Errorvar.= 0.22，$R^2 = 0.67$

　　　　　(0.050)　　　　　　　　　(0.030)

　　　　　13.51　　　　　　　　　　7.60

聯誼餐敘 = 0.60*福利措施，Errorvar.= 0.39，$R^2 = 0.48$

　　　　　(0.056)　　　　　　　　　(0.044)

　　　　　10.67　　　　　　　　　　8.91

設備改善 = 0.54*健全組織，Errorvar.= 0.28，$R^2 = 0.51$

　　　　　(0.049)　　　　　　　　　(0.033)

　　　　　10.94　　　　　　　　　　8.44

接納建言 = 0.54*健全組織，Errorvar.= 0.28，$R^2 = 0.51$

　　　　　(0.049)　　　　　　　　　(0.033)

	11.05	8.40

領導風格 = 0.57*健全組織，Errorvar.= 0.25，R^2 = 0.56

      (0.048)   (0.031)

      11.78   8.03

創意環境 = 0.58*健全組織，Errorvar.= 0.21，R^2 = 0.61

      (0.047)   (0.028)

      12.42   7.63

鼓勵學習 = 0.69*專業成長，Errorvar.= 0.37，R^2 = 0.57

      (0.058)   (0.043)

      12.06   8.62

適才適所 = 0.71*專業成長，Errorvar.= 0.33，R^2 = 0.61

      (0.056)   (0.039)

      12.74   8.34

技巧傳授 = 0.77*專業成長，Errorvar.= 0.19，R^2 = 0.76

      (0.051)   (0.029)

      15.01   6.69

提供研習 = 0.68*專業成長，Errorvar.= 0.22，R^2 = 0.68

      (0.049)   (0.028)

      13.87   7.69

【說明】

    上表中的數據中，為十二個測量方程式（因為有十二個測量指標變項）。由於潛在變項是以標準化形式來表達（程式內定選項），其數字為原始估計值的迴歸係數或因素負荷量，以第一個績效獎懲變項而言，其與潛在變項的相關為 0.78，此 0.78 為原始參數估計值，其下的括號數字 0.058，為該係數的估計標準誤，第三行的數字為迴歸係數估計值（0.78）除以估計標準誤（0.058），其數值等於顯著性考驗的 t 值。中間三行的數字，Errorvar.為測量誤差的變異數（0.32），其估計標準誤為 0.041，二者的比值為顯著性考驗的 t 值。最後一行的 R^2 為個別觀察變項的信度指標值，也就是在原 LISREL 報表中呈現的 X 變項（觀察變項）的多元相關的平方（Squared Multiple Correlations for X-Variables），「績效獎懲」的 R^2 為 0.66，表示「績效獎懲」指標變項可以被其潛在變項解釋或預測的部分，而無

法解釋的部分（＝1－R²）即為測量誤差（measurement errors），測量誤差的變異數為 0.32。觀察變項多元相關的平方通常被視為個別項目信度指標，用以解釋或預測指標變項被其反映之潛在變項所能解釋的變異程度。

績效獎懲 ＝ 0.78*福利措施，Errorvar.＝ 0.32，R² = 0.66

      (0.058)   (0.041)

      13.40   7.67

上面數據所表示的測量模式如圖 6-10：

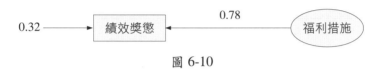

圖 6-10

原始化參數估計值及其測量誤差的模式圖如圖 6-11：

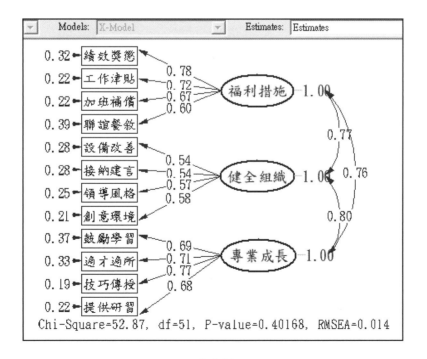

圖 6-11

Correlation Matrix of Independent Variables

	福利措施	健全組織	專業成長
	------------	------------	------------
福利措施	1.00		
健全組織	0.77	1.00	
	(0.04)		
	18.18		
專業成長	0.76	0.80	1.00
	(0.04)	(0.04)	
	18.73	20.81	

【說明】

上表為三個潛在變項（因素構念）間之相關矩陣，括號內的數字為估計標準誤，相關係數值除以估計標準誤為第三行顯著性考驗的t值，三個相關係數分別為 0.77、0.76、0.80，均達到 0.05 的顯著水準。

Goodness of Fit Statistics

Degrees of Freedom = 51

Minimum Fit Function Chi-Square = 50.92 (P = 0.48)

Normal Theory Weighted Least Squares Chi-Square = 52.87 (P = 0.40)

Estimated Non-centrality Parameter (NCP) = 1.87

90 Percent Confidence Interval for NCP = (0.0; 23.38)

Minimum Fit Function Value = 0.26

Population Discrepancy Function Value (F0) = 0.0094

90 Percent Confidence Interval for F0 = (0.0; 0.12)

Root Mean Square Error of Approximation (RMSEA) = 0.014

90 Percent Confidence Interval for RMSEA = (0.0; 0.048)

P-Value for Test of Close Fit (RMSEA < 0.05) = 0.96

Expected Cross-Validation Index (ECVI) = 0.54

90 Percent Confidence Interval for ECVI = (0.53; 0.65)

ECVI for Saturated Model = 0.78

ECVI for Independence Model = 17.74

Chi-Square for Independence Model with 66 Degrees of Freedom = 3507.05

Independence AIC = 3531.05

Model AIC = 106.87

Saturated AIC = 156.00

Independence CAIC = 3582.63

Model CAIC = 222.93

Saturated CAIC = 491.27

Normed Fit Index (NFI) = 0.99

Non-Normed Fit Index (NNFI) = 1.00

Parsimony Normed Fit Index (PNFI) = 0.76

Comparative Fit Index (CFI) = 1.00

Incremental Fit Index (IFI) = 1.00

Relative Fit Index (RFI) = 0.98

Critical N (CN) = 303.44

Root Mean Square Residual (RMR) = 0.023

Standardized RMR = 0.034

Goodness of Fit Index (GFI) = 0.96

Adjusted Goodness of Fit Index (AGFI) = 0.94

Parsimony Goodness of Fit Index (PGFI) = 0.63

【說明】

上表為整體模式適配度的檢核數據，所有的適配指標均達到標準，表示研究者所提因素構念模式與實際資料的適配良好（fit well），二者之間可以契合。SIMPLIS 呈現的結果與 LISREL 呈現的報表數據完全相同，研究者可相互對照一下。

Summary Statistics for Standardized Residuals

Smallest Standardized Residual = − 2.13

 Median Standardized Residual =   0.00

 Largest Standardized Residual =   2.78

Largest Positive Standardized Residuals

Residual for 設備改善 and 加班補償 2.65

Residual for 創意環境 and 領導風格　2.78
The Modification Indices Suggest to Add the

Path to	from	Decrease in Chi-Square	New Estimate
設備改善	福利措施	10.5	0.29

【說明】

上表為標準化殘差值的摘要統計量，其數據均與上述結果相同，故省略中間部分。在修正指標的建議部分，若是增加「設備改善」指標變項與「福利措施」潛在變項間的路徑，即將「設備改善」指標變項也同時作為「福利措施」潛在變項間的觀察變項，可以減少卡方值 10.5，新的估計值為 0.29。此時，「設備改善」不僅受到原先潛在變項（因素構念）「健全組織」的影響，也同時受到潛在變項（因素構念）「福利措施」的影響。

修正後的語法程式如下：

Title 「激勵策略量表」驗證性因素分析
Observed Variables:
績效獎懲　工作津貼　加班補償　聯誼餐敘
設備改善　接納建言　領導風格　創意環境
鼓勵學習　適才適所　技巧傳授　提供研習
Raw Data From File d:/cfa/moti.dat
Sample Size = 200
Latent Variables:
福利措施　健全組織　專業成長
Rationships:
績效獎懲　工作津貼　加班補償　聯誼餐敘　設備改善 = 福利措施
設備改善　接納建言　領導風格　創意環境　　　　　 = 健全組織
鼓勵學習　適才適所　技巧傳授　提供研習　　　　　 = 專業成長
Path diagram
Options: RS MI SC ND = 3 IT = 100
End of Problem

【說明】

修正的語法程式與初始語法程式的差別在於下列二行

初始模式：績效獎懲　工作津貼　加班補償　聯誼餐敘＝福利措施

修正模式：績效獎懲　工作津貼　加班補償　聯誼餐敘　設備改善＝福利措施

在修正模式中，也把「設備改善」作為「福利措施」的測量指標變項之一。初始模式中，因素構念「福利措施」的測量指標變項有四個，修正模式中，因素構念「福利措施」的測量指標變項有五個。

修正後的概念模式圖如圖6-12：與原先因果模式圖相較之下，新增「設備改善」與「福利措施」的路徑。

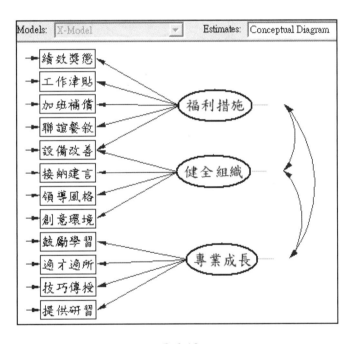

圖 6-12

修正後的原始參數估計值及測量誤差圖如下：依照修正指標，增加「設備改善」指標變項與「福利措施」潛在變項間的路徑關係，則整體模式適配度的卡方值由 52.87 降為 41.96，自由度由 51 變為 50，顯著性的機率值 p 由 0.40168 變為 0.78332、p>0.05，未達到顯著水準，表示整體模式的契合度良好；此外 RMSEA 值由 0.014 降為 0.000，顯示新修正的模式圖比原先研究者所提的模式圖更能契合資料，其適配性更佳。不過，此種修正可能會違背原先驗證性因素分析的目的，

轉而為一種探索性因素分析，若是研究者要依據修正指標來建構新的模式，最好重新取樣，以不同的受試樣本來進行新模式適配度的檢驗。

修正後的原始參數估計值模式圖如圖 6-13：

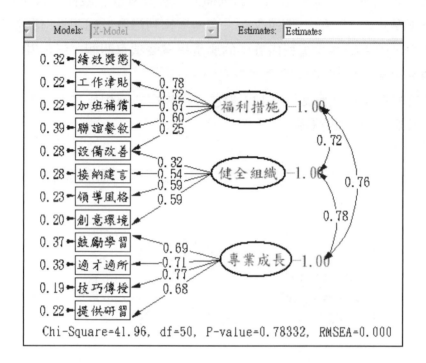

圖 6-13

各估計參數顯著性考驗的 t 值模式圖如下，所有估計參數均達顯著，包括新增列的修正指標路徑係數，也達到顯著水準。

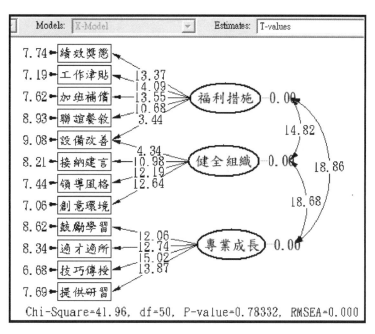

圖 6-14

修正後的標準化解值及卡方值如圖 6-15：

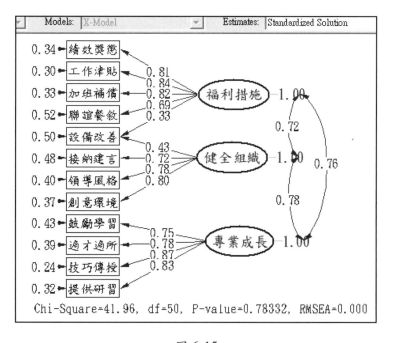

圖 6-15

新的修正指標圖中沒有再出現需要設定的新路徑或共變界定，表示修正的假設模型與觀察資料適配良好，不需再對模式圖修正。

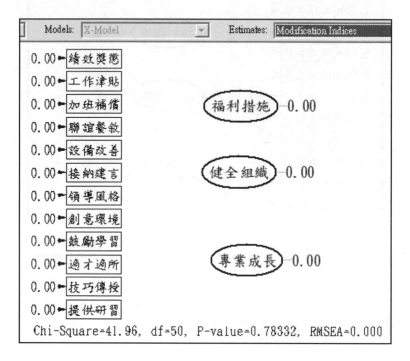

圖 6-16

第7章
二階驗證性因素分析

S tructural

E quation

M odeling

　　二階驗證性因素分析（two-order confirmatory factor analysis; TCFA），又稱「高階驗證性因素分析」（higher-order confirmatory factor analysis; HCFA）。所謂高階驗證性因素分析，顧名思義就是在 CFA 模式中，因素的結構有著高低階不同層次的區別。CFA應用於檢驗假設理論模式之時，基於理論模式複雜度的需要，因素層面（潛在變項）間可能存有更為高階的潛在結構，亦即，在一階驗證性因素分析中，觀察變項或測量指標可能受到某種潛在變項的影響，而這些潛在變項因素背後有著更高層次的共同因素，此更高層次的共同因素稱為「高階因素」（higher-order factor），涉及高階因素的 CFA 分析，即稱為二階驗證性因素分析（邱皓政，民 94）。而一階驗證性因素分析，也稱為初階因素（first-order factors）的驗證性分析。

　　一個「知識管理量表」高階因素模式圖如圖 7-1：

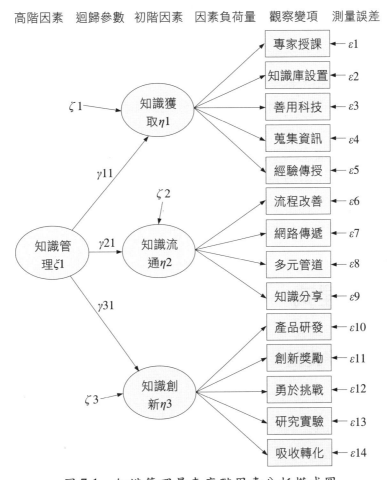

圖 7-1　知識管理量表高階因素分析模式圖

7.1　研究問題

　　某一企業管理學者想編製一份「知識管理」（Knowledge Management）量表，此學者根據文獻與知識管理理論發現，知識管理可以分為「知識獲取」、「知識流通」、「知識創新」三個構念（層面），此三個構念共同構成一個「知識管理共同因素」。此學者進一步根據各個構念分別編製四至五個測量題項，其中「知識獲取」（acqu）包括五個測量題項、「知識流通」（circ）包括四個測量題項、「知識創新」（crea）包括五個測量題項，編製完成的「知識管理量表」共計包含十四個測量題項。之後，此學者採取分層隨機抽樣抽取企業員工 200 位填寫其編製的「知識管理量表」，試以驗證性因素分析探究此學者編製之「知識管理量表」的建構效度為何？

　　1.「知識獲取」構念的測量指標變項分別為：專家授課、知識庫設置、善用科技、蒐集資訊、經驗傳授。

　　2.「知識流通」構念的測量指標變項分別為：流程改善、網路傳遞、多元管道、知識分享。

　　3.「知識創新」構念的測量指標變項分別為：產品研發、創新獎勵、勇於挑戰、研究實驗、吸收轉化。

　　「知識管理量表」包含三個初階因素（潛在構念）：知識獲取、知識流通、知識創新，量表的測量指標變項共有十五項。

7.2　語法程式

▋變項以英文字代替

```
! Second-order CFA
Observed Variables:
x1 x2 x3 x4 x5 x6 x7 x8 x9 x10 x11 x12 x13 x14
```

Raw Data From File d:/cfa_1/twofact.dat

Sample Size = 200

Latent Variables:

acqu circ crea km

Rationships:

x1 x2 x3 x4 x5	= acqu
x6 x7 x8 x9	= circ
x10 x11 x12 x13 x14	= crea

Paths:

km → acqu circ crea

Path diagram

Lisrel Output se tv rs ef mi ss sc nd = 2 iteration = 100

End of Problem

觀察變項及潛在變項以中文字表示，語法程式如下

！二階驗證性因素分析

Observed Variables:

專家授課　知識庫設置　善用科技　蒐集資訊　經驗傳承

流程改善　網路傳遞　多元管道　知識分享

產品研發　創新獎勵　勇於挑戰　研究實驗　吸收轉化

Raw Data From File d:/cfa_1/twofact.dat

Sample Size = 200

Latent Variables:

知識獲取　知識流通　知識創新　知識管理

Rationships:

專家授課　知識庫設置　善用科技　蒐集資訊　經驗傳承＝知識獲取

流程改善　網路傳遞　多元管道　知識分享　　　　　＝知識流通

產品研發　創新獎勵　勇於挑戰　研究實驗　吸收轉化＝知識創新

```
Paths:
知識管理→知識獲取    知識流通    知識創新
Path diagram
Lisrel Output se tv rs ef mi ss sc nd = 2 iteration = 100
End of Problem
```

【說明】

　　上表中以「Rationships:」關鍵字界定三個測量模式,而以「Paths:」關鍵字界定結構模式。受試的樣本共有200位。模式分析中直接讀取資料檔「twofact.dat」。

以 SIMPLIS 的格式輸出報表之語法

```
！二階驗證性因素分析
Observed Variables:
專家授課    知識庫設置    善用科技    蒐集資訊    經驗傳承
流程改善    網路傳遞    多元管道    知識分享
產品研發    創新獎勵    勇於挑戰    研究實驗    吸收轉化
Raw Data From File d:/cfa_1/twofact.dat
Sample Size = 200
Latent Variables:
知識獲取    知識流通    知識創新    知識管理
Rationships:
專家授課    知識庫設置    善用科技    蒐集資訊    經驗傳承 = 知識獲取
流程改善    網路傳遞    多元管道    知識分享              = 知識流通
產品研發    創新獎勵    勇於挑戰    研究實驗    吸收轉化 = 知識創新
Paths:
知識管理→知識獲取    知識流通    知識創新
Path diagram
Options: RS SC MI ND = 2 IT = 100
End of Problem
```

LISREL 根據模式分析之 SIMPLIS 語法程式所繪製的概念模式圖如下圖 7-2：

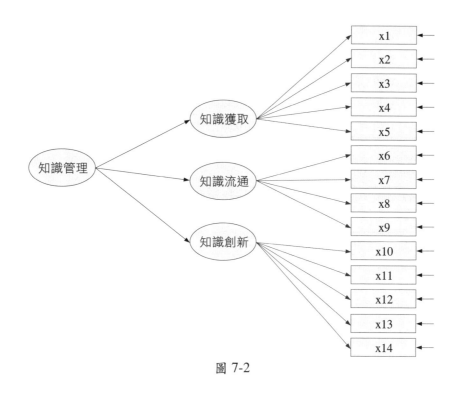

圖 7-2

7.3 結果報表

! Second-order CFA

Covariance Matrix

	x1	**x2**	**x3**	**x4**	**x5**	**x6**
x1	0.90					
x2	0.57	0.93				
x3	0.45	0.58	0.74			
x4	0.41	0.53	0.48	0.67		
x5	0.41	0.48	0.41	0.40	0.75	
x6	0.32	0.35	0.35	0.34	0.30	0.57
x7	0.32	0.34	0.28	0.30	0.29	0.29
x8	0.28	0.29	0.29	0.26	0.25	0.28

	x1	x2	x3	x4	x5	x6
x9	0.30	0.30	0.33	0.29	0.26	0.30
x10	0.41	0.41	0.39	0.34	0.35	0.32
x11	0.43	0.42	0.43	0.37	0.34	0.32
x12	0.39	0.42	0.37	0.36	0.35	0.30
x13	0.40	0.42	0.42	0.36	0.35	0.33
x14	0.40	0.38	0.39	0.36	0.35	0.34

Covariance Matrix (continued)

	x7	x8	x9	x10	x11	x12	x13	x14
x7	0.57							
x8	0.33	0.58						
x9	0.30	0.36	0.55					
x10	0.29	0.29	0.29	0.68				
x11	0.31	0.27	0.32	0.46	0.85			
x12	0.31	0.30	0.30	0.38	0.51	0.84		
x13	0.31	0.35	0.35	0.44	0.53	0.57	0.79	
x14	0.31	0.33	0.34	0.41	0.46	0.46	0.53	0.68

【說明】

上表為知識管理構念十四個測量變項間的變異數共變數矩陣。研究者語法程式中的資料檔也可以以表中的數據作為分析的資料檔。

Squared Multiple Correlations for Structural Equations

acqu	circ	crea
0.75	0.80	0.83

Squared Multiple Correlations for Reduced Form

acqu	circ	crea
0.75	0.80	0.83

【說明】

上表為三個初階因素（知識獲取、知識流通、知識創新）能被高階因素（知

識管理）解釋的百分比，即高階因素「知識管理」可以解釋初階因素構念的變異量，結構方程式多元相關的平方，類似複迴歸分析中的 R^2，知識管理構念可以解釋知識獲取、知識流通、知識創新三個潛在變項的變異量分別為.75、.80、.83，顯示知識管理高階因素對於知識獲取、知識流通、知識創新三個初階因素的解釋力均很高。

Squared Multiple Correlations for Y-Variables (continued)

x1	x2	x3	x4	x5	x6
0.50	0.68	0.69	0.65	0.48	0.51

Squared Multiple Correlations for Y-Variables

x7	x8	x9	x10	x11	x12	x13	x14
0.52	0.56	0.61	0.54	0.58	0.59	0.73	0.68

【說明】

上表數據為十四個測量指標（Y變項）的 R^2，十四個測量指標中，只有一個測量指標的 R^2 低於.50，其餘十三個測量指標的 R^2 均高於.50，表示觀察變項個別項目的信度值尚佳。這些測量指標變項均能有效反映其相對應的潛在變項所包含的因素構念。

Goodness of Fit Statistics

Degrees of Freedom = 74

Minimum Fit Function Chi-Square = 79.06 (P = 0.32)

Normal Theory Weighted Least Squares Chi-Square = 80.55 (P = 0.28)

Estimated Non-centrality Parameter (NCP) = 6.55

90 Percent Confidence Interval for NCP = (0.0; 32.51)

Minimum Fit Function Value = 0.40

Population Discrepancy Function Value (F0) = 0.033

90 Percent Confidence Interval for F0 = (0.0; 0.16)

Root Mean Square Error of Approximation (RMSEA) = 0.021

90 Percent Confidence Interval for RMSEA = (0.0; 0.047)

P-Value for Test of Close Fit (RMSEA < 0.05) = 0.97

Expected Cross-Validation Index (ECVI) = 0.72

90 Percent Confidence Interval for ECVI = (0.68; 0.85)

ECVI for Saturated Model = 1.06

ECVI for Independence Model = 8.65

Chi-Square for Independence Model with 91 Degrees of Freedom = 1693.09

Independence AIC = 1721.09

Model AIC = 142.55

Saturated AIC = 210.00

Independence CAIC = 1781.26

Model CAIC = 275.80

Saturated CAIC = 661.32

Normed Fit Index (NFI) = 0.95

Non-Normed Fit Index (NNFI) = 1.00

Parsimony Normed Fit Index (PNFI) = 0.78

Comparative Fit Index (CFI) = 1.00

Incremental Fit Index (IFI) = 1.00

Relative Fit Index (RFI) = 0.94

Critical N (CN) = 265.81

Root Mean Square Residual (RMR) = 0.027

Standardized RMR = 0.037

Goodness of Fit Index (GFI) = 0.95

Adjusted Goodness of Fit Index (AGFI) = 0.92

Parsimony Goodness of Fit Index (PGFI) = 0.67

【說明】

　　上表為整體模式適配度的考驗，自由度等於 74 時，卡方值等於 80.55，顯著性機率值 p 等於 0.28 > 0.05，接受虛無假設，「知識獲取」、「知識流通」與「知識創新」三個構念，共同組成一個「知識管理」共同因素的因果模式圖獲得支持，研究者所提的知識管理高階驗證性因素分析與實際資料能夠適配。其他模式的適配度指標值如 RMSEA 值等於 0.021、RMR 值等於 0.027、SRMR 值等於 0.037，

均小於 0.05；GFI 值等於 0.95、AGFI 值等於 0.92、NFI 值等於 0.95、NNFI 值等於 1.00、CFI 值等於 1.00、IFI 值等於 1.00、RFI 等於 0.94，均大於 0.90；PNFI 等於 0.78、PGFI 等於 0.67，均大於 0.50；CN 值等於 265.81，大於 200；均符合模式可以接受的標準。NC值（卡方與自由度比值）等於 1.089，小於模式可接受值 2.00。整體而言，假設模式的適配情形良好。

Standardized Residuals (continued)

	x1	x2	x3	x4	x5	x6
x1	- -					
x2	1.79	- -				
x3	−1.69	0.77	- -			
x4	−1.78	0.33	0.95	- -		
x5	0.36	−0.06	−1.08	−0.05	- -	
x6	1.36	0.80	2.16	2.65	1.77	- -
x7	1.04	0.02	−0.92	1.12	1.19	−0.20
x8	−0.70	−2.42	−0.94	−1.34	−0.48	−1.98
x9	−0.05	−2.28	0.40	−0.30	−0.54	−0.89
x10	2.54	0.90	1.86	1.09	1.90	2.07
x11	1.48	−0.68	1.04	0.18	0.23	0.30
x12	0.45	−0.79	−0.87	−0.11	0.54	−0.20
x13	0.01	−2.22	−0.44	−1.64	−0.29	−0.15
x14	1.17	−1.93	0.28	0.08	0.95	1.70

Standardized Residuals

	x7	x8	x9	x10	x11	x12	x13	x14
x7	- -							
x8	1.30	- -						
x9	−1.30	2.87	- -					
x10	0.98	0.20	0.39	- -				
x11	−0.18	−2.10	−0.43	1.61	- -			
x12	0.05	−1.08	−1.15	−2.07	0.91	- -		
x13	−1.37	−0.34	−0.22	−1.67	−0.37	2.78	- -	
x14	0.43	0.53	1.21	−0.45	−1.41	−1.05	1.31	- -

Summary Statistics for Standardized Residuals
Smallest Standardized Residual =　−2.42
Median Standardized Residual =　0.00
Largest Standardized Residual =　2.87

【說明】

上表為標準化殘差的統計量，最小標準化殘差值為−2.42、最大標準化殘差值為2.87，共有11個標準化殘差值的絕對值大於1.96，而有三個標準化殘差值的絕對值大於2.58，顯示模式有敘列誤差存在。如以2.58為檢驗標準（LISREL 內定預設的檢驗值為絕對值大於2.58），則模式的敘列誤差情形並不嚴重。

```
! Second-order CFA
Qplot of Standardized Residuals
   3.5.........................................................................
    .                                                                      .
    .                                                                     ..
    .                                                                    ..
    .                                                                   .
    .                                                                  x  .
    .                                                                 .
    .                                                             .  .
    .                                                          .   x   .
    .                                                         .  x
    .                                                       .  x
    .                                                      .  x
    .                                                   .  xx
    .                                                  x*
  N .                                               .  xxx                 .
  o .                                            .  xxx                    .
  r .                                          .  xxx                      .
  m .                                         .  xx                        .
  a .                                       .  x*                          .
  l .                                      x* x                            .
    .                                      xxx                             .
  Q .                                      xx*                             .
  u .                                      xxx                             .
```

```
a    .                          x*
n    .                             **
t    .                            * *x
i    .                    xx.
l    .                    x*xx
e    .                  *x   .
s    .                *   x.
     .               x xx   .
     .              xx      .
     .             x
     .            x
     .           x .
     .            .
     .         x.
     .        .
     .       .
     .      .
     .     .
     .    .
     ..
 -3.5.........................................................
     -3.5                                              3.5
```

【說明】

　　上表標準化殘差的 Q-plot 圖大約與 45 度的對角線平行，但稍低於 45 度角，此指標顯示整體模式的契合度稍欠理想。

! Second-order CFA

Modification Indices and Expected Change

Modification Indices for LAMBDA-Y

	acqu	circ	crea
x1	- -	0.80	2.65
x2	- -	5.42	5.27
x3	- -	0.16	0.30
x4	- -	0.43	0.07
x5	- -	0.64	0.92
x6	10.01	- -	2.68
x7	0.37	- -	0.02
x8	5.74	- -	1.59
x9	1.28	- -	0.03
x10	7.22	3.37	- -
x11	0.31	0.90	- -
x12	0.31	1.32	- -
x13	4.50	1.79	- -
x14	0.01	3.11	- -

Expected Change for LAMBDA-Y

	acqu	circ	crea
x1	- -	0.10	0.17
x2	- -	−0.23	−0.22
x3	- -	0.03	0.05
x4	- -	0.06	−0.02
x5	- -	0.08	0.09
x6	0.28	- -	0.17
x7	0.06	- -	−0.01
x8	−0.22	- -	−0.13
x9	−0.10	- -	−0.02
x10	0.24	0.19	- -
x11	0.05	−0.11	- -
x12	−0.05	−0.13	- -
x13	−0.18	−0.13	- -
x14	0.01	0.17	- -

Standardized Expected Change for LAMBDA-Y

	acqu	circ	crea
x1	- -	0.10	0.17
x2	- -	−0.23	−0.22
x3	- -	0.03	0.05
x4	- -	0.06	−0.02
x5	- -	0.08	0.09
x6	0.28	- -	0.17
x7	0.06	- -	−0.01
x8	−0.22	- -	−0.13
x9	−0.10	- -	−0.02
x10	0.24	0.19	- -
x11	0.05	−0.11	- -
x12	−0.05	−0.13	- -
x13	−0.18	−0.13	- -
x14	0.01	0.17	- -

Completely Standardized Expected Change for LAMBDA-Y

	acqu	circ	crea
x1	- -	0.10	0.18
x2	- -	−0.24	−0.23
x3	- -	0.04	0.05
x4	- -	0.07	−0.03
x5	- -	0.09	0.11
x6	0.38	- -	0.23
x7	0.07	- -	−0.02
x8	−0.28	- -	−0.17
x9	−0.13	- -	−0.02
x10	0.29	0.23	- -
x11	0.06	−0.11	- -
x12	−0.06	−0.14	- -
x13	−0.20	−0.15	- -
x14	0.01	0.20	- -

Maximum Modification Index is 10.01 for Element (6, 1) of LAMBDA-Y

【說明】

上表數據為修正指標及期望參數改變的統計量，由於範例資料在輸入時已設定是標準化資料，因而期望參數改變值（Expected Change）與標準化期望參數改變值（Standardized Expected Change）相同。上述表格數據的資料分別為 Y 指標變項的修正指標、Y 指標變項的期望參數改變值、Y 指標變項的標準化期望參數改變值、Y 指標變項的完全標準化期望參數改變值。如果理論支持的話，修正指標值可以用來檢視該參數是否需要修正，其中最大的修正指標值為 10.01，出現在 $\lambda_{Y_{61}}$，表示測量指標「流程改善」（X6）除與「知識流通」（η2）因素有所關係外，也可能跟「知識獲取」（η1）有關連，亦即「流程改善」（X6）測量指標除受「知識流通」（η2）因素的影響外，也可能受到「知識獲取」（η1）因素的影響。將「流程改善」測量指標（X6）納入模式中，表示此測量指標同時受到「知識獲取」與「知識流通」因素的影響，其期望參數的改變量為 0.28，完全標準化期望參數的改變量為 0.38。

! Second-order CFA

Completely Standardized Solution

LAMBDA-Y

	acqu	circ	crea
x1	0.71	- -	- -
x2	0.82	- -	- -
x3	0.83	- -	- -
x4	0.80	- -	- -
x5	0.70	- -	- -
x6	- -	0.71	- -
x7	- -	0.72	- -
x8	- -	0.75	- -
x9	- -	0.78	- -
x10	- -	- -	0.73
x11	- -	- -	0.76
x12	- -	- -	0.77
x13	- -	- -	0.86
x14	- -	- -	0.83

【說明】

　　上表中的 LAMBDA-Y 完全標準化解值為各測量指標在初階因素的因素負荷量（factor loading），「知識獲取」五個測量指標的因素負荷量在.70 至.83 之間、「知識流通」四個測量指標的因素負荷量在.71 至.78 之間、「知識創新」五個測量指標的因素負荷量在.73 至.86 之間，表示各初階因素與其測量指標的關係均非常密切。而所有因素負荷量值介於 0.50 至 0.95 之間，表示模式的基本適配情形良好。

GAMMA

	km
acqu	0.87
circ	0.90
crea	0.91

【說明】

　　GAMMA 數據表示外衍潛在變項（ξ1）與內衍潛在變項（η1、η2、η3）間的關係，在結構模式中即為路徑係數，在高階驗證性因素分析中，為內衍潛在變項（η1、η2、η3）在外衍潛在變項（ξ1）的因素負荷量。上表中的 GAMMA 值表示「知識獲取」、「知識流通」、「知識創新」三個初階因素在「知識管理」高階因素構念的因素負荷量（factor loading），其值分別為.87、.90、.91。從上述資料中，可以發現測量變項在初階因素的因素負荷量、初階因素在高階因素構念的因素負荷量均非常理想。

Correlation Matrix of ETA and KSI

	acqu	circ	crea	km
acqu	1.00			
circ	0.78	1.00		
crea	0.79	0.82	1.00	
km	0.87	0.90	0.91	1.00

【說明】

　　上表 ETA 與 KSI 的相關矩陣中，可以發現三個初階因素的相關係數分別為

.78、.79、.82，三個初階因素間有高度相關存在，表示三個初階因素的背後有一個共同潛在構念存在，此潛在構念即為高階因素－知識管理構念。

PSI Note: This matrix is diagonal.

Acqu	circ	crea
0.25	0.20	0.17

【說明】

上述 PSI 值為影響三個初階因素的唯一性因素（殘差項），初階因素無法被高階因素解釋的部分，其值分別為.25、.20、.17。也就是三個初階因素無法被模式解釋的干擾變因。

THETA-EPS (continued)

x1	x2	x3	x4	x5	x6
0.50	0.32	0.31	0.35	0.52	0.49

THETA-EPS

x7	x8	x9	x10	x11	x12	x13	x14
0.48	0.44	0.39	0.46	0.42	0.41	0.27	0.32

【說明】

上述 THETA-EPS 值為影響十四測量指標唯一性因素（測量誤差值），其數值介於.27 至.52 間。根據「LAMBDA-Y」之完全標準化解值（Completely Standardized Solution）數據與「THETA-EPS」測量誤差的數據可以計算各初階因素的組合信度與潛在變項的平均變異抽取量，這二個數值均可作為潛在變項的信度指標。

各原始參數的估計值與其測量誤差值的模式圖如圖 7-3：

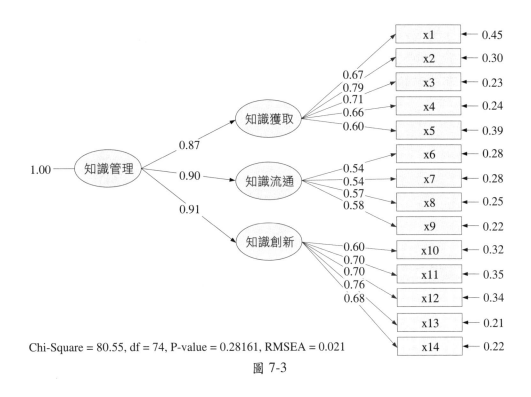

Chi-Square = 80.55, df = 74, P-value = 0.28161, RMSEA = 0.021

圖 7-3

　　知識管理二階驗證性因素分析因果路徑係數顯著性考驗的t值模式圖如圖 7-4（所有估計參數的 t 值均大於 1.96）：

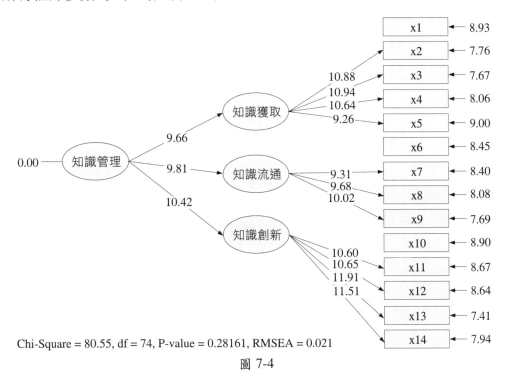

Chi-Square = 80.55, df = 74, P-value = 0.28161, RMSEA = 0.021

圖 7-4

從上述採用最大概似法（ML法）所得出各估計參數顯著性考驗的t值來看，其數值均大於 1.96，表示所有估計的參數均達顯著水準。

知識管理二階驗證性因素分析最終完全標準化解值之模式圖如圖 7-5：

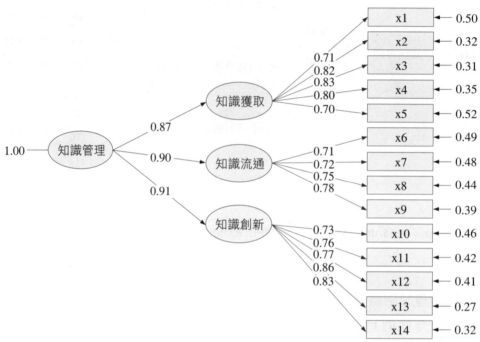

Chi-Square = 80.55, df = 74, P-value = 0.28161, RMSEA = 0.021

圖 7-5

修正指標模式圖如圖 7-6：

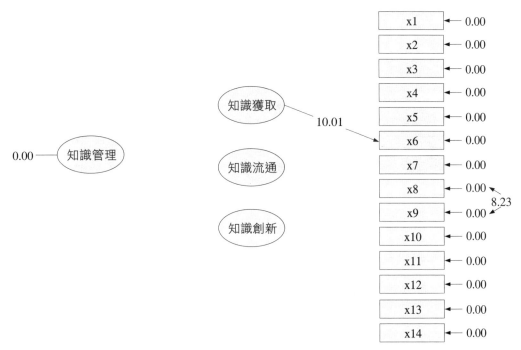

Chi-Square = 80.55, df = 74, P-value = 0.28161, RMSEA = 0.021

圖 7-6

　　最大的修正指標值為 10.01，出現在 $\lambda_{Y_{61}}$，表示測量指標「流程改善」（X6）測量指標除受「知識流通」（η2）因素的影響外，也可能受到「知識獲取」（η1）因素的影響。將「流程改善」（X6）測量指標納入模式中。此外，若將顯著變項 X8、X9 的測量誤差設定為共變關係，也可以降低卡方值 8.23。

修正指標期望參數改變的模式圖如圖 7-7：

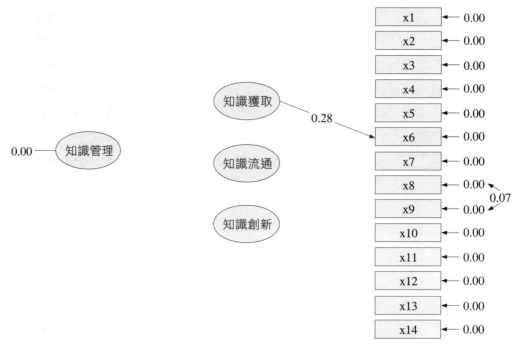

Chi-Square = 80.55, df = 74, P-value = 0.28161, RMSEA = 0.021

圖 7-7

7.4 模式的修正

▌語法程式 1—增列 LISREL 報表數據

```
! Second-order CFA
Observed Variables:
x1 x2 x3 x4 x5 x6 x7 x8 x9 x10 x11 x12 x13 x14
Raw Data From File d:/cfa_1/twofact.dat
Sample Size = 200
```

Latent Variables:

acqu circ crea km

Rationships:

x1 x2 x3 x4 x5 x6　　　　　　　= acqu

x6 x7 x8 x9　　　　　　　　　　= circ

x10 x11 x12 x13 x14　　　　　　= crea

Paths:

km → acqu circ crea

Path diagram

Options: RS SC MI ND = 2 IT = 1000

End of Problem

▋ 語法程式 2—採用 SIMPLIS 的報表輸出

！二階驗證性因素分析

Observed Variables:

x1 x2 x3 x4 x5 x6 x7 x8 x9 x10 x11 x12 x13 x14

Raw Data From File d:/cfa_1/twofact.dat

Sample Size = 200

Latent Variables:

知識獲取　　知識流通　　知識創新　　知識管理

Rationships:

x1 x2 x3x4 x5 x6　　　　　= 知識獲取

x6 x7 x8 x9　　　　　　　= 知識流通

x10 x11 x12 x13 x14　　　= 知識創新

Paths:

知識管理→知識獲取　　知識流通　　知識創新

Path diagram

End of Problem

增列一條路徑的報表結果

！二階驗證性因素分析

Number of Iterations = 29

LISREL Estimates (Maximum Likelihood)

Measurement Equations

x1 = 0.67*知識獲取，Errorvar. = 0.45，R^2 = 0.50

       (0.051)

       8.95

x2 = 0.79*知識獲取，Errorvar. = 0.30，R^2 = 0.68

 (0.073)   (0.039)

 10.84   7.82

x3 = 0.71*知識獲取，Errorvar. = 0.23，R^2 = 0.69

 (0.065)   (0.030)

 10.93   7.70

x4 = 0.66*知識獲取，Errorvar. = 0.24，R^2 = 0.65

 (0.062)   (0.029)

 10.64   8.07

x5 = 0.60*知識獲取，Errorvar. = 0.39，R^2 = 0.48

 (0.065)   (0.043)

 9.26   9.01

x6 = 0.25*知識獲取 + 0.32*知識流通，Errorvar. = 0.28，R^2 = 0.50

 (0.074)   (0.078)   (0.031)

 3.33   4.15   9.11

x7 = 0.55*知識流通，Errorvar. = 0.28，R^2 = 0.52

       (0.034)

       8.20

x8 = 0.59*知識流通，Errorvar. = 0.23，R^2 = 0.60

 (0.059)   (0.031)

 9.91   7.48

x9 = 0.59*知識流通，Errorvar. = 0.20，R^2 = 0.63

    (0.058)   (0.028)

    10.13   7.11

x10 = 0.60*知識創新，Errorvar. = 0.32，R^2 = 0.53

                         (0.036)

                         8.91

x11 = 0.70*知識創新，Errorvar. = 0.35，R^2 = 0.58

    (0.067)   (0.041)

    10.59   8.67

x12 = 0.70*知識創新，Errorvar. = 0.34，R^2 = 0.59

    (0.066)   (0.040)

    10.64   8.64

x13 = 0.76*知識創新，Errorvar. = 0.21，R^2 = 0.73

    (0.064)   (0.029)

    11.91   7.40

x14 = 0.68*知識創新，Errorvar. = 0.22，R^2 = 0.68

    (0.059)   (0.027)

    11.50   7.95

Structural Equations

知識獲取 = 0.85*知識管理，Errorvar. = 0.27，R^2 = 0.73

    (0.090)   (0.071)

    9.46   3.85

知識流通 = 0.85*知識管理，Errorvar. = 0.27，R^2 = 0.73

    (0.091)   (0.078)

    9.39   3.51

知識創新 = 0.93*知識管理，Errorvar. = 0.14，R^2 = 0.86

    (0.089)   (0.061)

    10.46   2.28

【說明】

    上面的數據包含十四個「測量方程」（Measurement Equations）與三個「結構方程」（Structural Equations），測量方程為測量模式的參數估計值（非標準化估

計值）、估計標準誤、顯著性考驗 t 值、測量誤差的估計值（誤差變異量）、誤差值的標準誤及顯著性考驗的 t 值，與顯性變項（觀察變項）被其潛在變項解釋的變異量；結構方程中 R^2，為初階潛在變項被高階共同因素解釋的變異量，分別為 0.73、0.73、0.86。其中測量指標變項 X6 可以被「知識獲取」與「知識流通」二個潛在變項解釋的變異量為 50%，其迴歸係數分別為 0.25、0.32。

修改後的二階驗證性因素各參數估計結果模式圖如圖 7-8：

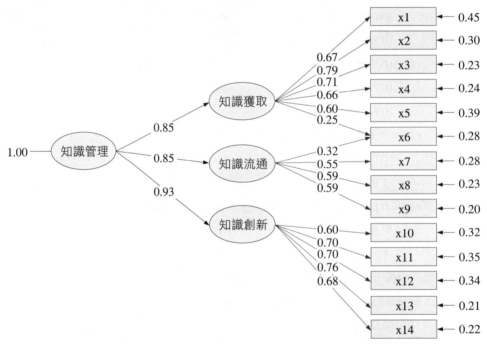

Chi-Square = 69.58, df = 73, P-value = 0.59168, RMSEA = 0.000

圖 7-8

修改後的二階驗證性因素各參數估計結果顯著性考驗的 t 值模式圖如圖 7-9，所有估計的參數均達顯著水準：

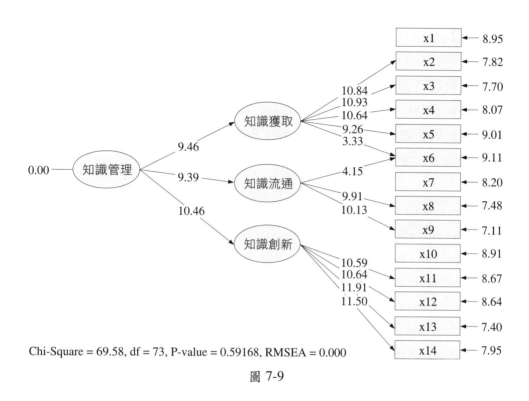

Chi-Square = 69.58, df = 73, P-value = 0.59168, RMSEA = 0.000

圖 7-9

修改後模式圖最終的完全標準化估計值模式圖如圖 7-10：

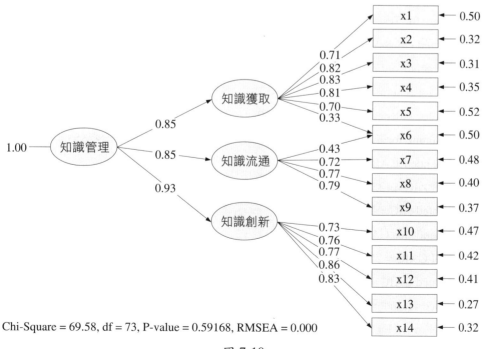

Chi-Square = 69.58, df = 73, P-value = 0.59168, RMSEA = 0.000

圖 7-10

【說明】

將測量變項「流程改善」（X6）與「知識獲取」建立關聯（新增一條路徑），則新的高階驗證性因素模式圖如上所示。其中卡方值由 80.55（p = .282>.05），變成 69.58（p = .59168>.05），接受虛無假設，而 RMSEA 由 0.201 變成 0.000，顯示二個假設模式與實際資料契合度均良好，整體適配度考驗結果理想，而修正後新模式圖與實際資料更能適配。

Goodness of Fit Statistics

Degrees of Freedom = 73

Minimum Fit Function Chi-Square = 69.21 (P = 0.60)

Normal Theory Weighted Least Squares Chi-Square = 69.58 (P = 0.59)

Estimated Non-centrality Parameter (NCP) = 0.0

90 Percent Confidence Interval for NCP = (0.0; 19.88)

Minimum Fit Function Value = 0.35

Population Discrepancy Function Value (F0) = 0.0

90 Percent Confidence Interval for F0 = (0.0; 0.100)

Root Mean Square Error of Approximation (RMSEA) = 0.0

90 Percent Confidence Interval for RMSEA = (0.0; 0.037)

P-Value for Test of Close Fit (RMSEA<0.05) = 1.00

Expected Cross-Validation Index (ECVI) = 0.69

90 Percent Confidence Interval for ECVI = (0.69; 0.79)

ECVI for Saturated Model = 1.06

ECVI for Independence Model = 24.19

Chi-Square for Independence Model with 91 Degrees of Freedom = 4785.04

Independence AIC = 4813.04

Model AIC = 133.58

Saturated AIC = 210.00

Independence CAIC = 4873.22

Model CAIC = 271.13

Saturated CAIC = 661.32

Normed Fit Index (NFI) = 0.99

Non-Normed Fit Index (NNFI) = 1.00

Parsimony Normed Fit Index (PNFI) = 0.79

Comparative Fit Index (CFI) = 1.00

Incremental Fit Index (IFI) = 1.00

Relative Fit Index (RFI) = 0.98

Critical N (CN) = 300.07

Root Mean Square Residual (RMR) = 0.025

Standardized RMR = 0.034

Goodness of Fit Index (GFI) = 0.95

Adjusted Goodness of Fit Index (AGFI) = 0.93

Parsimony Goodness of Fit Index (PGFI) = 0.66

【說明】

將初始模式與修正模式主要適配度比較整理如下表：

	df	卡方值	RMSEA	NCP	ECVI	AIC	CAIC
初始模式	74	80.55 p = .28	0.021	6.55	0.72	142.55	275.80
修正模式	73	65.98 p = .59	0.000	0.00	0.69	133.58	271.13

從上述適配度指標值來看，二個假設模式與觀察資料間均能適配，但與初始模式相較之下，修正模式的適配情形更為良好。

設定指標變項 X8 與 X9 之測量誤差項間的相關

語法程式與上類同，增列一行語法

「Set the Error Covariance between x8 and x9 Free」，表示二個觀察變項間的測量誤差間有共變關係。

! 二階驗證性因素分析
Observed Variables:
x1 x2 x3 x4 x5 x6 x7 x8 x9 x10 x11 x12 x13 x14

Raw Data From File d:/cfa_1/twofact.dat

Sample Size = 200

Latent Variables:

知識獲取　知識流通　知識創新　知識管理

Rationships:

x1 x2 x3 x4 x5 x6 　　　　　　= 知識獲取

x6 x7 x8 x9 　　　　　　　　　= 知識流通

x10 x11 x12 x13 x14 　　　　　= 知識創新

Paths:

知識管理→知識獲取　知識流通　知識創新

Set the Error Covariance between x8 and x9 Free

Path diagram

End of Problem

◎ 增列誤差項的輸出結果如下：

！二階驗證性因素分析

Number of Iterations = 30

LISREL Estimates (Maximum Likelihood)

Measurement Equations

x1 = 0.67*知識獲取，Errorvar. = 0.45，$R^2 = 0.50$

　　　　　　　　　　　　　　(0.051)

　　　　　　　　　　　　　　8.95

x2 = 0.79*知識獲取，Errorvar. = 0.30，$R^2 = 0.68$

　　(0.073)　　　　　　　　(0.039)

　　10.86　　　　　　　　　7.81

x3 = 0.71*知識獲取，Errorvar. = 0.23，$R^2 = 0.69$

　　(0.065)　　　　　　　　(0.030)

　　10.93　　　　　　　　　7.71

x4 = 0.66*知識獲取，Errorvar. = 0.24，R^2 = 0.65

   (0.062)   (0.029)

   10.65   8.06

x5 = 0.60*知識獲取，Errorvar. = 0.39，R^2 = 0.49

   (0.065)   (0.043)

   9.26   9.01

x6 = 0.21*知識獲取 + 0.36*知識流通，Errorvar. = 0.28，R^2 = 0.51

   (0.084)   (0.089)   (0.032)

   2.48   4.05   8.79

x7 = 0.56*知識流通，Errorvar. = 0.27，R^2 = 0.54

                     (0.034)

                     7.79

x8 = 0.56*知識流通，Errorvar. = 0.27，R^2 = 0.54

   (0.061)   (0.037)

   9.15   7.22

x9 = 0.56*知識流通，Errorvar. = 0.23，R^2 = 0.58

   (0.059)   (0.034)

   9.45   6.88

x10 = 0.60*知識創新，Errorvar. = 0.32，R^2 = 0.54

                     (0.036)

                     8.90

x11 = 0.71*知識創新，Errorvar. = 0.35，R^2 = 0.58

   (0.066)   (0.041)

   10.61   8.66

x12 = 0.70*知識創新，Errorvar. = 0.34，R^2 = 0.59

   (0.066)   (0.040)

   10.66   8.63

x13 = 0.76*知識創新，Errorvar. = 0.21，R^2 = 0.73

   (0.064)   (0.029)

   11.91   7.41

x14 = 0.68*知識創新，Errorvar. = 0.22，R^2 = 0.68

   (0.059)   (0.027)

   11.51   7.95

Error Covariance for x9 and x8 = 0.048

(0.028)	
1.72	

Structrual Equations

知識獲取 = 0.85*知識管理，Errorvar. = 0.27，R^2 = 0.73

    (0.090)   (0.070)

    9.51   3.80

知識流通 = 0.88*知識管理，Errorvar. = 0.22，R^2 = 0.78

    (0.092)   (0.080)

    9.63   2.78

知識創新 = 0.92*知識管理，Errorvar. = 0.15，R^2 = 0.85

    (0.088)   (0.060)

    10.44   2.46

【說明】

在上述輸出報表中，增列出觀察變項 X9 與 X8 的誤差共變數估計值，其數值等於 0.048，顯著性考驗的 t 值等於 1.72，小於 1.96，未達 0.05 的顯著水準。各估計參數顯著性考驗的 t 值如圖 7-11：

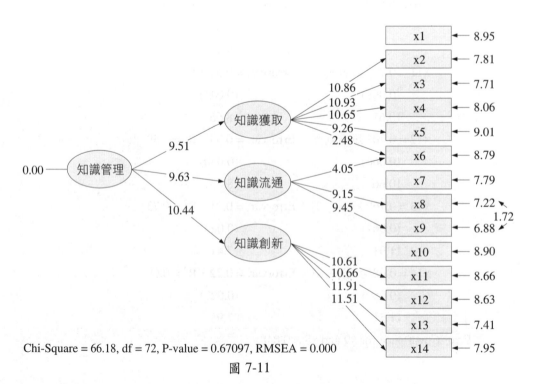

Chi-Square = 66.18, df = 72, P-value = 0.67097, RMSEA = 0.000

圖 7-11

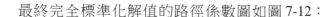

最終完全標準化解值的路徑係數圖如圖 7-12：

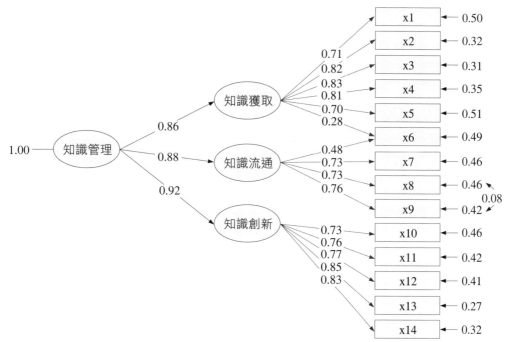

Chi-Square = 66.18, df = 72, P-value = 0.67097, RMSEA = 0.000

圖 7-12

【說明】

　　將觀察變項 X8 與觀察變項 X9 間的測量誤差由沒有共變關係，設定有共變關係存在，其卡方值由 69.58 再減為 66.18，而顯著性機率值 p 由 0.59198 變為 0.67097，均大於 0.05，顯示模式還是與資料適配，只是此測量誤差間的共變關係並沒有達到顯著水準，因而此一修正似乎沒有必要。

第 8 章
觀察變項之徑路分析

在結構方程模式中，若是各潛在變項均只有一個觀察變項或測量指標，則所有測量指標均能 100%的解釋其潛在變項的變異，其測量誤差是 0。只有一個觀察變項之潛在變項間的結構模式，即所謂的徑路分析或路徑分析（path analysis）。傳統迴歸取向的徑路分析只有探究徑路係數的影響是否達到顯著，無法就整體徑路分析的假設模式作整體契合度的檢定，此外，也無法有效的估計其測量誤差。以變項性質來區分徑路分析，其模型有二種：一為傳統的徑路分析，模式所有的變項均為測量指標變項，這些測量指標變項通常是量表中數個測量題項分數的加總，而非是單一題項，此種 SEM 的徑路分析稱為「觀察變項徑路分析」（path analysis with observed variables；簡稱為 PA-OV 模式），PA-OV 模式是一種沒有包含任何潛在變項的結構方程模式。

另外一種徑路分析，則是結合傳統的徑路分析與驗證性因素分析之測量模式，分析模式中除觀察變項外，也包含潛在變項，因而同時具備測量模式（潛在變項與其測量指標變項關係）與結構模式（其餘觀察變項間或觀察變項與潛在變項間的關係），模式中若以觀察變項為因變項、潛在變項為果變項，則成為「形成性指標」，此種包含潛在變項的徑路分析，稱為「潛在變項徑路分析」（path analysis with latent variables；簡稱為 PA-LV 模式），PA-LV 模式統合了「形成性指標」（formative indicators）與「反映性指標」（reflective indicators）二種指標類型，此種模式分析不但可以進行潛在變項與其指標變項所構成之測量模式的估計，也可以進行變項間徑路分析的考驗。

徑路分析（path analysis）中藉由變項的安排，有二種基本的類型，遞迴模式（recursive model）與非遞迴模式（nonrecursive model），二者的差異主要在於遞迴模式的殘差間並未有相關存在的假設；而非遞迴模式的殘差間則有相關存在的假設，或是變項間具有回溯關係存在。迴歸與非遞迴模型的區別除了變項關係上的差異外，更重要的是技術上的區別，遞迴模式的概念與傳統多元迴歸分析較為接近，在分析上可以以多元迴歸分析來獲得各項數據，因而遞迴模式徑路分析又稱為「迴歸模式」。再從概念的層次來看，遞迴模式假設所有的因果關係是單一方向的，且殘差項是彼此獨立的，在模式的建立上條件較嚴謹，沒有太大彈性，但是所有參數都可以以傳統的多元迴歸分析來估計（邱皓政，民 94）。傳統的路徑分析多數是觀察變項的路徑分析，採用的模型多為遞迴模式（非遞迴模式無法以傳統的複迴歸方法來進行分析）。

傳統徑路分析即觀察變項直接的因果模型，在 PA-OV 徑路分析模型中，沒

有潛在變項，只有直接觀察或測量的變項，如模型中有 X 變項與 Y 變項，Y 變項是被模型解釋的變項，Y 變項間的變異量與共變數可以被 X 變項解釋，X 變項可能是隨機變項或一組固定數值。此種結構方程式一般的次模式如下：

$Y = \alpha + BY + \Gamma X + \zeta$，上述中

$Y' = (Y_1, Y_2, \cdots\cdots, Y_p)$是聯合依變項

$X' = (X_1, X_2, \cdots\cdots, X_p)$是解釋變項

$\zeta' = (\zeta_1, \zeta_2, \cdots\cdots, \zeta_p)$是方程式誤差

常見迴歸方程模式的假設模式圖示及其 SIMPLIS 語法界定如下（修改自 *Joreskog & Sorbom, 1993*, pp.141-142）：

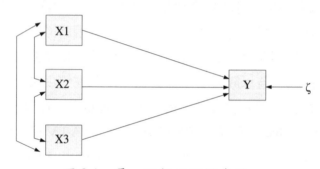

圖 8-1　單一迴歸方程模式圖

變項間影響關係如下：

Paths:

X1 X2 X3 → Y

或

Relationships:

Y = X1 X2 X3

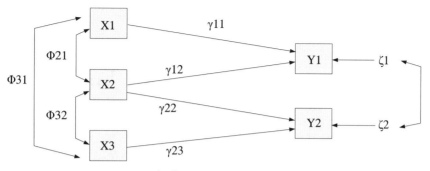

圖 8-2　雙變項依變數迴歸方程模式圖

圖 8-2 變項間影響關係如下：

Paths:

X1 X2 → Y1

X2 X3 → Y2

！界定觀察變項 Y1 與 Y2 的誤差間有共變關係

Set the Error Covariance of Y2 and Y1 Free

或

Let the Errors between Y2 and Y1 correlate

或

Relationships:

Y1 = X1 X2

Y2 = X2 X3

！界定觀察變項 Y1 與 Y2 的誤差間有共變關係

Set the Error Covariance of Y2 and Y1 Free

或

Let the Errors between Y2 and Y1 correlate

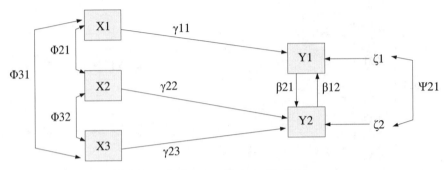

圖 8-3　非遞迴迴歸方程模式圖

圖 8-3 非遞迴迴歸方程模式圖變項間影響關係的語法界定如下：

Paths:

X1 Y2　　→ Y1

X2 X3 Y1 → Y2

！界定觀察變項 Y1 與 Y2 的誤差間有共變關係

Set the Error Covariance of Y2 and Y1 Free

或

Relationships:

Y1 = X1 Y2

Y2 = X2 X3 Y1

！界定觀察變項 Y1 與 Y2 的誤差間有共變關係

Set the Error Covariance of Y2 and Y1 Free

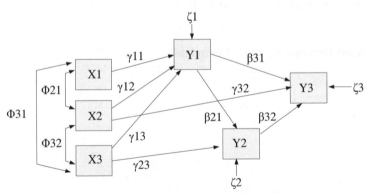

圖 8-4　遞迴迴歸方程模式圖

圖 8-4 遞迴迴歸方程模式圖變項間影響關係的語法界定如下：

Paths:

X1 X2 X3 → Y1

X3 Y1 → Y2

X2 Y1 Y2 → Y3

或

Relationships:

Y1 = X1 X2 X3

Y2 = X3 Y1

Y3 = X2 Y1 Y2

　　圖 8-4 中六個變項均是觀察變項，並無潛在變項。其實在路徑分析中，每個潛在變項均只有一個觀察變項，所有觀察變項（X變項、Y變項）都百分之百代表其所屬的潛在變項，所以其測量誤差均都為 0，所有的因素負荷量λ均為 1。圖 8-5 為包含潛在變項的路徑分析圖，所有外因潛在變項ξ均只有一個觀察指標，所有內因潛在變項η也均只有一個觀察指標。上述PA-OV徑路分析其實就是進行下列結構方程模式的分析。

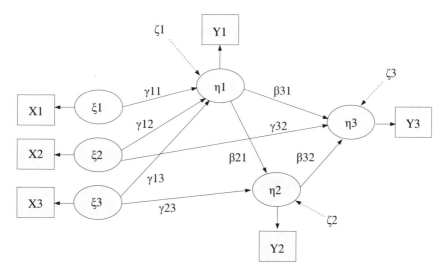

圖 8-5　包含潛在變項之遞迴迴歸方程模式圖

在 SEM 分析模式中，如所有的潛在變項之測量指標（X 變項、Y 變項）均只有一個，則圖 8-5 之徑路分析模式圖可以簡化成圖 8-4，潛在變項的關係即成為觀察變項（X 變項、Y 變項）的因果關係，因為模式圖中均為觀察變項，故徑路分析假設模式圖以方框表示變項，此種徑路分析稱為「觀察變項徑路分析」。而以單箭號表示變項間的因果關係，雙箭號表示沒有因果關係，但二者間的確有相關存在。因而徑路分析模式可以說是 SEM 分析型態中的一種特例。

如果是一個完全遞迴模型，其中外衍變項為 X1、X2、X3，聯合依變項為 Y1、Y2、Y3，則形成的結構方程式如下：

$$Y_1 = \gamma_{11}X_1 + \gamma_{12}X_2 + \gamma_{13}X_3 + \zeta_1$$
$$Y_2 = \beta_{21}Y_1 + \gamma_{21}X_1 + \gamma_{22}X_2 + \gamma_{23}X_3 + \zeta_2$$
$$Y_3 = \beta_{31}Y_1 + \beta_{32}Y_2 + \gamma_{31}X_1 + \gamma_{32}X_2 + \gamma_{33}X_3 + \zeta_3$$

8.1 企業組織員工工作滿意的因果模式

▌研究問題

有一管理學者想探究企業組織員工工作滿意的因果模式，其根據組織行為學的相關理論，提出「薪資福利」（X1）、「工作環境」（X2）、「組織制度」（X3）、「主管領導」（X4）、「組織氣氛」（Y1）、「工作投入」（Y2）與「工作滿意」（Y3）等七個變項間的因果模式圖如下。此學者採取分層隨機取樣方式，各從大型、中型、小型企業組織中隨機抽取 200 名員工填寫「員工知覺感受問卷」，全部有效樣本數為 600 名，問此學者所提的企業員工工作滿意因果模式圖是否與實際資料的契合度（適配度）如何？

上述「員工知覺感受問卷」共包含七種量表：「薪資福利感受量表」有六個題項、「工作環境感受量表」有七個題項、「組織制度感受量表」有八個題項、「主管領導感受量表」有九個題項、「組織氣氛感受量表」有十個題項、「工作投入感受量表」有七個題項、「工作滿意感受量表」有八個題項。每份量表題項的總分作為其指標變項，得分愈高，表示知覺感受愈佳（或愈積極、愈正向）。

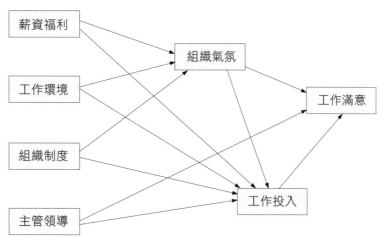

圖 8-6　企業員工工作滿意因果模式圖

　　上述工作滿意徑路分析圖中，「薪資福利」、「工作環境」、「組織制度」、「主管領導」四個自變項及「組織氣氛」等五個變項直接影響到企業員工的「工作投入感」；而「薪資福利」、「工作環境」、「組織制度」三個自變項則直接影響到企業員工的「組織氣氛」；「主管領導」、「組織氣氛」、「工作投入」三個變項直接影響到企業員工的「工作滿意度」。

　　工作滿意度的徑路圖的各徑路係數以符號表示如圖 8-7：

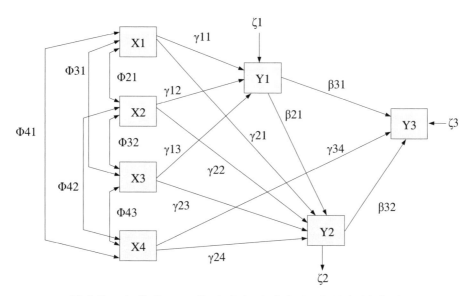

圖 8-7　企業員工工作滿意徑路分析徑路係數模式圖

上述的路徑分析圖以複迴歸方式分析，共有以下三個複迴歸分析模式：

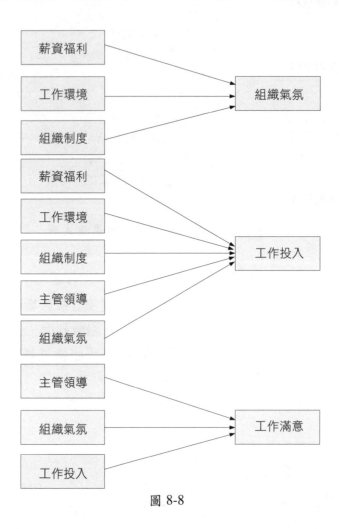

圖 8-8

語法程式

```
! Path Analysis
Observed Variables:
X1 X2 X3 X4 Y1 Y2 Y3
Correlation Matrix
1.000
```

```
    .100    1.000
    .277    .152    1.000
    .250    .108    .611    1.000
    .572    .105    .294    .248    1.000
    .489    .213    .446    .410    .597    1.000
    .335    .153    .303    .331    .478    .651    1.000
```

Sample Size= 600

Relationships:

Y1 =X1 X2 X3

Y2 = X1 X2 X3 X4

Y3 = X4 Y1 Y2

Y2 =Y1

Path Diagram

LISREL Output rs se sc tv mi pc ef to nd=3

End of Problem

【備註】

上述相關矩陣數據修改自 Joreskog 與 Sornorm（1993）編著之《LISREL8 使用者參照指引》，頁 154。

「LISREL Output」指令後的次選項「ef」界定列出總效果與間接效果值、「pc」為列出估計參數的相關係數。「to」為界定正常列印，每行列印 80 個字元、「tv」界定輸出參數的 t 檢定值、「mi」界定呈現模式的修正指標值。

變項如使用中文，則語法程式如下：

```
! 徑路分析
Observed Variables:
薪資福利 工作環境 組織制度 主管領導
組織氣氛 工作投入 工作滿意
Correlation Matrix
1.000
```

```
.100    1.000
.277    .152    1.000
.250    .108    .611    1.000
.572    .105    .294    .248    1.000
.489    .213    .446    .410    .597    1.000
.335    .153    .303    .331    .478    .651    1.000
Sample Size= 600
Relationships:
組織氣氛＝薪資福利    工作環境    組織制度
工作投入＝薪資福利    工作環境    組織制度    主管領導
工作滿意＝主管領導    組織氣氛    工作投入
工作投入＝組織氣氛
Path Diagram
LISREL Output rs se sc tv mi pc ef to nd＝3
End of Problem
```

【說明】

上述 LISREL 輸出結果包含：

1. 「rs」：輸出適配的變異數&共變數矩陣（$\hat{\Sigma}$ 矩陣）、殘差（S 矩陣－$\hat{\Sigma}$ 矩陣）、標準化殘差與 Q-plot 圖。

2. 「se」：輸出參數估計標準誤。

3. 「sc」：輸出所有參數（包含觀察變項與潛在變項）的完全標準化估計值。

4. 「tv」：輸出所有估計參數顯著性考驗的 t 值。

5. 「mi」：輸出模式修正指標數值（modification indices）。

6. 「pc」：輸出估計值間之相關矩陣（correlation of estimates）。

7. 「ef」：輸出參數間影響之總效果值及間接效果值。

8. 「to」：正常列印，每行列印 80 個字元數。

9. 「nd＝3」：輸出的數值至小數第三位（number of decimal places）。

採用「Options:」指令作為輸出報表格式：

！ 徑路分析

Observed Variables:

薪資福利　工作環境　組織制度　主管領導

組織氣氛　工作投入　工作滿意

Correlation Matrix

1.000

　.100　1.000

　.277　.152　1.000

　.250　.108　.611　1.000

　.572　.105　.294　.248　1.000

　.489　.213　.446　.410　.597　1.000

　.335　.153　.303　.331　.478　.651　1.000

Sample Size= 600

Paths:

薪資福利　工作環境　組織制度 → 組織氣氛

薪資福利　工作環境　組織制度　主管領導　組織氣氛→ 工作投入

主管領導　組織氣氛　工作投入 →工作滿意

Path Diagram

Options: RS MI SC EF PC ND = 3

End of Problem

▌報表結果

! Path Analysis

Correlation Matrix

	Y1	Y2	Y3	X1	X2	X3	X4
Y1	1.000						
Y2	0.597	1.000					
Y3	0.478	0.651	1.000				
X1	0.572	0.489	0.335	1.000			

	Y1	**Y2**	**Y3**	**X1**	**X2**	**X3**	**X4**
X2	0.105	0.213	0.153	0.100	1.000		
X3	0.294	0.446	0.303	0.277	0.152	1.000	
X4	0.248	0.410	0.331	0.250	0.108	0.611	1.000

【說明】

上表 LISREL 所輸出的七個變項間的相關矩陣，此矩陣先呈現依變項間的相關，再呈現自變項間的相關，其中「工作投入」（Y2）與「工作滿意」（Y3）間的相關係數（r=.651）、「組織制度」（X3）與「主管領導」（X4）間的相關係數（r=.611）均高於.600。而「組織氣氛」（Y1）與「工作投入」（Y2）間的相關係數等於.597、「組織氣氛」（Y1）與「薪資福利」（X1）間的相關係數等於.572，相關係數值高於.500。四個 X 變項與三個 Y 變項間所構成的相關係數矩陣中的係數值均為正數，表示七個變項呈現正相關。

! Path Analysis

Number of Iterations = 4

【說明】

上表數據為模式聚合的疊代次數，經過 4 次疊代運算，模式即獲得聚合。

LISREL Estimates (Maximum Likelihood)

BETA

	Y1	**Y2**	**Y3**
Y1	- -	- -	- -
Y2	0.405	-	-
	(0.036)		
	11.102		
Y3	0.138	0.537	-
	(0.038)	(0.041)	
	3.633	13.224	

GAMMA

	X1	**X2**	**X3**	**X4**
Y1	0.529	0.030	0.143	- -
	(0.035)	(0.034)	(0.035)	
	15.339	0.905	4.108	
Y2	0.160	0.112	0.173	0.152
	(0.036)	(0.030)	(0.038)	(0.037)
	4.398	3.739	4.514	4.056
Y3	-	-	-	0.077
				(0.033)
				2.287

【說明】

上表為採用最大概似法（ML 法）之原始參數估計值、估計標準誤與 t 值，三個 Beta（β）值的 t 值均大於 1.96，表示三個潛在依變項間因果模式的徑路係數均達顯著水準；而八個 Gamma（γ）值的 t 值除「工作環境」（X2）對「組織氣氛」（Y1）的徑路係數.030（X2→Y1），顯著性考驗的 t 值.905，小於 1.96 未達顯著外，其餘七個參數估計值均達顯著水準。BETA 值為三個內衍變項（Y1、Y2、Y3）間的關係，GAMMA 值為四個外衍變項（X1、X2、X3、X4）與三個內衍變項（Y1、Y2、Y3）間的關係。

Covariance Matrix of Y and X

	Y1	**Y2**	**Y3**	**X1**	**X2**	**X3**	**X4**
Y1	1.000						
Y2	0.593	0.997					
Y3	0.474	0.648	0.997				
X1	0.572	0.489	0.361	1.000			
X2	0.105	0.213	0.137	0.100	1.000		
X3	0.294	0.446	0.327	0.277	0.152	1.000	
X4	0.223	0.400	0.322	0.250	0.108	0.611	1.000

【說明】

上表為四個自變項與三個依變項間的變異數共變數矩陣。在 LISREL 共變數矩陣中，會先呈現 Y 測量指標變項，再呈現 X 測量指標變項。

PHI

	X1	X2	X3	X4
X1	1.000			
	(0.058)			
	17.248			
X2	0.100	1.000		
	(0.041)	(0.058)		
	2.427	17.248		
X3	0.277	0.152	1.000	
	(0.043)	(0.041)	(0.058)	
	6.512	3.666	17.248	
X4	0.250	0.108	0.611	1.000
	(0.042)	(0.041)	(0.048)	(0.058)
	5.916	2.619	12.718	17.248

Y1	Y2	Y3
0.652	0.517	0.559
(0.038)	(0.030)	(0.032)
17.248	17.248	17.248

【說明】

上表數據為變項間相關參數估計值、估計標準誤與顯著性考驗的 t 值。四個外衍變項間的相關均達顯著，而三個內衍變項與四個外衍變項間的相關也達顯著。由於顯著性 t 值均為正數，表示七個變項間均呈顯著的正相關。

Squared Multiple Correlations for Structural Equations

Y1	Y2	Y3
0.348	0.482	0.439

【說明】

上表為三條結構方程式的多元相關係數的平方（決定係數R^2），即三個內因變項（依變項）被其外因變項所能解釋的變異量百分比，三條結構方程式的 R^2 分別為.348、.482、.439。根據範例可知，「薪資福利」（X1）、「工作環境」（X2）、「組織制度」（X3）三個外因變項（自變項）可以解釋「組織氣氛」（Y1）內因變項 34.8%的變異量；「薪資福利」（X1）、「工作環境」（X2）、「組織制度」（X3）、「主管領導」（X4）及「組織氣氛」（Y1）五個外因變項（自變項）可以解釋「工作投入」（Y2）內因變項 48.2%的變異量；「主管領導」（X3）、「組織氣氛」（Y1）、「工作投入」（Y2）三個外因變項可以解釋「工作滿意」（Y3）內因變項43.9%的變異量。

Goodness of Fit Statistics

Degrees of Freedom = 4

Minimum Fit Function Chi-Square = 3.418 (P = 0.491)

Normal Theory Weighted Least Squares Chi-Square = 3.446 (P = 0.486)

Estimated Non-centrality Parameter (NCP) = 0.0

90 Percent Confidence Interval for NCP = (0.0 ; 7.995)

Minimum Fit Function Value = 0.00571

Population Discrepancy Function Value (F0) = 0.0

90 Percent Confidence Interval for F0 = (0.0 ; 0.0134)

Root Mean Square Error of Approximation (RMSEA) = 0.0

90 Percent Confidence Interval for RMSEA = (0.0 ; 0.0580)

P-Value for Test of Close Fit (RMSEA < 0.05) = 0.906

Expected Cross-Validation Index (ECVI) = 0.0874

90 Percent Confidence Interval for ECVI = (0.0874 ; 0.101)

ECVI for Saturated Model = 0.0941

ECVI for Independence Model = 2.300

Chi-Square for Independence Model with 21 Degrees of Freedom = 1354.501

Independence AIC = 1368.501

Model AIC = 51.446

Saturated AIC = 56.000

Independence CAIC = 1406.280

Model CAIC = 180.973

Saturated CAIC = 207.114

Normed Fit Index (NFI) = 0.997

Non-Normed Fit Index (NNFI) = 1.002

Parsimony Normed Fit Index (PNFI) = 0.190

Comparative Fit Index (CFI) = 1.000

Incremental Fit Index (IFI) = 1.000

Relative Fit Index (RFI) = 0.987

Critical N (CN) = 2327.963

Root Mean Square Residual (RMR) = 0.00920

Standardized RMR = 0.00921

Goodness of Fit Index (GFI) = 0.998

Adjusted Goodness of Fit Index (AGFI) = 0.989

Parsimony Goodness of Fit Index (PGFI) = 0.143

【說明】

上表為整體模式適配度的檢定結果，將相關的數據整理如下：

表 8-1

統計檢定量	適配的標準或臨界值	檢定結果數據	模式適配判斷
絕對適配度指數			
χ^2 值	p>.05（未達顯著水準）	3.446（p>0.05）	是
RMR 值	<0.05	.001	是
SRMR 值	≦0.05	.001	是
RMSEA 值	<0.08（若<.05 優良；<.08 良好）	.000	是
GFI 值	>.90 以上	.998	是
AGFI 值	>.90 以上	.989	是
Q-plot 的殘差分布圖	成直線且角度大於 45 度	角度大於 45 度	是
增值適配度指數			
NFI 值	>.90 以上	.997	是
RFI 值	>.90 以上	.987	是
IFI 值	>.90 以上	1.000	是
TLI 值（NNFI 值）	>.90 以上	1.002	是
CFI 值	>.90 以上	1.000	是

統計檢定量	適配的標準或臨界值	檢定結果數據	模式適配判斷
簡約適配度指數			
PNFI 值	>.50 以上	.190	否
PGFI 值	>.50 以上	.143	否
CN 值	>200	2327.96	是
χ^2 自由度比	<2.00	$3.446 \div 4 = .862$	是

　　從上述整體適配度的檢定結果中，χ^2 值等於 3.446，在自由度為 4 時，顯著性考驗的機率值 p＝.486，大於.05，未達顯著水準，接受虛無假設，表示管理學者假設企業員工工作滿意的因果模式與實際資料可以適配或契合，徑路分析的假設的模式可以得到支持。其次從其他適配指標值來看：GFI 值等於.998、AGFI 值等於.989、NFI 值等於.997、RFI 值等於.987、IFI 值等於 1.000、TLI 值（NNFI 值）等於 1.002、CFI 值等於 1.000，均達到適配的標準；而 RMSEA 值等於.000、RMR 值等於.001、SRMR 值等於.001，均小於.050，也達到適配的標準；CN 值等於 2327.96，大於模式可以接受的建議值 200、NC 值等於 0.862 小於 2，表示模式可以被接受。在十六個整體適配度的檢核方面，除 PNFI 值等於.190、PGFI 值等於.143，小於.500，未達理想外，其餘十四個模式適配度的指標值均達到模式契合度的標準，表示整體模式與實際資料的契合度佳。此外，模式的 AIC 值等於 51.446，小於飽和模式的 AIC 值（＝56.000），也小於獨立模式的 AIC 值（＝1368.501）；而模式的 CAIC 值等於 180.973，小於飽和模式的 CAIC 值（＝207.114），也小於獨立模式的 CAIC 值（＝1406.280），顯式假設模式的整體適配度不錯。

```
Summary Statistics for Fitted Residuals
Smallest Fitted Residual =    −0.026
  Median Fitted Residual =     0.000
 Largest Fitted Residual =     0.025
```

【說明】

　　上表為適配共變數殘差的摘要統計量，最大的適配殘差值只有.025，最小殘差值為 −.026，表示路徑分析理論模式隱含的變異共變數矩陣（$\hat{\Sigma}$ 矩陣）與資料所得之變異共變數矩陣（S 矩陣）契合度高。

Standardized Residuals

	Y1	Y2	Y3	X1	X2	X3	X4
Y1	- -						
Y2	0.965	0.965					
Y3	0.965	0.965	0.965				
X1	- -	- -	−1.062	- -			
X2	- -	- -	0.529	- -	- -		
X3	- -	- -	−1.029	- -	- -	- -	
X4	0.965	0.965	0.965	- -	- -	- -	- -

Summary Statistics for Standardized Residuals

Smallest Standardized Residual =   −1.062

Median Standardized Residual =   0.000

Largest Standardized Residual =   0.965

【說明】

上表數據為標準化殘差值的統計量，最大標準化殘差值為.965，最小標準化殘差值為−1.062，其絕對值均小於 1.96，表示均未達到.05 的顯著水準，即假設模式的內在適配情況理想。

```
! Path Analysis
Qplot of Standardized Residuals
 3.5..........................................................................
          .                                                    ..
          .                                                    .
          .                                                  .
          .                                                .
          .                                              .
          .                                            .
          .                                          .
          .                                        .
          .                                      .
          .                                    .
          .                                  .
          .                                .
          .                              .
          .                            .
          .                          .
          .                        .
          .                      .
          .                    .
```

```
     .                                                         .            .
   N .                                                  x   .               .
   o .                                                                      .
   r .                                                            x         .
   m .                                                                      .
   a .                                                   .      x           .
   l .                                                                      .
     .                                              x                       .
   Q .                                                      x               .
   u .                                                      x               .
   a .                                                                      .
   n .                                          .      x x                  .
   t .                                                x x                   .
   i .                                     .    x                           .
   l .                              .                                       .
   e .                         x                                            .
   s .                    .                                                 .
     .                         x                                            .
     .              .                                                       .
     .                                                                      .
     .                                                                      .
     .         .                                                            .
     .                                                                      .
     .                                                                      .
     .                                                                      .
     .    .                                                                 .
     .                                                                      .
     .                                                                      .
 -3.5........................................................................
   -3.5                                                              3.5
```

【說明】

　　上表為標準化的殘差的 **Q-plot** 圖，此處的分布略呈垂直，但卻未呈直線，表示模式可能有參數界定的誤差或部分敘列誤差（specification errors）。如果模式的適配度不佳，則標準化的殘差的 Q-plot 圖的角度會小於對角線（＜ 45 度角），若是標準化的殘差值均很小，則其圖示分布的角度會大於對角線（＞ 45 度）。X 代表單一點，*號代表多個點。從上述標準化殘差的 Q-plot 圖，路徑分析的假設模式與實際資料可以適配。

! Path Analysis

Modification Indices and Expected Change

Modification Indices for BETA

	Y1	**Y2**	**Y3**
Y1	- -	0.932	2.146
Y2	- -	- -	0.940
Y3	- -	- -	- -

Modification Indices for GAMMA

	X1	**X2**	**X3**	**X4**
Y1	- -	- -	- -	0.932
Y2	- -	- -	- -	- -
Y3	1.127	0.280	1.059	- -

No Non-Zero Modification Indices for PHI

Maximum Modification Index is 2.15 for Element (1, 3) of BETA

【說明】

上表數據為修正指標與期望參數改變值（部分修正指標值省略），最大的修正指標值為 2.15，參數的修正指標值並未有大於 3.84 者，表示模式的內在品質佳。

! Path Analysis

Standardized Solution

BETA

	Y1	**Y2**	**Y3**
Y1	- -	- -	- -
Y2	0.406	- -	- -
Y3	0.139	0.537	- -

GAMMA

	X1	**X2**	**X3**	**X4**
Y1	0.529	0.030	0.143	- -
Y2	0.161	0.112	0.173	0.152
Y3	- -	- -	- -	0.077

【說明】

上表的標準化解值為徑路圖中的標準化迴歸係數（徑路係數值），標準化係數值愈大（徑路係數愈大），其對外因變項的影響或解釋愈大，其中BETA係數是三個內因變項間（Y1、Y2、Y3）的徑路係數，而 GAMMA 係數是四個外因變項（X1、X2、X3、X4）對內因變項（Y1、Y2、Y3）的徑路係數，徑路係數即為在複迴歸分析中的標準化迴歸係數β（Beta 係數）。將上表的數據填入工作滿意徑路圖中如下圖所示，其中組織氣氛、工作滿意、工作投入三個內因變項的疏離係數.807、.720、.749，由下表中三個內因變數的 PHI 係數值換算而來。

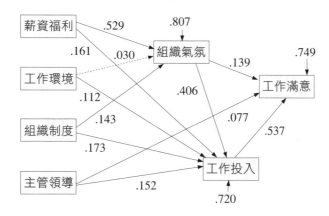

圖 8-9　企業員工工作滿意徑路分析圖（有徑路係數）

PSI

Note: This matrix is diagonal.

Y1	Y2	Y3
0.652	0.518	0.561

【說明】

上列數據 PSI 值為三個外因變項不能被內因變項的解釋變異量，等於 $1-R^2$，其中.652 = 1-.348、.512 = 1-.482、.561 = 1-.439，表中的PSI（Ψ）係數值取其平方根，即為三個外因變項的「疏離係數」（coefficient of alienation），疏離係數 = $\sqrt{1-R^2}$，疏離係數表示效果變項的變異量無法被外因變項解釋的部分，也就是模式外其他外因變項對模式內因變項的影響。三個外因變項的疏離係數分別為 $\sqrt{.652}$ = .807、

$\sqrt{.518} = .720$、$\sqrt{.561} = .749$。

! Path Analysis

Total and Indirect Effects

Total Effects of X on Y

	X1	**X2**	**X3**	**X4**
Y1	0.529	0.030	0.143	- -
	(0.035)	(0.034)	(0.035)	
	15.339	0.905	4.108	
Y2	0.375	0.124	0.231	0.152
	(0.034)	(0.033)	(0.040)	(0.037)
	11.051	3.781	5.701	4.056
Y3	0.275	0.071	0.144	0.158
	(0.027)	(0.020)	(0.025)	(0.038)
	10.247	3.456	5.733	4.194

【說明】

　　上表數據為四個外因變項對三個內因變項影響的總效果值及其顯著性考驗，第一列為影響的總效果值、第二列為估計值的標準誤、第三列為總效果值顯著性考驗的t值，其中除「工作環境」（X2）對「組織氣氛」影響的總效果值未達顯著外（t＝.905<1.96），其餘均達顯著。

Indirect Effects of X on Y

	X1	**X2**	**X3**	**X4**
Y1	- -	- -	- -	- -
Y2	0.214	0.012	0.058	-
	(0.024)	(0.014)	(0.015)	
	8.994	0.902	3.853	
Y3	0.275	0.071	0.144	0.082
	(0.027)	(0.020)	(0.025)	(0.021)
	10.247	3.456	5.733	3.878

【說明】

上表數據為四個外因變項對三個內因變項影響的間接效果值（Indirect effects）及其顯著性考驗，第一列為影響的間接效果值，第三列為間接效果值顯著性考驗的t值，其中除「工作環境」（X2）對「組織氣氛」（Y1）影響的間接效果值未達顯著外，其餘均達顯著。

Total Effects of Y on Y

	Y1	**Y2**	**Y3**
Y1	- -	- -	- -
Y2	0.405	-	-
	(0.036)		
	11.102		
Y3	0.356	0.537	-
	(0.037)	(0.041)	
	9.520	13.224	

【說明】

上表數據為三個內因變項間影響的總效果值（Total effects）及其顯著性考驗，第一列為影響的總效果值、第二列為估計值的標準誤、第三列為總效果值顯著性考驗的t值，「組織氣氛」（Y1）對「工作投入」（Y2）、「工作滿意」（Y3）影響的總效果值均達顯著，其顯著性考驗的 t 值分別為 11.102、9.520，均大於 1.960；而「工作投入」（Y2）對「工作滿意」（Y3）影響的總效果值也達顯著，其顯著性考驗的 t 值為 13.224，也大於 1.960。

Largest Eigenvalue of B*B' (Stability Index) is   0.327

Indirect Effects of Y on Y

	Y1	**Y2**	**Y3**
Y1	- -	- -	- -
Y2	-	-	-
Y3	0.218	-	-
	(0.026)		
	8.503		

【說明】

上表數據為三個內因變項間影響的間接效果值（Indirect effects）及其顯著性考驗，第一列為影響的間接效果值，第三列為間接效果值顯著性考驗的 t 值，「組織氣氛」（Y1）對「工作滿意」（Y3）影響的間接效果值達顯著（t = 8.503>1.96）。

! Path Analysis

Standardized Total and Indirect Effects

Standardized Total Effects of X on Y

	X1	X2	X3	X4
Y1	0.529	0.030	0.143	- -
Y2	0.375	0.124	0.231	0.152
Y3	0.275	0.071	0.144	0.158

【說明】

上表數據為四個外因變項對三個內因變項影響的總效果值，各外因變項對內因變項的影響的總效果值等於直接效果值加上間接效果值，直接效果值為直接影響的標準化迴歸係數值（徑路係數）。間接效果值的數據在下面，以「主管領導」（X4）對「工作滿意」（Y3）影響的總效果值而言，其數值 = 直接效果 + 間接效果 = .077 + .082 = .159（上表數據為.158，小數第三位的差異乃在於四捨五入所產生的誤差值）。再以「薪資福利」（X1）對「工作投入」（Y2）影響的總效果值而言，其數值 = 直接效果 + 間接效果 = .161 + .215 = .376。

Standardized Indirect Effects of X on Y

	X1	X2	X3	X4
Y1	- -	- -	- -	- -
Y2	0.215	0.012	0.058	- -
Y3	0.275	0.071	0.144	0.082

【說明】

上表數據為四個外因變項對三個內因變項影響的間接效果值，其數值由上圖徑路係數換算而來：

X1→Y2 的間接效果值等於.529×.406 ＝ .2147≒.215

X1→Y3 的間接效果值等於.529×.139＋.161×.537＋.529×.406×.537 ＝ .0735＋.0864＋.1153 ＝ .2752≒.275

X2→Y3 的間接效果值等於.030×.139＋.112×.537＋.030×.406×.537 ＝ .0042＋.0601＋.0065 ＝ .0709≒.071

X3→Y2 的間接效果值等於.143×.406 ＝ .058

X3→Y3 的間接效果值等於.143×.139＋.143×.406×.537＋.173×.537 ＝ .0199＋.0312＋.0929 ＝ .1440

X3→Y3 的間接效果值等於.152×.537 ＝ .0816≒.082

直接效果指的是外因變項（X 變項）直接對內因變項（Y 變項）的影響，而間接效果指的是外因變項（X 變項）透過其他變項對內因變項（Y 變項）的影響，以「組織制度」（X3）對「工作滿意」（Y3）變項的影響，沒有直接效果，其間接效果的影響路徑有三條：一為「組織制度」（X3）→「組織氣氛」（Y1）→「工作滿意」（Y3）；二為「組織制度」（X3）→「組織氣氛」（Y1）→「工作投入」（Y2）→「工作滿意」（Y3）；三為「組織制度」（X3）→「工作投入」（Y2）→「工作滿意」（Y3），每一條間接影響之徑路係數的乘積為其間接效果值。

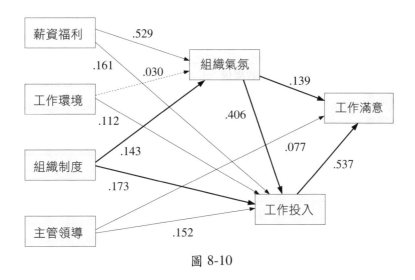

圖 8-10

Standardized Total Effects of Y on Y

	Y1	**Y2**	**Y3**
Y1	- -	- -	- -
Y2	0.406	- -	- -
Y3	0.357	0.537	- -

【說明】

　　上表數據為三個內因變項間影響的總效果值，各總效果值等於直接效果值加間接效果值，以「組織氣氛」（Y1）對「工作滿意」（Y3）影響的總效果值為例，其值為.537＝.139＋.218＝.357，其中徑路係數.139 為直接效果值。

Standardized Indirect Effects of Y on Y

	Y1	**Y2**	**Y3**
Y1	- -	- -	- -
Y2	- -	- -	- -
Y3	0.218	- -	- -

　　上表數據為三個內因變項間影響的間接效果值，「組織氣氛」（Y1）對「工作滿意」（Y3）的間接效果值等於＝.406×.537＝.218。

將上述變項間影響的效果值整理如下表：

表 8-2

路徑影響關係	直接效果值	間接效果值	總效果值
薪資福利→組織氣氛	0.529	--------	0.529
薪資福利→工作滿意	--------	0.275	0.275
薪資福利→工作投入	0.161	0.215	0.376
工作環境→組織氣氛	0.030	--------	0.030
工作環境→工作滿意	--------	0.071	0.071
工作環境→工作投入	0.112	0.012	0.124
組織制度→組織氣氛	0.143	--------	0.143
組織制度→工作滿意	--------	0.144	0.144

路徑影響關係	直接效果值	間接效果值	總效果值
組織制度→工作投入	0.173	0.058	0.231
主管領導→工作滿意	0.077	0.082	0.158
主管領導→工作投入	0.152	--------	0.152
組織氣氛→工作投入	0.406	--------	0.406
組織氣氛→工作滿意	0.139	0.218	0.357
工作投入→工作滿意	0.537	--------	0.537

8.2 多元迴歸與徑路係數考驗

研究問題

　　某研究者根據相關理論，提出影響成年人生活滿意度的徑路關係圖，研究者分別採用複迴歸分析與SIMPLIS語法程式來考驗模式。請問研究者所提的徑路關係因果模式圖是否可以獲得支持？

　　有關成年人生活滿意度的因果模式圖，共有五個變項：「身體健康」（X1）、「薪資所得」（X2）、「社會參與」（Y1）、「家庭幸福」（Y2）、「生活滿意」（Y3），其中「薪資所得」、「身體健康」直接影響到「家庭幸福」變項，而「家庭幸福」、「身體健康」、「社會參與」三個變項直接影響到「生活滿意度」知覺，而薪資所得變項也直接影響成年人「社會參與」的程度。

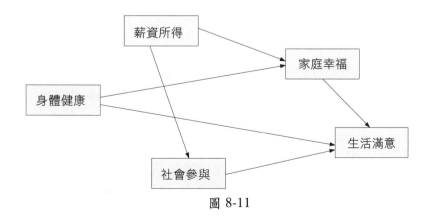

圖 8-11

圖 8-12 為研究問題分析之 SPSS 資料檔，副檔名為「*.sav」，共有五個變項。

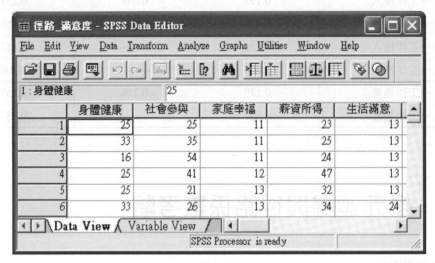

圖 8-12

採用複迴歸分析方法

第一個複迴歸分析變項關係為：薪資所得、身體健康→家庭幸福。

Regression

Model Summary

Model	R	R Square	Adjusted R Square	Std. Error of the Estimate
1	.602(a)	.363	.349	6.987

a Predictors: (Constant)，薪資所得、身體健康

Coefficients(a)

Model		Unstandardized Coefficients		Standardized Coefficients	t	Sig.
		B	Std. Error	Beta		
1	(Constant)	3.345	2.837		1.179	.241
	身體健康	.191	.060	.282	3.168	.002
	薪資所得	.282	.058	.429	4.830	.000

a Dependent Variable: 家庭幸福

【說明】

上表數據為「身體健康」與「薪資所得」對「家庭幸福」變項的複迴歸分析，自變項（預測變項）為身體健康、薪資所得、依變項（效標變項）為家庭幸福，決定係數 R^2 等於.363，疏離係數 $= \sqrt{1-R^2} = \sqrt{1-.363} = 0.798$

二個自變項顯著性考驗的t值分別為 3.168（p<.05）、4.830（p<.05），均達到顯著水準，而其標準化迴歸係數（直接效果的徑路係數）分別為.282、.429。由於二個β係數均為正數，表示其對家庭幸福的影響均為正向。

第二個複迴歸分析變項關係為：薪資所得→社會參與。

Model Summary

Model	R	R Square	Adjusted R Square	Std. Error of the Estimate
1	.453(a)	.206	.197	11.013

a　Predictors: (Constant)，薪資所得

Coefficients(a)

Model		Unstandardized Coefficients		Standardized Coefficients	T	Sig.
		B	Std. Error	Beta		
1	(Constant)	17.103	4.037		4.237	.000
	薪資所得	.423	.084	.453	5.036	.000

a　Dependent Variable: 社會參與

【說明】

上表數據為「薪資所得」對「社會參與」變項的複迴歸分析，自變項（預測變項）為薪資所得、依變項（效標變項）為社會參與，決定係數 R^2 等於.206，疏離係數 $= \sqrt{1-R^2} = \sqrt{1-.206} = 0.891$

自變項顯著性考驗的t值為 5.036（p<.05），達到顯著水準，其標準化迴歸係數（直接效果的徑路係數）為.453。由於標準化係數為正數，表示薪資所得愈高，其社會參與的程度愈多。

第三個複迴歸分析變項關係為：家庭幸福、身體健康、社會參與→生活滿意。

Model Summary

Model	R	R Square	Adjusted R Square	Std. Error of the Estimate
1	.805(a)	.648	.637	11.641

a Predictors: (Constant)，家庭幸福、身體健康、社會參與

Coefficients(a)

Model		Unstandardized Coefficients		Standardized Coefficients	t	Sig.
		B	Std. Error	Beta		
1	(Constant)	−23.658	4.641		−5.098	.000
	身體健康	.448	.103	.296	4.351	.000
	社會參與	.515	.116	.327	4.423	.000
	家庭幸福	.877	.181	.393	4.854	.000

a Dependent Variable: 生活滿意

【說明】

上表數據為身體健康、社會參與、家庭幸福變項對生活滿意的複迴歸分析，自變項(預測變項)為「身體健康」、「社會參與」、「家庭幸福」，依變項(效標變項)為「生活滿意度」，決定係數 R^2 等於.648，疏離係數 $= \sqrt{1 - R^2} = \sqrt{1 - .648} = 0.593$ 三預測變項顯著性考驗的t值分別為4.351（p<.05）、4.423（p<.05）、4.854（p<.05），均達到顯著水準，而其標準化迴歸係數（直接效果的徑路係數）分別為.296、.327、.393，由於三個β係數均為正數，表示其對生活滿意度的影響均為正向。

成年人生活滿意度知覺的路徑因果模式標準化估計值如圖 8-12：

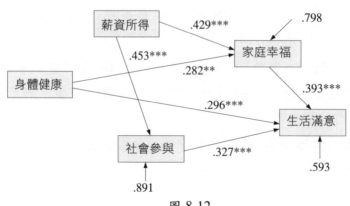

圖 8-12

從上述因果模式徑路圖中，可以發現所有直接效果的徑路係數均達顯著，因而其間接效果值與總效果值也會達到顯著，研究者所提的成年人薪資所得、身體健康、社會參與、家庭幸福感與生活滿意度知覺的因果模式圖可以得到支持。此種以複迴歸分析法來進行分析的徑路分析，其實就是徑路係數顯著性的考驗，也就是傳統的徑路分析法，有關此部分的詳細操作，有興趣的讀者可參閱吳明隆、涂金堂編著之《SPSS與統計應用分析》一書（五南出版），內有詳細介紹。

採用潛在模式分析法

SIMPLIS 語法程式

```
！退休教師生活滿意度之因果模式圖
Observed Variables:
身體健康　社會參與　家庭幸福　薪資所得　生活滿意
Raw Data from file d:/path/sati.dat
Sample Size= 100
Paths:
薪資所得　→社會參與
身體健康　薪資所得　→家庭幸福
身體健康　社會參與　家庭幸福　→生活滿意
Path Diagram
LISREL Output rs se sc tv mi pc ef to nd=3
End of Problem
```

【說明】

上述語法程式為直接讀取原始資料檔，檔名為「sati.dat」，此檔為固定格式的一般文書檔案，由SPSS資料檔直接轉換而來。

圖8-13為SPSS原始資料檔轉換成的資料檔「sati.dat」，副檔名為「*.dat」，資料檔採取固定格式，是一般的文書檔案，可用文書處理應用軟體開啟，資料檔內不能有變項名稱，第一列即第一位受試者的資料，下圖為以「記事本」應用軟體開啟資料檔所呈現的前幾筆資料。

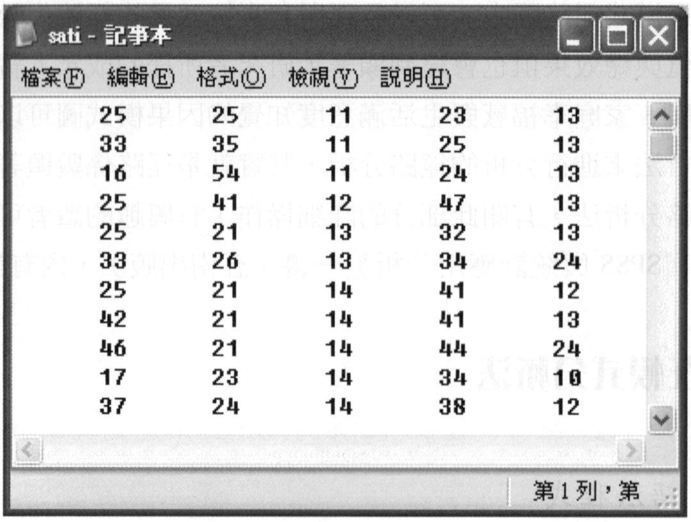

圖 8-13

在 SPSS 統計軟體中，如要將原始資料檔轉存成「*.dat」的文書檔，在「另存新檔」對話視窗中，其「存檔類型」右邊的下拉式選單要選取「Fixed ASCII(*.dat)」選項，此選項表示將資料存成固定格式的一般文書檔。此種固定格式的 ASCII 檔案，SIMPLIS 語法可以直接讀取（SPSS 的原始資料檔名為 *.sav，SIMPLIS 無法直接讀取）。

圖 8-14

若是研究者要以相關矩陣方式作為資料檔，可先以 SPSS 統計應用軟體求出其積差相關矩陣。結果如下：

Correlations

		身體健康	薪資所得	社會參與	家庭幸福	生活滿意
身體健康	Pearson Correlation	1	.410	.230	.457	.551
	Sig. (2-tailed)	.	.000	.021	.000	.000
	N	100	100	100	100	100
薪資所得	Pearson Correlation	.410	1	.453	.545	.553
	Sig. (2-tailed)	.000	.	.000	.000	.000
	N	100	100	100	100	100
社會參與	Pearson Correlation	.230	.453	1	.574	.621
	Sig. (2-tailed)	.021	.000	.	.000	.000
	N	100	100	100	100	100
家庭幸福	Pearson Correlation	.457	.545	.574	1	.716
	Sig. (2-tailed)	.000	.000	.000	.	.000
	N	100	100	100	100	100
生活滿意	Pearson Correlation	.551	.553	.621	.716	1
	Sig. (2-tailed)	.000	.000	.000	.000	.
	N	100	100	100	100	100

以相關矩陣作為資料檔的語法程式：

```
! 退休教師生活滿意度之因果模式圖
Observed Variables:
身體健康  薪資所得  社會參與  家庭幸福  生活滿意
Correlation Matrix:
1.000
0.410  1.000
0.230  0.453  1.000
0.457  0.545  0.574  1.000
0.551  0.553  0.621  0.716  1.000
Sample Size = 100
```

```
Paths:
薪資所得  →社會參與
身體健康  薪資所得  →家庭幸福
身體健康  社會參與  家庭幸福  →生活滿意
Path Diagram
LISREL Output rs se sc tv mi pc ef to nd = 3
End of Problem
```

報表說明

LISREL Estimates (Maximum Likelihood)

BETA

	社會參與	家庭幸福	生活滿意
	--------	--------	--------
社會參與	- -	- -	- -
家庭幸福	- -	- -	- -
生活滿意	0.515	0.877	- -
	(0.098)	(0.154)	
	5.249	5.704	

GAMMA

	身體健康	薪資所得
	--------	--------
社會參與	- -	0.423
		(0.084)
		5.010
家庭幸福	0.191	0.282
	(0.060)	(0.058)
	3.168	4.830
生活滿意	0.448	- -
	(0.103)	
	4.362	

【說明】

上面為六條徑路係數的顯著性考驗，BETA 係數有二個（依變項與依變項之間的路徑係數），GAMMA係數有四個（自變項與依變項之間的路徑係數），分別是身體健康（X1）→家庭幸福（Y2）、身體健康（X1）→生活滿意（Y3）、薪資所得（X2）→社會參與（Y1）、薪資所得（X2）→家庭幸福（Y2）；而二條BETA 徑路係數分別為社會參與（Y1）→生活滿意（Y3）、家庭幸福（Y2）→生活滿意（Y3）。第一個數字為參數估計值（原始估計的路徑係數）、第二個數字為該估計值的估計標準誤、第三個數字為估計值顯著性考驗的t值，六個估計參數的 t 值均大於 1.96，表示六個徑路係數均達顯著。圖 8-15 為輸出模式圖中各參數顯著性考驗的 t 值。

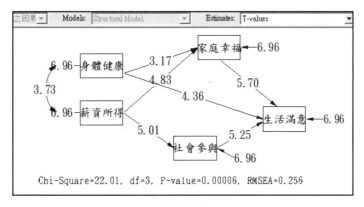

圖 8-15

Covariance Matrix of Y and X

	社會參與	家庭幸福	生活滿意	身體健康	薪資所得
	--------	--------	--------	--------	--------
社會參與	151.116				
家庭幸福	26.289	75.033			
生活滿意	113.913	102.039	339.002		
身體健康	29.209	50.695	132.820	163.762	
薪資所得	73.460	62.172	123.266	69.076	173.725

【注意】

若是以共變數作為資料檔，要先呈現 Y 變項，再呈現 X 變項，上述原始資料檔轉換為共變數矩陣的型式如下：

```
        Y1 Y2 Y3 X1 X2
Y1
Y2
Y3 <上述變項間共變數矩陣數值>
X1
X2
```

Squared Multiple Correlations for Structural Equations

社會參與	家庭幸福	生活滿意
--------	--------	--------
0.206	0.363	0.612

【說明】

上表為各效標變項被自變項解釋的變異量，即複迴歸模式報表中的決定係數 R^2，其中「社會參與」被「薪資所得」解釋的變異量為 20.6%，「家庭幸福」被「薪資所得」與「身體健康」二個自變項解釋的變異量為 36.3%、「生活滿意」被「家庭幸福」、「身體健康」、「社會參與」三個變項聯合解釋的變異量達 61.2%（在上述以複迴歸分析中此 R^2 數值為 0.648）。

```
Goodness of Fit Statistics

Degrees of Freedom = 3

Minimum Fit Function Chi-Square = 24.047 (P = 0.000)

Normal Theory Weighted Least Squares Chi-Square = 22.012 (P = 0.000)

Estimated Non-centrality Parameter (NCP) = 19.012

90 Percent Confidence Interval for NCP = (7.670 ; 37.820)

Minimum Fit Function Value = 0.243
```

Population Discrepancy Function Value (F0) = 0.196

90 Percent Confidence Interval for F0 = (0.0791 ; 0.390)

Root Mean Square Error of Approximation (RMSEA) = 0.256

90 Percent Confidence Interval for RMSEA = (0.162 ; 0.361)

P-Value for Test of Close Fit (RMSEA < 0.05) = 0.000357

Expected Cross-Validation Index (ECVI) = 0.474

90 Percent Confidence Interval for ECVI = (0.357 ; 0.668)

ECVI for Saturated Model = 0.309

ECVI for Independence Model = 2.931

Chi-Square for Independence Model with 10 Degrees of Freedom = 274.281

Independence AIC = 284.281

Model AIC = 46.012

Saturated AIC = 30.000

Independence CAIC = 302.307

Model CAIC = 89.274

Saturated CAIC = 84.078

Normed Fit Index (NFI) = 0.912

Non-Normed Fit Index (NNFI) = 0.735

Parsimony Normed Fit Index (PNFI) = 0.274

Comparative Fit Index (CFI) = 0.920

Incremental Fit Index (IFI) = 0.922

Relative Fit Index (RFI) = 0.708

Critical N (CN) = 47.715

Root Mean Square Residual (RMR) = 16.825

Standardized RMR = 0.103

Goodness of Fit Index (GFI) = 0.918

Adjusted Goodness of Fit Index (AGFI) = 0.592

Parsimony Goodness of Fit Index (PGFI) = 0.184

【說明】

　　上表為整體模式適配度考驗結果，卡方值在自由度等於 3 時，其值為 22.012，p = .000 < .05，拒絕虛無假設，表示路徑因果模式不被接受。再從其他主要適配度

指 標 來 看，RMSEA = 0.256、RMR = 16.825、SRMR = 0.103、AGFI = 0.592、NNFI = 0.735、RFI = 0.708、CN 值 = 47.715、PNFI = 0.274、PGFI = 0.184 等，均未達到適配的標準。整體而言，研究者所提成年人生活滿意度感受的因果模式圖無法與實際資料契合，其模式整體適配情形不佳。

```
Standardized Solution
    BETA

            社會參與    家庭幸福    生活滿意

           --------    --------    --------

社會參與      - -         - -         - -
家庭幸福      - -         - -         - -
生活滿意     0.344       0.413        - -
    GAMMA

            身體健康    薪資所得

           --------    --------

社會參與      - -        0.453
家庭幸福     0.282       0.429
生活滿意     0.311        - -
```

【說明】

上表數據為 Y 變項間的徑路係數（BETA）、X 變項對 Y 變項影響的徑路係數，將上述徑路係數填入徑路圖中，包含徑路係數的最終模式圖如圖 8-16：

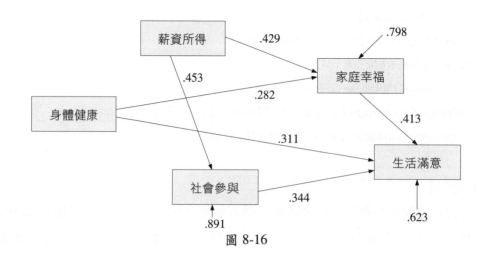

圖 8-16

！退休教師生活滿意度之因果模式圖

Total and Indirect Effects

Total Effects of X on Y

	身體健康	薪資所得
	--------	--------
社會參與	- -	0.423
		(0.084)
		5.010
家庭幸福	0.191	0.282
	(0.060)	(0.058)
	3.168	4.830
生活滿意	0.615	0.465
	(0.108)	(0.086)
	5.715	5.390

Indirect Effects of X on Y

	身體健康	薪資所得
	--------	--------
社會參與	- -	- -
家庭幸福	- -	- -
生活滿意	0.167	0.465
	(0.060)	(0.086)
	2.770	5.390

Total Effects of Y on Y

	社會參與	家庭幸福	生活滿意
	--------	--------	--------
社會參與	- -	- -	- -
家庭幸福	- -	- -	- -
生活滿意	0.515	0.877	- -
	(0.098)	(0.154)	
	5.249	5.704	

Largest Eigenvalue of B*B' (Stability Index) is 1.034

【說明】

上表變項間總效果值與間接效果值的原始估計值與顯著性考驗的 t 值，所有估計參數間的總效果值與間接效果值均達顯著（因為各變項間的直接效果值均達顯著）。

！ 退休教師生活滿意度之因果模式圖

Standardized Total and Indirect Effects

Standardized Total Effects of X on Y

	身體健康	薪資所得
	--------	--------
社會參與	- -	0.453
家庭幸福	0.282	0.429
生活滿意	0.427	0.333

Standardized Indirect Effects of X on Y

	身體健康	薪資所得
	--------	--------
社會參與	- -	- -
家庭幸福	- -	- -
生活滿意	0.116	0.333

Standardized Total Effects of Y on Y

	社會參與	家庭幸福	生活滿意
	--------	--------	--------
社會參與	- -	- -	
家庭幸福	- -	- -	
生活滿意	0.344	0.413	- -

【說明】

上表為估計結果的總效果值與間接效果值，總效果值為直接效果值加上間接效果值，所謂直接效果值為自變項對依變項直接影響的徑路係數，間接效果為自變項透過中介變項對依變項的影響，其間接效果值為徑路係數的乘積。以「薪資所得」對「生活滿意」影響而言，其間接效果值如下：

第一條影響路徑：薪資所得→家庭幸福→生活滿意⇒.429×.413＝.177

第二條影響路徑：薪資所得→社會參與→生活滿意⇒.453×.344＝.156

薪資所得→生活滿意之間接效果值＝.177＋.156＝.333。

因為薪資所得對生活滿意無直接效果值，所以總效果值就等於 0＋.333＝0.333

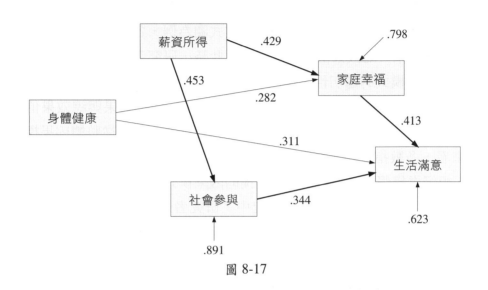

圖 8-17

　　圖 8-18 為 LISREL 輸出結果的標準化估計值的模式圖（此模式圖的各物件經移動位置後，再經物件直線設定美化）。

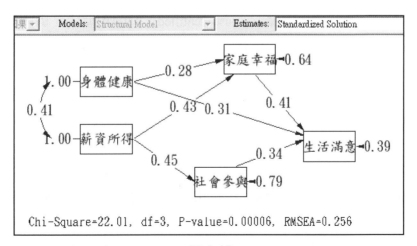

圖 8-18

　　在徑路分析中，可用來探究變項之間是否具有因果關係，若是採用複迴歸分析方法，可分別探討自變項（independent variables）或因（causes）變項對依變項

（dependent）或果（effects）變項的影響之徑路分析係數及其顯著性，也可探究自變項對依變項的解釋變異多少，根據各徑路係數估算出影響的直接效果值（direct effects）、間接效果值（indirect effects）與總效果值（total effects）。但迴歸分析法只能估計各徑路係數及其顯著性與否，無法對整個因果模式的適配情形作一判別。以上述成年人生活滿意度感受的因果模式圖為例，各路徑係數均達顯著、直接效果、間接效果與總效果值也均達顯著，此時，研究者只能就路徑係數顯著性與否來判別因果模式的適切性，與所提的徑路係數模式圖是否可以得到支持。

在改以 SEM 分析中，各路徑係數、直接效果、間接效果與總效果值也均達顯著，其數值及結果與採用複迴歸分析方法相差不多，但若從整體因果模式的適配指標來看，多數指標均未達適配標準，χ^2 值等於 22.012，p = .000<.05，達到顯著水準，拒絕虛無假設，表示研究者所提的因果模式圖與實際資料無法契合，模式的適配情形不佳。在因果模式的探究中，研究者最好採用 SEM 分析法，除可探究各徑路係數的顯著性外，也可就整體因果模式的適配情形作一檢驗。

8.3　飽和模式的路徑分析

在路徑分析中，若是待估計的參數個數剛好等於所提供的方程式個數，就是一個「剛好辨識」或「正好辨識」（just-identified）的飽和模式。構成模型的結構方程式如果剛好相等於未知數，這樣的模型可以判定為「剛好確認」模式，因為它只有一個正確合理的解值，此模式將會提供一套路徑係數值，以能夠完全地重製相關係數矩陣，所以是一種正好辨識模式，又稱為飽和模式（saturated model）。正好確認模式只有一個獨特解值，且此模型總是提供資料一種適配完美（perfect fit）的數據。

在剛好辨識的情況下，模型的參數估計只有單一且唯一的精確解值（unique and exact solution），此種情形下模式中可用的訊息均藉由模式的界定來作為估計參數之用，因而沒有任何的訊息來作為模式檢定之用，所以模式的自由度是 0（df = 0），而其模式適配指標卡方值也會等於 0，導致剛好辨識的模式均會與觀察資料呈現完美的適配（perfect fit），但在實際情境中，適配度這麼良好的模式，卻往往不具有實用的價值（余民寧，民 95）。在飽和模式中所有的自變項對所有依變項均有影響路徑，而依變項間對其他依變項也均有影響路徑，即所有變項間

的徑路數目在因果模式中是最大數，如下圖所列：

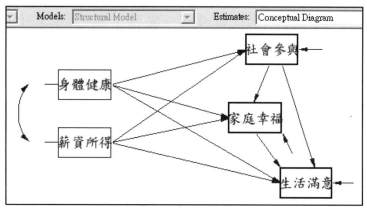

圖 8-19

圖 8-19 飽和模式因果模式圖的語法程式如下：

！ 退休教師生活滿意度之因果模式圖__飽和模式

Observed Variables:

社會參與 家庭幸福 生活滿意 身體健康 薪資所得

Correlation Matrix:

1.000				
0.247	1.000			
0.503	0.640	1.000		
0.222	0.457	0.564	1.000	
0.453	0.545	0.508	0.410	1.000

Sample Size= 100

Paths:

身體健康　薪資所得→社會參與

身體健康　薪資所得→家庭幸福

身體健康　薪資所得→生活滿意

社會參與→家庭幸福　生活滿意

家庭幸福→生活滿意

Path Diagram

Options: RS SC PC EF ND=2

End of Problem

　　圖 8-20 為各估計參數顯著性考驗結果，其中有三條路徑係數未達顯著，這三個路徑（直接影響路徑）為身體健康→社會參與（t 值 = 0.44<1.96）、薪資所得→生活滿意（t 值 = 0.11<1.96）、社會參與→家庭幸福（t 值 = −0.14，t 值絕對值<1.96），LISREL 繪製之原始 t 值模式圖中，未達顯著的路徑係數之 t 值會以紅色字體顯示。

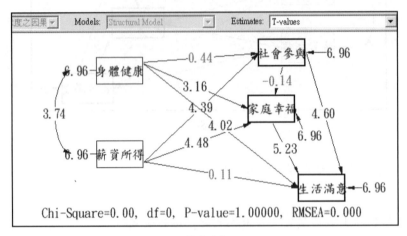

圖 8-20

　　圖 8-21 為路徑分析標準化解值的因果模式圖，三個未達顯著的路徑係數（標準化的迴歸係數）：身體健康→社會參與（β 值 = 0.04、p>0.05）、薪資所得→生活滿意（β 值 = 0.01、p>0.05）、社會參與→家庭幸福（β 值 = −0.01、p>0.05），這三個路徑係數值的絕對值均低於 0.05，變項間的影響甚小。

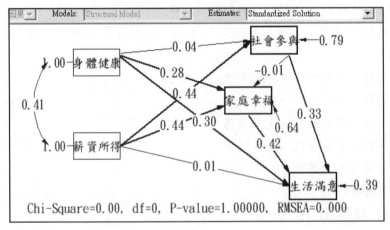

圖 8-21

Goodness of Fit Statistics

Degrees of Freedom = 0

Minimum Fit Function Chi-Square = 0.00 (P = 1.00)

Normal Theory Weighted Least Squares Chi-Square = 0.00 (P = 1.00)

The Model is Saturated, the Fit is Perfect !

【說明】

上表為整體模式適配度的檢驗結果，自由度為 0 時，卡方值等於 0.00，顯著性考驗的機率值 p = 1.00 > .05，接受虛無假設，表示理論因果模式圖與實際資料能夠契合，其適配度非常好，因而報表出現：「The Model is Saturated, the Fit is Perfect !」字語，表示模式為飽和模式，模式適配情形非常優良，理論模式與實際資料是完全適配的。在飽和模式的狀態下，不管路徑係數是否達到顯著，整體模式適配的卡方值均是等於 0.00、顯著性的機率值 p = 1.00，而 RMSEA 值與自由度均等於 0。這是因為在「剛好確認」（just-identified）的飽和模式下，模式會有唯一解出現，因此呈現「完全適配」是必然的現象，此時探究假設的因果模式與實際資料間是否適配的問題，是沒有必要的，也沒有實質的意義存在（*Bollen，1989*）。因而在路徑分析因果模式中，要探究假設模式是否適配，不應採用飽和模式，而應提出一個非飽和模式的假設模式圖。

圖 8-22 為研究者所提的非飽和模式的路徑因果模式，此圖與飽和模式圖的差異，在於刪除路徑係數值未達顯著的路徑，修正後的假設模式圖如下：在此非飽和模式的概念化模式圖中，「身體健康」直接對「家庭幸福」與「生活滿意」變項產生影響，「薪資所得」直接對「社會參與」與「家庭幸福」變項產生影響，「社會參與」與「家庭幸福」變項又直接影響到「生活滿意」變項。

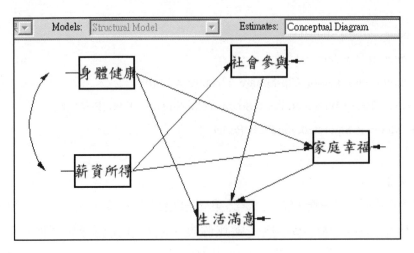

圖 8-22

非飽和模式的語法程式如下：

！退休教師生活滿意度之因果模式圖

Observed Variables:

社會參與　家庭幸福　生活滿意　身體健康　薪資所得

Correlation Matrix:

1.000

0.247　1.000

0.503　0.640　1.000

0.222　0.457　0.564　1.000

0.453　0.545　0.508　0.410　1.000

Sample Size= 200

Paths:

身體健康→家庭幸福　生活滿意

薪資所得→社會參與　家庭幸福

社會參與　家庭幸福→生活滿意

Path Diagram

Options: RS EF PC ND=2

End of Problem

　　圖 8-23 為模式圖中所有估計參數顯著性考驗的 t 值,所有路徑係數值均達顯著,其顯著性考驗的t值均大於 1.96。整體模式適配度檢驗的χ^2 值在自由度等於 3 時,其值等於 0.46,顯著性考驗的機率值 p=0.927>0.05,未達顯著水準,接受虛無假設,表示研究者所提的路徑分析假設模式圖與實際資料適配,假設模式圖可以獲得支持。

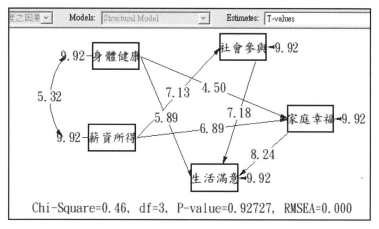

圖 8-23

! 退休教師生活滿意度之因果模式圖

Number of Iterations = 0

LISREL Estimates (Maximum Likelihood)

　　　Structural Equations

社會參與 = 0.45*薪資所得,Errorvar.= 0.79,R^2= 0.21

　　　(0.064)　　　　　　　　(0.080)

　　　7.13　　　　　　　　　　9.92

家庭幸福 = 0.28*身體健康 + 0.43*薪資所得,Errorvar.= 0.64,R^2= 0.36

　　　(0.062)　　　　　(0.062)　　　　　　　(0.064)

　　　4.50　　　　　　6.89　　　　　　　　9.92

生活滿意 = 0.33*社會參與 + 0.42*家庭幸福 + 0.30*身體健康,Errorvar.= 0.39,R^2= 0.60

　　　(0.046)　　　　(0.051)　　　　(0.051)　　　　(0.040)

　　　7.18　　　　　8.24　　　　　5.89　　　　　9.92

【說明】

上表結構方程式即為各迴歸方程式，等號左邊為依變項（內衍變項），等號右側為自變項（外衍變項），其三個數字分別為標準化的迴歸係數β（路徑係數），估計標準誤及路徑係數顯著性考驗的t值。右邊的 R^2 為多元相關係數的平方，根據 R^2 可求出各迴歸方程式的疏離係數。

Goodness of Fit Statistics

Degrees of Freedom = 3

Minimum Fit Function Chi-Square = 0.46 (P = 0.93)

Normal Theory Weighted Least Squares Chi-Square = 0.46 (P = 0.93)

Estimated Non-centrality Parameter (NCP) = 0.0

90 Percent Confidence Interval for NCP = (0.0 ; 0.82)

Minimum Fit Function Value = 0.0023

Population Discrepancy Function Value (F0) = 0.0

90 Percent Confidence Interval for F0 = (0.0 ; 0.0042)

Root Mean Square Error of Approximation (RMSEA) = 0.0

90 Percent Confidence Interval for RMSEA = (0.0 ; 0.037)

P-Value for Test of Close Fit (RMSEA < 0.05) = 0.96

Expected Cross-Validation Index (ECVI) = 0.14

90 Percent Confidence Interval for ECVI = (0.14 ; 0.14)

ECVI for Saturated Model = 0.15

ECVI for Independence Model = 2.30

Chi-Square for Independence Model with 10 Degrees of Freedom = 443.42

Independence AIC = 453.42

Model AIC = 24.46

Saturated AIC = 30.00

Independence CAIC = 474.91

Model CAIC = 76.04

Saturated CAIC = 94.47

Normed Fit Index (NFI) = 1.00

Non-Normed Fit Index (NNFI) = 1.02

Parsimony Normed Fit Index (PNFI) = 0.30

Comparative Fit Index (CFI) = 1.00

Incremental Fit Index (IFI) = 1.01

Relative Fit Index (RFI) = 1.00

Critical N (CN) = 4890.76

Root Mean Square Residual (RMR) = 0.011

Standardized RMR = 0.011

Goodness of Fit Index (GFI) = 1.00

Adjusted Goodness of Fit Index (AGFI) = 1.00

Parsimony Goodness of Fit Index (PGFI) = 0.20

【說明】

再從其他的模式適配度的指標來看，RMSEA值＝0.00、RMR值＝0.01、SRMR＝0.01均達到模式適配標準；NFI 值＝1.00、NNFI 值＝1.02、CFI 值＝1.00、IFI 值＝1.01、RFI值＝1.00、CN值＝4890.76、GFI值＝1.00、AGFI值＝1.00等均達到模式良好適配的標準。整體而言，研究者所提的非飽和模式的路徑分析假設模式圖與實際資料的契合很高，其適配情形非常理想。

圖 8-24 為最終標準化解值的模式圖，圖中的數字為路徑係數（直接效果值），根據此圖可以算出自變項對依變項影響的直接效果值、間接效果值與總效果值（間接效果值與總效果值數據，報表中會直接呈現）。

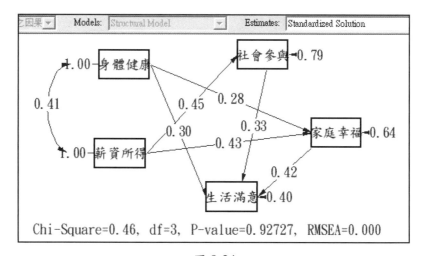

圖 8-24

```
Standardized Residuals

          社會參與    家庭幸福    生活滿意    身體健康    薪資所得

          --------    --------    --------    --------    --------

社會參與      --

家庭幸福     0.00         --

生活滿意     0.34       0.00       0.34

身體健康     0.63         --       0.63         --

薪資所得      --          --       0.16         --         --

Summary Statistics for Standardized Residuals

Smallest Standardized Residual =      0.00

 Median Standardized Residual =       0.00

 Largest Standardized Residual =      0.63
```

【說明】

上表數據為標準化殘差值的統計量，最大的標準化殘差值為 0.63，所有標準化殘差值的絕對值小於 1.96，表示路徑分析因果模式圖的內在適配度情形良好。

```
 !退休教師生活滿意度之因果模式圖
Total and Indirect Effects

    Total Effects of X on Y

          身體健康    薪資所得

          --------    --------

社會參與      --        0.45

                      (0.06)

                       7.13

家庭幸福     0.28       0.43

            (0.06)     (0.06)

             4.50       6.89

生活滿意     0.42       0.33

            (0.05)     (0.04)

             7.82       7.63
```

Indirect Effects of X on Y

	身體健康	薪資所得
	--------	--------
社會參與	- -	- -
家庭幸福	- -	- -
生活滿意	0.12	0.33
	(0.03)	(0.04)
	3.95	7.63

Total Effects of Y on Y

	社會參與	家庭幸福	生活滿意
	--------	--------	--------
社會參與	- -	- -	- -
家庭幸福	- -	- -	- -
生活滿意	0.33	0.42	- -
	(0.05)	(0.05)	
	7.18	8.24	

【說明】

上表為 SIMPLIS 報表呈現的總效果值與間接效果值，第一個數字為效果值的大小，括號內的數字為參數估計標準誤，第三個數字為效果值的顯著性考驗。其中總效果值等於直接效果加上間接效果值。

將上述變項間影響的效果值整理如下表：

表 8-3

路徑影響關係	直接效果值	間接效果值	總效果值
身體健康→家庭幸福	0.28	----	0.28
身體健康→生活滿意	0.30	0.12	0.42
薪資所得→社會參與	0.45	----	0.45
薪資所得→家庭幸福	0.43	----	0.43
薪資所得→生活滿意	----	0.33	0.33
社會參與→生活滿意	0.33	----	0.33
家庭幸福→生活滿意	0.40	----	0.42

上述的直接效果值、間接效果值與總效果值均達顯著水準（t>1.96）。

在成年人非飽和模式的徑路分析圖中，不僅研究者所提的徑路之徑路係數均達顯著，且其係數值均為正數，與研究架構所探討及研究者原先期望的符號相同。此外，主要整體模式適配指標值皆一致呈現模式的適配度良好，即徑路分析的假設模式與觀察資料間可以適配，變項間影響的直接效果、間接效果與總效果值均達顯著。整體而言，研究者所提的成年人生活滿意度徑路分析因果模式圖可以得到支持。

第 9 章
結構方程模式的檢驗

Structural

Equation

Modeling

在完整的結構方程模式中，包含測量模式與結構模式。在測量模式方面，範例中以反應性指標（reflective indicators）為探究焦點，各觀察變項為「果」變項，而其反映的潛在變項為「因變項」。此種反應性指標的測量模式在一般結構方程模式中較為常見。

9.1 研究問題

有一管理學者對於企業組織「組織效能」的因果關係，提出以下的因果模式圖：其認為企業組織的「組織學習」、「知識管理」、「組織制度」會直接影響到企業組織的「組織文化」，而企業組織的「組織制度」會直接影響到其「組織效能」；此外企業組織的「組織文化」對於企業組織的「組織效能」也會有直接的影響。其中「組織學習」潛在變項的觀察變項為「適應學習」、「創新學習」，「知識管理」的指標變項為「知識獲取」與「知識流通」，「組織制度」的指標變項為「薪資福利」與「主管領導」，「組織文化」的指標變項為「信任和諧」與「穩定運作」，「組織效能」的指標變項有四：「顧客認同」、「財務控管」、「內部運作」、「學習成長」。

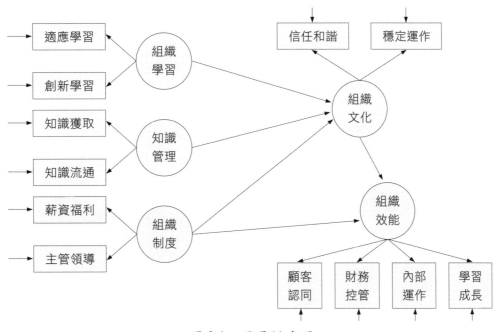

圖 9-1　因果模式圖

　　上述作為反應性指標（reflect indicators）變項的顯性變項（manifest variables）說明如下：

　　適應學習＝「組織學習量表分層面一」七個題項的總分。

　　創新學習＝「組織學習量表分層面二」七個題項的總分。

　　知識獲取＝「知識管理量表分層面一」五個題項的總分。

　　知識流通＝「知識管理量表分層面二」六個題項的總分。

　　薪資福利＝「組織制度量表分層面一」七個題項的總分。

　　主管領導＝「組織制度量表分層面二」六個題項的總分。

　　信任和諧＝「組織文化量表分層面一」八個題項的總分。

　　穩定運作＝「組織文化量表分層面二」八個題項的總分。

　　顧客認同＝「組織效能量表分層面一」五個題項的總分。

　　財務控管＝「組織效能量表分層面二」五個題項的總分。

　　內部運作＝「組織效能量表分層面三」五個題項的總分。

　　學習成長＝「組織效能量表分層面四」五個題項的總分。

　　模式中五個潛在變項所形成的結構模式圖如下：

　　其中「組織學習」、「知識管理」、「組織制度」為外衍潛在變項（exogenous latent variables），「組織文化」、「組織效能」為內衍潛在變項（endogenous latent variables）。

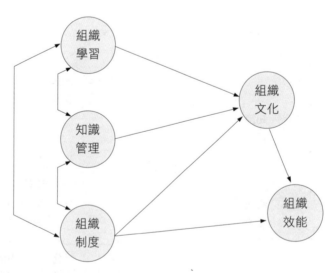

圖 9-2　結構模式圖

上述理論模式圖以 LISREL 的符號表示如下：

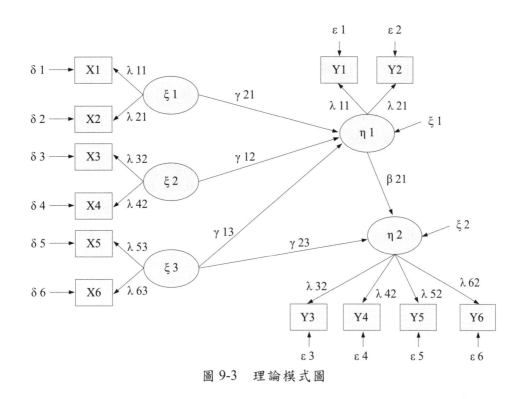

圖 9-3　理論模式圖

9.2　語法程式

語法程式一

！企業組織之「組織效能」因果模式驗證

Observed Variables:

信任和諧　穩定運作　顧客認同　財務控管　內部運作　學習成長

適應學習　創新學習　知識獲取　知識流通　薪資福利　主管領導

Correlation Matrix:

1.000

```
0.877  1.000
0.529  0.682  1.000
0.420  0.832  0.596  1.000
0.652  0.547  0.736  0.601  1.000
0.636  0.580  0.604  0.588  0.601  1.000
0.391  0.494  0.262  0.152  0.101  0.528  1.000
0.452  0.327  0.089  0.056  0.098  0.097  0.675  1.000
0.222  0.325  0.172  0.043  0.117  0.109  0.075  0.022  1.000
0.217  0.472  0.163  0.165  0.103  0.014  0.099  0.204  0.514  1.000
0.423  0.218  0.460  0.353  0.430  0.609  0.046  0.054  0.025  0.072  1.000
0.283  0.392  0.458  0.351  0.436  0.213  0.028  0.045  0.061  0.065  0.633  1.000
```

Standard Deviation:

2.120 1.927 1.454 2.357 1.245 3.232 2.127 3.125 2.256 1.904 2.245 1.467

Sample Size = 200

Latent Variables:

組織學習　知識管理　組織制度　組織文化　組織效能

Rationships:

適應學習　創新學習 = 組織學習

知識獲取　知識流通 = 知識管理

薪資福利　主管領導 = 組織制度

信任和諧　穩定運作 = 組織文化

顧客認同　財務控管　內部運作　學習成長 = 組織效能

組織文化 = 組織學習　知識管理　組織制度

組織效能 = 組織制度　組織文化

Path diagram

Options: RS SC ND = 2 ME = ML EF IT = 100

End of Problem

【說明】

上述語法程式中,直接以SIMPLIS的「Options」指令來界定輸出的報表,RS為輸出各種殘差數據、SC 為輸出完全標準化估計值、ND = 2 界定報表的數據為二位小數、ME = ML 界定模式估計的方法為最大概似法(ML 法),此種估計方

法為預設值、EF 為界定輸出的總效果值與間接效果值、IT＝100 界定疊代估算的
最高次數為 100。

▌語法程式二

！企業組織之「組織效能」因果模式驗證

Observed Variables:

信任和諧　穩定運作　顧客認同　財務控管　內部運作　學習成長

適應學習　創新學習　知識獲取　知識流通　薪資福利　主管領導

Correlation Matrix:

1.000

0.877　1.000

0.529　0.682　1.000

0.420　0.832　0.596　1.000

0.652　0.547　0.736　0.601　1.000

0.636　0.580　0.604　0.588　0.601　1.000

0.391　0.494　0.262　0.152　0.101　0.528　1.000

0.452　0.327　0.089　0.056　0.098　0.097　0.675　1.000

0.222　0.325　0.172　0.043　0.117　0.109　0.075　0.022　1.000

0.217　0.472　0.163　0.165　0.103　0.014　0.099　0.204　0.514　1.000

0.423　0.218　0.460　0.353　0.430　0.609　0.046　0.054　0.025　0.072　1.000

0.283　0.392　0.458　0.351　0.436　0.213　0.028　0.045　0.061　0.065　0.633　1.000

Standard Deviation:

2.120　1.927　1.454　2.357　1.245　3.232　2.127　3.125　2.256　1.904　2.245　1.467

Sample Size＝200

Latent Variables:

組織學習　知識管理　組織制度　組織文化　組織效能

Rationships:

適應學習　創新學習＝組織學習

知識獲取　知識流通＝知識管理

薪資福利　主管領導＝組織制度

```
信任和諧　穩定運作＝組織文化
顧客認同　財務控管　內部運作　學習成長＝組織效能
Paths:
組織學習　知識管理　組織制度→組織文化
組織制度　組織文化　　　　　　→組織效能
Path diagram
Options: RS SC ND＝2 ME＝ML EF IT＝100
End of Problem
```

【說明】

　　語法程式二以「Rationships:」指令界定測量模式的關係，而以「Paths:」指令界定結構模式的關係，在上述二種語法程式中，建議研究者採用第二種的語法程式，因為此種界定，可明確的區分測量模式與結構模式。

9.3　結果報表

　　圖 9-4 為 LISREL 所自動繪製的概念模式圖：

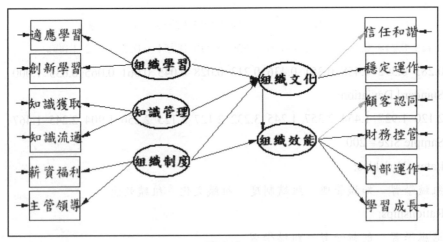

圖 9-4

！企業組織之「組織效能」因果模式驗證

Number of Iterations = 38

LISREL Estimates (Maximum Likelihood)

Measurement Equations

信任和諧 = 1.83*組織文化，Errorvar.= 5.64，$R^2 = 0.37$

　　　　　　　　　　　　　　　　(0.73)

　　　　　　　　　　　　　　　　7.67

穩定運作 = 2.02*組織文化，Errorvar.= 3.33，$R^2 = 0.55$

　　　　　(0.32)　　　　　　　　(0.64)

　　　　　6.32　　　　　　　　　5.21

顧客認同 = 1.20*組織效能，Errorvar.= 2.78，$R^2 = 0.34$

　　　　　　　　　　　　　　　　(0.34)

　　　　　　　　　　　　　　　　8.11

財務控管 = 1.80*組織效能，Errorvar.= 7.88，$R^2 = 0.29$

　　　　　(0.33)　　　　　　　　(0.93)

　　　　　5.50　　　　　　　　　8.51

內部運作 = 0.99*組織效能，Errorvar.= 2.13，$R^2 = 0.31$

　　　　　(0.17)　　　　　　　　(0.25)

　　　　　5.64　　　　　　　　　8.34

學習成長 = 2.50*組織效能，Errorvar.= 14.66，$R^2 = 0.30$

　　　　　(0.45)　　　　　　　　(1.73)

　　　　　5.55　　　　　　　　　8.46

適應學習 = 2.05*組織學習，Errorvar.= 4.85，$R^2 = 0.46$

　　　　　(0.41)　　　　　　　　(1.56)

　　　　　5.02　　　　　　　　　3.10

創新學習 = 2.19*組織學習，Errorvar.= 14.74，$R^2 = 0.25$

　　　　　(0.49)　　　　　　　　(2.25)

　　　　　4.50　　　　　　　　　6.55

知識獲取 = 1.44*知識管理，Errorvar.= 8.12，$R^2 = 0.20$

　　　　　(0.41)　　　　　　　　(1.30)

　　　　　3.47　　　　　　　　　6.23

知識流通 = 1.54*知識管理，Errorvar.= 4.89，$R^2 = 0.33$

(0.42)	(1.26)
3.68	3.86

薪資福利 = 1.92*組織制度，Errorvar.= 6.41，R^2 = 0.36

(0.33)	(1.19)
5.80	5.40

主管領導 = 1.06*組織制度，Errorvar.= 3.19，R^2 = 0.26

(0.20)	(0.44)
5.31	7.20

Structural Equations

組織文化 = 0.41*組織學習 + 0.35*知識管理 + 0.38*組織制度，Errorvar.= 0.49，R^2 = 0.51

(0.13)	(0.14)	(0.13)	(0.19)
3.15	2.47	2.94	2.64

組織效能 = 0.61*組織文化 + 0.43*組織制度，Errorvar.= 0.23，R^2 = 0.77

(0.14)	(0.14)	(0.14)
4.22	3.19	1.68

Reduced Form Equations

組織文化 = 0.41*組織學習 + 0.35*知識管理 + 0.38*組織制度，Errorvar.= 0.49，R^2 = 0.51

(0.13)	(0.14)	(0.13)
3.15	2.47	2.94

組織效能 = 0.25*組織學習 + 0.21*知識管理 + 0.66*組織制度，Errorvar.= 0.41，R^2 = 0.59

(0.092)	(0.094)	(0.14)
2.73	2.25	4.75

【說明】

上表數據中所有誤差變異量（Errorvar.）均為正數，沒有出現負數，且均達到 0.05 的顯著水準（顯著性考驗的 t 值絕對值全部大於 1.96）表示模式的基本適配指標佳，此外，沒有出現負的誤差變異，表示模式沒有發生違犯估計的情形。此外，所有估計的自由參數（Free Parameters）均達到顯著水準，結構方程中的 GAMMA 係數（外衍潛在變項ξ1、ξ2、ξ3 對內衍潛在變項η1 的路徑係數）與 BETA 係數（內衍潛在變項η1 對內衍潛在變項η2 的路徑係數）均為正值，與原先假設模式之期望相同，表示模式的內在適配度理想。

在觀察變項信度指標方面，12 個觀察變項的多元相關平方，只有「穩定運作」指標變項的 R^2 大於 0.50，其餘 11 個顯性變項被其相對應潛在變項解釋的變異量均小於 50%。

在二個結構方程中，第一個結構方程之「組織學習」、「知識管理」、「組織制度」三個外衍潛在變項共可解釋「組織文化」內衍潛在變項 51% 的變異量，其誤差變異量為 49%(1－0.51)，路徑係數值分別為.41、.35、.38，均為正數，表示這三個變項對「組織文化」的影響均為正向。第二個結構方程之「組織文化」、「組織制度」二個潛在變項共可解釋「組織效能」內衍潛在變項 77% 的變異量，其誤差變異量為 23%，路徑係數值分別為.61、.43，均為正數，表示這二個變項對「組織效能」變項的影響也均為正向。

圖 9-5 為未標準化的參數估計值之模式圖：

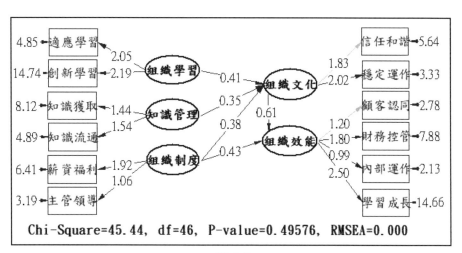

圖 9-5

圖 9-6 為各估計參數顯著性考驗的 t 值，四個γ係數估計值及一個β係數估計值均高於 1.96，達到.05 顯著水準，表示假設模式潛在變項間的因果關係路徑係數均達到顯著。此外，未標準化的估計參數、測量誤差的估計值也均達到 0.05 的顯著水準。而路徑係數估計值顯著性考驗的 t 值均為正數，表示變項間的影響均為正向，與假設模式原先期望的符號相同，表示模式內在適配情形良好。

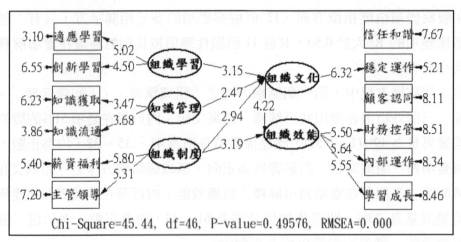

Chi-Square=45.44, df=46, P-value=0.49576, RMSEA=0.000

圖 9-6

Correlation Matrix of Independent Variables		
	組織學習	知識管理	組織制度
	------------	------------	------------
組織學習	1.00		
知識管理	0.16	1.00	
	(0.15)		
	1.08		
組織制度	0.05	0.04	1.00
	(0.13)	(0.15)	
	0.34	0.29	

【說明】

上表數據為三個外衍潛在變項「組織學習」、「知識管理」、「組織制度」間之相關矩陣，對角線的數值均為1，在SEM分析中，所有外衍潛在變項間界定有相關，下圖為輸出徑路圖中，模式型態選取「X模式」之徑路圖，會呈現外衍潛在變項間的相關係數，其中「組織學習」與「知識管理」間的相關係數為 0.16（p＞.05），「組織學習」與「組織制度」間的相關係數為 0.05（p＞.05），「知識管理」與「組織制度」間的相關係數為 0.04（p＞.05），三個外衍潛在變項間的相關均未達 0.05 的顯著水準。

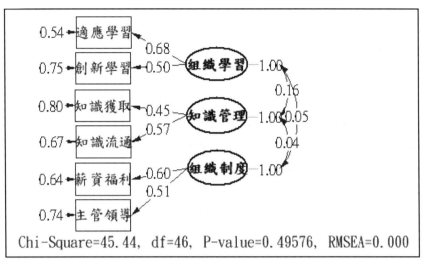

Chi-Square=45.44, df=46, P-value=0.49576, RMSEA=0.000

圖 9-7

Covariance Matrix of Latent Variables

	組織文化	組織效能	組織學習	知識管理	組織制度
組織文化	1.00				
組織效能	0.79	1.00			
組織學習	0.49	0.32	1.00		
知識管理	0.43	0.28	0.16	1.00	
組織制度	0.41	0.68	0.05	0.04	1.00

【說明】

　　上表數據為五個潛在變項的相關係數矩陣，其中「組織文化」與「組織效能」間的相關係數為 0.79，「組織學習」、「知識管理」、「組織制度」三個外衍潛在變項與「組織文化」內衍潛在變項間的相關係數分別為 0.49、0.43、0.41；而與「組織效能」內衍潛在變項間的相關係數分別為 0.32、0.28、0.68。變項間的相關均呈正相關，這與模式路徑係數均為正值，可相互印證，即「組織學習」、「知識管理」、「組織制度」三個外衍潛在變項對「組織文化」的影響為正向，而「組織文化」與「組織制度」對「組織效能」的影響也為正向，與建構的理論相符合。

Goodness of Fit Statistics

Degrees of Freedom = 46

Minimum Fit Function Chi-Square = 45.43 (P = 0.50)

Normal Theory Weighted Least Squares Chi-Square = 45.44 (P = 0.50)

Estimated Non-centrality Parameter (NCP) = 0.0

90 Percent Confidence Interval for NCP = (0.0 ; 19.36)

Minimum Fit Function Value = 0.23

Population Discrepancy Function Value (F0) = 0.0

90 Percent Confidence Interval for F0 = (0.0 ; 0.097)

Root Mean Square Error of Approximation (RMSEA) = 0.0

90 Percent Confidence Interval for RMSEA = (0.0 ; 0.046)

P-Value for Test of Close Fit (RMSEA < 0.05) = 0.97

Expected Cross-Validation Index (ECVI) = 0.55

90 Percent Confidence Interval for ECVI = (0.55 ; 0.65)

ECVI for Saturated Model = 0.78

ECVI for Independence Model = 2.86

Chi-Square for Independence Model with 66 Degrees of Freedom = 545.43

Independence AIC = 569.43

Model AIC = 109.44

Saturated AIC = 156.00

Independence CAIC = 621.01

Model CAIC = 246.98

Saturated CAIC = 491.27

Normed Fit Index (NFI) = 0.92

Non-Normed Fit Index (NNFI) = 1.00

Parsimony Normed Fit Index (PNFI) = 0.64

Comparative Fit Index (CFI) = 1.00

Incremental Fit Index (IFI) = 1.00

Relative Fit Index (RFI) = 0.88

Critical N (CN) = 312.91

Root Mean Square Residual (RMR) = 0.43

Standardized RMR = 0.039

Goodness of Fit Index (GFI) = 0.96

Adjusted Goodness of Fit Index (AGFI) = 0.94

Parsimony Goodness of Fit Index (PGFI) = 0.57

【說明】

在整體模式適配度的考驗所呈現的各種統計量中，在自由度等於 46 時，卡方值等於 45.44，顯著性考驗的機率值 p = 0.50 > .05，接受虛無假設，接受假設理論模式與實際資料可以契合的假設。將上述模式檢定適配的指標值整理如下：

表 9-1

統計檢定量	適配的標準或臨界值	檢定結果數據	模式適配判斷
絕對適配度指數			
χ^2 值	p>.05（未達顯著水準）	45.44（p>.05）	是
RMR 值	<0.05	0.430	否
SRMR 值	≦0.05	0.039	是
RMSEA 值	<0.08（若<.05 優良；<.08 良好）	0.000	是
GFI 值	>.90 以上	0.960	是
AGFI 值	>.90 以上	0.940	是
NCP 值	愈小愈好（數值在 0 至正實數）	0.000	是
增值適配度指數			
NFI 值	>.90 以上	0.920	是
RFI 值	>.90 以上	0.880	否
IFI 值	>.90 以上	1.000	是
TLI 值（NNFI 值）	>.90 以上	1.000	是
CFI 值	>.90 以上	1.000	是
簡約適配度指數			
PNFI 值	>.50 以上	0.640	是
PGFI 值	>.50 以上	0.570	是
CN 值	>200	312.91	是
χ^2 自由度比	<2.00	45.44÷46=0.988	是
AIC	理論模式值同時小於飽和模式及獨立模式的值	109.44<569.43 109.44<156.00	是
CAIC	理論模式值同時小於飽和模式及獨立模式的值	246.98<621.01 246.98<491.27	是

　　在上述絕對適配度指數、增值適配度指數及簡約適配度指數的指標值來檢驗模式的契合度，其中除 RMR 值及 RFI 值未達檢驗標準外，其餘適配度指標均達標準。整體而言，研究者所提的企業組織「組織效能」理論架構的模式的適配度，可以獲得統計上的支持，即「組織效能」理論架構的模式圖與實際資料適配情形良好。

！企業組織之「組織效能」因果模式驗證

Summary Statistics for Fitted Residuals

Smallest Fitted Residual = −1.00

Median Fitted Residual = 　0.00

Largest Fitted Residual = 　2.01

【說明】

　　上表為適配殘差矩陣（資料所得的共變數之 S 矩陣－理論模式所得之 $\hat{\Sigma}$ 矩陣）的摘要統計量，其中最小的適配殘差值為 −1.00，最大的適配殘差值為 2.01，適配殘差的中位數為 0.00，適配殘差絕對值很小，表示由實際資料所得的共變數之 S 矩陣與由假設理論模式所得之 $\hat{\Sigma}$ 矩陣十分接近，二者的契合度高。

Standardized Residuals	信任 和諧	穩定 運作	顧客 認同	財務 控管	內部 運作	學習 成長
	----	----	----	----	----	----
信任和諧	- -					
穩定運作	−1.25	- -				
顧客認同	−0.37	0.00	- -			
財務控管	−1.07	2.67	−0.47	- -		
內部運作	1.29	−1.46	1.12	−0.05	- -	
學習成長	1.25	−0.76	−0.47	−0.02	−0.15	- -
適應學習	−0.17	0.01	0.10	−0.70	−1.26	2.59
創新學習	1.73	−0.54	−0.80	−0.93	−0.65	−0.61
知識獲取	−0.17	0.59	0.20	−0.77	−0.21	−0.24
知識流通	−0.94	1.79	−0.22	−0.07	−0.67	−1.38

薪資福利	1.24	−2.08	−0.26	−1.00	−0.36	1.76
主管領導	0.25	0.90	0.57	−0.25	0.49	−1.75

Standardized Residuals

	適應 學習	創新 學習	知識 獲取	知識 流通	薪資 福利	主管 領導
	----	----	----	----	----	----
適應學習	- -					
創新學習	- -	- -				
知識獲取	−0.22	−0.41	- -			
知識流通	−0.32	1.02	- -	- -		
薪資福利	0.10	0.23	0.01	0.43	- -	
主管領導	−0.03	0.18	0.33	0.35	1.24	- -

Summary Statistics for Standardized Residuals

Smallest Standardized Residual = −2.08

Median Standardized Residual = 0.00

Largest Standardized Residual = 2.67

【說明】

　　上表數據中為標準化殘差的相關矩陣，與標準化殘差的摘要統計量，將適配殘差矩陣加以標準化後，即為標準化殘差矩陣數值。其中最大的標準化殘差值為 2.67、最小的標準化殘差值 −2.08。標準化殘差絕對值中大於 2.58（α＝0.01 的顯著水準）者有二個，顯示模式的內在適配稍欠理想。

Stemleaf Plot

− 2|1

− 1|75

− 1|43310

− 0|998887766555

− 0|444333322222211100000000000000000000

　0|112222344

　0|5669

```
 1|012223
 1|788
 2|
 2|67
Largest Positive Standardized Residuals
Residual for 財務控管 and 穩定運作    2.67
Residual for 適應學習 and 學習成長    2.59
```

【說明】

上表數據為標準化殘差的莖葉圖（Stemleaf Plot），在標準化殘差莖葉圖的下方會列出標準化殘差值大於 2.58 是出現在哪幾組變項間，在「財務控管」與「穩定運作」變項的共變數，出現的標準化殘差值為 2.67；在「適應學習」與「學習成長」變項的共變數，出現的標準化殘差值為 2.59。

```
！企業組織之「組織效能」因果模式驗證
Qplot of Standardized Residuals
  3.5..........................................................................
     .                                                               .  . .
     .                                                              .
     .                                                       .
     .                                                       .
     .                                                   .
     .                                                 .
     .                                                .
     .                                             . x      .
     .                                          . x
     .                                       .x
     .                                     . x
     .                                    x. x
  N  .                                    *
  o  .                                xxx
  r  .                             xx x
  m  .                           xxx .
  a  .                          xx.
  l  .                        x*.
     .                        xx .
```

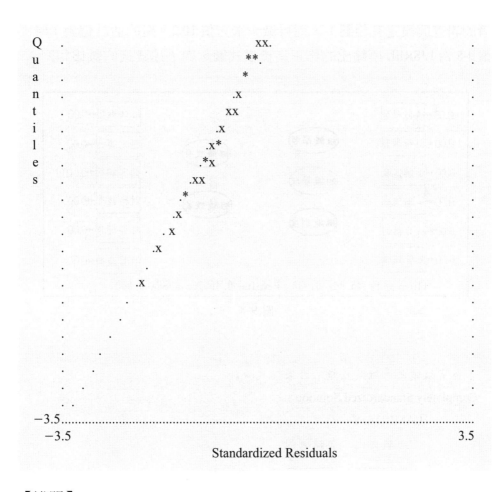

Standardized Residuals

【說明】

上圖為標準化殘差值的Q-PLOT圖,其中大部分的標準化殘差值沿著45度對角線分布,表示模式適配的情形尚佳。

The Modification Indices Suggest to Add an Error Covariance

Between	and	Decrease in Chi-Square	New Estimate
財務控管	穩定運作	10.2	1.64
適應學習	學習成長	8.8	2.38

【說明】

上表數據為 LISREL 根據修正指標值對模式的建議,其中沒有建議新增路徑,只提出誤差共變的建議,如增列「財務控管」與「穩定運作」間的誤差共變

（二者的誤差間設定有相關），則可減少卡方值 10.2，新的估計值為 1.64。

圖 9-8 為 LISREL 所輸出的修正指標模式圖，與上述建議的數據相同：

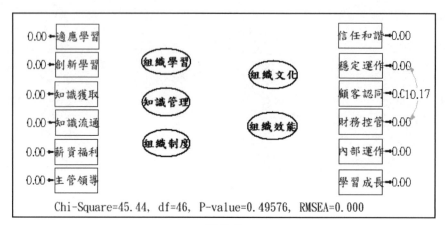

Chi-Square=45.44, df=46, P-value=0.49576, RMSEA=0.000

圖 9-8

! 企業組織之「組織效能」因果模式驗證

Completely Standardized Solution

LAMBDA-Y

	組織文化	組織效能
信任和諧	0.61	- -
穩定運作	0.74	- -
顧客認同	- -	0.58
財務控管	- -	0.54
內部運作	- -	0.56
學習成長	- -	0.55

LAMBDA-X

	組織學習	知識管理	組織制度
適應學習	0.68	- -	- -
創新學習	0.50	- -	- -
知識獲取	- -	0.45	- -
薪資福利	- -	- -	0.60

知識流通	- -	0.57
主管領導	- -	- -	0.51

BETA

	組織文化	組織效能
	-----------	-----------
組織文化	- -	- -
組織效能	0.61	- -

GAMMA

	組織學習	知識管理	組織制度
	-----------	-----------	-----------
組織文化	0.41	0.35	0.38
組織效能	- -		0.43

Correlation Matrix of ETA and KSI

	組織文化	組織效能	組織學習	知識管理	組織制度
	-----------	-----------	-----------	-----------	-----------
組織文化	1.00				
組織效能	0.79	1.00			
組織學習	0.49	0.32	1.00		
知識管理	0.43	0.28	0.16	1.00	
組織制度	0.41	0.68	0.05	0.04	1.00

PSI

Note: This matrix is diagonal.

	組織文化	組織效能
	-----------	-----------
	0.49	0.23

THETA-EPS

信任和諧	穩定運作	顧客認同	財務控管	內部運作	學習成長
-----------	-----------	-----------	-----------	-----------	-----------
0.63	0.45	0.66	0.71	0.69	0.70

THETA-DELTA

適應學習	創新學習	知識獲取	知識流通	薪資福利	主管領導
-----------	-----------	-----------	-----------	-----------	-----------
0.54	0.75	0.80	0.67	0.64	0.74

Regression Matrix ETA on KSI (Standardized)

	組織學習	知識管理	組織制度
	-----------	-----------	-----------
組織文化	0.41	0.35	0.38
組織效能	0.25	0.21	0.66

【說明】

上表數據為模式最後完全化解值的各種統計量,包含指標變項 Y 在內衍潛在變項的因素負荷量(LAMBDA-Y)、指標變項X在外衍潛在變項的因素負荷量(LAMBDA-X)、內衍潛在變項間的路徑係數(BETA 值)、外衍潛在變項對內衍潛在變項間影響的路徑係數(GAMMA 值)。「Correlation Matrix of ETA and KSI」列下的數據為外衍潛在變項η與內衍潛在變項ξ間的相關矩陣,也就是之前潛在變項的共變矩陣列中的數據(Covariance Matrix of Latent Variables)。

二個內衍潛在變項結構方程式的殘差值(PSI 值)等於 $1-R^2$,二個結構方程式的R^2分別為 0.51、0.77,其誤差變異量分別等於 $1-0.51=0.49$、$1-0.77=0.23$,PSI 值也就是模式中的殘差值或干擾變異。

「THETA-EPS」為內衍潛在變項指標變項(Y)變項的測量誤差值、「THETA-DELTA」為外衍潛在變項指標變項(X)變項的測量誤差值,根據「LAMBDA-Y」列數據及「THETA-EPS」列數據可以算出內衍潛在變項的「組合信度」與「變異數的平均抽取量」;而根據「LAMBDA-X」列數據及「THETA-DELTA」列數據可以算出外衍潛在變項的「組合信度」與「變異數的平均抽取量」。

$$組合效度 = \rho_C = \frac{(\Sigma\lambda)^2}{[(\Sigma\lambda)^2 + \Sigma\theta]} = \frac{(\Sigma 因素負荷量)^2}{[(\Sigma 因素負荷量)^2 + \Sigma 測量誤差變異量]}$$

變異數的平均抽取量公式如下:

$$\rho_v = \frac{(\Sigma\lambda^2)}{[(\Sigma\lambda^2) + \Sigma\theta]} = \frac{(\Sigma 因素負荷量^2)}{[(\Sigma 因素負荷量^2) + \Sigma 測量誤差變異量]}$$

「Regression Matrix ETA on KSI (Standardized)」列的數據為外衍潛在變項對內衍潛在變項影響的總效果值。

圖 9-9 為基本模式(Basic Model)的標準化解值,即因果模式徑路係數圖,其中「組織學習」、「知識管理」、「組織制度」對「組織文化」的直接影響效

果值（徑路係數）分別為 0.41、0.35、0.38，而「組織制度」、「組織文化」對「組織效能」的直接效果值分別為 0.43、0.61，觀察變項在其潛在變項的因素負荷量在 0.45 至 0.74 之間，其中除觀察變項「知識獲取」在「知識管理」潛在變項上的因素負荷量低於 0.50 外，其餘十一個的 λ 值均在 0.50 以上。

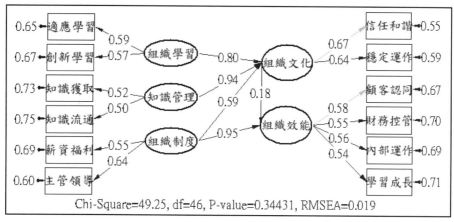

圖 9-9

圖 9-10 為模式型態選取「Y模式」之標準化估計值的模式圖。

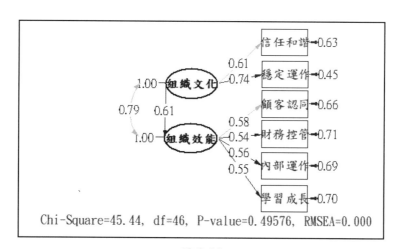

圖 9-10

圖 9-11 為「結構模式」之標準化估計值的模式圖，此模式圖只呈現潛在變項間的關係。

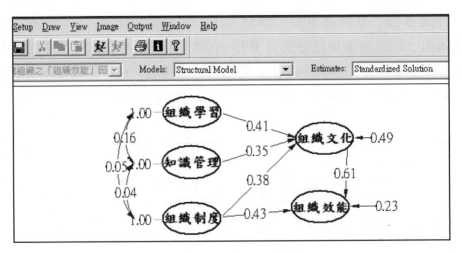

圖 9-11

! 企業組織之「組織效能」因果模式驗證

Total and Indirect Effects

Total Effects of KSI on ETA

	組織學習	知識管理	組織制度
	------------	------------	------------
組織文化	0.41	0.35	0.38
	(0.13)	(0.14)	(0.13)
	3.15	2.47	2.94
組織效能	0.25	0.21	0.66
	(0.09)	(0.09)	(0.14)
	2.73	2.25	4.75

Indirect Effects of KSI on ETA

	組織學習	知識管理	組織制度
	------------	------------	------------
組織文化	- -	- -	- -
組織效能	0.25	0.21	0.23
	(0.09)	(0.09)	(0.09)
	2.73	2.25	2.69

Total Effects of ETA on ETA

	組織文化	組織效能
	-----------	-----------
組織文化	- -	- -
組織效能	0.61	- -
	(0.14)	
	4.22	

【說明】

上表數據為三個外因潛在變項對二個內因潛在變項影響的總效果值與間接效果值,「組織學習」、「知識管理」、「組織制度」外因潛在變項對「組織文化」內因潛在變項影響的總效果值分別為 0.41、0.35、0.38;而組織學習、知識管理、組織制度三個外因潛在變項對「組織效能」內因潛在變項影響的總效果值分別為 0.25、0.21、0.66。總效果值為直接效果值加上影響的間接效果值,如「組織制度」對「組織效能」影響的直接效果值等於 0.43、間接效果值等於 0.23,其總效果值等於 0.43 + 0.23 = 0.66。

「組織學習」、「知識管理」、「組織制度」三個外衍潛在變項對「組織效能」內衍潛在變項的間接效果值由下列方式求得:

「組織學習」→「組織效能」= 0.41 × 0.61 = 0.2501 ≒ 0.25

「知識管理」→「組織效能」= 0.35 × 0.61 = 0.2135 ≒ 0.21

「組織制度」→「組織效能」= 0.38 × 0.61 = 0.2318 ≒ 0.23

間接效果值,乃是「因變項」對「果變項」的影響,是透過「中介變項」,而非直接對其影響,以「組織學習」為例,其對「組織效能」雖沒有直接影響,但卻透過影響「組織文化」(直接效果值等於 0.41),再間接影響到「組織效能」,其中「組織文化」對「組織效能」的直接影響為 0.61,因而「組織學習」變項對「組織效能」的間接效果值 = 0.41 × 0.61 = 0.2501 ≒ 0.25

而內衍潛在變項「組織文化」對內衍潛在變項「組織效能」影響的直接效果值為 0.61,無間接效果值,所以其影響的總效果值為 0.61。

上述所有變項影響的直接效果值、間接效果值與總效果值的顯著性考驗均達顯著。

將上述各變項間的總影響效果整理如下:

表 9-2

路徑影響關係	直接效果	間接效果	總效果
組織學習→組織文化	0.41	----	0.41
知識管理→組織文化	0.35	----	0.35
組織制度→組織文化	0.38	----	0.38
組織學習→組織效能	----	0.25	0.25
知識管理→組織效能	----	0.21	0.21
組織制度→組織效能	0.43	0.23	0.66
組織文化→組織效能	0.61	----	0.61

第 10 章
可逆模式與相等化限制
之結構模式分析

S tructural
E quation
M odeling

　　某教育學者對於影響教師的工作滿意，根據相關理論，提出二個模式圖。在結構模式圖 A 中，三個外衍潛在變項「行政支持」、「自我概念」、「專業成長」直接影響到內衍潛在變項「工作投入」，而外衍潛在變項「專業成長」與中介變項「工作投入」又直接影響到「工作滿意」內衍潛在變項。在模式圖 B 中，三個外衍潛在變項「行政支持」、「自我概念」、「專業成長」直接影響到內衍潛在變項「工作投入」，而外衍潛在變項「專業成長」與中介變項「工作滿意」則直接影響到「工作投入」內衍潛在變項。

　　模式圖的觀察變項共有八個：

Y1 =「工作投入分量表一的總分」（九個題項的總和）。

Y2 =「工作投入分量表二的總分」（九個題項的總和）。

Y3 =「工作滿意量表十五個題項的總分」。

X1 =「行政支持分量表一的總分」（七個題項的總和）。

X2 =「行政支持分量表二的總分」（六個題項的總和）。

X3 =「自我概念分量表一的總分」（六個題項的總和）。

X4 =「自我概念分量表二的總分」（八個題項的總和）。

X5 =「專業成長量表十個題項的總分」。

10.1　工作滿意 A 理論模式圖

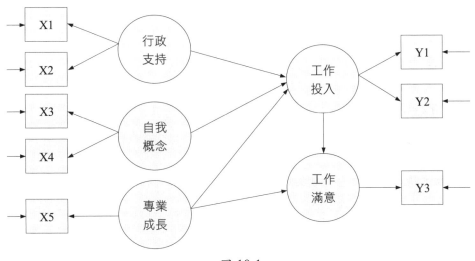

圖 10-1

語法程式

！教師工作滿意的結構模式圖

Observed Variables

Y1 Y2 Y3 X1 X2 X3 X4 X5

Correlatio Matrix

1.00

0.53 1.00

0.55 0.50 1.00

0.44 0.32 0.40 1.00

0.42 0.36 0.42 0.54 1.00

0.40 0.30 0.44 0.24 0.25 1.00

0.45 0.31 0.31 0.16 0.16 0.55 1.00

0.50 0.46 0.70 0.26 0.28 0.29 0.23 1.00

Standard Deviation:

2.08 3.40 1.05 1.96 2.07 2.15 2.06 3.65

Sample Size = 205

Latent Variable

行政支持　自我概念　專業成長　工作投入　工作滿意

[1] Relationships:

X1 X2 = 行政支持

X3 X4 = 自我概念

X5 　 = 專業成長

Y1 Y2 = 工作投入

Y3 　 = 工作滿意

[2]Paths:

行政支持　自我概念　專業成長　→　工作投入

專業成長　工作投入　→　工作滿意

[3]Set Error Variance of Y3 = 0

[4]Set Error Variance of X5 = 0

Path Diagram

[5] Options: RS SC

End of Problem

【說明】

[1].以「Relationships:」關鍵字界定五個測量模式。

[2].以「Paths:」關鍵字界定二個結構模式。

[3].由於顯性變項 Y3，完全由單一內衍潛在變項「工作滿意」來預測。

[4].顯性變項 X5，完全由單一外衍潛在變項「專業成長」來預測，因而無法估計相對應的測量誤差，解決方法，將二個指標變項 Y3 與 X5 的測量誤差變異量設定為 0，表示顯性變項 Y3 的變異可以完全由內衍潛在變項「工作滿意」來解釋，而顯性變項 X5 的變異可以完全由外衍潛在變項「專業成長」來解釋，所以二者的誤差變異數皆設定為 0，其關鍵詞與語法為：「Set Error Variance of 觀察變項＝0」。

[5].以「Options:」指令界定輸出格式，選項 RS 輸出相關殘差值資訊、SC 輸出完全標準化解值。

▋ 報表結果

! 教師工作滿意的結構模式圖

Covariance Matrix

	Y1	Y2	Y3	X1	X2	X3	X4	X5
	---	---	---	---	---	---	---	---
Y1	4.33							
Y2	3.75	11.56						
Y3	1.20	1.78	1.10					
X1	1.79	2.13	0.82	3.84				
X2	1.81	2.53	0.91	2.19	4.28			
X3	1.79	2.19	0.99	1.01	1.11	4.62		
X4	1.93	2.17	0.67	0.65	0.68	2.44	4.24	
X5	3.80	5.71	2.68	1.86	2.12	2.28	1.73	13.32

【說明】

上表為八個觀察變項的共變數矩陣，先出現內衍潛在變項的指標變項（Y變項），再出現外衍潛在變項的指標變項（X變項）。研究者若是直接以共變數矩陣作為分析資料檔，語法程式如下：

```
！教師工作滿意的結構模式圖＿以共變數矩陣為資料檔
Observed Variables
Y1  Y2  Y3  X1  X2  X3  X4  X5
Covariance Matrix:
4.33
3.75   11.56
1.20    1.78   1.10
1.79    2.13   0.82   3.84
1.81    2.53   0.91   2.19   4.28
1.79    2.19   0.99   1.01   1.11   4.62
1.93    2.17   0.67   0.65   0.68   2.44   4.24
3.80    5.71   2.68   1.86   2.12   2.28   1.73   13.32
Sample Size = 205
Latent Variable
行政支持   自我概念   專業成長   工作投入   工作滿意
Relationships:
X1  X2 = 行政支持
X3  X4 = 自我概念
X5     = 專業成長
Y1  Y2 = 工作投入
Y3     = 工作滿意
Paths:
行政支持   自我概念   專業成長  →  工作投入
專業成長   工作投入  →  工作滿意
Set Error Variance of Y3 = 0
Set Error Variance of X5 = 0
Path Diagram
Options: RS SC
End of Problem
```

！教師工作滿意的結構模式圖

Number of Iterations = 16

LISREL Estimates (Maximum Likelihood)

Measurement Equations

Y1 = 1.59*工作投入，Errorvar.= 1.80，R^2 = 0.58

                                        (0.24)

                                        7.34

Y2 = 2.19*工作投入，Errorvar.= 6.76，R^2 = 0.42

    (0.25)   (0.76)

    8.87   8.86

Y3 = 1.05*工作滿意，R^2 = 1.00

X1 = 1.43*行政支持，Errorvar.= 1.80，R^2 = 0.53

    (0.15)   (0.30)

    9.84   5.96

X2 = 1.53*行政支持，Errorvar.= 1.94，R^2 = 0.55

    (0.15)   (0.34)

    9.98   5.71

X3 = 1.61*自我概念，Errorvar.= 2.02，R^2 = 0.56

    (0.16)   (0.39)

    9.85   5.21

X4 = 1.51*自我概念，Errorvar.= 1.97，R^2 = 0.54

    (0.16)   (0.35)

    9.65   5.63

X5 = 3.65*專業成長，R^2 = 1.00

    (0.18)

    20.20

Structural Equations

工作投入 = 0.48*行政支持 + 0.41*自我概念 + 0.35*專業成長，Errorvar.= 0.098，R^2 = 0.90

    (0.082)   (0.080)   (0.073)   (0.069)

    5.86   5.14   4.79   1.43

工作滿意 = 0.53*工作投入 + 0.34*專業成長，Errorvar.= 0.36，R^2 = 0.64

    (0.084)   (0.075)   (0.042)

    6.35   4.55   8.57

【說明】

由於將觀察變項 Y3 與 X5 的誤差變異數設定為 0，表示二個觀察變項可以完全反映其潛在變項，所以其被潛在變項解釋的變異量為 100%，R^2 會等於 1，沒有誤差變異量。上述於結構方程中，三個外衍潛在變項「行政支持」、「自我概念」、「專業成長」可以解釋內衍潛在變項「工作投入」90%的變異量，其迴歸係數分別為 0.48、0.41、0.35；而「專業成長」與「工作投入」二個自變項可以解釋「工作滿意」依變項 64%的變異量，其迴歸係數分別為 0.34、0.53。在測量方程與結構方程中均沒有出現負的誤差變異量與較大的標準誤，表示模式基本適配度良好。二條結構方程式中自變項對依變項的路徑係數均為正數，表示其對依變項的影響均為正向，與原先理論建構期望的符號相同。

各參數估計顯著性考驗的t值模式圖如下：所估計的參數都達到顯著水準（t值絕對值均大於 1.96），表示模式的內在品質佳；此外，沒有出現負的誤差變異量，表示沒有違反模式的估計。

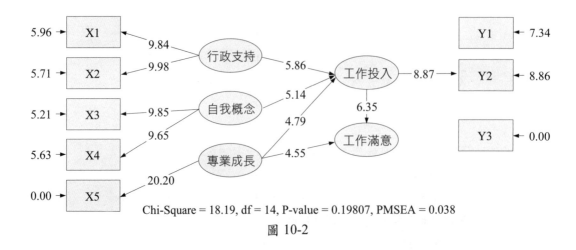

Chi-Square = 18.19, df = 14, P-value = 0.19807, PMSEA = 0.038

圖 10-2

Correlation Matrix of Independent Variables		
	行政支持	自我概念	專業成長
	------------	------------	------------
行政支持	1.00		
自我概念	0.37	1.00	
	(0.09)		
	4.13		

專業成長	0.37	0.35	1.00
	(0.07)	(0.07)	
	4.92	4.70	

【說明】

上表為三個外衍潛在變項間的相關係數矩陣，三個相關係數分別為 0.37、0.37、0.35，其相對應的估計標準誤分別為 0.09、0.07、0.07，相關係數顯著性考驗的 t 值分別為 4.13、4.92、4.70，均大於 1.96，表示均達 0.05 的顯著水準。

Covariance Matrix of Latent Variables

	工作投入	工作滿意	行政支持	自我概念	專業成長
工作投入	1.00				
工作滿意	0.76	1.00			
行政支持	0.77	0.53	1.00		
自我概念	0.72	0.50	0.37	1.00	
專業成長	0.67	0.70	0.37	0.35	1.00

【說明】

上表為五個潛在變項間的相關係數矩陣，其相關係數均為正數，表示工作投入、工作滿意、行政支持、自我概念、專業成長五個變項間均呈正向關係。

Goodness of Fit Statistics

Degrees of Freedom = 14

Minimum Fit Function Chi-Square = 17.50 (P = 0.23)

Normal Theory Weighted Least Squares Chi-Square = 18.19 (P = 0.20)

Estimated Non-centrality Parameter (NCP) = 4.19

90 Percent Confidence Interval for NCP = (0.0 ; 19.40)

Minimum Fit Function Value = 0.086

Population Discrepancy Function Value (F0) = 0.021

90 Percent Confidence Interval for F0 = (0.0 ; 0.095)

Root Mean Square Error of Approximation (RMSEA) = 0.038

90 Percent Confidence Interval for RMSEA = (0.0 ; 0.082)

P-Value for Test of Close Fit (RMSEA < 0.05) = 0.62

Expected Cross-Validation Index (ECVI) = 0.30

90 Percent Confidence Interval for ECVI = (0.28 ; 0.38)

ECVI for Saturated Model = 0.35

ECVI for Independence Model = 4.69

Chi-Square for Independence Model with 28 Degrees of Freedom = 940.46

Independence AIC = 956.46

Model AIC = 62.19

Saturated AIC = 72.00

Independence CAIC = 991.04

Model CAIC = 157.30

Saturated CAIC = 227.63

Normed Fit Index (NFI) = 0.98

Non-Normed Fit Index (NNFI) = 0.99

Parsimony Normed Fit Index (PNFI) = 0.49

Comparative Fit Index (CFI) = 1.00

Incremental Fit Index (IFI) = 1.00

Relative Fit Index (RFI) = 0.96

Critical N (CN) = 340.68

Root Mean Square Residual (RMR) = 0.14

Standardized RMR = 0.027

Goodness of Fit Index (GFI) = 0.98

Adjusted Goodness of Fit Index (AGFI) = 0.94

Parsimony Goodness of Fit Index (PGFI) = 0.38

【說明】

　　上表數據為整體模式適配度考驗的各種指標，其中整體模式適配度的卡方值在自由度為 14 時，χ^2 值等於 18.19，顯著性考驗的機率值 p = 0.20 > 0.05，接受虛無假設，表示整體假設模式與實際資料可以契合。再從其他適配度指標來看，RMSEA 值等於 0.038、SRMR = 0.027，均小於 0.05 的指標值，表示模式是可以接

受的；GFI 值＝0.98、AGFI 值＝0.94、NFI 值＝0.98、NNFI 值＝0.99、CFI 值＝1.00、IFI 值＝1.00、RFI 值＝0.96，均大於 0.90 的接受標準；而 CN 值＝340.684，大於 200 的建議值，也達到模式接受標準；整體而言，其中除 RMR 值＝0.14（＞0.05）、PGFI 值＝0.38（＜0.50）、PNFI 值＝0.49（＜0.50），未達到模式可以接受的標準值外，多數指標顯示模式是可以接受的。

在精簡適配度指標方面，理論模式的 AIC 值等於 62.19，小於獨立模式的 AIC 值（＝956.46），也小於飽和模式的 AIC 值（＝72.00）；理論模式的 CAIC 值等於 157.30，小於獨立模式的 CAIC 值（＝991.04），也小於飽和模式的 AIC 值（＝227.63）；此外整體適配度指標中 ECVI 值＝0.30，其數值很小，均表示模式的適配程度良好。整體而言，因果模式之路徑圖與實際資料可以適配。

　　！教師工作滿意的結構模式圖
Summary Statistics for Fitted Residuals
Smallest Fitted Residual ＝　　－0.34
 Median Fitted Residual ＝　　　0.00
Largest Fitted Residual ＝　　　0.32
Summary Statistics for Standardized Residuals
Smallest Standardized Residual ＝　－1.94
 Median Standardized Residual ＝　　0.00
Largest Standardized Residual ＝　　2.24

【說明】
　　上表數據為適配殘差及標準化殘差值的摘要表，適配共變數矩陣的殘差值最大值為 0.32、最小值為 －0.34，將適配後殘差矩陣標準化後，最大的標準化殘差值為 2.24，最小的標準化殘差值為 －1.94，絕對值均小於 2.58，表示假設模式的共變數矩陣與資料的共變數矩陣的差異甚小。

　　！教師工作滿意的結構模式圖
Completely Standardized Solution
　　　　LAMBDA-Y

	工作投入	工作滿意
	-----------	-----------
Y1	0.76	- -
Y2	0.64	- -
Y3	- -	1.00

LAMBDA-X

	行政支持	自我概念	專業成長
	-----------	-----------	-----------
X1	0.73	- -	- -
X2	0.74	- -	- -
X3	- -	0.75	- -
X4	- -	0.73	- -
X5	- -	- -	1.00

BETA

	工作投入	工作滿意
	-----------	-----------
工作投入	- -	- -
工作滿意	0.53	- -

GAMMA

	行政支持	自我概念	專業成長
	-----------	-----------	-----------
工作投入	0.48	0.41	0.35
工作滿意	- -	- -	0.34

Correlation Matrix of ETA and KSI

	工作投入	工作滿意	行政支持	自我概念	專業成長
	-----------	-----------	-----------	-----------	-----------
工作投入	1.00				
工作滿意	0.76	1.00			
行政支持	0.77	0.53	1.00		
自我概念	0.72	0.50	0.37	1.00	
專業成長	0.67	0.70	0.37	0.35	1.00

PSI

Note: This matrix is diagonal.

工作投入	工作滿意
0.10	0.36

THETA-EPS

Y1	Y2	Y3
0.42	0.58	- -

THETA-DELTA

X1	X2	X3	X4	X5
0.47	0.45	0.44	0.46	- -

Regression Matrix ETA on KSI (Standardized)

	行政支持	自我概念	專業成長
工作投入	0.48	0.41	0.35
工作滿意	0.26	0.22	0.53

【說明】

上表數據為完全標準化解值模式圖的各項數據,「LAMBDA-Y」、「LAMBDA-X」為指標變項 Y、指標變項 X 在其潛在變項上的因素負荷量;BETA、GAMMA 為變項間的路徑係數;「PSI」為二個內衍潛在變項的殘差值;「THETA-EPS」、「THETA-DELTA」為指標變項 Y 與指標變項 X 的測量誤差值、「Regression Matrix ETA on KSI(Standardized)」為外衍潛在變項對內衍潛在變項影響的總效果值。根據上表數據,可以計算潛在變項的組合信度與平均變異抽取量的數值。

加上標準化估計值的模式圖如下(此圖主要根據上表數據繪製),其中所有的因素負荷量均介於 0.50 至 0.95 之間,表示符合「基本適配指標」。

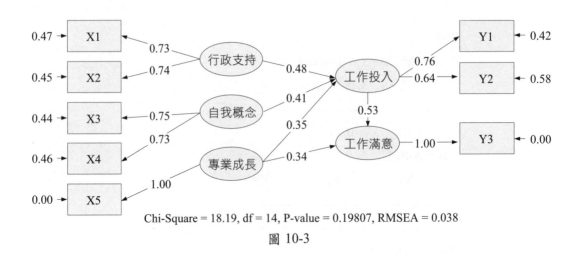

Chi-Square = 18.19, df = 14, P-value = 0.19807, RMSEA = 0.038

圖 10-3

10.2 工作滿意 B 理論模式圖

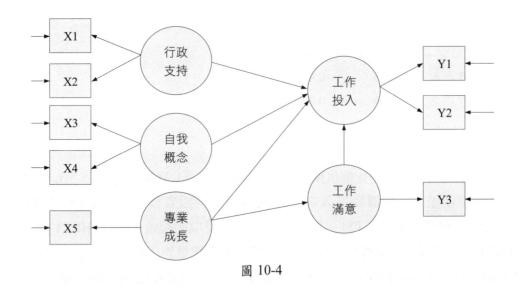

圖 10-4

　　工作滿意 B 理論模式圖與工作滿意 A 理論模式圖的主要差異，在於二個內衍潛在變項的因果影響路徑係數相反，在工作滿意 A 理論模式圖，研究者假設「工作投入」直接影響到「工作滿意」，其中工作投入為「因變項」、工作滿意為「果變項」，但在工作滿意B理論模式圖，研究者假設「工作滿意」直接影響到「工作投入」，其中工作投入為「果變項」、工作滿意為「因變項」，如果二種模式圖均可以得到支持，則二個內衍潛在變項的影響關係是一種可逆模式。

◎ 語法程式

！教師工作滿意的結構模式圖

Observed Variables

Y1 Y2 Y3 X1 X2 X3 X4 X5

Correlation matrix

1.00

0.53 1.00

0.55 0.50 1.00

0.44 0.32 0.40 1.00

0.42 0.36 0.42 0.54 1.00

0.40 0.30 0.44 0.24 0.25 1.00

0.45 0.31 0.31 0.16 0.16 0.55 1.00

0.50 0.46 0.70 0.26 0.28 0.29 0.23 1.00

Standard Deviation:

2.08 3.40 1.05 1.96 2.07 2.15 2.06 3.65

Sample Size = 205

Latent Variable

行政支持　自我概念　專業成長　工作投入　工作滿意

Relationships:

X1 X2 = 行政支持

X3 X4 = 自我概念

X5 　 = 專業成長

Y1 Y2 = 工作投入

Y3 　 = 工作滿意

Paths:

行政支持　自我概念　專業成長　工作滿意　→　工作投入

專業成長　→　工作滿意

Set Error Variance of Y3 = 0

Set Error Variance of X5 = 0

```
Path Diagram
Print Residuals
End of Problem
```

▋報表結果

```
！教師工作滿意的結構模式圖
Number of Iterations = 17
LISREL Estimates (Maximum Likelihood)
        Measurement Equations
```

$Y1 = 1.61*$工作投入，Errorvar.$= 1.55$，$R^2 = 0.63$
　　　　　　　　　　　　　　　(0.28)
　　　　　　　　　　　　　　　5.60

$Y2 = 2.18*$工作投入，Errorvar.$= 6.50$，$R^2 = 0.42$
　　(0.25)　　　　　　　　　(0.77)
　　8.62　　　　　　　　　　8.45

$Y3 = 1.05*$工作滿意，$R^2 = 1.00$

$X1 = 1.44*$行政支持，Errorvar.$= 1.78$，$R^2 = 0.54$
　　(0.16)　　　　　　　　　(0.34)
　　9.26　　　　　　　　　　5.21

$X2 = 1.52*$行政支持，Errorvar.$= 1.96$，$R^2 = 0.54$
　　(0.16)　　　　　　　　　(0.38)
　　9.29　　　　　　　　　　5.13

$X3 = 1.51*$自我概念，Errorvar.$= 2.34$，$R^2 = 0.49$
　　(0.17)　　　　　　　　　(0.41)
　　8.85　　　　　　　　　　5.76

$X4 = 1.61*$自我概念，Errorvar.$= 1.65$，$R^2 = 0.61$
　　(0.17)　　　　　　　　　(0.41)
　　9.59　　　　　　　　　　4.00

$$X5 = 3.65^* 專業成長，R^2 = 1.00$$
$$(0.18)$$
$$20.20$$

Structural Equations

工作投入 = 0.21*工作滿意 + 0.40*行政支持 + 0.38*自我概念 + 0.24*專業成長，Errorvar.= 0.19，R^2 = 0.81
　　　　　(0.082)　　　　(0.085)　　　　(0.083)　　　　(0.091)　　　　　　(0.094)
　　　　　2.55　　　　　4.73　　　　　4.57　　　　　2.65　　　　　　　2.06

工作滿意 = 0.70*專業成長，Errorvar.= 0.51，R^2 = 0.49
　　　　　(0.061)　　　　　　　(0.050)
　　　　　11.51　　　　　　　　10.10

【說明】

在結構方程式數據中，「行政支持」、「自我概念」、「專業成長」與「工作滿意」四個變項可以解釋工作投入 81% 解釋的變異量，其迴歸係數分別為 0.49、0.38、0.24、0.21；而「專業成長」外衍潛在變項可以解釋「工作滿意」內衍潛在變項 49% 解釋的變異量。

各估計參數顯著性考驗 t 值的模式圖如圖 10-5：所有估計的參數都達到顯著水準，顯著性 t 值均大於 1.96，此外，沒有出現負的誤差變異數與較大的標準誤，沒有違反模式估計的原則。

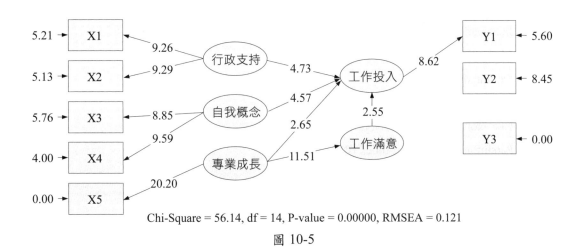

Chi-Square = 56.14, df = 14, P-value = 0.00000, RMSEA = 0.121

圖 10-5

Goodness of Fit Statistics

Degrees of Freedom = 14

Minimum Fit Function Chi-Square = 60.76 (P = 0.00)

Normal Theory Weighted Least Squares Chi-Square = 56.14 (P = 0.00)

Estimated Non-centrality Parameter (NCP) = 42.14

90 Percent Confidence Interval for NCP = (22.75 ; 69.08)

Minimum Fit Function Value = 0.30

Population Discrepancy Function Value (F0) = 0.21

90 Percent Confidence Interval for F0 = (0.11 ; 0.34)

Root Mean Square Error of Approximation (RMSEA) = 0.12

90 Percent Confidence Interval for RMSEA = (0.089 ; 0.16)

P-Value for Test of Close Fit (RMSEA < 0.05) = 0.00029

Expected Cross-Validation Index (ECVI) = 0.49

90 Percent Confidence Interval for ECVI = (0.40 ; 0.62)

ECVI for Saturated Model = 0.35

ECVI for Independence Model = 4.69

Chi-Square for Independence Model with 28 Degrees of Freedom = 940.46

Independence AIC = 956.46

Model AIC = 100.14

Saturated AIC = 72.00

Independence CAIC = 991.04

Model CAIC = 195.24

Saturated CAIC = 227.63

Normed Fit Index (NFI) = 0.94

Non-Normed Fit Index (NNFI) = 0.90

Parsimony Normed Fit Index (PNFI) = 0.47

Comparative Fit Index (CFI) = 0.95

Incremental Fit Index (IFI) = 0.95

Relative Fit Index (RFI) = 0.87

Critical N (CN) = 98.84

Root Mean Square Residual (RMR) = 0.25

Standardized RMR = 0.083

Goodness of Fit Index (GFI) = 0.94

Adjusted Goodness of Fit Index (AGFI) = 0.83

Parsimony Goodness of Fit Index (PGFI) = 0.36

【說明】

上表數據為模式適配的檢驗值，其中在自由度等於 14 時，卡方值等於 56.14，顯著性的機率值 p＝0.00＜0.05，拒絕虛無假設，顯示理論模式與實際資料無法契合。再從其他適配值指標值來看，RMSEA 值等於 0.12、RMR 值等於 0.25、SRMR值等於 0.083，均大於 0.05 的接受標準，表示模式的適配情形不佳。簡約適配指標值中的 PGFI 值等於 0.36、PNFI 值等於 0.47，均小於 0.50 的接受標準，CN 值等於 98.84，小於標準值 200，顯示模式的簡約適配指標不理想，而 AGFI 值等於 0.83，RFI 值等於 0.87，小於 0.90 的接受標準值，顯示模式的適配情形不佳。整體而言，理論模式 B 與實際資料的契合度不理想。理論模式 B 假設模型的內在品質優於外在品質。

! 教師工作滿意的結構模式圖

Summary Statistics for Fitted Residuals

Smallest Fitted Residual =   −0.27

 Median Fitted Residual =   0.10

 Largest Fitted Residual =   0.62

Summary Statistics for Standardized Residuals

Smallest Standardized Residual =   −1.66

 Median Standardized Residual =   0.71

 Largest Standardized Residual =   6.30

Largest Positive Standardized Residuals

Residual for   Y1 and   Y1 6.30

Residual for   Y2 and   Y1 6.30

Residual for   Y2 and   Y2 6.30

Residual for   Y3 and   Y1 4.08

Residual for   Y3 and   Y2 3.68

Residual for   X1 and   Y3 4.10

Residual for	X2 and	Y3 4.48
Residual for	X3 and	Y3 5.13
Residual for	X4 and	Y1 2.60

【說明】

上表數據為適配共變數殘差矩陣的摘要統計量，最小的標準化殘差值為 -1.66，最大的標準化殘差值為 6.30，標準化殘差的絕對值大於 2.58 者共有九個，顯示模式內有敘列誤差存在。

	The Modification Indices Suggest to Add the		
Path to	from	Decrease in Chi-Square	New Estimate
Y3	工作投入	39.7	0.66
X5	行政支持	31.2	-1.90
X5	自我概念	22.3	-1.57
工作滿意	工作投入	39.7	0.63
工作滿意	行政支持	31.2	0.37
工作滿意	自我概念	22.3	0.30

The Modification Indices Suggest to Add an Error Covariance

Between	and	Decrease in Chi-Square	New Estimate
X3	Y3	14.1	0.35
X5	Y3	39.9	-2.98
X5	X5	39.9	14.78

【說明】

上表為 LISREL 根據修正指標值所提供的建議，包括增加的路徑圖與設定誤差值的共變關係。其中增加「工作滿意」與「工作投入」的路徑，可以有效減少卡方值 39.7，而增加「工作滿意」與「行政支持」的路徑，可以有效減少卡方值 31.2；設定觀察變項 X5 與觀察變項 Y3 間的誤差共變（二者誤差間設定相關），也可有效降低卡方值 39.9。

包含各標準化估計值（路徑係數）的最終結構模式圖如下：

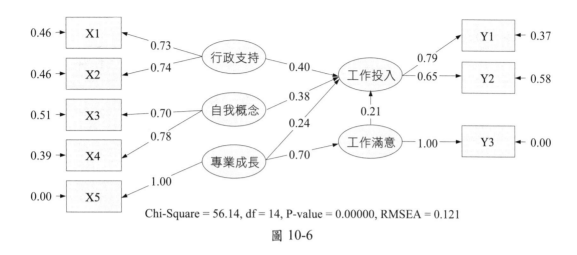

Chi-Square = 56.14, df = 14, P-value = 0.00000, RMSEA = 0.121

圖 10-6

　　從上述理論模式A、理論模式B與實際資料的適配情形來看，理論模式A的卡方值為18.19（p＝0.20＞0.05），理論模式B的卡方值為56.14（p＝0.00＜0.05），顯示理論模式A較為理想，此外從徑路係數來看，「工作投入」對「工作滿意」變項的影響路徑係數高達0.53（類似迴歸分析中的標準化迴歸係數），而「工作滿意」對「工作投入」變項的影響路徑係數只有0.21，因而「工作投入」影響「工作滿意」的程度顯著的高於「工作滿意」對「工作投入」的影響。

　　若是研究者進行的是二個競爭模式的選擇，可以從下列指標值來比較：

	NCP	ECVI	AIC	CAIC
理論模式 A	4.19	0.30	62.19	157.30
理論模式 B	42.14	0.49	100.14	195.24

10.3　互惠效果模式

　　若是研究者認為二個內衍潛在變項是種互惠關係（二個方向性的箭號同時成立），即「工作投入」變項影響「工作滿意」變項，而「工作滿意」變項也影響到「工作投入」變項，這二者關係形成一種「可逆式模式」（non-recursive model）關係，二個潛在變項影響的因果關係模式可能同時存在。其概念模式圖如圖10-7：

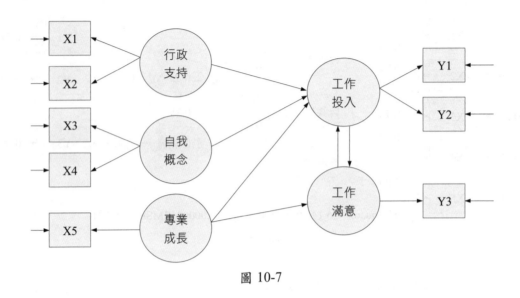

圖 10-7

語法程式

```
！教師工作滿意的結構模式圖
Observed Variables
Y1  Y2  Y3  X1  X2  X3  X4  X5
Correlation Matrix
1.00
0.53  1.00
0.55  0.50  1.00
0.44  0.32  0.40  1.00
0.42  0.36  0.42  0.54  1.00
0.40  0.30  0.44  0.24  0.25  1.00
0.45  0.31  0.31  0.16  0.16  0.55  1.00
0.50  0.46  0.70  0.26  0.28  0.29  0.23  1.00
Standard Deviation:
2.08  3.40  1.05  1.96  2.07  2.15  2.06  3.65
Sample Size = 205
Latent Variable
```

行政支持　自我概念　專業成長　工作投入　工作滿意

Relationships:

X1　X2 = 行政支持

X3　X4 = 自我概念

X5　　　= 專業成長

Y1　Y2 = 工作投入

Y3　　　= 工作滿意

Paths:

行政支持　自我概念　專業成長　工作滿意　→　工作投入

專業成長　工作投入　→　工作滿意

Set Error Variance of Y3 = 0

Set Error Variance of X5 = 0

Path Diagram

Print Residuals

End of Problem

▌報表結果

　　圖 10-8 為 LISREL 所輸出的參數估計顯著性考驗的 t 值模式圖，其中只有一個估計參數未達顯著，此估計參數為「工作滿意」對「工作投入」影響的路徑係數。

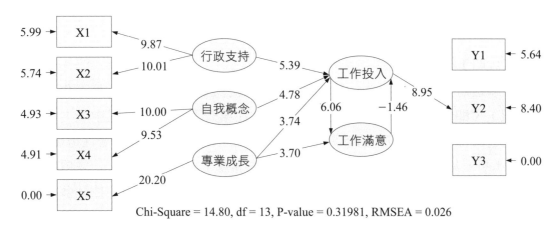

Chi-Square = 14.80, df = 13, P-value = 0.31981, RMSEA = 0.026

圖 10-8

　　圖 10-9 為標準化估計值的模式圖，其中「工作滿意」對「工作投入」影響的路徑係數為 -0.27，此影響的路徑係數為負數（t = -1.46，p > 0.05）。

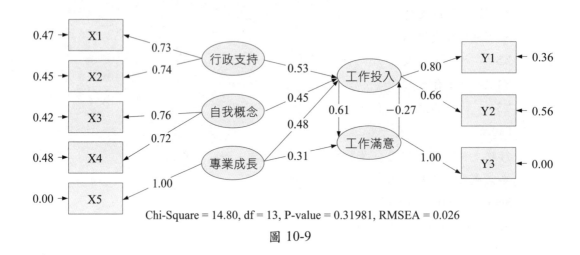

Chi-Square = 14.80, df = 13, P-value = 0.31981, RMSEA = 0.026

圖 10-9

> ! 教師工作滿意的結構模式圖
>
> Number of Iterations = 18
>
> LISREL Estimates (Maximum Likelihood)
>
> 　　Structural Equations
>
> 工作投入 = -0.27*工作滿意 + 0.53*行政支持 + 0.45*自我概念 + 0.48*專業成長，Errorvar.= 0.22，R^2= 0.78
>
> 　　　　(0.18)　　　　(0.098)　　　　(0.093)　　　　(0.13)　　　　　　　　(0.13)
>
> 　　　　-1.46　　　　5.39　　　　4.78　　　　3.74　　　　　　　　1.74
>
> 工作滿意 = 0.61*工作投入 + 0.31*專業成長，Errorvar.= 0.41, R^2= 0.59
>
> 　　　　(0.100)　　　　(0.083)　　　　　　　　(0.061)
>
> 　　　　6.06　　　　3.70　　　　　　　　6.76

【說明】

　　上述結構方程的方程式，自變項前的數字為標準化的估計值（標準化的迴歸係數值），即 γ 值與 β 值（路徑影響係數）。在第一個結構方程式中，「工作滿意」的迴歸係數為 -0.27，估計參數的標準誤為 0.18，迴歸係數顯著性考驗的 t 值等於 -1.46，其絕對值小於 1.96，表示「工作滿意」對「工作投入」變項的預測力不顯著。在第二個結構方程式中，工作投入的迴歸係數為 0.61，估計參數的標準誤為 0.10，迴歸係數顯著性考驗的 t 值等於 6.06，其絕對值大於 1.96，表示「工作投入」對「工作滿意」變項有顯著的預測力（路徑係數達到顯著）。

Goodness of Fit Statistics

Degrees of Freedom = 13

Minimum Fit Function Chi-Square = 14.88 (P = 0.32)

Normal Theory Weighted Least Squares Chi-Square = 14.80 (P = 0.32)

Estimated Non-centrality Parameter (NCP) = 1.80

90 Percent Confidence Interval for NCP = (0.0 ; 15.56)

Minimum Fit Function Value = 0.073

Population Discrepancy Function Value (F0) = 0.0088

90 Percent Confidence Interval for F0 = (0.0 ; 0.076)

Root Mean Square Error of Approximation (RMSEA) = 0.026

90 Percent Confidence Interval for RMSEA = (0.0 ; 0.077)

P-Value for Test of Close Fit (RMSEA < 0.05) = 0.73

Expected Cross-Validation Index (ECVI) = 0.30

90 Percent Confidence Interval for ECVI = (0.29 ; 0.37)

ECVI for Saturated Model = 0.35

ECVI for Independence Model = 4.69

Chi-Square for Independence Model with 28 Degrees of Freedom = 940.46

Independence AIC = 956.46

Model AIC = 60.80

Saturated AIC = 72.00

Independence CAIC = 991.04

Model CAIC = 160.23

Saturated CAIC = 227.63

Normed Fit Index (NFI) = 0.98

Non-Normed Fit Index (NNFI) = 1.00

Parsimony Normed Fit Index (PNFI) = 0.46

Comparative Fit Index (CFI) = 1.00

Incremental Fit Index (IFI) = 1.00

Relative Fit Index (RFI) = 0.97

Critical N (CN) = 380.70

Root Mean Square Residual (RMR) = 0.13

Standardized RMR = 0.025

Goodness of Fit Index (GFI) = 0.98

Adjusted Goodness of Fit Index (AGFI) = 0.95

Parsimony Goodness of Fit Index (PGFI) = 0.35

【說明】

上表為模式適配度考驗的各種指標值,其中卡方值等於 14.80,顯著性考驗的機率值 p = 0.32 > 0.05,接受虛無假設,RMSEA 值 = 0.026 < 0.05,表示研究者所提的可逆式模式與實際資料可以適配。雖然整體假設模式與觀察資料可以契合,但在模式內在適配指標方面,卻不是非常理想,其中「工作投入」變項對「工作滿意」變項影響的路徑係數為 0.61(t = 6.06 > 1.96),達到.05 顯著水準,但「工作滿意」變項對「工作投入」變項影響的路徑係數為 −0.27(t = −1.46,絕對值小於 1.96),未達到.05 顯著水準,表示此影響路徑沒有顯著的效果存在。

10.4 路徑相等化限制模式

在互惠效果的可逆模式中,研究者根據相關理論,認為二個內衍潛在變項的影響的路徑係數應是一樣,因而將二條影響的路徑係數設為相等。

▌ 語法程式

```
！教師工作滿意的結構模式圖
Observed Variables
Y1  Y2  Y3  X1  X2  X3  X4  X5
Correlation matrix
1.00
0.53  1.00
0.55  0.50  1.00
0.44  0.32  0.40  1.00
0.42  0.36  0.42  0.54  1.00
```

0.40 0.30 0.44 0.24 0.25 1.00

0.45 0.31 0.31 0.16 0.16 0.55 1.00

0.50 0.46 0.70 0.26 0.28 0.29 0.23 1.00

Standard Deviation:

2.08 3.40 1.05 1.96 2.07 2.15 2.06 3.65

Sample Size = 205

Latent Variable

行政支持　自我概念　專業成長　工作投入　工作滿意

Relationships:

X1 X2 = 行政支持

X3 X4 = 自我概念

X5   = 專業成長

Y1 Y2 = 工作投入

Y3   = 工作滿意

Paths:

行政支持　自我概念　專業成長　工作滿意　→　工作投入

專業成長　工作投入　→　工作滿意

Set 工作投入　→　工作滿意　=　工作滿意　→　工作投入

Set Error Variance of Y3 = 0

Set Error Variance of X5 = 0

Path Diagram

Print Residuals

End of Problem

【說明】

　　設定二個路徑係數相等即「路徑相等化的限制」（equality constraints），此種等化限制乃是二個變項間影響的路徑係數將其設為相等，因此可將二個變項互為影響的路徑當作一個單一的參數來估計。上述語法程式中「路徑相等化的限制」之語法為：「Set 工作投入→工作滿意＝工作滿意→工作投入」，也可寫成下列語法：「Let 工作投入→工作滿意＝工作滿意→工作投入」。

◙ 報表結果

圖 10-10 為 LISREL 所輸出的參數估計顯著性考驗的t值模式圖，其中所有估計的參數都達到顯著，t 值均為正數，與研究者期望的參數估計一樣。而二個內衍潛在變項相等化限制影響的路徑係數之顯著性考驗的t值均為 8.54（p＜.05），均達到顯著水準，表示模式的內在適配度情形良好。

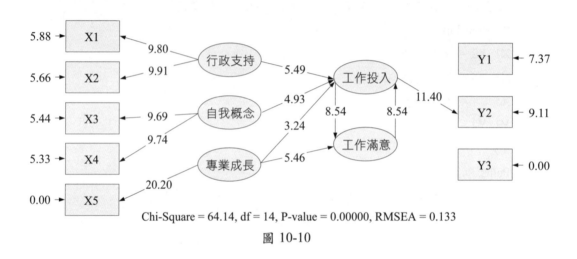

Chi-Square = 64.14, df = 14, P-value = 0.00000, RMSEA = 0.133

圖 10-10

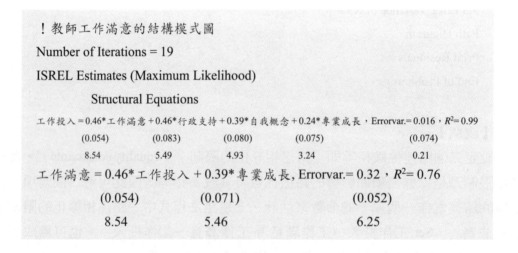

！教師工作滿意的結構模式圖

Number of Iterations = 19

ISREL Estimates (Maximum Likelihood)

    Structural Equations

工作投入 ＝0.46*工作滿意 ＋0.46*行政支持 ＋0.39*自我概念 ＋0.24*專業成長，Errorvar.＝0.016，R^2＝0.99

     (0.054)   (0.083)   (0.080)   (0.075)   (0.074)

     8.54   5.49   4.93   3.24   0.21

工作滿意 ＝0.46*工作投入 ＋0.39*專業成長，Errorvar.＝0.32，R^2＝0.76

     (0.054)   (0.071)   (0.052)

     8.54   5.46   6.25

【說明】

上述二個結構方程式中，第一個結構方程式「工作滿意」對「工作投入」影

響的路徑係數等於 0.46，第二個結構方程式「工作投入」對「「工作滿意」影響的路徑係數也等於 0.46，二者路徑的係數相等，其餘自變項的迴歸係數均達顯著水準，且其符號均為正數，表示其對依變項的影響均為正向，與研究者假設模型期望出現的符號相同。

Goodness of Fit Statistics

Degrees of Freedom = 14

Minimum Fit Function Chi-Square = 64.68 (P = 0.00)

Normal Theory Weighted Least Squares Chi-Square = 64.14 (P = 0.00)

Estimated Non-centrality Parameter (NCP) = 50.14

90 Percent Confidence Interval for NCP = (28.94 ; 78.88)

Minimum Fit Function Value = 0.32

Population Discrepancy Function Value (F0) = 0.25

90 Percent Confidence Interval for F0 = (0.14 ; 0.39)

Root Mean Square Error of Approximation (RMSEA) = 0.13

90 Percent Confidence Interval for RMSEA = (0.10 ; 0.17)

P-Value for Test of Close Fit (RMSEA < 0.05) = 0.00

Expected Cross-Validation Index (ECVI) = 0.53

90 Percent Confidence Interval for ECVI = (0.43 ; 0.67)

ECVI for Saturated Model = 0.35

ECVI for Independence Model = 4.69

Chi-Square for Independence Model with 28 Degrees of Freedom = 940.46

Independence AIC = 956.46

Model AIC = 108.14

Saturated AIC = 72.00

Independence CAIC = 991.04

Model CAIC = 203.25

Saturated CAIC = 227.63

Normed Fit Index (NFI) = 0.93

Non-Normed Fit Index (NNFI) = 0.89

Parsimony Normed Fit Index (PNFI) = 0.47

Comparative Fit Index (CFI) = 0.94

> Incremental Fit Index (IFI) = 0.95
>
> Relative Fit Index (RFI) = 0.86
>
> Critical N (CN) = 92.92
>
> Root Mean Square Residual (RMR) = 0.79
>
> Standardized RMR = 0.12
>
> Goodness of Fit Index (GFI) = 0.93
>
> Adjusted Goodness of Fit Index (AGFI) = 0.81
>
> Parsimony Goodness of Fit Index (PGFI) = 0.36

【說明】

上表模式適配度的指標值中，卡方值等於 64.14，顯著性考驗的機率值 p = 0.00 < 0.05，拒絕虛無假設，表示模式與觀察資料的契合度不佳。其他的適配指標檢驗值中，RMSEA 值（= 0.13）、RMR 值（= 0.79）、SRMR 值（= 0.12）、CN 值（= 92.92）、RFI 值（= 0.86）、PNFI 值（= 0.47）、PGFI 值（= 0.36）、AGFI 值（= 0.81）等均未達到模式可以接受的標準。整體而言，將二個內衍潛在變項的路徑係數設定成「相等化限制」模式，其假設模式圖與觀察資料間無法適配，雖然模式的內在適配度的情形不錯，但整體模式的契合度不佳，顯示研究者所提的「相等化限制」模式無法獲得支持。

「相等化限制」模式的標準化解值之模式圖如圖 10-11：

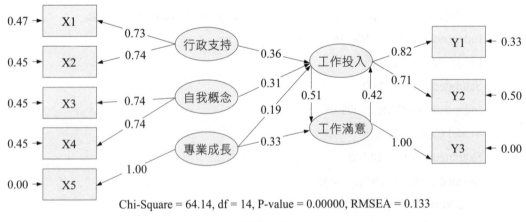

Chi-Square = 64.14, df = 14, P-value = 0.00000, RMSEA = 0.133

圖 10-11

!教師工作滿意的結構模式圖
Summary Statistics for Standardized Residuals
Smallest Standardized Residual = −52.69
Median Standardized Residual = −1.13
Largest Standardized Residual = 1.20

【說明】

設成「相等化限制」模式之標準化殘差值中，最小的標準化殘差值為−52.69，其絕對值遠大於 2.58，表示模式的共變數矩陣與實際資料的共變數矩陣差異甚大，二者的適配情形不理想。

綜合上述的分析結果顯示，「工作投入」與「工作滿意」互惠效果假設模式圖、相等化限制假設模式圖均無法與觀察資料適配。在不可逆模式的假設模型中，只有假設模式 A 與實際資料可以契合，顯示假設模式圖中二個內衍潛在變項的影響，主要是「工作投入」影響到受試者「工作滿意」，而三個外衍潛在變項「行政支持」、「自我概念」、「專業成長」對「工作投入」均有顯著的預測力，「專業成長」對「工作滿意」的預測力也達顯著，這個假設模式與觀察資料間的適配情形良好。

10.5　等化模型的應用範例

等化模型（equivalent model）即將模型中二個內衍潛在變項影響的路徑係數設為相同，此時二個潛在變項均為因變項，也為果變項，研究者無法正確得知二個內衍潛在變項的因果關係，因而將其設為可逆式模式。

▌研究問題

某教育學者根據學生學習的相關理論，認為學生重要他人的期望（包括父母期望、教師期望）會直接影響到學生的學習壓力與學業表現，其學習壓力的測量指標變項有二：課業壓力與成績差距；而學業表現的測量指標變項有二：數學成

就與國語成就的測驗成績。在學習壓力與學業表現二個內衍潛在變項的關係上，相關理論指出，學習壓力的高低會影響到學生學業表現；但也有理論認為學生的學習壓力高低會受到學生學業表現的影響。因而研究者根據理論文獻，提出以下三個結構模式，在第三個結構模式中，研究者認為「學習壓力」與「學業表現」互為影響，且具有相等的路徑係數關係。請問研究者所提的三個模式圖均可以得到支持嗎？

結構模式圖[Ⅰ]

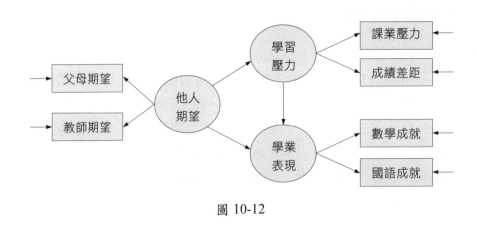

圖 10-12

結構模式圖[Ⅱ]

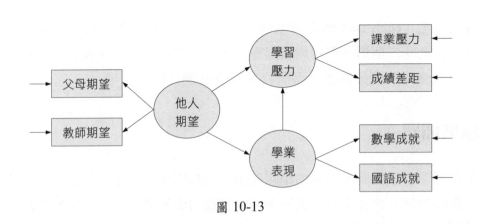

圖 10-13

結構模式圖[Ⅲ]－等化模式

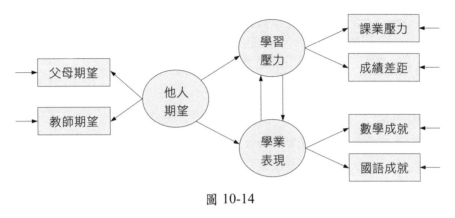

圖 10-14

上述潛在變項的測量指標變項的界定如下：

課業壓力：「學習壓力量表」層面一六個題項的總分。

成績差距：「學習壓力量表」層面二七個題項的總分。

數學成就：受試者學期數學平均成績，以班級為單位換為 T 分數。

國語成就：受試者學期國語平均成績，以班級為單位換為 T 分數。

父母期望：「他人期望量表」層面一八個題項的總分。

教師期望：「他人期望量表」層面二八個題項的總分。

▌結構模式圖[一]

語法程式

Title 學習壓力與學業成就結構模式
Observed Variables:
課業壓力 成績差距 數學成就 國語成就 父母期望 教師期望
Covariance Matrix:
1.531
　.579 .991
　.644 .502 1.449
　.262 .276　.445 .718

```
     .418  .286   .492  .249  1.111
     .464  .279   .523  .276   .657  1.144
Sample Size = 100
Latent Variables:
他人期望   學習壓力   學業表現
Relationships:
課業壓力   成績差距＝學習壓力
數學成就   國語成就＝學業表現
父母期望   教師期望＝他人期望
Paths:
他人期望  →   學習壓力   學業表現
學習壓力  →   學業表現
Path Diagram
Options: RS SC MI ND = 2
End of Problems
```

【說明】

1. 本範例中語法程式的共變數矩陣數據引自 Joreskog 與 Sorbom（1996），頁268。

2. 語法程式中以「Relationships:」指令界定三個測量模式，而以「Paths:」界定結構模式。

3. 以「Options:」指令界定增列輸出的報表，包括殘差值的資訊（RS）、完全標準化解值（SC）、修正指標（MI）、小數位數設為二位（ND＝2）。

結果說明

```
Number of Iterations =  9
LISREL Estimates (Maximum Likelihood)
            Measurement Equations
課業壓力 = 0.87*學習壓力，Errorvar.= 0.78，R² = 0.49
                         (0.19)
                          4.20
```

成績差距 = 0.67*學習壓力，Errorvar.= 0.54，R^2= 0.45

(0.15)　　　　　　　　(0.12)

4.49　　　　　　　　　4.62

數學成就 = 0.95*學業表現，Errorvar.= 0.54，R^2= 0.62

　　　　　　　　　　　(0.20)

　　　　　　　　　　　2.73

國語成就 = 0.47*學業表現，Errorvar.= 0.50，R^2= 0.31

(0.11)　　　　　　　　(0.084)

4.20　　　　　　　　　5.96

父母期望 = 0.79*他人期望，Errorvar.= 0.49，R^2= 0.55

(0.11)　　　　　　　　(0.13)

6.85　　　　　　　　　3.75

教師期望 = 0.84*他人期望，Errorvar.= 0.44，R^2= 0.61

(0.12)　　　　　　　　(0.14)

7.14　　　　　　　　　3.14

Structural Equations

學習壓力 = 0.58*他人期望，Errorvar.= 0.67，R^2= 0.33

(0.15)　　　　　　　　(0.25)

3.86　　　　　　　　　2.62

學業表現 = 0.59*學習壓力 + 0.32*他人期望，Errorvar.= 0.32，R^2= 0.68

(0.21)　　　　(0.18)　　　　　　　(0.22)

2.81　　　　　1.84　　　　　　　　1.50

【說明】

　　在上述測量方程式與結構方程式中，沒有負的誤差變異數，而各參數估計的標準誤值均很小，表示沒有違反模式基本估計。在所有估計的參數中，除了「他人期望」外衍潛在變項對「學業表現」內衍潛在變項的參數估計（路徑係數）未達顯著外（t = 1.84 < 1.96），其餘估計的自由參數均達顯著水準，且其符號與理論期望符號相同，均為正數，表示變項間的影響均為正向關係。LISREL 繪製的基本模式之 t 值結構模式圖如圖 10-15：

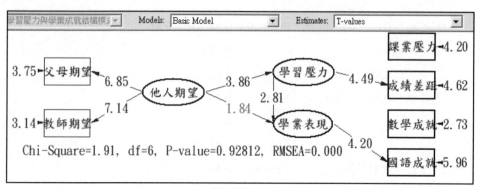

圖 10-15

LISREL 繪製之模式最終標準化解值的結構模式圖如圖 10-16：其中 GAMMA 值分別為 0.58、0.32、BETA 值為 0.59，「他人期望」外衍潛在變項對內衍潛在變項「學習壓力」與「學業表現」影響的路徑係數（迴歸係數）分別為 0.58、0.32；而內衍潛在變項「學習壓力」影響內衍潛在變項「學業表現」的路徑係數為 0.59。

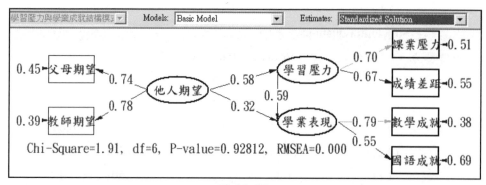

圖 10-16

Degrees of Freedom = 6

Minimum Fit Function Chi-Square = 1.97 (P = 0.92)

Normal Theory Weighted Least Squares Chi-Square = 1.91 (P = 0.93)

Estimated Non-centrality Parameter (NCP) = 0.0

90 Percent Confidence Interval for NCP = (0.0 ; 0.94)

Minimum Fit Function Value = 0.020

Population Discrepancy Function Value (F0) = 0.0

90 Percent Confidence Interval for F0 = (0.0 ; 0.0094)

Root Mean Square Error of Approximation (RMSEA) = 0.0

90 Percent Confidence Interval for RMSEA = (0.0 ; 0.040)

P-Value for Test of Close Fit (RMSEA < 0.05) = 0.96

Expected Cross-Validation Index (ECVI) = 0.36

90 Percent Confidence Interval for ECVI = (0.36 ; 0.37)

ECVI for Saturated Model = 0.42

ECVI for Independence Model = 2.26

Chi-Square for Independence Model with 15 Degrees of Freedom = 211.59

Independence AIC = 223.59

Model AIC = 31.91

Saturated AIC = 42.00

Independence CAIC = 245.22

Model CAIC = 85.98

Saturated CAIC = 117.71

Normed Fit Index (NFI) = 0.99

Non-Normed Fit Index (NNFI) = 1.05

Parsimony Normed Fit Index (PNFI) = 0.40

Comparative Fit Index (CFI) = 1.00

Incremental Fit Index (IFI) = 1.02

Relative Fit Index (RFI) = 0.98

Critical N (CN) = 847.09

Root Mean Square Residual (RMR) = 0.021

Standardized RMR = 0.020

Goodness of Fit Index (GFI) = 0.99

Adjusted Goodness of Fit Index (AGFI) = 0.98

Parsimony Goodness of Fit Index (PGFI) = 0.28

【說明】

　　從上述整體模式適配度的指標值來看，在自由度等於 6 時，模式的 χ^2 值等於 1.91，顯著性考驗的機率值 p＝0.928＞0.05，接受虛無假設，表示假設模型與觀察資料間可以適配。而 RMSEA 值＝0.00、RMR 值＝0.021、SRMR 值＝0.020，均小

於 0.05，表示模式可以接受，在其他模式適配度指標值方面，除 PGFI 值（＝0.28）、PNFI 值（＝0.40），小於 0.50，未達模式可以接受的標準外，其餘指標值均達到模式適配的標準。整體而言，研究者所提的假設模式圖[一]與觀察資料間的適配情形良好，假設模式圖[一]可以得到支持。

◎ 結構模式圖[二]

語法程式

```
Title 學習壓力與學業成就結構模式
Observed Variables:
課業壓力　成績差距　數學成就　國語成就　父母期望　教師期望
Covariance Matrix:
1.531
 .579 .991
 .644 .502 1.449
 .262 .276  .445 .718
 .418 .286  .492 .249 1.111
 .464 .279  .523 .276  .657 1.144
Sample Size = 100
Latent Variables:
他人期望　學習壓力　學業表現
Relationships:
課業壓力　成績差距＝學習壓力
數學成就　國語成就＝學業表現
父母期望　教師期望＝他人期望
Paths:
他人期望　→　學習壓力　學業表現
學業表現　→　學習壓力
Path Diagram
Options: RS SC MI ND = 2
End of Problems
```

結果說明

Number of Iterations = 11

LISREL Estimates (Maximum Likelihood)

Measurement Equations

課業壓力 ＝ 0.87*學習壓力，Errorvar.= 0.78，$R^2 = 0.49$

$\qquad\qquad\qquad\qquad\qquad$ (0.19)

$\qquad\qquad\qquad\qquad\qquad$ 4.20

成績差距 ＝ 0.67*學習壓力，Errorvar.= 0.54，$R^2 = 0.45$

$\quad$ (0.15) $\qquad\qquad\qquad\quad$ (0.12)

$\quad$ 4.49 $\qquad\qquad\qquad\qquad\;$ 4.62

數學成就 ＝ 0.95*學業表現，Errorvar.= 0.54，$R^2 = 0.62$

$\qquad\qquad\qquad\qquad\qquad$ (0.20)

$\qquad\qquad\qquad\qquad\qquad$ 2.73

國語成就 ＝ 0.47*學業表現，Errorvar.= 0.50 ，$R^2 = 0.31$

$\quad$ (0.11) $\qquad\qquad\qquad\quad$ (0.084)

$\quad$ 4.20 $\qquad\qquad\qquad\qquad\;$ 5.96

父母期望 ＝ 0.79*他人期望，Errorvar.= 0.49，$R^2 = 0.55$

$\quad$ (0.11) $\qquad\qquad\qquad\quad$ (0.13)

$\quad$ 6.85 $\qquad\qquad\qquad\qquad\;$ 3.75

教師期望 ＝ 0.84*他人期望，Errorvar.= 0.44，$R^2 = 0.61$

$\quad$ (0.12) $\qquad\qquad\qquad\quad$ (0.14)

$\quad$ 7.14 $\qquad\qquad\qquad\qquad\;$ 3.14

Structural Equations

學習壓力 ＝ 0.71*學業表現 ＋ 0.11*他人期望，Errorvar.= 0.39，$R^2 = 0.61$

$\quad$ (0.30) $\qquad\qquad$ (0.24) $\qquad\qquad\qquad$ (0.22)

$\quad$ 2.33 $\qquad\qquad\quad$ 0.45 $\qquad\qquad\qquad\;$ 1.77

學業表現 ＝ 0.67*他人期望，Errorvar.= 0.56，$R^2 = 0.44$

$\quad$ (0.13) $\qquad\qquad\qquad\quad$ (0.24)

$\quad$ 4.95 $\qquad\qquad\qquad\qquad\;$ 2.31

【說明】

在上述測量方程式與結構方程式中，沒有負的誤差變異數，而各參數估計的標準誤值均很小，表示沒有違反模式基本估計。在所有估計的參數中，除了「他人期望」外衍潛在變項對「學習壓力」內衍潛在變項的參數估計（路徑係數）未達顯著外（t = 0.45 < 1.96），其餘估計的自由參數均達顯著水準，且其符號與理論期望符號相同，均為正數，表示變項間的影響均為正向關係。從結構方程式中進一步得知：「學業表現」與「他人期望」二個變項共可解釋「學習壓力」61%的變異量；而「他人期望」變項可以解釋「學業表現」44%的變異量。

LISREL 繪製的基本模式之 t 值結構模式圖如圖 10-17：

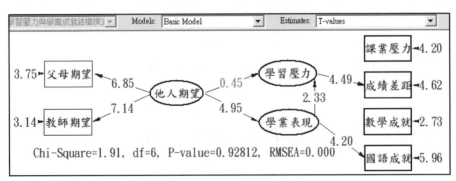

圖 10-17

LISREL 繪製之模式最終標準化解值的結構模式圖如圖 10-18：其中 GAMMA 值分別為 0.11、0.67、BETA 值為 0.71，「他人期望」外衍潛在變項對內衍潛在變項「學習壓力」與「學業表現」影響的路徑係數（迴歸係數）分別為 0.11、0.67；而內衍潛在變項「學業表現」影響內衍潛在變項「學習壓力」的路徑係數為 0.71。

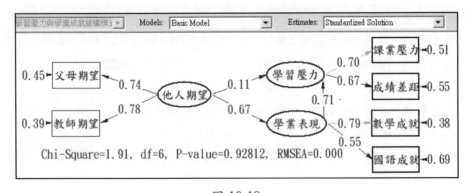

圖 10-18

Degrees of Freedom = 6

Minimum Fit Function Chi-Square = 1.97 (P = 0.92)

Normal Theory Weighted Least Squares Chi-Square = 1.91 (P = 0.93)

Estimated Non-centrality Parameter (NCP) = 0.0

90 Percent Confidence Interval for NCP = (0.0 ; 0.94)

Minimum Fit Function Value = 0.020

Population Discrepancy Function Value (F0) = 0.0

90 Percent Confidence Interval for F0 = (0.0 ; 0.0094)

Root Mean Square Error of Approximation (RMSEA) = 0.0

90 Percent Confidence Interval for RMSEA = (0.0 ; 0.040)

P-Value for Test of Close Fit (RMSEA < 0.05) = 0.96

Expected Cross-Validation Index (ECVI) = 0.36

90 Percent Confidence Interval for ECVI = (0.36 ; 0.37)

ECVI for Saturated Model = 0.42

ECVI for Independence Model = 2.26

Chi-Square for Independence Model with 15 Degrees of Freedom = 211.59

Independence AIC = 223.59

Model AIC = 31.91

Saturated AIC = 42.00

Independence CAIC = 245.22

Model CAIC = 85.98

Saturated CAIC = 117.71

Normed Fit Index (NFI) = 0.99

Non-Normed Fit Index (NNFI) = 1.05

Parsimony Normed Fit Index (PNFI) = 0.40

Comparative Fit Index (CFI) = 1.00

Incremental Fit Index (IFI) = 1.02

Relative Fit Index (RFI) = 0.98

Critical N (CN) = 847.09

Root Mean Square Residual (RMR) = 0.021

Standardized RMR = 0.020

Goodness of Fit Index (GFI) = 0.99

Adjusted Goodness of Fit Index (AGFI) = 0.98

Parsimony Goodness of Fit Index (PGFI) = 0.28

【說明】

　　從上述整體模式適配度的指標值來看，在自由度等於6時，模式的x^2值等於 1.91，顯著性考驗的機率值p＝0.928＞0.05，接受虛無假設，表示假設模型與觀察資料間可以適配。而 RMSEA 值＝0.00、RMR 值＝0.021、SRMR 值＝0.020，均小於 0.05，表示模式可以接受；在其他模式適配度指標值方面，除 PGFI 值（＝0.28）、PNFI值（＝0.40），小於 0.50，未達模式可以接受的標準外，其餘指標值均達到模式適配的標準。整體而言，研究者所提的假設模式圖[二]與觀察資料間的適配情形良好，假設模式圖[二]可以得到支持。

　　從上述SEM分析中，研究者假設的模式圖[一]與假設模式圖[二]均可以得到支持，即二個假設模式與觀察資料間的適配情形均非常理想，而二個模式圖的整體適配度指標值一樣，顯示二個內衍潛在變項存在著交互的影響關係，學習壓力的高低會影響學業表現的優劣，而學業表現的優劣也會影響學生學習壓力的高低，二者影響是互為因果關係。研究者進一步假設這二條的路徑係數是相等的。因而提出假設結構模式圖[三]。

結構模式圖[三]

語法程式

```
Title 學習壓力與學業成就結構模式
Observed Variables:
課業壓力　成績差距　數學成就　國語成就　父母期望　教師期望
Covariance Matrix:
1.531
 .579 .991
 .644 .502 1.449
 .262 .276  .445 .718
```

```
     .418  .286   .492  .249  1.111
     .464  .279   .523  .276   .657  1.144
Sample Size = 100
Latent Variables:
他人期望   學習壓力   學業表現
Relationships:
課業壓力   成績差距＝學習壓力
數學成就   國語成就＝學業表現
父母期望   教師期望＝他人期望
Paths:
他人期望→學習壓力   學業表現
學習壓力→學業表現
學業表現→學習壓力
Set 學習壓力→學業表現＝學業表現→學習壓力
Path Diagram
Options: RS SC MI ND = 2
End of Problems
```

【說明】

　　語法程式行「Set 學習壓力→學業表現＝學業表現→學習壓力」表示設定二個路徑係數相等。

結果說明

```
Number of Iterations = 18
LISREL Estimates (Maximum Likelihood)
```

Measurement Equations

課業壓力 ＝ 0.87*學習壓力，Errorvar.= 0.78，R^2= 0.46

　　　　　　　　　　　　　　　(0.19)

　　　　　　　　　　　　　　　4.16

成績差距 ＝ 0.67*學習壓力，Errorvar.= 0.54，R^2= 0.42

$$(0.17) \qquad\qquad (0.12)$$
$$4.04 \qquad\qquad 4.58$$

數學成就 = 0.95*學業表現，Errorvar.= 0.54，R^2= 0.61

$$(0.20)$$
$$2.68$$

國語成就 = 0.47*學業表現，Errorvar.= 0.50 ，R^2= 0.29

$$(0.12) \qquad\qquad (0.084)$$
$$3.98 \qquad\qquad 5.92$$

父母期望 = 0.79*他人期望，Errorvar.= 0.49，R^2= 0.55

$$(0.12) \qquad\qquad (0.13)$$
$$6.81 \qquad\qquad 3.71$$

教師期望 = 0.84*他人期望，Errorvar.= 0.44，R^2= 0.61

$$(0.12) \qquad\qquad (0.14)$$
$$7.09 \qquad\qquad 3.10$$

Structural Equations

學習壓力 = 0.33*學業表現 + 0.31*他人期望，Errorvar.= 0.44，R^2= 0.51

$$(0.13) \qquad\quad (0.17) \qquad\qquad\qquad (0.23)$$
$$2.51 \qquad\quad 1.83 \qquad\qquad\qquad 1.87$$

學業表現 = 0.33*學習壓力 + 0.47*他人期望，Errorvar.= 0.37，R^2= 0.61

$$(0.13) \qquad\quad (0.15) \qquad\qquad\qquad (0.24)$$
$$2.51 \qquad\quad 3.20 \qquad\qquad\qquad 1.54$$

【說明】

在上述測量方程式與結構方程式中，沒有負的誤差變異數，而各參數估計的標準誤值均很小，表示沒有違反模式基本估計。在所有估計的參數中，除了「他人期望」外衍潛在變項對「學習壓力」內衍潛在變項的參數估計（路徑係數）未達顯著外（t = 1.83 < 1.96），其餘估計的自由參數均達顯著水準，且其符號與理論期望符號相同，均為正數，表示變項間的影響均為正向關係。從結構方程式中進一步得知：「學業表現」與「他人期望」二個變項共可解釋「學習壓力」51%的變異量；而「學習壓力」與「他人期望」二個變項可以解釋「學業表現」61%的變異量。第一個結構方程式中，「學業表現」自變項的迴歸係數等於0.33；第二個結構方程式中，「學習壓力」自變項的迴歸係數也等於0.33，二個迴歸係數

值相同。

　　LISREL 繪製的基本模式之 t 值結構模式圖如圖 10-19：其中「學習壓力」影響「學業表現」的原始參數估計值為.33，顯著性考驗的 t 值等於 2.51 > 1.96，達到顯著水準；而「學業表現」影響「學習壓力」的原始參數估計值（路徑係數）也為.33，顯著性考驗的 t 值也等於 2.51 > 1.96，達到顯著水準。二者的參數估計值之所以會相等，因為在語法程式設定此二條路徑係數為「相等化限制」（equality constraints）。

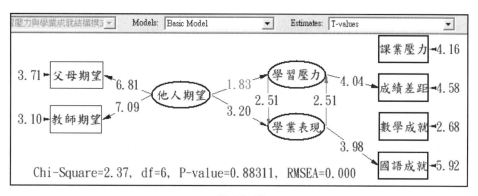

圖 10-19

　　LISREL 繪製之模式最終標準化解值的結構模式圖如圖 10-20：其中 GAMMA 值分別為 0.33、0.48，BETA 值分別為 0.32、0.35，「他人期望」外衍潛在變項對內衍潛在變項「學習壓力」與「學業表現」影響的路徑係數（迴歸係數）分別為 0.33、0.48；而內衍潛在變項「學業表現」影響內衍潛在變項「學習壓力」的路徑係數為 0.35，內衍潛在變項「學習壓力」影響內衍潛在變項「學業表現」的路徑係數為 0.32，二個內衍潛在變項互為影響的路徑係數大致相等。

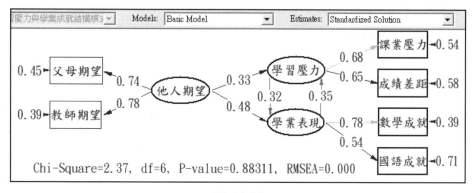

圖 10-20

Degrees of Freedom = 6

Minimum Fit Function Chi-Square = 2.40 (P = 0.88)

Normal Theory Weighted Least Squares Chi-Square = 2.37 (P = 0.88)

Estimated Non-centrality Parameter (NCP) = 0.0

90 Percent Confidence Interval for NCP = (0.0 ; 2.32)

Minimum Fit Function Value = 0.024

Population Discrepancy Function Value (F0) = 0.0

90 Percent Confidence Interval for F0 = (0.0 ; 0.023)

Root Mean Square Error of Approximation (RMSEA) = 0.0

90 Percent Confidence Interval for RMSEA = (0.0 ; 0.063)

P-Value for Test of Close Fit (RMSEA < 0.05) = 0.93

Expected Cross-Validation Index (ECVI) = 0.36

90 Percent Confidence Interval for ECVI = (0.36 ; 0.39)

ECVI for Saturated Model = 0.42

ECVI for Independence Model = 2.26

Chi-Square for Independence Model with 15 Degrees of Freedom = 211.59

Independence AIC = 223.59

Model AIC = 32.37

Saturated AIC = 42.00

Independence CAIC = 245.22

Model CAIC = 86.44

Saturated CAIC = 117.71

Normed Fit Index (NFI) = 0.99

Non-Normed Fit Index (NNFI) = 1.05

Parsimony Normed Fit Index (PNFI) = 0.40

Comparative Fit Index (CFI) = 1.00

Incremental Fit Index (IFI) = 1.02

Relative Fit Index (RFI) = 0.97

Critical N (CN) = 693.55

Root Mean Square Residual (RMR) = 0.046

Standardized RMR = 0.039

Goodness of Fit Index (GFI) = 0.99

Adjusted Goodness of Fit Index (AGFI) = 0.97

Parsimony Goodness of Fit Index (PGFI) = 0.28

　　從上述整體模式適配度的指標值來看，在自由度等於6時，模式的χ^2值等於2.37，顯著性考驗的機率值p＝0.883＞0.05，接受虛無假設，表示假設模型與觀察資料間可以適配。而 RMSEA 值＝0.00、RMR 值＝0.046、SRMR 值＝0.039，均小於0.05，表示模式可以接受，NCP 值等於0，模式的 ECVI 值等於0.36、AIC 值等於32.37、CAIC 值等於86.44，均小於獨立模式的指標值，且小於飽和模式的指標值，表示假設模式可以接受。在其他模式適配度指標值方面，除 PGFI 值（＝0.28）、PNFI 值（＝0.40），小於0.50，未達模式可以接受的標準外，其餘指標值均達到模式適配良好的標準。整體而言，研究者所提的假設模式圖[三]與觀察資料間的適配情形良好，假設模式圖[三]可以得到支持。

學習壓力與學業成就結構模式
Completely Standardized Solution

LAMBDA-Y

	學習壓力	學業表現
課業壓力	0.68	- -
成績差距	0.65	- -
數學成就	- -	0.78
國語成就	- -	0.54

LAMBDA-X

	他人期望
父母期望	0.74
教師期望	0.78

BETA

	學習壓力	學業表現
學習壓力	- -	0.35
學業表現	0.32	- -

GAMMA

	他人期望
學習壓力	0.33
學業表現	0.48

Correlation Matrix of ETA and KSI

	學習壓力	學業表現	他人期望
學習壓力	1.00		
學業表現	0.75	1.00	
他人期望	0.56	0.67	1.00

PSI

Note: This matrix is diagonal.

學習壓力	學業表現
0.49	0.39

THETA-EPS

課業壓力	成績差距	數學成就	國語成就
0.54	0.58	0.39	0.71

THETA-DELTA

父母期望	教師期望
0.45	0.39

Regression Matrix ETA on KSI (Standardized)

	他人期望
學習壓力	0.56
學業表現	0.67

【說明】

　　上表數據為完全標準化解值的各項數據，根據此表的數據可以繪製最終標準

化解值的模式圖，也可以計算出潛在變項的「組合信度」與「平均變異數抽取量」。六個測量指標變項在其潛在變項的因素負荷量在.54 至.78 之間，符合基本適配指標值標準。

模式的修改

在上述等化模型（結構模式圖[三]）中，整體假設模型與觀察資料適配度佳，但模式內在品質中，「他人期望」對「學習壓力」內衍潛在變項的路徑係數則未達顯著，若是將此條路徑刪除，是否有助於模式呈現更佳的適配度？此種模式的修正是有意義的。

語法程式

Title 學習壓力與學業成就結構模式
Observed Variables:
課業壓力 成績差距 數學成就 國語成就 父母期望 教師期望
Covariance Matrix:
1.531
 .579 .991
 .644 .502 1.449
 .262 .276 .445 .718
 .418 .286 .492 .249 1.111
 .464 .279 .523 .276 .657 1.144
Sample Size = 100
Latent Variables:
他人期望　學習壓力　學業表現
Relationships:
課業壓力　成績差距＝學習壓力
數學成就　國語成就＝學業表現
父母期望　教師期望＝他人期望
Paths:
他人期望→學業表現

學習壓力→學業表現

學業表現→學習壓力

Set 學習壓力→學業表現＝學業表現→學習壓力

Path Diagram

Options: RS SC MI ND = 2

End of Problems

結果說明

學習壓力與學業成就結構模式

Number of Iterations = 19

LISREL Estimates (Maximum Likelihood)

Measurement Equations

課業壓力 = 0.77*學習壓力，Errorvar.= 0.88，R^2= 0.28

$\qquad\qquad\qquad\qquad\qquad$ (0.17)

$\qquad\qquad\qquad\qquad\qquad$ 5.23

成績差距 = 0.67*學習壓力，Errorvar.= 0.54，R^2= 0.32

$\qquad$ (0.22) $\qquad\qquad\qquad$ (0.12)

$\qquad$ 3.03 $\qquad\qquad\qquad\quad$ 4.54

數學成就 = 0.90*學業表現，Errorvar.= 0.68，R^2= 0.46

$\qquad\qquad\qquad\qquad\qquad$ (0.18)

$\qquad\qquad\qquad\qquad\qquad$ 3.85

國語成就 = 0.45*學業表現，Errorvar.= 0.51 ，R^2= 0.22

$\qquad$ (0.13) $\qquad\qquad\qquad$ (0.083)

$\qquad$ 3.51 $\qquad\qquad\qquad\quad$ 6.18

父母期望 = 0.78*他人期望，Errorvar.= 0.50，R^2= 0.55

$\qquad$ (0.12) $\qquad\qquad\qquad$ (0.14)

$\qquad$ 6.53 $\qquad\qquad\qquad\quad$ 3.47

教師期望 = 0.84*他人期望，Errorvar.= 0.44，R^2= 0.61

$\qquad$ (0.12) $\qquad\qquad\qquad$ (0.16)

$\qquad$ 6.80 $\qquad\qquad\qquad\quad$ 2.85

Structural Equations

學習壓力 = 0.55*學業表現，Errorvar.= 0.20，R^2= 0.66

     (0.18)   (0.17)

     3.01   1.15

學業表現 = 0.55*學習壓力 + 0.44*他人期望，Errorvar.= 0.11，R^2= 0.85

     (0.18)   (0.17)   (0.18)

     3.01   2.60   0.63

【說明】

修改後的模型中，刪除原先不顯著的路徑係數（他人期望→學習壓力）。二條結構方程式中，「學業表現」對「學習壓力」的解釋變異量為66%；而「學習壓力」與「他人期望」二個變項共可解釋「學業表現」85%的變異量。第一個結構方程式中「學業表現」自變項的迴歸係數為 0.55、參數估計標準誤為 0.18、顯著性考驗的t值為 3.01 > 1.96，達到顯著水準；第二個結構方程式中「學習壓力」自變項的迴歸係數為 0.55、參數估計標準誤為 0.18、顯著性考驗的 t 值為 3.01 > 1.96，達到顯著水準，二者迴歸係數相同。

LISREL 繪製的基本模式之 t 值結構模式圖如圖 10-21：其中「學習壓力」影響「學業表現」的原始參數估計值為.55，顯著性考驗的 t 值等於 3.01 > 1.96，達到顯著水準；而「學業表現」影響「學習壓力」的原始參數估計值也為.55，顯著性考驗的 t 值也等於 3.01 > 1.96，達到顯著水準。

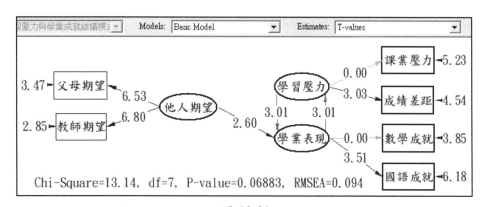

圖 10-21

LISREL 繪製之模式最終標準化解值的結構模式圖如圖 10-22：其中 GAMMA

值為 0.51，BETA 值分別為 0.49、0.61，「他人期望」外衍潛在變項對內衍潛在變項「學業表現」影響的路徑係數（迴歸係數）為 0.51；而內衍潛在變項「學業表現」影響內衍潛在變項「學習壓力」的路徑係數為 0.61，內衍潛在變項「學習壓力」影響內衍潛在變項「學業表現」的路徑係數為 0.49，二個內衍潛在變項互為影響的路徑係數均達顯著。

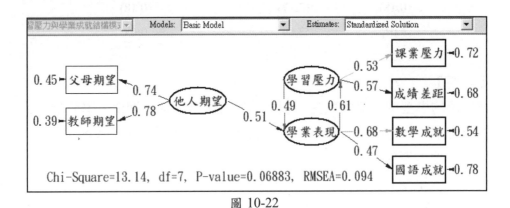

圖 10-22

Degrees of Freedom = 7

Minimum Fit Function Chi-Square = 11.39 (P = 0.12)

Normal Theory Weighted Least Squares Chi-Square = 13.14 (P = 0.069)

Estimated Non-centrality Parameter (NCP) = 6.14

90 Percent Confidence Interval for NCP = (0.0 ; 20.45)

Minimum Fit Function Value = 0.12

Population Discrepancy Function Value (F0) = 0.062

90 Percent Confidence Interval for F0 = (0.0 ; 0.21)

Root Mean Square Error of Approximation (RMSEA) = 0.094

90 Percent Confidence Interval for RMSEA = (0.0 ; 0.17)

P-Value for Test of Close Fit (RMSEA < 0.05) = 0.16

Expected Cross-Validation Index (ECVI) = 0.42

90 Percent Confidence Interval for ECVI = (0.35 ; 0.56)

ECVI for Saturated Model = 0.42

ECVI for Independence Model = 2.26

Chi-Square for Independence Model with 15 Degrees of Freedom = 211.59

Independence AIC = 223.59

Model AIC = 41.14

Saturated AIC = 42.00

Independence CAIC = 245.22

Model CAIC = 91.61

Saturated CAIC = 117.71

Normed Fit Index (NFI) = 0.95

Non-Normed Fit Index (NNFI) = 0.95

Parsimony Normed Fit Index (PNFI) = 0.44

Comparative Fit Index (CFI) = 0.98

Incremental Fit Index (IFI) = 0.98

Relative Fit Index (RFI) = 0.88

Critical N (CN) = 161.61

Root Mean Square Residual (RMR) = 0.16

Standardized RMR = 0.15

Goodness of Fit Index (GFI) = 0.96

Adjusted Goodness of Fit Index (AGFI) = 0.88

Parsimony Goodness of Fit Index (PGFI) = 0.32

　　從上述整體模式適配度的指標值來看，在自由度等於7時，模式的 χ^2 值等於13.14，顯著性考驗的機率值 p = 0.869 > 0.05，接受虛無假設，表示假設模型與觀察資料間可以適配。在其他指標值方面，RMSEA 值 = 0.094、RMR 值 = 0.16、SRMR 值 = 0.15、PNFI 值 = 0.44、PGFI 值 = 0.32、RFI 值 = 0.88、CN 值 = 161.61，均未達模式可以接受的標準，因而與假設模式圖[三]相較之下，修改後模式圖的適配情形反而較差。以假設模式圖[三]與觀察資料間的契合度最為理想。

　　若是研究者進行的是二個競爭模式的選擇，可以從下列指標值來比較：

表 10-1

	NCP	ECVI	AIC	CAIC
初始模式	0.00	0.36	32.37	86.44
修正模式	6.14	0.42	41.14	91.61

第 11 章
潛在變項路徑分析與
　多群組樣本分析

Structural
Equation
Modeling

11.1　潛在變項的路徑分析

　　在一個國中學生數學焦慮與數學態度的因果模式圖中，研究者認為學生的數學焦慮的高低會對數學態度產生影響，此外，研究者也想知道父母期望、教師期望、學生自我期望三個變項是否可以有效來預測其數學焦慮構念，學生自我期望與內控信念是否可以來預測數學態度構念。觀察變項考試焦慮與課堂焦慮是否可有效作為數學焦慮潛在變項的測量指標；觀察變項探究動機與數學學習信心是否可有效作為數學態度潛在變項的測量指標。研究者根據理論所提出的假設模式圖如圖 11-1：

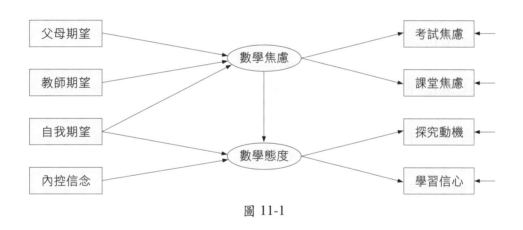

圖 11-1

　　上述指標變項中，其代表的數據意義如下：

考試焦慮：「數學焦慮量表層面一的加總」（五個題項的總分）。

課堂焦慮：「數學焦慮量表層面二的加總」（六個題項的總分）。

探究動機：「數學態度量表層面一的加總」（六個題項的總分）。

學習信心：「數學態度量表層面二的加總」（六個題項的總分）。

父母期望：「父母期望量表」八個題項的加總。

教師期望：「教師期望量表」七個題項的加總。

自我期望：「自我期望量表」八個題項的加總。

內控信念：「內控信念量表」十個題項的加總。

▌語法程式

```
！形成性指標結構模式
Observed Variables:
考試焦慮　課堂焦慮　探究動機　學習信心
父母期望　教師期望　自我期望　內控信念
Correlation Matrix:
1.00
0.11   1.00
0.18   0.20   1.00
0.22   0.25   0.60   1.00
0.32   0.16   0.42   0.33   1.00
0.24   0.15   0.25   0.16   0.12   1.00
0.38   0.12   0.15   0.18   0.11   0.29   1.00
0.29   0.21   0.16   0.19   0.18   0.24   0.46   1.00
Standard Deviation:
1.08   2.18   1.05   1.96   2.07   2.15   2.06   2.11
Sample Size = 200
Latent Variable:
數學焦慮 數學態度
Relationships:
考試焦慮　課堂焦慮＝數學焦慮
探究動機　學習信心＝數學態度
Paths:
父母期望　教師期望 自我期望→數學焦慮
自我期望　內控信念 數學焦慮→數學態度
Path Diagram
Options: SC MI RS ND=3
End of Problem
```

⊙ 報表結果

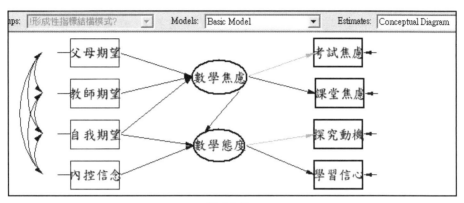

圖 11-2

！形成性指標結構模式

Number of Iterations = 17

LISREL Estimates (Maximum Likelihood)

Measurement Equations

考試焦慮 = 0.552*數學焦慮，Errorvar.= 0.862，R²= 0.261

          (0.0963)

          8.947

課堂焦慮 = 0.509*數學焦慮，Errorvar.= 4.494，R²= 0.0545

  (0.172)   (0.454)

  2.966   9.890

探究動機 = 0.904*數學態度，Errorvar.= 0.284，R²= 0.742

          (0.116)

          2.458

學習信心 = 1.365*數學態度，Errorvar.= 1.978，R²= 0.485

  (0.212)   (0.323)

  6.451   6.118

Structural Equations

數學焦慮 = 0.264*父母期望 + 0.114*教師期望 + 0.282*自我期望，Errorvar.= 0.119，R²= 0.881

  (0.0530)   (0.0386)   (0.0583)   (0.138)

  4.989   2.957   4.830   0.867

數學態度 = 0.810*數學焦慮 − 0.194*自我期望 + 0.0192*內控信念，Errorvar.= 0.631，R²= 0.369

  (0.190)   (0.0842)   (0.0379)   (0.171)

  4.257   −2.305   0.506   3.681

【說明】

在四個測量方程式與二個結構方程式中沒有出現負的誤差異變量及大的標準誤，表示沒有違反模式估計，但估計參數中「內控信念」變項對「數學態度」潛在變項的預測值未達顯著（t 值 =0.51<1.96），其餘影響路徑之估計參數均達顯著。第一個結構方程式中，父母期望、教師期望、自我期望三個變項對數學焦慮的聯合解釋變異量為 88.1%，迴歸係數分別為.264、.114、.282；第二個結構方程式中，數學焦慮、自我期望、內控信念的迴歸係數分別為.810、−.194、.019，三個變項對數學態度的解釋變異量為 36.9%。

LISREL 繪製之基本模式的 t 值模式圖如圖 11-3：

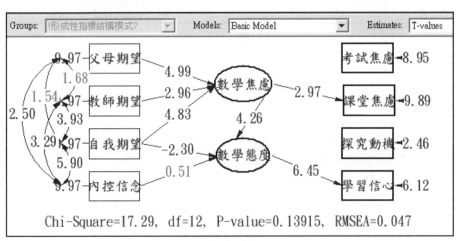

圖 11-3

Covariance Matrix of Independent Variables			
	父母期望	教師期望	自我期望	內控信念
	------------	------------	------------	------------
父母期望	4.285			
	(0.430)			
	9.975			
教師期望	0.534	4.622		
	(0.318)	(0.463)		
	1.681	9.975		
自我期望	0.469	1.284	4.244	
	(0.304)	(0.327)	(0.425)	

	1.542	3.929	9.975	
內控信念	0.786	1.089	1.999	4.452
	(0.315)	(0.331)	(0.339)	(0.446)
	2.499	3.292	5.895	9.975

【說明】

在四個自變項相關矩陣中，除「父母期望」變項與「教師期望」及「自我期望」變項的相關未達顯著外（t 值分別為 1.681、1.542 均小於 1.96），其餘變項間的相關均達顯著正相關。

Goodness of Fit Statistics

Degrees of Freedom = 12

Minimum Fit Function Chi-Square = 17.445 (P = 0.134)

Normal Theory Weighted Least Squares Chi-Square = 17.286 (P = 0.139)

Estimated Non-centrality Parameter (NCP) = 5.286

90 Percent Confidence Interval for NCP = (0.0 ; 20.495)

Minimum Fit Function Value = 0.0877

Population Discrepancy Function Value (F0) = 0.0266

90 Percent Confidence Interval for F0 = (0.0 ; 0.103)

Root Mean Square Error of Approximation (RMSEA) = 0.0470

90 Percent Confidence Interval for RMSEA = (0.0 ; 0.0926)

P-Value for Test of Close Fit (RMSEA < 0.05) = 0.491

Expected Cross-Validation Index (ECVI) = 0.328

90 Percent Confidence Interval for ECVI = (0.302 ; 0.404)

ECVI for Saturated Model = 0.362

ECVI for Independence Model = 1.573

Chi-Square for Independence Model with 28 Degrees of Freedom = 296.967

Independence AIC = 312.967

Model AIC = 65.286

Saturated AIC = 72.000

Independence CAIC = 347.353

Model CAIC = 168.446

Saturated CAIC = 226.739

Normed Fit Index (NFI) = 0.941

Non-Normed Fit Index (NNFI) = 0.953

Parsimony Normed Fit Index (PNFI) = 0.403

Comparative Fit Index (CFI) = 0.980

Incremental Fit Index (IFI) = 0.981

Relative Fit Index (RFI) = 0.863

Critical N (CN) = 300.075

Root Mean Square Residual (RMR) = 0.167

Standardized RMR = 0.0431

Goodness of Fit Index (GFI) = 0.979

Adjusted Goodness of Fit Index (AGFI) = 0.936

Parsimony Goodness of Fit Index (PGFI) = 0.326

【說明】

上表為整體模式適配度的檢驗指標值。在自由度等於 12，χ^2 值等於 17.286，顯著性機率 p = 0.139 > 0.05，接受虛無假設，表示假設模式與觀察資料可以契合。此外，RMSEA 值等於 0.047、SRMR 值等於 0.043，小於 0.05，達到模式可以接受的範圍。NFI 值 = 0.941、NNFI 值 = 0.953、CFI 值 = 0.980、IFI 值 = 0.981、GFI 值 = 0.979、AGFI 值 = 0.936，皆大於 0.90，CN 值 = 300.075，大於建議值 200，表示模式的適配度理想，即包含潛在變項路徑分析的假設模式圖與觀察資料間可以適配，研究者所提的模式圖可以獲得支持。

! 形成性指標結構模式

Summary Statistics for Fitted Residuals

Smallest Fitted Residual =   −0.207

 Median Fitted Residual =   0.000

 Largest Fitted Residual =   0.692

【說明】

　　上表為共變數適配殘差摘要統計量，最大的共變數適配殘差值為 0.692、最小的共變數適配殘差值為 −0.207。

Standardized Residuals

	考試焦慮	課堂焦慮	探究動機	學習信心	父母期望	教師期望
考試焦慮	- -					
課堂焦慮	−0.164	- -				
探究動機	−2.195	1.615	1.921			
學習信心	0.645	2.654	1.920	1.919		
父母期望	−0.298	0.222	0.330	−0.235	- -	
教師期望	−0.115	0.659	0.218	−0.816		
自我期望	1.095	−1.095	−1.074	1.074	- -	- -
內控信念	1.344	1.802	−0.727	1.232		- -

Standardized Residuals

	自我期望	內控信念
自我期望	- -	
內控信念	- -	- -

Summary Statistics for Standardized Residuals

Smallest Standardized Residual = −2.195

Median Standardized Residual = 0.000

Largest Standardized Residual = 2.654

Largest Positive Standardized Residuals

Residual for 學習信心 and 課堂焦慮 2.654

【說明】

　　上表為標準化殘差值及其摘要統計量，最大的標準化殘差值為 2.654、最小的標準化殘差值 −2.195，標準化殘差絕對值大於 2.58 者有一個（在學習信心與課堂焦慮變項間），表示模式內有敘列誤差存在，但情況輕微。

！形成性指標結構模式

Modification Indices and Expected Change

Modification Indices for LAMBDA-Y

	數學焦慮	數學態度
考試焦慮	- -	2.712
課堂焦慮	- -	5.065
探究動機	0.990	- -
學習信心	0.990	- -

Modification Indices for BETA

	數學焦慮	數學態度
數學焦慮	- -	0.306
數學態度	- -	- -

Modification Indices for GAMMA

	父母期望	教師期望	自我期望	內控信念
數學焦慮	- -	- -	- -	3.685
數學態度	0.028	0.038	- -	- -

Modification Indices for PSI

	數學焦慮	數學態度
數學焦慮	- -	
數學態度	0.027	- -

Modification Indices for THETA-EPS

	考試焦慮	課堂焦慮	探究動機	學習信心
考試焦慮	- -			
課堂焦慮	0.027	- -		
探究動機	3.076	0.027	- -	
學習信心	1.054	3.690	- -	- -

Modification Indices for THETA-DELTA-EPS

	考試焦慮	課堂焦慮	探究動機	學習信心
父母期望	0.004	0.865	1.307	1.341
教師期望	0.035	0.042	1.339	2.091
自我期望	0.076	3.947	0.069	0.075
內控信念	1.535	3.927	0.659	0.673

Maximum Modification Index is   5.07 for Element (2, 2) of LAMBDA-Y

【說明】

上表為修正指標及期望參數改變量（期望參數改變量的報表省略），最大的修正指標為 5.07，出現在指標變項「課堂焦慮」與潛在變項「數學態度」之間，但模式沒有提供指標修正的建議值。即根據 LISREL 程式執行結果所導出的結果，未提供修正指標的建議，此種結果通常顯示的是假設模式與實際資料可以適配，所以模式不用修正。

!形成性指標結構模式
Completely Standardized Solution

LAMBDA-Y

	數學焦慮	數學態度
考試焦慮	0.511	- -
課堂焦慮	0.233	- -
探究動機	- -	0.861
學習信心	- -	0.696

BETA

	數學焦慮	數學態度
數學焦慮	- -	
數學態度	0.810	- -

GAMMA

	父母期望	教師期望	自我期望	內控信念
	------------	------------	------------	------------
數學焦慮	0.547	0.246	0.580	- -
數學態度	- -	- -	−0.400	0.040

Correlation Matrix of ETA and KSI

	數學焦慮	數學態度	父母期望	教師期望	自我期望	內控信念
	------------	------------	------------	------------	------------	------------
數學焦慮	1.000					
數學態度	0.542	1.000				
父母期望	0.640	0.482	1.000			
教師期望	0.479	0.282	0.120	1.000		
自我期望	0.712	0.195	0.110	0.290	1.000	
內控信念	0.424	0.200	0.180	0.240	0.460	1.000

PSI

Note: This matrix is diagonal.

數學焦慮	數學態度
------------	------------
0.119	0.631

THETA-EPS

考試焦慮	課堂焦慮	探究動機	學習信心
------------	------------	------------	------------
0.739	0.946	0.258	0.515

Regression Matrix ETA on X (Standardized)

	父母期望	教師期望	自我期望	內控信念
	------------	------------	------------	------------
數學焦慮	0.547	0.246	0.580	- -
數學態度	0.443	0.199	0.070	0.040

【說明】

上表數據為模式估計的完全標準化解值,依據這些數據可以繪出下列基本模式「標準化解值的模式圖」,其中「內控信念」對潛在變項「數學態度」的影響

不顯著，而「父母期望」、「教師期望」、「自我期望」對「數學焦慮」潛在變項的影響均達顯著，而「自我期望」對「數學態度」潛在變項的影響顯著，「數學焦慮」潛在變項對「數學態度」潛在變項影響的路徑也達顯著。考試焦慮、課堂焦慮二個觀察變項均可有效作為數學焦慮構念的指標變項，但以考試焦慮反映數學焦慮構念的變異程度較大；而探究動機、學習信心二個觀察變項均可有效作為數學態度潛在變項的指標變項，其信度係數指標值分別為 0.742、0.485（此數據剛好是因素負荷量的平方）。

從上述結構方程式中與下述「標準化解值的模式圖」中可以發現：「父母期望」、「教師期望」、「自我期望」可以有效用來預測「數學焦慮」潛在變項，而「自我期望」可以有效用來預測「數學態度」潛在變項，而「數學焦慮」潛在變項對「數學態度」潛在變項的預測也達顯著。

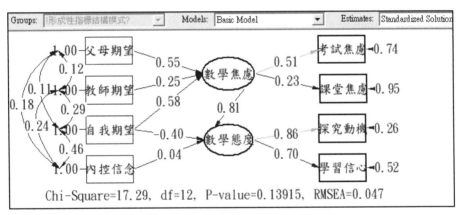

圖 11-4

上述理論模式與觀察資料的適配情況尚佳，但模式內在適配度中，「內控信念」變項對「數學態度」潛在變項的預測力未達顯著，雖然 LISREL 本身沒有對模式修正提供路徑的增刪，研究者可考量將此未達顯著的路徑刪除，重新進行模式適配度的檢驗。修正後的假設模式圖如圖 11-5：

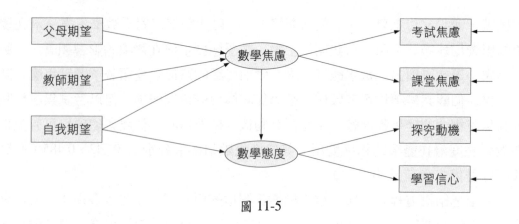

圖 11-5

修正後的語法程式如下：

```
！形成性指標結構模式
Observed Variables:
考試焦慮　課堂焦慮　探究動機　學習信心
父母期望　教師期望　自我期望
Correlation Matrix:
1.00
0.11  1.00
0.18  0.20  1.00
0.22  0.25  0.60  1.00
0.32  0.16  0.42  0.33  1.00
0.24  0.15  0.25  0.16  0.12  1.00
0.38  0.12  0.15  0.18  0.11  0.29  1.00
0.29  0.21  0.16  0.19  0.18  0.24  0.46  1.00
Standard Deviation:
1.08  2.18  1.05  1.96  2.07  2.15  2.06  2.11
Sample Size = 200
Latent Variable:
數學焦慮　數學態度
Relationships:
考試焦慮　課堂焦慮 = 數學焦慮
探究動機　學習信心 = 數學態度
```

Paths:

父母期望　教師期望　自我期望→數學焦慮

自我期望　數學焦慮→數學態度

Path Diagram

Options: SC MI RS ND = 2

End of Problem

輸出結果包含顯著性 t 值的基本模式圖如圖 11-6：

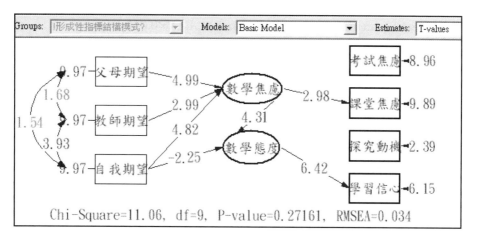

圖 11-6

最終完全標準化解值的結構模式圖如圖 11-7：

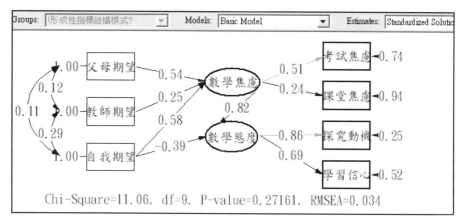

圖 11-7

Goodness of Fit Statistics

Degrees of Freedom = 9

Minimum Fit Function Chi-Square = 11.49 (P = 0.24)

Normal Theory Weighted Least Squares Chi-Square = 11.06 (P = 0.27)

Estimated Non-centrality Parameter (NCP) = 2.06

90 Percent Confidence Interval for NCP = (0.0 ; 14.74)

Minimum Fit Function Value = 0.058

Population Discrepancy Function Value (F0) = 0.010

90 Percent Confidence Interval for F0 = (0.0 ; 0.074)

Root Mean Square Error of Approximation (RMSEA) = 0.034

90 Percent Confidence Interval for RMSEA = (0.0 ; 0.091)

P-Value for Test of Close Fit (RMSEA < 0.05) = 0.61

Expected Cross-Validation Index (ECVI) = 0.25

90 Percent Confidence Interval for ECVI = (0.24 ; 0.31)

ECVI for Saturated Model = 0.28

ECVI for Independence Model = 1.53

Chi-Square for Independence Model with 21 Degrees of Freedom = 290.78

Independence AIC = 304.78

Model AIC = 49.06

Saturated AIC = 56.00

Independence CAIC = 334.87

Model CAIC = 130.73

Saturated CAIC = 176.35

Normed Fit Index (NFI) = 0.96

Non-Normed Fit Index (NNFI) = 0.98

Parsimony Normed Fit Index (PNFI) = 0.41

Comparative Fit Index (CFI) = 0.99

Incremental Fit Index (IFI) = 0.99

Relative Fit Index (RFI) = 0.91

Critical N (CN) = 376.24

Root Mean Square Residual (RMR) = 0.15

Standardized RMR = 0.041

Goodness of Fit Index (GFI) = 0.98

Adjusted Goodness of Fit Index (AGFI) = 0.95

Parsimony Goodness of Fit Index (PGFI) = 0.32

模式修正後的卡方值由 17.826 降為 11.06（p=0.27>0.05），RMSEA 值由 0.047 降為 0.034，均達理論模式與觀察資料可以契合的程度，其他適配度指標值更接近良好適配度標準。修正模式與初始模式相較之下，NCP 值由 5.286 降為 2.06、ECVI 值由 0.328 變為 0.25、AIC 值由 65.286 變為 49.06、CAIC 值由 168.446 變為 130.73，可見將「內控信念」對「數學態度」的預測路徑刪除，確實有助於模式適配度的提升。

11.2 調節模式之路徑分析

◎ 支持系統與班級效能初始假設模式圖

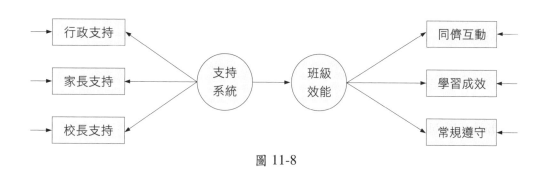

圖 11-8

在上述假設模式圖中，「支持系統」為外衍潛在變項（ξ變項），此潛在變項有三個指標變項：「行政支持」、「家長支持」、「校長支持」。「班級效能」為內衍潛在變項（η變項），此潛在變項有三個指標變項：「同儕互動」、「學習成效」、「常規遵守」。「班級效能」直接受到班級「支持系統」變項的影響，研究者所要探究的是班級「支持系統」是否可以有效預測「班級效能」？研究所提的假設模式圖是否可以獲得支持？

語法程式

Title 班級效能因果結構模式圖
Observed Variables:
同儕互動 學習成效 常規遵守 行政支持 家長支持 校長支持 教師投入
Covariance Matrix:
1.46
1.87　3.65
1.93　2.94　4.20
0.79　1.36　1.57　3.50
1.03　1.71　1.87　2.54　4.12
1.00　1.65　1.95　2.72　2.91　4.45
1.04　1.70　1.82　1.52　1.96　1.72　6.45
Sample Size: 400
Latent Variables: 班級效能　支持系統
Relationships:
同儕互動 學習成效 常規遵守 = 班級效能
行政支持 家長支持 校長支持 = 支持系統
Paths:
支持系統→班級效能
Path Diagram
Options: SC RS EF ND = 2
End of Problem

【說明】

語法程式中直接鍵入測量指標變項的共變數矩陣，以指令「Relationships:」界定二個測量模式，以指令「Paths:」界定二個潛在變項間的結構模式。

結果報表

班級效能因果結構模式圖

Number of Iterations = 8

LISREL Estimates (Maximum Likelihood)

Measurement Equations

同儕互動 = 1.10*班級效能，Errorvar.= 0.26，R^2= 0.82

$\qquad\qquad\qquad\qquad\qquad\qquad$ (0.033)

$\qquad\qquad\qquad\qquad\qquad\qquad$ 7.77

學習成效 = 1.69*班級效能，Errorvar.= 0.78，R^2= 0.79

$\qquad\quad$ (0.068) $\qquad\qquad\qquad$ (0.086)

$\qquad\quad$ 24.97 $\qquad\qquad\qquad$ 9.09

常規遵守 = 1.76*班級效能，Errorvar.= 1.11，R^2= 0.74

$\qquad\quad$ (0.074) $\qquad\qquad\qquad$ (0.11)

$\qquad\quad$ 23.65 $\qquad\qquad\qquad$ 10.41

行政支持 = 1.52*支持系統，Errorvar.= 1.18，R^2= 0.66

$\qquad\quad$ (0.082) $\qquad\qquad\qquad$ (0.12)

$\qquad\quad$ 18.60 $\qquad\qquad\qquad$ 9.70

家長支持 = 1.67*支持系統，Errorvar.= 1.34，R^2= 0.68

$\qquad\quad$ (0.089) $\qquad\qquad\qquad$ (0.14)

$\qquad\quad$ 18.84 $\qquad\qquad\qquad$ 9.42

校長支持 = 1.76*支持系統，Errorvar.= 1.34，R^2= 0.70

$\qquad\quad$ (0.091) $\qquad\qquad\qquad$ (0.15)

$\qquad\quad$ 19.29 $\qquad\qquad\qquad$ 8.87

Structural Equations

班級效能 = 0.56*支持系統，Errorvar.= 0.69，R^2= 0.31

$\qquad\quad$ (0.053) $\qquad\qquad\qquad$ (0.065)

$\qquad\quad$ 10.56 $\qquad\qquad\qquad$ 10.53

【說明】

上表數據為六個測量方程式（因有六個測量模式）與一個結構方程式，七個

方程式中的誤差變異量全部為正數，各參數估計值的標準誤很小，表示沒有違反模式基本估計原則，此外，所有估計的參數均達到顯著水準。二個潛在變項的三個指標變項之 R^2 值均在 .60 以上（此 R^2 為指標變項因素負荷量的平方），表示外顯變項的個別信度佳，可以有效作為潛在變項的測量指標變項。在結構方程式中，外衍潛在變項「支持系統」可以有效解釋內衍潛在變項「班級效能」31%的變異量，「支持系統」可以對「班級效能」影響的路徑係數（迴歸係數）等於0.56，其值為正，表示班級「支持系統」愈多，對「班級效能」正面的影響愈大。

```
                Covariance Matrix of Latent Variables

                班級效能      支持系統

                ------------  ------------

班級效能          1.00
支持系統          0.56          1.00
```

【說明】

二個潛在變項間的相關為 0.56，表示外衍潛在變項與內衍潛在變項間的關係密切。

```
Goodness of Fit Statistics

Degrees of Freedom = 8

Minimum Fit Function Chi-Square = 14.64 (P = 0.067)

Normal Theory Weighted Least Squares Chi-Square = 14.79 (P = 0.063)

Estimated Non-centrality Parameter (NCP) = 6.79

90 Percent Confidence Interval for NCP = (0.0 ; 21.69)

Minimum Fit Function Value = 0.037

Population Discrepancy Function Value (F0) = 0.017

90 Percent Confidence Interval for F0 = (0.0 ; 0.054)

Root Mean Square Error of Approximation (RMSEA) = 0.046

90 Percent Confidence Interval for RMSEA = (0.0 ; 0.082)

P-Value for Test of Close Fit (RMSEA < 0.05) = 0.52

Expected Cross-Validation Index (ECVI) = 0.10
```

90 Percent Confidence Interval for ECVI = (0.085 ; 0.14)

ECVI for Saturated Model = 0.11

ECVI for Independence Model = 4.77

Chi-Square for Independence Model with 15 Degrees of Freedom = 1892.97

Independence AIC = 1904.97

Model AIC = 40.79

Saturated AIC = 42.00

Independence CAIC = 1934.92

Model CAIC = 105.68

Saturated CAIC = 146.82

Normed Fit Index (NFI) = 0.99

Non-Normed Fit Index (NNFI) = 0.99

Parsimony Normed Fit Index (PNFI) = 0.53

Comparative Fit Index (CFI) = 1.00

Incremental Fit Index (IFI) = 1.00

Relative Fit Index (RFI) = 0.99

Critical N (CN) = 548.70

Root Mean Square Residual (RMR) = 0.089

Standardized RMR = 0.025

Goodness of Fit Index (GFI) = 0.99

Adjusted Goodness of Fit Index (AGFI) = 0.97

Parsimony Goodness of Fit Index (PGFI) = 0.38

【說明】

　　整體模式適配度的指標值中，自由度等於 8，χ^2 值等於 14.79，顯著性考驗的機率值 p＝0.063＞0.05，接受虛無假設，表示假設模式與觀察資料可以適配。在其他模式適配度的指標值考驗中，除 RMR 值（＝0.089）、PGFI（＝0.38），未達模式接受的標準外，其餘指標值均達到模式可以適配的標準，整體而言，研究者所提之支持系統與班級效能的假設模式圖與實際資料的契合度佳。

班級效能因果結構模式圖

Completely Standardized Solution

LAMBDA-Y

班級效能

同儕互動	0.91
學習成效	0.89
常規遵守	0.86

LAMBDA-X

支持系統

行政支持	0.81
家長支持	0.82
校長支持	0.84

GAMMA

支持系統

班級效能	0.56

Correlation Matrix of ETA and KSI

	班級效能	支持系統
	------------	------------
班級效能	1.00	
支持系統	0.56	1.00

PSI

班級效能

0.69

THETA-EPS

同儕互動	學習成效	常規遵守
------------	------------	------------
0.18	0.21	0.26

THETA-DELTA

行政支持	家長支持	校長支持
0.34	0.32	0.30

【說明】

上表數據為完全標準化解值的數據，根據此表中的數據可以繪出下列參數估計標準化估計值的模式圖。「THETA-EPS」為內衍潛在變項「班級效能」三個指標變項的測量誤差、「THETA-DELTA」為外衍潛在變項「支持系統」三個指標變項的測量誤差。外衍潛在變項「支持系統」三個指標變項的因素負荷量分別為0.81、0.82、0.84；內衍潛在變項「班級效能」三個指標變項的因素負荷量分別為0.91、0.89、0.86，顯示這些指標變項均能有效反映其相對應的潛在變項。根據此表的數據可以計算出潛在變項的組合信度與潛在變項的平均變異抽取量。最終標準化解值的結構模式圖如圖 11-9：

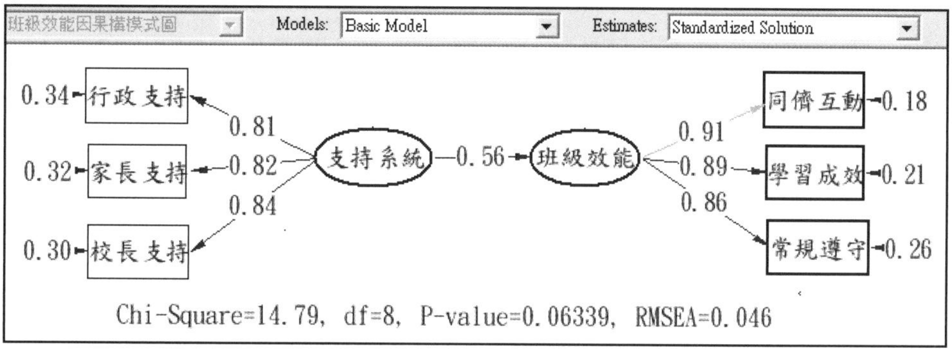

圖 11-9

增列「教師投入」調節變項的模式圖

在上述班級效能的初始模式圖中，研究者主要假設為「班級支持系統可以有效預測班級效能」，此項假設考驗經統計檢定結果獲得支持。研究者在參閱相關文獻後，認為「教師投入」的程度，會同時影響到班級「支持系統」與「班級效能」的高低，因而將「教師投入」變項也納入模式圖中，此時，「教師投入」變

項為一個「調節變項」（moderator），模式的主要假設為：「班級支持系統可以有效預測班級效能，但是其影響程度會顯著受到教師投入變項的影響。」增加調節變項的假設模式圖如圖 11-10：

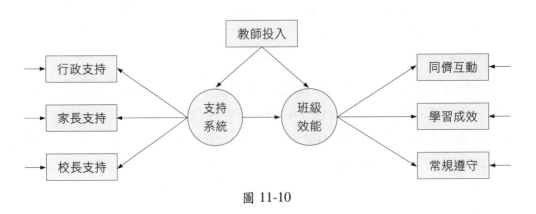

圖 11-10

上述假設模式圖中，「教師投入」為外衍測量變項（ξ），而「支持系統」、「班級效能」為二個內衍潛在變項（η_1、η_2），二個內衍潛在變項各有三個測量指標變項，二個內衍潛在變項間的路徑係數為 BETA，教師投入變項對二個內衍潛在變項間的路徑係數為 GAMMA。「教師投入」測量指標變項與潛在變項「支持系統」、「班級效能」間關係為一種「形成性指標」（formative indicators），「教師投入」變項為「成因變項」，而二個潛在變項為「果變項」，此種關係可稱之為「潛在變項路徑分析」（path analysis with latent variables；簡稱 PA-LV），是一種路徑分析的混合分析。

語法程式

```
Title 班級效能因果結構模式圖
Observed Variables:
同儕互動 學習成效 常規遵守 行政支持 家長支持 校長支持 教師投入
Covariance Matrix:
1.46
1.87   3.65
1.93   2.94   4.20
```

```
0.79   1.36   1.57   3.50
1.03   1.71   1.87   2.54   4.12
1.00   1.65   1.95   2.72   2.91   4.45
1.04   1.70   1.82   1.52   1.96   1.72   6.45
```

Sample Size: 400

Latent Variables: 班級效能　支持系統

Relationships:

同儕互動　學習成效　常規遵守＝班級效能

行政支持　家長支持　校長支持＝支持系統

Paths:

支持系統→班級效能

教師投入→支持系統　班級效能

Path Diagram

Options: SC RS EF MI ND=2

End of Problem

結果報表

班級效能因果結構模式圖

Number of Iterations = 5

LISREL Estimates (Maximum Likelihood)

Measurement Equations

同儕互動 = 1.10*班級效能，Errorvar.= 0.26，R^2= 0.82

$$(0.033)$$

$$7.88$$

學習成效 = 1.69*班級效能，Errorvar.= 0.78，R^2= 0.79

$$(0.068) \qquad (0.086)$$

$$25.05 \qquad 9.12$$

常規遵守 = 1.76*班級效能，Errorvar.= 1.11，R^2= 0.74

$$(0.074) \qquad (0.11)$$

$$23.69 \qquad 10.44$$

行政支持 = 1.52* 支持系統，Errorvar.= 1.19，R^2= 0.66

（0.12）

9.83

家長支持 = 1.68* 支持系統，Errorvar.= 1.30，R^2= 0.68

（0.097）　　　　　　　　　（0.14）

17.34　　　　　　　　　　　9.32

校長支持 = 1.76* 支持系統，Errorvar.= 1.37，R^2= 0.69

（0.10）　　　　　　　　　（0.15）

17.42　　　　　　　　　　　9.14

Structural Equations

班級效能 = 0.48* 支持系統 + 0.075* 教師投入，Errorvar.= 0.66，R^2= 0.34

（0.057）　　　　（0.020）　　　　　　　　　（0.062）

8.44　　　　　　3.84　　　　　　　　　　　10.60

支持系統 = 0.16* 教師投入，Errorvar.= 0.83，R^2= 0.17

（0.020）　　　　　　　　　（0.091）

7.99　　　　　　　　　　　9.14

【說明】

　　上表數據為六個測量方程式與二個結構方程式，八個方程式中的誤差變異量全部為正數，各參數估計值的標準誤很小，表示沒有違反模式基本估計原則，所有估計的參數均達到顯著。二個潛在變項的三個測量指標變項之 R^2 值均在.60 以上，表示外顯變項的個別信度佳，可以有效反映出其相對應潛在變項的構念。二個結構方程式中，外衍潛在變項與調節變項的迴歸係數均達顯著，表示「教師投入」變項對於「班級效能」、「支持系統」二個潛在變項均具有顯著的解釋力，表示其調節作用是達到顯著水準的。「教師投入」變項對「支持系統」的預測力為17%；而「教師投入」、「支持系統」二個變項對「班級效能」的聯合預測力為34%。二個結構方程式中，「教師投入」變項的迴歸係數均為正數，表示教師投入愈多，對於班級「支持系統」及「班級效能」愈有正向的影響。

Goodness of Fit Statistics

Degrees of Freedom = 12

Minimum Fit Function Chi-Square = 17.61 (P = 0.13)

Normal Theory Weighted Least Squares Chi-Square = 17.83 (P = 0.12)

Estimated Non-centrality Parameter (NCP) = 5.83

90 Percent Confidence Interval for NCP = (0.0 ; 21.29)

Minimum Fit Function Value = 0.044

Population Discrepancy Function Value (F0) = 0.015

90 Percent Confidence Interval for F0 = (0.0 ; 0.053)

Root Mean Square Error of Approximation (RMSEA) = 0.035

90 Percent Confidence Interval for RMSEA = (0.0 ; 0.067)

P-Value for Test of Close Fit (RMSEA < 0.05) = 0.75

Expected Cross-Validation Index (ECVI) = 0.12

90 Percent Confidence Interval for ECVI = (0.11 ; 0.16)

ECVI for Saturated Model = 0.14

ECVI for Independence Model = 5.49

Chi-Square for Independence Model with 21 Degrees of Freedom = 2176.20

Independence AIC = 2190.20

Model AIC = 49.83

Saturated AIC = 56.00

Independence CAIC = 2225.14

Model CAIC = 129.69

Saturated CAIC = 195.76

Normed Fit Index (NFI) = 0.99

Non-Normed Fit Index (NNFI) = 1.00

Parsimony Normed Fit Index (PNFI) = 0.57

Comparative Fit Index (CFI) = 1.00

Incremental Fit Index (IFI) = 1.00

Relative Fit Index (RFI) = 0.99

Critical N (CN) = 594.92

Root Mean Square Residual (RMR) = 0.090

Standardized RMR = 0.023

Goodness of Fit Index (GFI) = 0.99

Adjusted Goodness of Fit Index (AGFI) = 0.97

Parsimony Goodness of Fit Index (PGFI) = 0.42

【說明】

　　整體模式適配度的指標值中，自由度等於 12，χ^2 值等於 17.83，顯著性考驗的機率值 p = 0.12>0.05，接受虛無假設，表示假設模式與觀察資料可以適配。在其他模式適配度的指標值考驗中，除 RMR 值（=0.09）、PGFI（=0.42)，未達顯著外，其餘指標值均達到模式可以適配的標準，整體而言，研究者所提之支持系統與班級效能的假設模式圖與實際資料的契合度佳。

```
Summary Statistics for Fitted Residuals

Smallest Fitted Residual =     −0.14

 Median Fitted Residual =       0.00

 Largest Fitted Residual =      0.23

Summary Statistics for Standardized Residuals

Smallest Standardized Residual =   −2.76

 Median Standardized Residual =      0.00

 Largest Standardized Residual =     2.48
```

【說明】

　　上表為共變數適配殘差矩陣統計量，最小共變數適配殘差值為−0.14、最大共變數適配殘差值為 0.23，而最小的標準化殘差值為−2.76、最大的標準化殘差值為 2.48，由於標準化殘差值的絕對值有大於 2.58 者，表示模式內有部分敘列誤差存在。

```
班級效能因果結構模式圖
Completely Standardized Solution
        LAMBDA-Y

          班級效能    支持系統
        ------------  ------------

同儕互動     0.91        - -
學習成效     0.89        - -
常規遵守     0.86        - -
行政支持     - -         0.81
家長支持     - -         0.83
校長支持     - -         0.83
```

BETA

	班級效能	支持系統
	------------	------------
班級效能	- -	0.48
支持系統	- -	- -

GAMMA

	教師投入

班級效能	0.19
支持系統	0.41

Correlation Matrix of ETA and KSI

	班級效能	支持系統	教師投入
	------------	------------	------------
班級效能	1.00		
支持系統	0.56	1.00	
教師投入	0.39	0.41	1.00

PSI

Note: This matrix is diagonal.

班級效能	支持系統
------------	------------
0.66	0.83

THETA-EPS

同儕互動	學習成效	常規遵守	行政支持	家長支持	校長支持
------------	------------	------------	------------	------------	------------
0.18	0.21	0.26	0.34	0.32	0.31

【說明】

　　上表數據為完全標準化解值的數據，根據此表中的數據可以繪出下列參數估計標準化估計值的模式圖。「THETA-EPS」為內衍潛在變項「班級效能」、「支持系統」六個指標變項的測量誤差（調節模式中，教師投入為外衍潛在變項、班級效能、支持系統為內衍潛在變項，因而六個測量指標均為 Y 變項，其測量誤差為ε）。

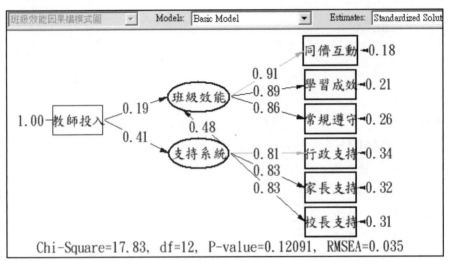

圖 11-11

調節迴歸模式的修正

研究者進一步根據經驗法則認為潛在變項「班級效能」的測量指標變項「同儕互動」與「學習成效」的測量誤差間可能有共變關係，二個指標變項的測量誤差值間有某種程度的相關，因而將其測量誤差值設定為有相關，在語法程式新增下列指令：

Set Error Covariance of 同儕互動 and 學習成效 Free

修正後的調節迴歸模式的假設模式圖如圖 11-12：

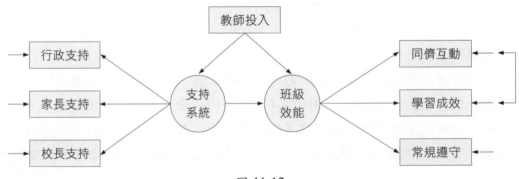

圖 11-12

語法程式

Title 班級效能因果結構模式圖
Observed Variables:
同儕互動 學習成效 常規遵守 行政支持 家長支持 校長支持 教師投入
Covariance Matrix:
1.46
1.87　3.65
1.93　2.94　4.20
0.79　1.36　1.57　3.50
1.03　1.71　1.87　2.54　4.12
1.00　1.65　1.95　2.72　2.91　4.45
1.04　1.70　1.82　1.52　1.96　1.72　6.45
Sample Size: 400
Latent Variables: 班級效能 支持系統
Relationships:
同儕互動 學習成效 常規遵守＝班級效能
行政支持 家長支持 校長支持＝支持系統
Paths:
支持系統→班級效能
教師投入→支持系統 班級效能
Set Error Covariance of 同儕互動 and 學習成效 Free
Path Diagram
Options: SC RS EF MI ND=2
End of Problem

結果報表

班級效能因果結構模式圖
Number of Iterations = 7

LISREL Estimates (Maximum Likelihood)

Measurement Equations

同儕互動 = 1.03*班級效能，Errorvar.= 0.39，R^2= 0.73
(0.063)
6.28

學習成效 = 1.59*班級效能，Errorvar.= 1.13，R^2= 0.69
(0.063)   (0.16)
24.99   7.17

常規遵守 = 1.86*班級效能，Errorvar.= 0.73，R^2= 0.83
(0.12)   (0.18)
15.91   3.97

行政支持 = 1.52*支持系統，Errorvar.= 1.19，R^2= 0.66
(0.12)
9.84

家長支持 = 1.68*支持系統，Errorvar.= 1.31，R^2= 0.68
(0.097)   (0.14)
17.34   9.40

校長支持 = 1.76*支持系統，Errorvar.= 1.36，R^2= 0.69
(0.10)   (0.15)
17.47   9.12

Error Covariance for 學習成效 and 同儕互動 = 0.23
(0.091)
2.56

Structural Equations

班級效能 = 0.50*支持系統 + 0.074*教師投入，Errorvar.= 0.64，R^2= 0.36
(0.060)   (0.020)   (0.072)
8.40   3.72   8.84

支持系統 = 0.16*教師投入，Errorvar.= 0.83，R^2= 0.17
(0.020)   (0.091)
7.98   9.15

【說明】

　　研究者將「同儕互動」與「學習成效」的測量誤差設定為共變關係，此關連性反映的t值等於 2.56，估計值為 0.23，估計標準誤為 0.091，達到顯著水準。「教師投入」變項可以有效解釋支持系統 17%的變異量；而「教師投入」與「支持系統」可以共同解釋班級效能 36%的變異量。

　　此外所有估計的參數也均達顯著水準。LISREL繪製之t值因果模式圖如圖 11-13：

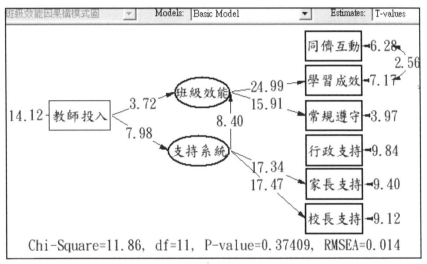

圖 11-13

Goodness of Fit Statistics

Degrees of Freedom = 11

Minimum Fit Function Chi-Square = 11.47 (P = 0.40)

Normal Theory Weighted Least Squares Chi-Square = 11.86 (P = 0.37)

Estimated Non-centrality Parameter (NCP) = 0.86

90 Percent Confidence Interval for NCP = (0.0 ; 13.49)

Minimum Fit Function Value = 0.029

Population Discrepancy Function Value (F0) = 0.0022

90 Percent Confidence Interval for F0 = (0.0 ; 0.034)

Root Mean Square Error of Approximation (RMSEA) = 0.014

90 Percent Confidence Interval for RMSEA = (0.0 ; 0.055)

P-Value for Test of Close Fit (RMSEA < 0.05) = 0.91

Expected Cross-Validation Index (ECVI) = 0.11

90 Percent Confidence Interval for ECVI = (0.11 ; 0.15)

ECVI for Saturated Model = 0.14

ECVI for Independence Model = 5.49

Chi-Square for Independence Model with 21 Degrees of Freedom = 2176.20

Independence AIC = 2190.20

Model AIC = 45.86

Saturated AIC = 56.00

Independence CAIC = 2225.14

Model CAIC = 130.72

Saturated CAIC = 195.76

Normed Fit Index (NFI) = 0.99

Non-Normed Fit Index (NNFI) = 1.00

Parsimony Normed Fit Index (PNFI) = 0.52

Comparative Fit Index (CFI) = 1.00

Incremental Fit Index (IFI) = 1.00

Relative Fit Index (RFI) = 0.99

Critical N (CN) = 860.79

Root Mean Square Residual (RMR) = 0.071

Standardized RMR = 0.018

Goodness of Fit Index (GFI) = 0.99

Adjusted Goodness of Fit Index (AGFI) = 0.98

Parsimony Goodness of Fit Index (PGFI) = 0.39

【說明】

　　修正後的調節模式圖，與原先模式圖比較之下，χ^2 值由 17.83 降為 11.86（p ＝0.37>0.05），RMSEA 值由 0.035 降為 0.014，而 NCP 指標值由 5.83 降為 0.86，顯示修正後的假設模式圖與觀察資料的適配情形更佳。

　　調節迴歸模式修正前後主要適配度統計量比較如下：

表 11-1

適配度指 標值	χ^2 (p)	RMSEA	SRMR	AGFI	ECVI	AIC	CAIC	NCP
修正前 (df=12)	17.83 (p=.12)	.035	.023	.97	0.12	49.83	129.69	5.83
修正後 (df=11)	11.86 (p=.37)	.014	.018	.98	0.11	45.86	130.72	0.86

Summary Statistics for Fitted Residuals

Smallest Fitted Residual = −0.12

Median Fitted Residual = 0.00

Largest Fitted Residual = 0.20

Summary Statistics for Standardized Residuals

Smallest Standardized Residual = −2.33

Median Standardized Residual = 0.00

Largest Standardized Residual = 1.97

【說明】

修正後模式圖的標準化殘差值最大者為 1.97、最小值為−2.33，其絕對值均沒有大於 2.58 者。

Completely Standardized Solution

LAMBDA-Y

	班級效能	支持系統
	------------	------------
同儕互動	0.85	- -
學習成效	0.83	- -
常規遵守	0.91	- -
行政支持	- -	0.81
家長支持	- -	0.83
校長支持	- -	0.83

BETA

	班級效能	支持系統
	-----------	-----------
班級效能	- -	0.50
支持系統	- -	- -

GAMMA

	教師投入

班級效能	0.19
支持系統	0.41

Correlation Matrix of ETA and KSI

	班級效能	支持系統	教師投入
	-----------	-----------	-----------
班級效能	1.00		
支持系統	0.58	1.00	
教師投入	0.39	0.41	1.00

PSI

Note: This matrix is diagonal.

	班級效能	支持系統
	-----------	-----------
	0.64	0.83

THETA-EPS

	同儕互動	學習成效	常規遵守	行政支持	家長支持	校長支持
	-----------	-----------	-----------	-----------	-----------	-----------
同儕互動	0.27					
學習成效	0.10	0.31				
常規遵守	- -	- -	0.17			
行政支持	- -	- -	- -	0.34		
家長支持	- -	- -	- -	- -	0.32	
校長支持	- -	- -	- -	- -	- -	0.31

【說明】

「GAMMA」行中的數據顯示「教師投入」對「班級效能」的迴歸係數為

0.19，而對支持系統直接影響的路徑係數為 0.41，其影響均為正向，表示「教師投入」愈多，班級效能愈佳、班級支持系統愈多，而「支持系統」對「班級效能」直接影響的路徑係數為 0.50，顯示班級「支持系統」愈多，「班級效能」的成效愈佳。「THETA-EPS」為內衍潛在變項六個測量指標變項的測量誤差值。與模式修正前相較之下，「支持系統」對「班級效能」的路徑係數由 0.48 變為 0.50。

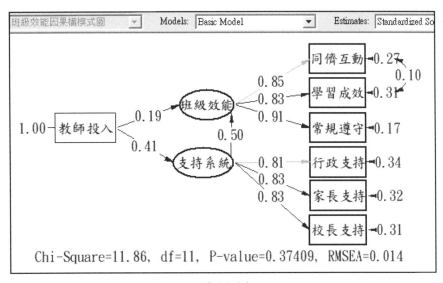

圖 11-14

11.3　多群組樣本測量模式分析

在一份高中「科學素養量表」中，研究者從四個測量指標變項來建構，其中二個構念因素（潛在變項）為數學素養、電腦素養，「數學素養」潛在變項的二個指標變項為「數學成就」與「數學態度」，而「電腦素養」潛在變項的二個指標變項為「電腦成就」與「電腦態度」，為驗證科學素養量表的合理性，研究者分別抽取 400 位高中男生與 450 位高中女生為樣本，採取多群組樣本結構分析法，以驗證量表的測量模式是否可適配高中男生群體，也可適配高中女生群體。

第一群組（男生樣本）的測量模式圖如圖 11-15：

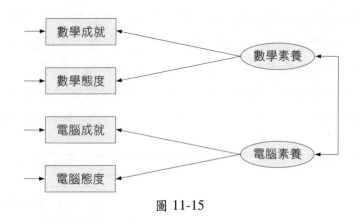

圖 11-15

第二群組（女生樣本）的測量模式圖如圖 11-16：

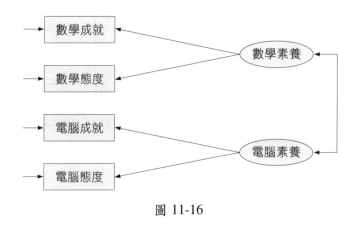

圖 11-16

語法程式

Group1: 第一群組男生群體
Observed Variables
數學成就　數學態度　電腦成就　電腦態度
Covariances Matrix:
65.383
70.983　110.237
41.711　52.765　62.585

30.217　37.489　37.394　34.296

Sample Size = 400

Latent Variables:

數學素養　電腦素養

Relationships:

數學成就　數學態度＝數學素養

電腦成就　電腦態度＝電腦素養

Group2: 第二群組女生群體

Covariance Matrix:

67.899

72.302　107.330

40.550　53.348　63.204

29.977　38.886　39.262　35.403

Sample Size = 450

Path Diagram

Options: SC AD=2 IT=100

End of Problem

【說明】

　　第二個群組沒有陳述潛在變項與指標變項的關係，表示第二個群組的測量模式與第一個群組的測量模式是相同的，此種設定可以檢定二個群組的測量模式是否相等，若是研究者認為二個群組的測量模式不相等，則二個群組的測量模式要分開界定（如有結構模式，結構模式也可分開界定）。

◎ 報表結果

Group1: 第一群組男生群體

Covariance Matrix

	數學成就	數學態度	電腦成就	電腦態度
	------------	------------	------------	------------
數學成就	65.38			

	數學成就	數學態度	電腦成就	電腦態度
數學態度	70.98	110.24		
電腦成就	41.71	52.77	62.59	
電腦態度	30.22	37.49	37.39	34.30

Group2: 第二群組女生群體

Covariance Matrix

	數學成就	數學態度	電腦成就	電腦態度
	-----------	-----------	-----------	-----------
數學成就	67.90			
數學態度	72.30	107.33		
電腦成就	40.55	53.35	63.20	
電腦態度	29.98	38.89	39.26	35.40

【說明】

上表數據為二個群體的共變數矩陣。若是二個群組的共變數矩陣的差異愈小，則假設的測量模型愈能同時適配於二個群組。

Group1: 第一群組男生群體

Number of Iterations = 4

LISREL Estimates (Maximum Likelihood)

　　　Measurement Equations

數學成就 = 7.48*數學素養，Errorvar.= 10.82，R^2= 0.84

　　　　　(0.23)　　　　　　　　　(1.30)

　　　　　32.78　　　　　　　　　8.33

數學態度 = 9.59*數學素養，Errorvar.= 16.77，R^2= 0.85

　　　　　(0.29)　　　　　　　　　(2.12)

　　　　　33.01　　　　　　　　　7.92

電腦成就 = 7.27*電腦素養，Errorvar.= 10.05，R^2= 0.84

　　　　　(0.22)　　　　　　　　　(1.31)

　　　　　32.53　　　　　　　　　7.69

電腦態度 = 5.28*電腦素養，Errorvar.= 7.01，R^2= 0.80

　　　　　(0.17)　　　　　　　　　(0.72)

　　　　　31.35　　　　　　　　　9.69

【說明】

上表為第一個群組的測量模式，四個測量模式的 R^2 分別為.84、.85、.84、.80，測量指標變項個別信度值甚佳。

Group Goodness of Fit Statistics

Contribution to Chi-Square = 3.75

Percentage Contribution to Chi-Square = 53.31

Root Mean Square Residual (RMR) = 0.85

Standardized RMR = 0.013

Goodness of Fit Index (GFI) = 1.00

【說明】

上表為第一群組適配度統計量，第一個群組（男生樣本）對卡方值的貢獻為3.75，卡方值貢獻的百分比為 53.31%，RMR 值等於 0.85、SRMR 值＝0.013、GFI 值＝1.00，達到完全適配的程度。

Group1: 第一群組男生群體

Within Group Completely Standardized Solution

LAMBDA-X

	數學素養	電腦素養
數學成就	0.92	- -
數學態度	0.92	- -
電腦成就	- -	0.92
電腦態度	- -	0.89

PHI

	數學素養	電腦素養
數學素養	1.00	
電腦素養	0.76	1.00

THETA-DELTA

數學成就	數學態度	電腦成就	電腦態度
-----------	-----------	-----------	-----------
0.16	0.15	0.16	0.20

【說明】

上表為第一個群組內（男生樣本）最終完全標準化解值的數據。四個測量指標變項的因素負荷量分別為 0.92、0.92、0.92、0.89。「數學素養」與「電腦素養」潛在變項構念間的相關為 0.76，四個測量指標變項的誤差值分別為 0.16、0.15、0.16、0.20。

Group2: 第二群組女生群體

Number of Iterations = 4

LISREL Estimates (Maximum Likelihood)

　　　Measurement Equations

數學成就 = 7.48*數學素養，Errorvar.= 10.82, R^2= 0.84
　　　(0.23)　　　　　　　　　(1.30)
　　　32.78　　　　　　　　　8.33

數學態度 = 9.59*數學素養，Errorvar.= 16.77, R^2= 0.85
　　　(0.29)　　　　　　　　　(2.12)
　　　33.01　　　　　　　　　7.92

電腦成就 = 7.27*電腦素養，Errorvar.= 10.05，R^2= 0.84
　　　(0.22)　　　　　　　　　(1.31)
　　　32.53　　　　　　　　　7.69

電腦態度 = 5.28*電腦素養，Errorvar.= 7.01，R^2= 0.80
　　　(0.17)　　　　　　　　　(0.72)
　　　31.35　　　　　　　　　9.69

【說明】

上表為第二個群組（女生樣本）的測量方程式。第二個群組的測量方程式與第一個群組的測量方程式中迴歸係數均相同，可見就二個不同群組樣本而言，四個測量模式（迴歸方程式）是呈現相等的結果。也就是二個群體的共變數矩陣十

分接近。二個群組的測量模式若是相等，且能呈現完美適配，表示採取嚴格限制的策略，若是二個群組的測量模式相等檢定無法獲得支持，此時研究者應採取寬鬆限制策略，改檢定二個群組的測量模式是否平行，模式估計時讓二個群組的測量模式各自估計，不必限定測量模式相等，此外，也可加入一個常數項，讓二個測量模式各自估計其路徑。

Group2: 第二群組女生群體

Within Group Completely Standardized Solution

LAMBDA-X

	數學素養	電腦素養
數學成就	0.92	- -
數學態度	0.92	- -
電腦成就	- -	0.92
電腦態度	- -	0.89

PHI

	數學素養	電腦素養
數學素養	1.00	
電腦素養	0.76	1.00

THETA-DELTA

數學成就	數學態度	電腦成就	電腦態度
0.16	0.15	0.16	0.20

【說明】

上表為第二個群組內（女生樣本）最終完全標準化解值的數據。其中「LAMBDA-X」的值（因素負荷量）等於第一個群組內（男生樣本）最終完全標準化解值。由於二個群體共變數矩陣可以共同估計一個最終完全標準化解值（Common Metric Completely Standardized Solution），表示二個樣本的測量模式相等。

Group Goodness of Fit Statistics

Contribution to Chi-Square = 3.29

Percentage Contribution to Chi-Square = 46.69

Root Mean Square Residual (RMR) = 0.76

Standardized RMR = 0.012

Goodness of Fit Index (GFI) = 1.00

【說明】

上表為第二群組適配度統計量，第二個群組（女生樣本）對卡方值的貢獻為 3.294，卡方值貢獻的百分比為 46.69%（＝1.5331），RMR 值等於 0.76、SRMR 值 ＝0.012、GFI 值＝1.00，達到完全適配的程度。原始報表中第二群組適配度統計量的位置呈現於整體適配統計指標的下方，此處為便於說明，將數據向上移。由於科學素養量表的測量模式與男生群組之觀察樣本可以適配，此外，與女生群組之觀察樣本也可以適配，表示此測量模式可同時適配於男、女生的群體資料。

Global Goodness of Fit Statistics

Degrees of Freedom = 11

Minimum Fit Function Chi-Square = 7.04 (P = 0.80)

Normal Theory Weighted Least Squares Chi-Square = 7.04 (P = 0.80)

Estimated Non-centrality Parameter (NCP) = 0.0

90 Percent Confidence Interval for NCP = (0.0 ; 5.21)

Minimum Fit Function Value = 0.0083

Population Discrepancy Function Value (F0) = 0.0

90 Percent Confidence Interval for F0 = (0.0 ; 0.0061)

Root Mean Square Error of Approximation (RMSEA) = 0.0

90 Percent Confidence Interval for RMSEA = (0.0 ; 0.033)

P-Value for Test of Close Fit (RMSEA < 0.05) = 0.99

Expected Cross-Validation Index (ECVI) = 0.034

90 Percent Confidence Interval for ECVI = (0.034 ; 0.040)

ECVI for Saturated Model = 0.024

ECVI for Independence Model = 2.98

Chi-Square for Independence Model with 12 Degrees of Freedom = 2518.64

Independence AIC = 2534.64

Model AIC = 25.04

Saturated AIC = 40.00

Independence CAIC = 2580.61

Model CAIC = 76.75

Saturated CAIC = 154.90

Normed Fit Index (NFI) = 1.00

Non-Normed Fit Index (NNFI) = 1.00

Parsimony Normed Fit Index (PNFI) = 0.91

Comparative Fit Index (CFI) = 1.00

Incremental Fit Index (IFI) = 1.00

Relative Fit Index (RFI) = 1.00

Critical N (CN) = 2979.87

【說明】

上表為整體模式適配度統計量（Global Goodness of Fit Statistics）的考驗，卡方值等於 7.04、顯著性考驗機率值 $p = .795 > 0.05$，接受虛無假設。RMSEA 值等於 0.000，其餘所有適配度指標均呈現多樣本群組的假設模型與觀察資料適配良好；如 NFI 值 = 1.00、NNFI 值 = 1.00、PNFI 值 = 0.91、CFI 值 = 1.00、IFI 值 = 1.00、RFI 值 = 1.00、CN 值 = 2979.87，均達到模式適配理想的標準。其 NCP 值 = 0.00、ECVI 值 = 0.034，表示測量模型的複核效化檢驗良好。

二個群組最終標準化解值模式圖如圖 11-17：

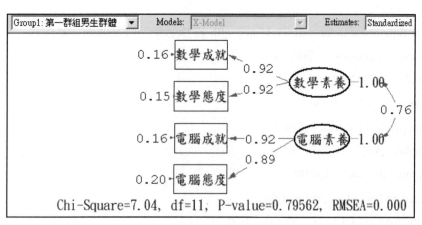

圖 11-17

❺ 群組採取寬鬆限制策略

語法程式

Group1: 第一群組男生群體
Observed Variables
數學成就　數學態度　電腦成就　電腦態度
Covariances Matrix:
65.383
70.983　110.237
41.711　52.765　62.585
30.217　37.489　37.394　34.296
Sample Size = 400
Latent Variables:
數學素養　電腦素養
Relationships:
數學成就　數學態度＝數學素養
電腦成就　電腦態度＝電腦素養
Group2: 第二群組女生群體
Covariance Matrix:

67.899

72.302　107.330

40.550　53.348　63.204

29.977　38.886　39.262　35.403

Sample Size = 450

Relationships:

數學成就　數學態度＝數學素養

電腦成就　電腦態度＝電腦素養

Path Diagram

Options: SC AD=2 IT=100

End of Problem

【說明】

　　第二個群組測量模式由其自由估計，不必限制於第一個群組相等，因而增列第二個群組測量模式的關係。

Group1: 第一群組男生群體

Number of Iterations = 5

LISREL Estimates (Maximum Likelihood)

　　　　Measurement Equations

數學成就 = 7.36*數學素養，Errorvar.= 10.80，R^2= 0.83

　　　　　　(0.31)　　　　　　　　(1.30)

　　　　　　23.76　　　　　　　　　8.32

數學態度 = 9.59*數學素養，Errorvar.= 16.77，R^2= 0.85

　　　　　　(0.40)　　　　　　　　(2.12)

　　　　　　24.08　　　　　　　　　7.93

電腦成就 = 7.20*電腦素養，Errorvar.= 10.03，R^2= 0.84

　　　　　　(0.30)　　　　　　　　(1.31)

　　　　　　23.70　　　　　　　　　7.68

電腦態度 = 5.18*電腦素養，Errorvar.= 7.02，R^2= 0.79

　　　　　　(0.23)　　　　　　　　(0.72)

　　　　　　22.58　　　　　　　　　9.70

Group2: 第二群組女生群體

Number of Iterations = 5

LISREL Estimates (Maximum Likelihood)

　　　　　Measurement Equations

數學成就 = 7.59*數學素養，Errorvar.= 10.80，R^2= 0.84

　　　　　(0.30)　　　　　　　　　(1.30)

　　　　　25.31　　　　　　　　　8.32

數學態度 = 9.59*數學素養，Errorvar.= 16.77，R^2= 0.85

　　　　　(0.38)　　　　　　　　　(2.12)

　　　　　25.40　　　　　　　　　7.93

電腦成就 = 7.34*電腦素養，Errorvar.= 10.03，R^2= 0.84

　　　　　(0.29)　　　　　　　　　(1.31)

　　　　　25.19　　　　　　　　　7.68

電腦態度 = 5.37*電腦素養，Errorvar.= 7.02，R^2= 0.80

　　　　　(0.22)　　　　　　　　　(0.72)

　　　　　24.19　　　　　　　　　9.70

【說明】

　　上述二個群體中的四個測量模式（迴歸方程式）並不相等，表示二個群組的測量模式並不是相等關係，但個別相對應的測量模式十分接近，其中迴歸係數與 R^2 的差異甚小，表示二個群組的共變數矩陣十分接近。

Group Goodness of Fit Statistics

Contribution to Chi-Square = 3.26

Percentage Contribution to Chi-Square = 53.42

Root Mean Square Residual (RMR) = 0.88

Standardized RMR = 0.014

Goodness of Fit Index (GFI) = 1.00

【說明】

　　上表為第一群組適配度統計量，第一個群組（男生樣本）對卡方值的貢獻為

3.26，卡方值貢獻的百分比為 53.42%，RMR 值等於 0.88、SRMR 值＝0.014、GFI 值
＝1.00，達到完全適配的程度。

Group Goodness of Fit Statistics

Contribution to Chi-Square = 2.84

Percentage Contribution to Chi-Square = 46.58

Root Mean Square Residual (RMR) = 0.81

Standardized RMR = 0.012

Goodness of Fit Index (GFI) = 1.00

【說明】

上表為第二群組適配度統計量，第二個群組（女生樣本）對卡方值的貢獻為
2.84，卡方值貢獻的百分比為 46.58%（1－.5342），RMR 值等於 0.81、SRMR 值
＝0.012、GFI 值＝1.00，達到完全適配的程度。

整體適配度的卡方值等於6.13，顯著性機率值p＝0.525>0.05，接受虛無假設；
而RMSEA值等於 0.000，表示模式適配情形良好。顯示研究者所提的「高中生科
學素養量表」測量模型與高中男生群體資料可以適配；此外，此測量模型也與高
中女生群體資料可以適配，其複核效化檢定理想。

第一群組男生群體最終標準化解值的結構模式圖如圖 11-18：

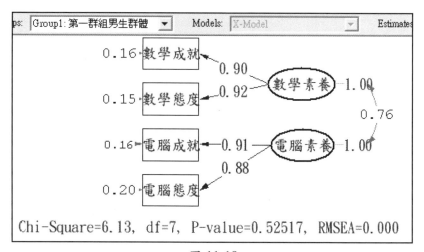

圖 11-18

第二群組女生群體最終標準化解值的結構模式圖如圖 11-19：

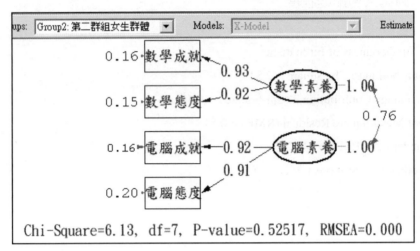

圖 11-19

第 12 章
畫圖法與 PRELIS
資料檔的應用

Structural
Equation
Modeling

　　「SIMPLIS Project」（簡化模式檔）的語法程式可以直接於「SIMPLIS Project」對話視窗中撰寫，也可以於「Path Diagram」（路徑圖）視窗中繪製假設模型圖，再將假設模型圖轉為「SIMPLIS Project」（SIMPLIS 專案）視窗中的語法程式，最後再於「SIMPLIS Project」中進行參數的更改。

12.1　資料檔的匯入

　　在LISREL程式中也可以直接使用原先於SPSS建立的資料檔，此時原先SPSS資料檔不用進行變數的增刪，可直接轉換為「PRELIS Data（*.psf）」檔案類型之資料檔案，此種方式不必求出資料檔之相關矩陣或共變異數矩陣。

▌SPSS資料檔

　　以SPSS之資料檔「生涯規劃_1.sav」為例，其變項名稱如下：其中「性別」、「健康狀況」、「經濟狀況」為背景變項（名義變項），生涯規劃的總分為「整體生涯」，內有五個層面：健康維持、居家安排、經濟計劃、休閒娛樂、社會參與；生活適應的總分為「整體適應」，內有三個層面：生理適應、心理適應、社會適應；生活滿意的總分為「整體滿意」，內有二個層面：日常生活、自我實現。SPSS 資料檔中的連續變數均為觀察變數（顯性變項）或指標變項。

	性別	健康狀況	經濟狀況	健康維持	居家安排	經濟計劃	休閒娛樂	社會參與	整體生涯
1	1	3	2	15	12	11	14	7	59
2	2	3	1	8	8	7	8	10	41
3	2	2	1	16	15	18	9	10	68
4	1	2	1	14	11	16	11	10	62
5				13	11	14	12	10	60

圖 12-1

在 SPSS「變數檢視」對話視窗中，共有十六個變數名稱，其中包括三個名義變項及十三個連續變項，十六個變項於「變數檢視」工作視窗的畫面如下：

	名稱	類型	寬度	小數	標記	數值
1	性別	數字的	1	0		{1, 男}...
2	健康狀況	數字的	1	0		{1, 很好}...
3	經濟狀況	數字的	1	0		{1, 小康}...
4	健康維持	數字的	8	0		無
5	居家安排	數字的	8	0		無
6	經濟計劃	數字的	8	0		無
7	休閒娛樂	數字的	8	0		無
8	社會參與	數字的	8	0		無
9	整體生涯	數字的	8	0		無
10	生理適應	數字的	8	0		無
11	心理適應	數字的	8	0		無
12	社會適應	數字的	8	0		無
13	整體適應	數字的	8	0		無
14	日常生活	數字的	8	0		無
15	自我實現	數字的	8	0		無
16	整體滿意	數字的	8	0		無

\資料檢視 \變數檢視 /

圖 12-2

▣ 匯入資料檔

在「LISREL Windows Application」（LISREL 視窗應用）對話視窗中，執行功能列【File】（檔案）→【Import External Data in Other Formats】（以其他格式輸入外部資料）程序，開啟「開啟」對話視窗。

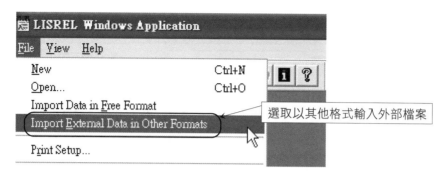

圖 12-3

在「開啟」對話視窗中，「檔案類型（T）」下拉式選單中選取「SPSS Data File（*.sav）」選項，選取 SPSS 資料檔「生涯規劃_1」→按『開啟（O）』鈕，出現「另存新檔」對話視窗。

圖 12-4

在「另存新檔」對話視窗中，「存檔類型（T）」右邊的下拉式選單選取「PRELIS Data（*.psf）」選項，在「檔案名稱（N）」的右邊輸入 PRELIS Data 類型的檔案名稱，如「生涯規劃」（完整的檔案名稱為『生涯規劃.psf』）→按『存檔（S）』鈕。（PRELIS Data 資料檔類型的副檔名為*.psf）。

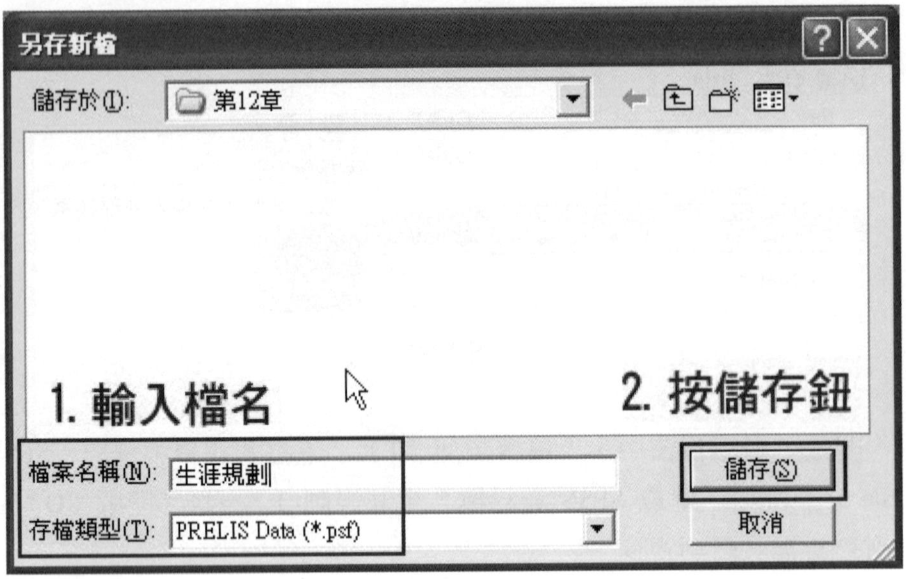

圖 12-5

在「LISREL Windows Application」（LISREL 視窗應用）對話視窗中，出現匯入的 SPSS 資料檔，「PRELIS Data」類型之資料檔案中，變數名稱最多為四個中文字（八個半形英文字元），因而原先若於 SPSS 資料檔中的變數名稱超過四個中文字，資料檔匯入後，超過四個中文字的變數名稱會被簡化為四個中文字。在實務操作上，研究者可於 SPSS 資料檔中先將各變數名稱依據測量特質的屬性，設定為變數名稱之長度之四個中文字的變數，這樣在進行轉換匯入時較為方便。

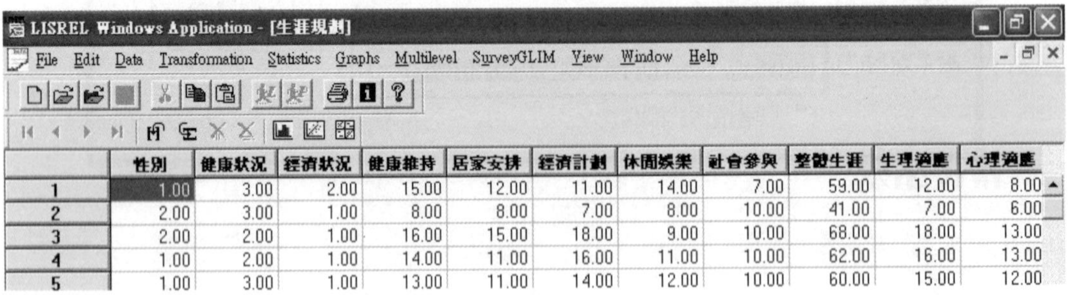

	性別	健康狀況	經濟狀況	健康維持	居家安排	經濟計劃	休閒娛樂	社會參與	整體生涯	生理適應	心理適應
1	1.00	3.00	2.00	15.00	12.00	11.00	14.00	7.00	59.00	12.00	8.00
2	2.00	3.00	1.00	8.00	8.00	7.00	8.00	10.00	41.00	7.00	6.00
3	2.00	2.00	1.00	16.00	15.00	18.00	9.00	10.00	68.00	18.00	13.00
4	1.00	2.00	1.00	14.00	11.00	16.00	11.00	10.00	62.00	16.00	13.00
5	1.00	3.00	1.00	13.00	11.00	14.00	12.00	10.00	60.00	15.00	12.00

圖 12-6

研究者若要進一步重新命名變數、刪除變項或插入新變項，將滑鼠移往任一變項名稱上，按右鍵會呈現快顯功能選單，內有三個選項：定義變數（Define

Variables）、刪除變數（Delete Variables）、插入新變數（Insert Variable）。

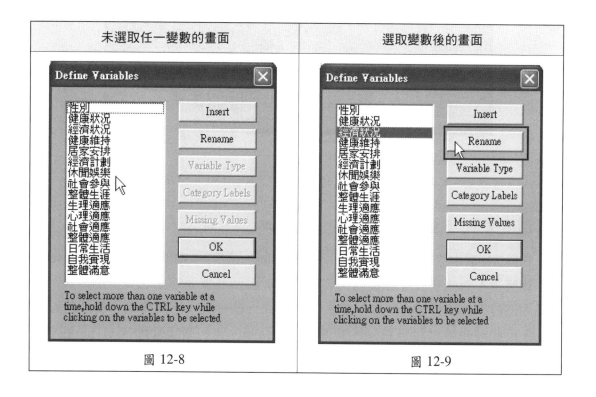

圖 12-7

定義變數

選取「定義變數」（Define Variables）選項後，可開啟「Define Variables」對話視窗，滑鼠指標選取左邊的目標變數，再連按滑鼠二下或按下右邊『Rename』（重新命名）鈕，即可更改變數的名稱。於方框中選取變數後，也可以該變數處插入新變數（Insert）名稱。

未選取任一變數的畫面	選取變數後的畫面
Define Variables 性別 健康狀況 經濟狀況 健康維持 居家安排 經濟計劃 休閒娛樂 社會參與 整體生涯 生理適應 心理適應 社會適應 整體適應 日常生活 自我實現 整體滿意 Insert Rename Variable Type Category Labels Missing Values OK Cancel To select more than one variable at a time,hold down the CTRL key while clicking on the variables to be selected	**Define Variables** 性別 健康狀況 經濟狀況 健康維持 居家安排 經濟計劃 休閒娛樂 社會參與 整體生涯 生理適應 心理適應 社會適應 整體適應 日常生活 自我實現 整體滿意 Insert Rename Variable Type Category Labels Missing Values OK Cancel To select more than one variable at a time,hold down the CTRL key while clicking on the variables to be selected
圖 12-8	圖 12-9

在「Define Variables」對話視窗中，按『Insert』（插入）鈕可開啟「Add Variables」（新增變數）對話視窗，此視窗也可以增列新變數。

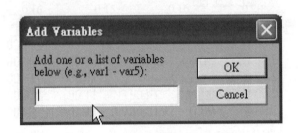

圖 12-10

插入新變數

快顯功能表中選取插入新變數（Insert Variable）選項，可開啟「Insert Variables」（插入變數）對話視窗，可設定於某個變數之前或之後插入多少個新變數，範例圖中的設定表示在「健康狀況」變項前插入一個新變數。

圖 12-11

刪除變數

快顯功能表中選取刪除變數（Delete Variables）選項，可開啟「Delete Variables」（刪除變數）對話視窗，此視窗中可以選取從那個變數開始刪除多少個變數，範例圖中的設定為從「健康維持」變數開始刪除一個變數（即將變數「健康維持」刪除）；此外也可以設定刪除的範圍，從（from）某一個變數刪除至（to）某一個變數。

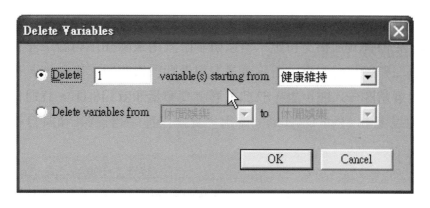

圖 12-12

　　範例中二因子之 CFA 的假設模型圖如下：二個因子構念分別為「生涯規劃」、「生活適應」，「生涯規劃」有五個指標變項：健康維持、居家安排、經濟計劃、休閒娛樂、社會參與；「生活適應」有三個指標變項：生理適應、心理適應、社會適應。在 CFA 假設模型圖中，測量指標變項無法被該潛在變項解釋的獨異量（uniqueness），又稱為測量誤差（error）或殘差項（disturbance），初始模式中假定所有測量指標的誤差項間彼此相互獨立（沒有共變關係）。

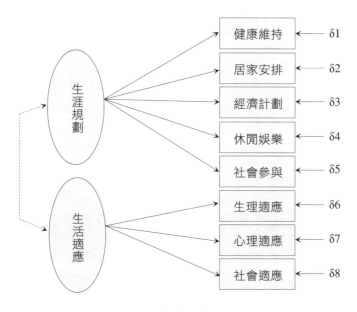

圖 12-13

▌繪製假設模型圖

當研究者將 SPSS 資料檔或 EXCEL 檔案轉換成 PRELIS Data 資料檔後，可直接於徑路圖視窗中（Path Diagram）使用，其操作程序如下：

步驟 1

在「LISREL Windows Application」（LISREL 視窗應用）對話視窗中，執行功能列【File】（檔案）→【New】（開新檔案）程序，出現「開啟新檔」對話視窗。

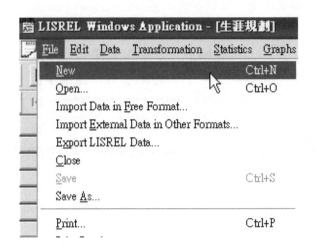

圖 12-14

步驟 2

在「開啟新檔」對話視窗中，於「開啟新檔（N）」對話盒中選取「Path Diagram」（徑路圖）選項→按『確定』鈕，開啟「另存新檔」對話視窗。

圖 12-15

在「另存新檔」對話視窗中，徑路圖檔案類型為「Path Diagram（*.pth）」，在「檔案名稱（N）」的右邊輸入新徑路圖的檔名，如「生涯規劃CFA」→按『存檔（S）』鈕。

圖 12-16

按下『存檔（S）』鈕後，回到「LISREL Windows Application」（LISREL 視窗應用）對話視窗中，視窗最上面的提示語會加入徑路圖的檔案名稱，如「LISREL Windows Application-[生涯規劃 CFA]」。左邊會出現「Observed」（觀察變項）、「Latent」（潛在變項）的方盒，在「Observed」（觀察變項）方盒中二個內定的觀察變項預設值為 VAR1、VAR2，視窗中也會出現徑路圖描繪工具盒。

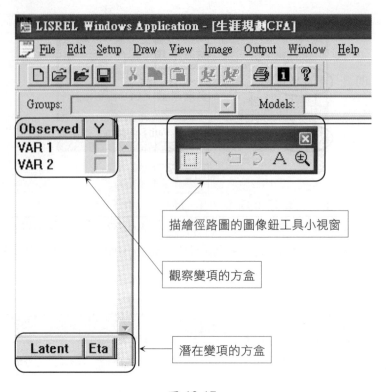

圖 12-17

　　在「LISREL Windows Application-[生涯規劃 CFA]」對話視窗中若沒有出現左邊觀察變數與潛在變數的方盒，可執行以下程序：執行功能列【View】（檢視）→【Toolbars】（工具盒）→【Variables】（變數）程序；沒有出現徑路圖描繪工具盒，執行功能列【View】（檢視）→【Toolbars】（工具盒）→【Drawing Bar】（描繪方盒）程序。

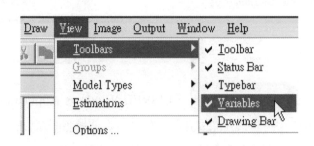

圖 12-18

步驟 3

在徑路圖中若要設定徑路圖的標題，執行功能列【Setup】（設定）→【Title and Commands】（標題與說明）程序，在實務應用上通常只設定徑路圖標題即可（不設定也沒有關係）。

圖 12-19

假設模型圖中的觀察變項可直接匯入SIMPLIS資料檔，而潛在變項必須研究者自行界定，同一模式中觀察變項的變數名稱與潛在變項的變數名稱有唯一性，模型中的變項名稱均不能重複出現。

執行功能列【Setup】（設定）→【Variables】（變項）程序，開啟「Labels」（標籤）對話視窗。

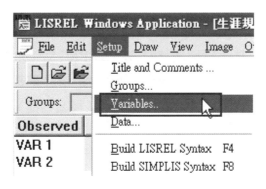

圖 12-20

　　在「Labels」（標籤）對話視窗中可以設定徑路圖的觀察變項與潛在變項，觀察變項直接使用之前匯入之 PRELIS Data 檔案類型之資料檔「生涯規劃.psf」。觀察變項必須是資料檔「生涯規劃.psf」中的變數名稱，而潛在變項名稱不能與資料檔中的變數名稱相同，否則會被視為觀察變項或指標變項→按左邊「Observed Variables」（觀察變項）下方之『Add/Read Variables』（增列／讀取變數）鈕，可開啟「Add/Read Variables」（增列／讀取變數）對話視窗。

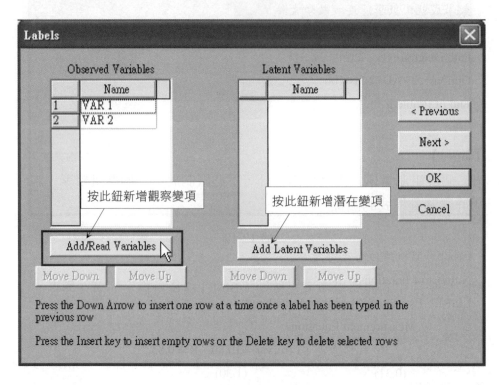

圖 12-21

　　在「Add/Read Variables」（增列／讀取變數）對話視窗中，選取內定選項「◉ Read from file:」選項，其預設檔案格式為「LISREL System File」，在下拉式選單中選取「PRELIS System File」（PRELIS 系統檔案）選項（因為資料檔是存成 PRELIS Data 資料檔的格式）→按「File Name」（檔案名稱）方格之右邊『Browse』（瀏覽）鈕，開啟「Browse」（瀏覽）對話視窗。（視窗下的訊息「Info」方盒中提示使用者 LISREL 資料系統檔的副檔名為「DSF」、PRELIS 資料系統檔的副檔名為「PSF」）。

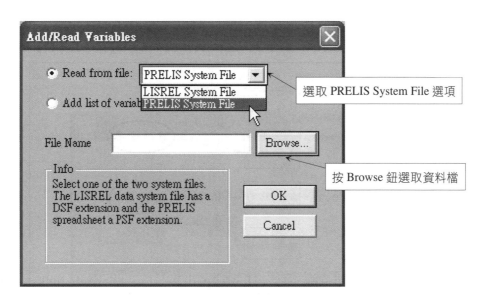

圖 12-22

在「Browse」（瀏覽）對話視窗中，資料檔之檔案類型為「PRELIS System Data（*.psf）」，選取目標資料檔「生涯規劃.psf」→按『開啟』鈕。

圖 12-23

回到「Add/Read Variables」（增列／讀取變數）對話視窗中，中間「File Name」（資料檔名稱）右邊的方格中會出現 PRELIS 資料檔的檔名與所存的路徑→按『OK』鈕。

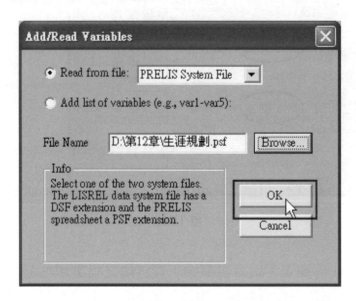

圖 12-24

選取觀察變項之 PRELIS 資料檔後，所有 PRELIS 資料檔中的變數均成為觀察變項之一，在假設模型圖的繪製中，也許只使用到部分的觀察變項，沒有於徑路圖中的使用的觀察變項也可保留於觀察變項方盒中（此種方式較有彈性，研究者不必將未使用的觀察變項刪除）。「Latent Variables」（潛在變項）方格為增列假設模型圖中的潛在變項（包括外因潛在變項、內因潛在變項）：按方格下方『Add Latent Variables』（增列潛在變項）鈕，開啟「Add Variables」（增列變項）小視窗。

在徑路圖中呈現的假設模型圖，觀察變項會以長方形物件表示、潛在變項會以橢圓形物件表示。

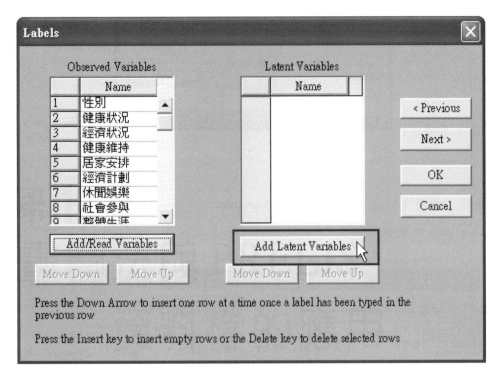

圖 12-25

在「Add Variables」（增列變項）小視窗分別鍵入潛在變項「生涯規劃」、「生活適應」，潛在變項的名稱不可與觀察變項或資料檔中的變數名稱相同。

圖 12-26

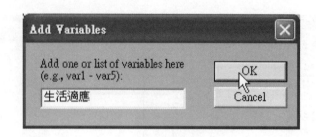

圖 12-27

　　增列二個潛在變項後，於「Latent Variables」（潛在變項）下的方格中會分別
呈現設定的潛在變項名稱。

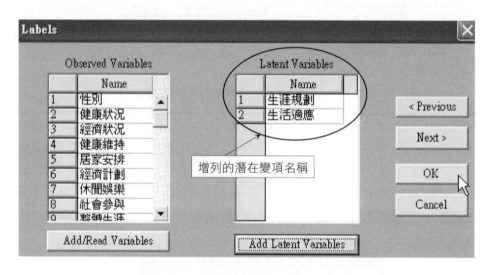

圖 12-28

步驟 4

　　增列觀察變項與潛在變項後，直接以拖曳方式將徑路圖中的觀察變項與潛在
變項拉曳至中間的繪圖區域中，在徑路圖中如果有外因潛在變項、內因潛在變項
（ETA），作為內因潛在變項的觀察變項或指標變項，要在觀察變項右邊「Y」
欄方格中按一下，此時方框□中會新增一個「×」號，而變成☒符號，觀察變項
右小方框有☒符號者，表示此觀察變項為內因潛在變項／內衍潛在變項的指標變
項。潛在變項方盒中有個「Eta」欄，此欄如果設定為☒符號，表示此潛在變項

為內因潛在變項／內衍潛在變項，沒有界定為「×」號者均為外因潛在變項／外衍潛在變項。

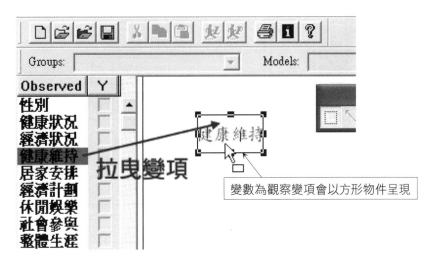

圖 12-29

　　將二個因素構面之七個指標變項拉曳至右邊繪圖區中，若是觀察變項的位置左右無法對齊，可選取繪圖工具盒中的第一個工具圖像鈕 ☐（Select），選取所有觀察變項，執行功能列【Image】（影像）→【Align】（對齊）→【Left】（靠左對齊）／【Right】（靠右對齊）／【Top】（向上對齊）／【Bottom】（向下對齊）程序。

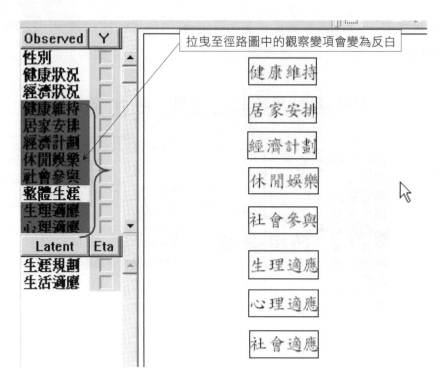

圖 12-30

將二個因素構面之潛在變數拉曳至繪圖區域之觀察變項的右邊。

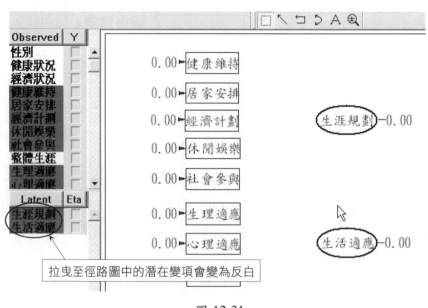

圖 12-31

在繪圖工具方盒中若要繪製徑路圖單向的因果關係箭號，則選取第二個圖像鈕 $\nwarrow$（One-way path），若要繪製誤差共變數或因素間相關之雙箭號，則選取第四個圖像鈕 $\circlearrowright$（Error covariance or factor correlation）。

圖 12-32

圖 12-33

選取繪製單箭號 $\nwarrow$ 圖像鈕（單方向路徑），按住潛在變項的橢圓形物件（作為因變項者），此時潛在變項的橢圓形物件會變為黑色，按著滑鼠左鍵不放，將箭頭拉曳至其指標變項之觀察變項的方框中（作為果變項者），此時觀察變項的方框會變為黑色，之後再放開滑鼠。

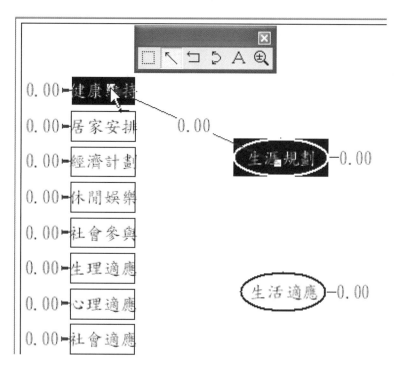

圖 12-34

在變項拉曳過程中若沒有設定成功，則會出現「Path Diagram Error」（徑路圖錯誤）的提示視窗：「Path must start and end with a variable; Error covariance must start and end with an error」，告知使用者徑路繪製必須始於變項，而結束於另一變項，誤差共變數必須始於誤差項，而結束於誤差項。

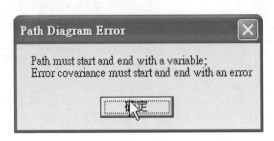

圖 12-35

要繪製二個潛在變項（因素構念）間之共變關係，於繪圖工具箱中選取 ⤸ 圖像鈕（Error covariance or factor correlation），建立二個潛在變數間的共變關係。在繪製因素層面間的共變關係，按住橢圓形物件右邊的數字 0.00 處，之後再直接拉曳至另一個橢圓形物件右邊的數字 0.00。

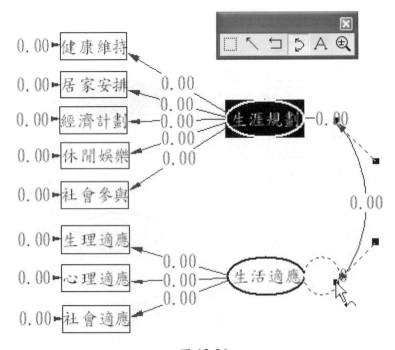

圖 12-36

繪製完成的二因子 CFA 徑路圖如下：

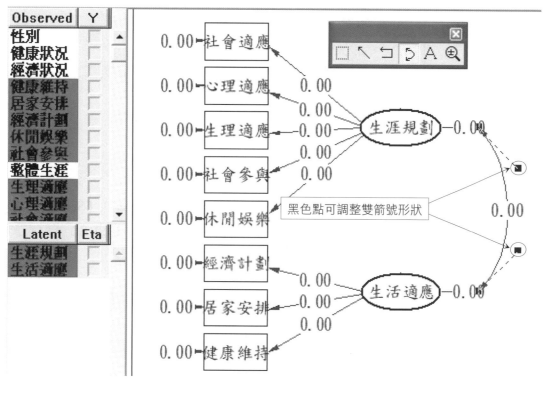

圖 12-37

　　繪製完的徑路圖若有錯誤，也可以利用繪圖圖像鈕 ▢（Select）選取路徑，再按『Delete』（刪除）鍵，可將原先繪製的單箭號或雙箭號刪除。在已建立變項間路徑關係的徑路圖，若刪除變項，會出現以下的警告訊息視窗（Path Diagram Warning）：「刪除變項後，模式要重新繪製，原先的徑路模式會變為無效，所有繪製的路徑會消失，您要繼續嗎？」（With deletion of variable, the model will be reinitialized. In case that the model becomes invalid, all paths will be lost. Do you want to continue?），若研究者要刪除變數則按『是（Y）』按鈕。

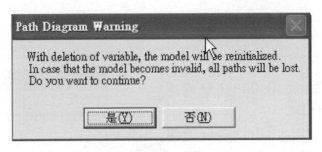

圖 12-38

步驟 5

徑路圖繪製完成後可將之轉換為SIMPLIS的語法，執行功能列【Setup】（設定）→【Build SIMPLIS Syntax F8】（建立 SIMPLIS 語法）程序，LISREL 會自動將研究者依假設模型圖繪製的徑路圖轉換成 SIMPLIS 的語法程式。

圖 12-39

LISREL 自動將徑路圖轉換成 SIMPLIS 的語法程式視窗界面，此時按工具列執行圖像鈕 ![Run LISREL icon]（Run LISREL），會執行SIMPLIS語法程式。在語法程式中並出現界定觀察變項的SIMPLIS關鍵字「Observed Variables」，因為在關鍵字「Relation-ships」中已界定測量變項間的因果關係；此外，在語法程式也沒有界定樣本數關鍵字「Sample Size」，此時表示「生涯規劃.psf」中所有的資料檔均為分析的樣本數。在語法程式中，研究者也可以利用輸出指令「Options」來界定輸出格式或利用「LISREL Output」來設定輸出的格式。如「Options: RS IT=250 ND=2 AD=OFF ME=ML」。RS 表列出殘差、IT 為疊代次數、ND 為小數點位數、ME 為模式估計方法、AD（Admissibility check）設定為關閉狀態等。

Raw Data from file 'D:\第 12 章\生涯規劃.psf'

Latent Variables 生涯規劃 生活適應

Relationships

健康維持 = 生涯規劃

居家安排 = 生涯規劃

經濟計劃 = 生涯規劃

休閒娛樂 = 生涯規劃

社會參與 = 生涯規劃

生理適應 = 生活適應

心理適應 = 生活適應

社會適應 = 生活適應

Path Diagram

End of Problem

圖 12-40

假設模型圖可以收斂估計，標準化估計值的模式圖如下，模式的自由度為 19、卡方值等於 157.32、顯著性機率值 p=0.000、RMSEA 值等於 0.125。

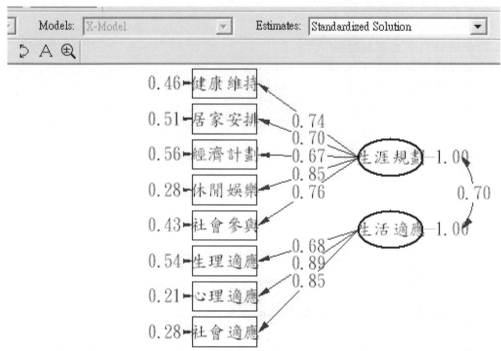

圖 12-41

若研究者要繼續修改之前存檔的徑路圖，可執行以下步驟：執行功能列【File】（檔案）→【Open】（開啟舊檔）程序，可開啟「開啟舊檔」對話視窗。

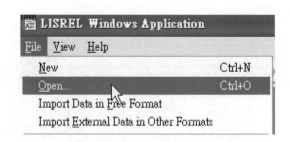

圖 12-42

在「開啟舊檔」對話視窗中，「檔案類型（T）」右邊下拉式選項中選取徑路圖類型「Path Diagram（*.pth）」，選取徑路圖的檔案→按『開啟』鈕。

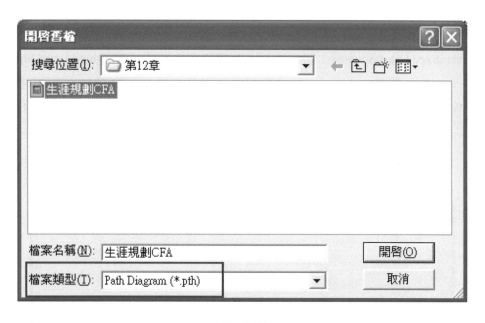

圖 12-43

步驟 6

假設模型之徑路圖繪製完成後，其輸出選項包括SIMPLIS、LISREL，若研究者想以SIMPLIS的格式輸出，執行功能列【Output】（輸出）→【SIMPLIS Outputs】（SIMPLIS 輸出）程序；若要以LISREL的格式輸出結果，執行功能列【Output】（輸出）→【LISREL Outputs】（LISREL 輸出）程序。

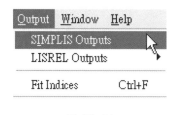

圖 12-44

執行功能列【Output】（輸出）→【SIMPLIS Output】（SIMPLIS 輸出）程序，

可開啟「SIMPLIS Output」（SIMPLIS 輸出）對話視窗，視窗中可設定模式的估計方法，在估計方法（Method of Estimation）方盒中，共有七種：工具性變項法（Instrumental Variables；IV 法）、兩階段最小平方法（Two-stage Least Squares；TSLS 法）、未加權最小平方法（Unweighted Least Squares；ULS 法）、一般化最小平方法（Generalized Least Squares；GLS 法）、加權最小平方法（Weighted Least Squares；WLS 法）、最大概似法（Maximum Likelihood；ML 法）、對角線加權平方法（Diagonally Weighted Least Squares；DWLS 法），其中內定的模式估計法為「⊙ Maximum Likelihood」（最大概似法）。最大疊代數（Maximum Number of Iteration）預設值為 250，輸出結果的小數點位置預設為小數第二位，這部分研究者均可以更改。

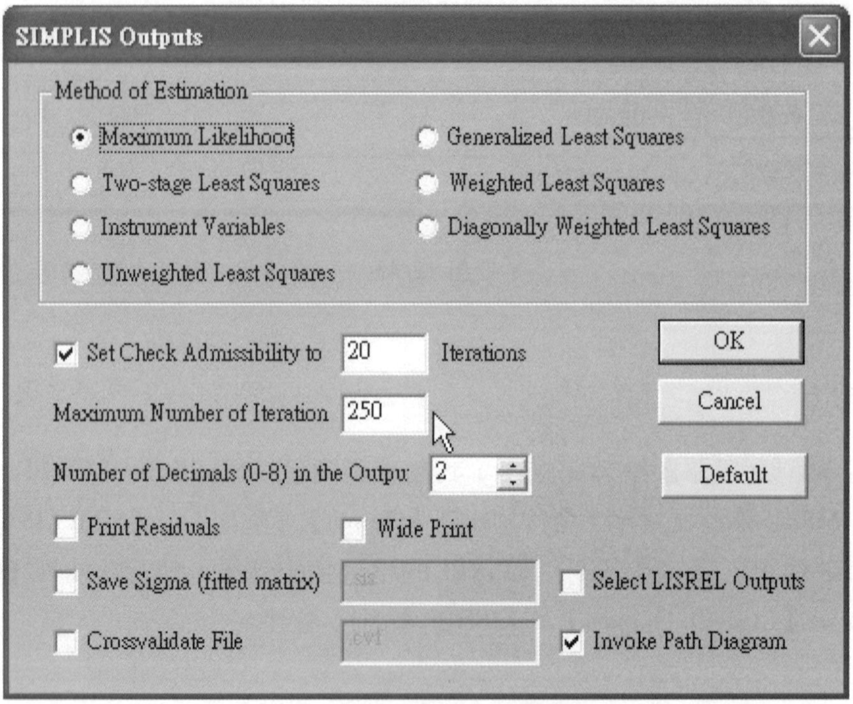

圖 12-45

在原先二因子之 CFA 模型中，研究者可於 SIMPLIS 語法編輯區根據修正指標值，增列相關參數設定，如於徑路圖中增列觀察變項「健康維持」與「居家安排」的測量誤差項間有相關、觀察變項「生理適應」與「社會適應」的測量誤差項間有相關，並界定二個共同因素間互為獨立，彼此間沒有相關。

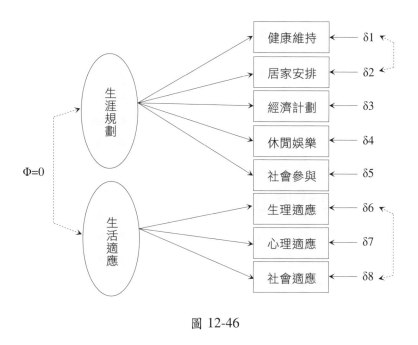

圖 12-46

上述假設模型圖的SIMPLIS語法指令，可修改原先之SIMPLIS語法指令，這樣較為方便。此外，也可以根據研究者所需，增列輸出之相關指令語法，如LISREL Output。

Raw Data from file 'D:\第 12 章\生涯規劃.psf'

Latent Variables 生涯規劃 生活適應

Relationships

健康維持 = 生涯規劃

居家安排 = 生涯規劃

經濟計劃 = 生涯規劃

休閒娛樂 = 生涯規劃

社會參與 = 生涯規劃

生理適應 = 生活適應

心理適應 = 生活適應

社會適應 = 生活適應

Set the Error Covariance of 健康維持 and 居家安排 Free

Set the Error Covariance of 社會適應 and 生理適應 Free

Set the Covariance between of 生涯規劃 and 生活適應 to 0

Options: RS

Path Diagram

End of Problem

12.2　因果模式圖的繪製〔一〕

　　在國中退休人員生涯規劃與生活適應的因果模式圖中，外因潛在變項（$\xi1$）為「生涯規劃」，內因潛在變項為「生活適應」（$\eta1$）。

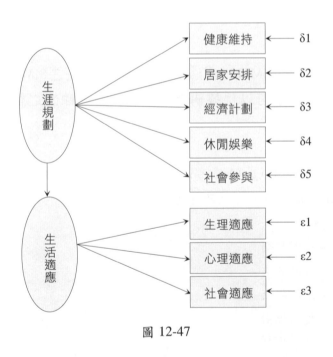

圖 12-47

▌設定觀察變項與潛在變項

　　執行功能列【Setup】（設定）→【Variables】（變項）程序，開啟「Labels」（標籤）對話視窗，匯入觀察變項資料檔與設定模式之潛在變項。

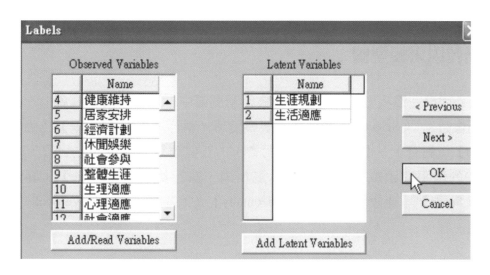

圖 12-48

潛在內因變項為「生活適應」，潛在內因變項生活適應的指標變項為「生理適應」、「心理適應」、「社會適應」，三個內因潛在變項之指標變項要在其右邊的方框中按一下，讓方框□符號內新增一個「×」號，使其變為☒符號，內因潛在變項「生活適應」右邊的Eta欄也要設定為☒符號，表示「生活適應」潛在變項為ETA變項（表示此變數為內因潛在變項或內衍潛在變項）。

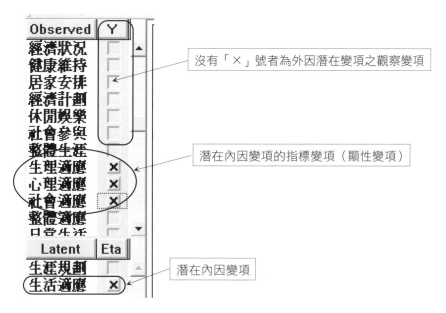

圖 12-49

繪製因果模型圖

將外因潛在變項五個觀察變項拉曳至繪圖區中，選取繪圖工具盒中的第一個工具圖像鈕 ▢ （Select），選取所有觀察變項，執行功能列【Image】（圖像）→【Align】（對齊）→【Left】（靠左對齊），五個觀察變項會靠左對齊。若是圖像物件的水平間距或垂直間距要設定相同，執行功能列【Image】（圖像）→【Even Space】（圖像間距）→【Horizontally】（水平間距）／【Vertically】（垂直間距）程序。

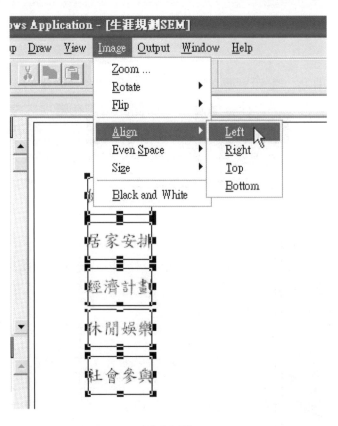

圖 12-50

將外因潛在變項「生涯規劃」拉曳至其五個指標變項的右邊，此時觀察變項方形物件的左邊會出現數值 0.00。

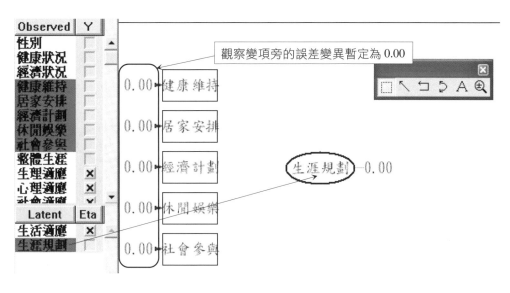

觀察變項旁的誤差變異暫定為 0.00

圖 12-51

　　將內因潛在變項「生活適應」拉曳至繪圖區之外因潛在變項的右邊，此時畫面會出現「The model becomes invalid, you need to redraw all the paths. Do you want to continue?」，提示語告知使用者「模式變為無效模型，必須重繪所有路徑，要繼續？」，由於增列的變數屬性（內因潛在變數或內因潛在變數的指標變項）與原先變項不同（外因潛在變數及外因潛在變數的觀察變項），徑路圖才會出現警告提示語→按『是（Y）』鈕，原先潛在變數旁的 0.00 數字會消失。

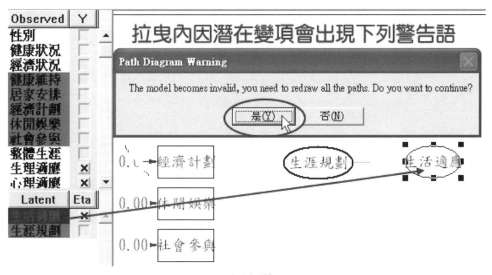

圖 12-52

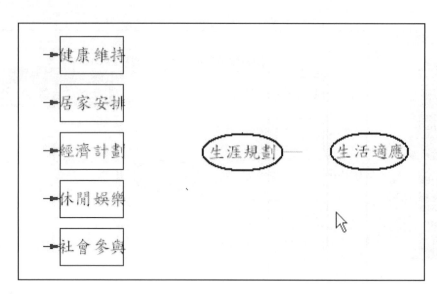

圖 12-53

　　將內因潛在變數生活適應三個指標變項拉曳至繪圖區中生活適應橢圓形物件的右邊。

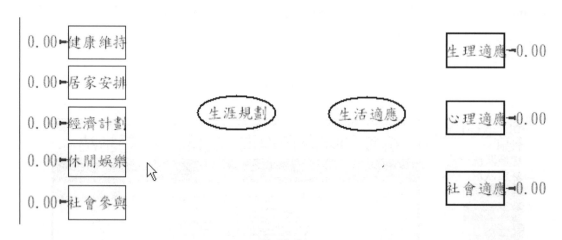

圖 12-54

　　利用繪圖工具盒之單箭號圖像鈕 ↖（One-way path），先繪製外因潛在變數「生涯規劃」與其五個觀察變項的關係，次繪製內因潛在變數「生活適應」與其三個指標變數間的關係，最後再繪製二個潛在變數間的因果關係。

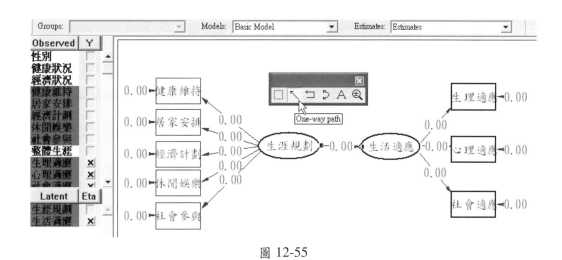

圖 12-55

▌徑路圖轉換為SIMPLIS語法

徑路圖繪製完成後可將之轉換為SIMPLIS的語法，執行功能列【Setup】（設定）→【Build SIMPLIS Syntax F8】（建立 SIMPLIS 語法指令）程序，LISREL 會自動將研究者依假設模型圖繪製的徑路圖轉換成 SIMPLIS 的語法程式。

Raw Data from file 'D:\第 12 章\生涯規劃.psf'

Latent Variables　生涯規劃 生活適應

Relationships

生理適應 = 生活適應

心理適應 = 生活適應

社會適應 = 生活適應

經濟狀況 = 生涯規劃

健康維持 = 生涯規劃

居家安排 = 生涯規劃

經濟計劃 = 生涯規劃

休閒娛樂 = 生涯規劃

生活適應 = 生涯規劃

Path Diagram

End of Problem

圖 12-56

　　LISREL 自動將徑路圖轉換成 SIMPLIS 的語法程式視窗界面如上，按工具列執行圖像鈕 （Run LISREL），可執行 SIMPLIS 語法程式，此假設模型可以收斂估計。標準化估計值的模式圖如下，模式的自由度為 19、卡方值等於 157.32、顯著性機率值 p=0.000、RMSEA 值等於 0.125。

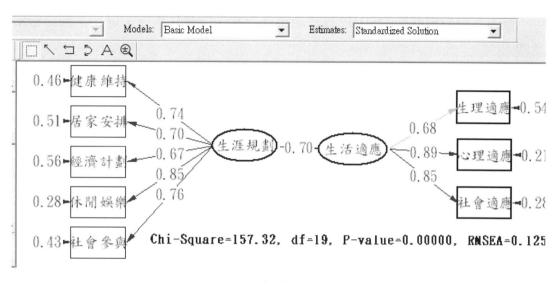

圖 12-57

假設研究者根據修正指標將因果假設模型圖修改為：增列生涯規劃指標變項健康維持與居家安排之測量誤差項間有相關；生活適應指標變項生理適應與社會適應之測量誤差項間有相關。

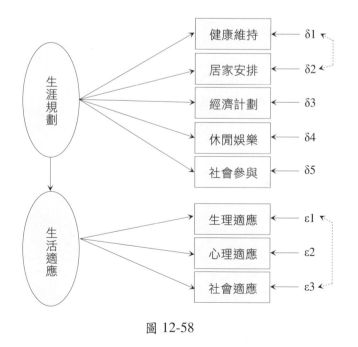

圖 12-58

修改之假設模型圖的SIMPLIS語法可修改原先的語法指令，增列下列二行指令即可：

「Set the Error Covariance of 健康維持 and 居家安排 Free」
「Set the Error Covariance of 社會適應 and 生理適應 Free」

```
Raw Data from file 'D:\第 12 章\生涯規劃.psf'
Latent Variables  生涯規劃 生活適應
Relationships
生理適應＝生活適應
心理適應＝生活適應
社會適應＝生活適應
經濟狀況＝生涯規劃
健康維持＝生涯規劃
居家安排＝生涯規劃
經濟計劃＝生涯規劃
休閒娛樂＝生涯規劃
生活適應＝生涯規劃
Set the Error Covariance of 健康維持 and 居家安排 Free
Set the Error Covariance of 社會適應 and 生理適應 Free
Options: RS
Path Diagram
End of Problem
```

12.3 因果模式圖的繪製[二]

設定觀察變項與潛在變項

在國中退休教師之生涯規劃、生活適應對生活滿意影響的因果假設模型圖中，外因潛在變項為「生涯規劃」、「生活適應」，內因潛在變項為「生活滿意」，生活滿意的指標變項為日常生活、自我實現二個層面。

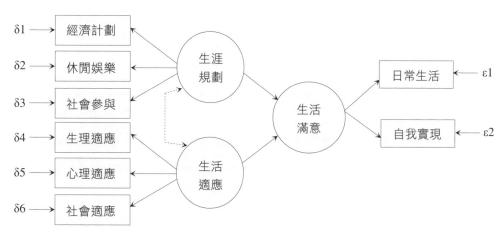

圖 12-59

在「Label」（標籤）對話視窗中，界定三個潛在變項：生涯規劃、生活適應、生活滿意。

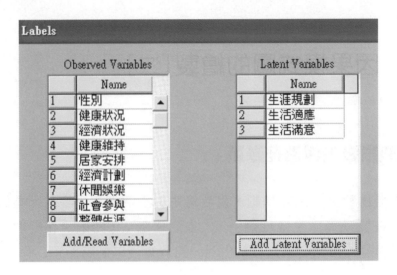

圖 12-60

繪製假設模型圖

　　將內因潛在變項「生活滿意」之指標變項「日常生活」拉曳至繪圖區之右邊，此時畫面會出現「The model becomes invalid, you need to redraw all the paths. Do you want to continue?」，提示語告知使用者「模式變為無效模型，必須重繪所有路徑，要繼續？」，由於增列的變數屬性（內因潛在變數或內因潛在變數的指標變項）與原先變項不同（外因潛在變數及外因潛在變數的觀察變項），徑路圖才會出現警告提示語→按『是（Y）』鈕，原先潛在變數旁的0.00數字會消失。

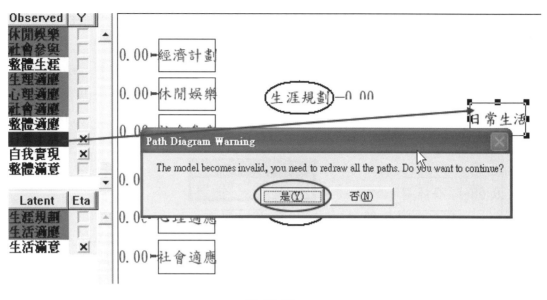

圖 12-61

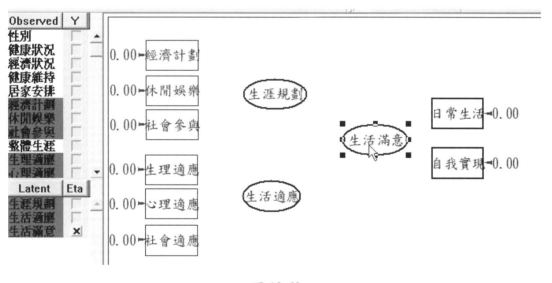

圖 12-62

設定變項間的關係

　　利用繪圖工具盒之單箭號圖像鈕 ↖（One-way path），先繪製外因潛在變數「生涯規劃」與其三個觀察變項的關係、外因潛在變數「生活適應」與其三個指

標變數間的關係，再來則繪製內因潛在變數「生活滿意」與其二個指標變項間的關係，最後再繪製二個外因潛在變數與內因潛在變數間的因果關係。在 LISREL 徑路圖中，外因潛在變數者（KSI變數）間不能建立因果關係路徑，初始模式中外因潛在變項均假定有共變關係（因素構念間有相關），因而不用再雙箭號圖像 ⤵ 鈕建立其間的關係。

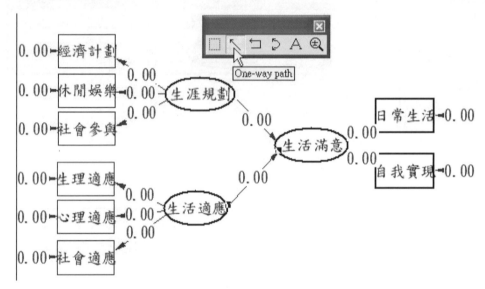

圖 12-63

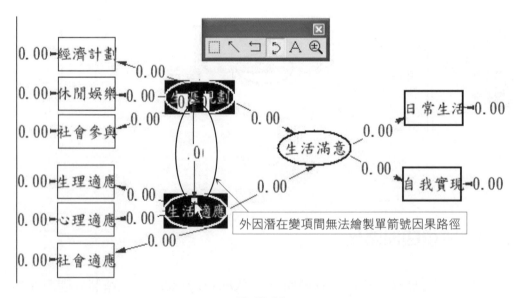

圖 12-64

　　當研究者以單箭號圖像鈕 ↖ （One-way path）建立二個外因潛在變數間的因果關係時，放開滑鼠後，會出現「Path Diagram Error」（徑路圖錯誤）的提示視窗：「Path from Ksi-variable to Ksi-variable is not allowed」，視窗內容告知使用者二個KSI潛在變數（外因潛在變數）間不能以單箭號建立因果路徑，單箭號的路徑適用於 KSI 潛在變數與 ETA 潛在變數間的關係。

圖 12-65

徑路圖轉換為 SIMPLIS 語法

　　徑路圖繪製完成後可將之轉換為SIMPLIS的語法，執行功能列【Setup】（設定）→【Build SIMPLIS Syntax F8】（建立 SIMPLIS 語法指令）程序，LISREL 會自動將研究者依假設模型圖繪製的徑路圖轉換成 SIMPLIS 的語法程式。

Raw Data from file 'D:\第 12 章\生涯規劃.psf'

Latent Variables 生活滿意 生涯規劃 生活適應

Relationships

日常生活 = 生活滿意

自我實現 = 生活滿意

經濟計劃 = 生涯規劃

休閒娛樂 = 生涯規劃

社會參與 = 生涯規劃

生理適應 = 生活適應

心理適應 = 生活適應

社會適應 = 生活適應

生活滿意 = 生涯規劃 生活適應

Path Diagram

End of Problem

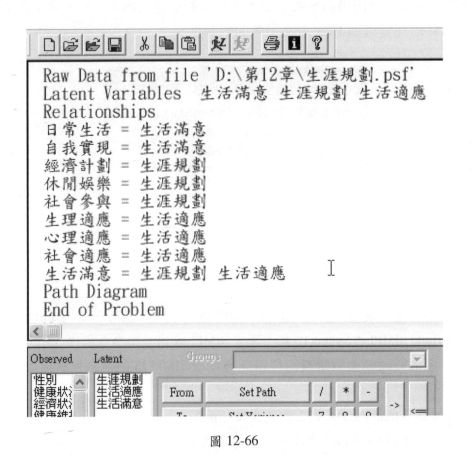

圖 12-66

　　LISREL 自動將徑路圖轉換成 SIMPLIS 的語法程式視窗界面如上，按工具列執行圖像鈕 **犸**（Run LISREL），會執行 SIMPLIS 語法程式，此因果徑路模式圖可以收斂估計。標準化估計值的模式圖如下，模式的自由度為 17、卡方值等於 79.40、顯著性機率值 p=0.000、RMSEA 值等於 0.089。

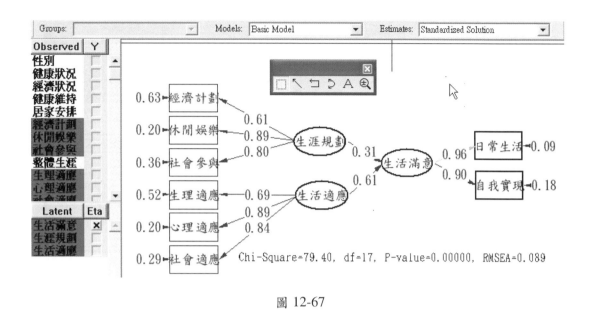

圖 12-67

12.4 匯入Excel檔案或Access檔案

▍匯入Microsoft Excel檔案

　　一份有十六個題項的社會支持量表，研究者先以 Microsoft Excel 套裝軟體建檔，其中第一列為變數名稱，存檔的檔案名稱為「社會支持_1.xls」。

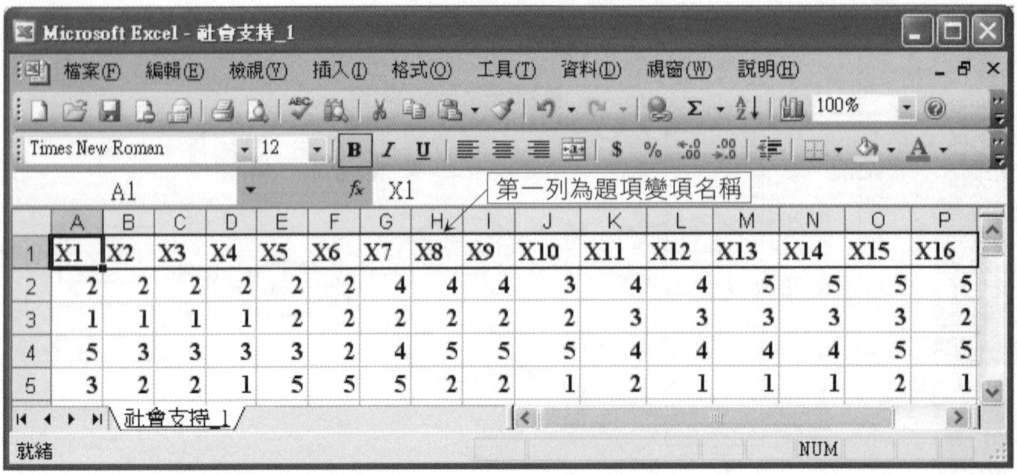

圖 12-68

將試算表的檔案轉換 SIMPLIS 系統資料檔的步驟如下：

在「LISREL Windows Application」（LISREL 視窗應用）對話視窗中，執行功能列【File】（檔案）→【Import External Data in Other Formats】（以其他格式輸入外部資料）程序，開啟「開啟」對話視窗。

在「開啟」對話視窗中，「檔案類型（T）」下拉式選單中選取「Excel（*.xls）」選項，選取 Excel 資料檔「社會支持_1」→按『開啟（O）』鈕，出現「另存新檔」對話視窗。

圖 12-69

在「另存新檔」對話視窗中，「存檔類型（T）」右邊的下拉式選單選取「PRELIS Data（*.psf）」選項，在「檔案名稱（N）」的右邊輸入 PRELIS Data 類型的檔案名稱「社會支持」→按『存檔（S）』鈕。

圖 12-70

在「LISREL Windows Application-〔社會支持〕」（LISREL 視窗應用-社會支持）對話視窗中，出現匯入的 SPSS 資料檔。

	X1	X2	X3	X4	X5	X6	X7	X8	X9	X10	X11	X12	X13	X14
1	2.00	2.00	2.00	2.00	2.00	2.00	4.00	4.00	4.00	3.00	4.00	4.00	5.00	5.00
2	1.00	1.00	1.00	1.00	2.00	2.00	2.00	2.00	2.00	2.00	3.00	3.00	3.00	3.00
3	5.00	3.00	3.00	3.00	3.00	2.00	4.00	5.00	5.00	5.00	4.00	4.00	4.00	4.00
4	3.00	2.00	2.00	1.00	5.00	5.00	5.00	2.00	2.00	1.00	2.00	1.00	1.00	1.00
5	4.00	5.00	1.00	5.00	2.00	3.00	5.00	5.00	5.00	4.00	5.00	5.00	4.00	5.00
6	3.00	3.00	4.00	3.00	3.00	4.00	5.00	5.00	5.00	5.00	3.00	2.00	3.00	4.00

圖 12-71

匯入 Microsoft Access 檔案

若是研究者以 Microsoft Access 建立的資料庫檔案，也可直接轉換為 SIMPLIS 系統資料檔。一份主管工作壓力量表中，背景變項有三個：性別、年齡、職務，十個題項的工作壓力量表變項為 X1、X2、……、X9、X10。資料庫的檔名為「PRESS」、資料表的檔名為「PRESS_1」。按『設計（D）』鈕開啟「PRESS_1:資料表」對話視窗中，各變數的「資料類型」要設為「數字」型態，否則無法轉換匯入為 PRELIS 資料檔。

圖 12-72

將資料庫 Access 的檔案轉換 SIMPLIS 系統資料檔的步驟如下：

在「LISREL Windows Application」（LISREL 視窗應用）對話視窗中，執行功能列【File】（檔案）→【Import External Data in Other Formats】（以其他格式輸入外部資料）程序，開啟「開啟」對話視窗。

在「開啟」對話視窗中，「檔案類型（T）」下拉式選單中選取「Access（*.mdb）」選項，選取 Access 資料庫檔名「PRESS.mdb」→按『開啟（O）』鈕，出

現「另存新檔」對話視窗。

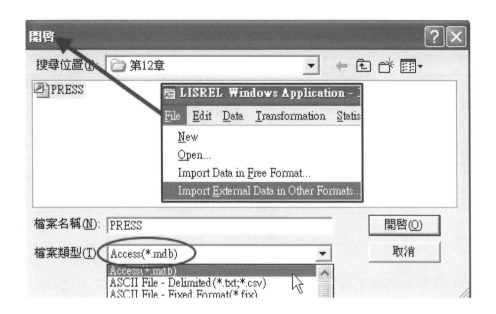

圖 12-73

在「另存新檔」對話視窗中，「存檔類型（T）」右邊的下拉式選單選取「PRELIS Data（*.psf）」選項，在「檔案名稱（N）」的右邊輸入 PRELIS Data 類型的檔案名稱「工作壓力」→按『存檔（S）』鈕。

在「LISREL Windows Application-〔工作壓力〕」（LISREL 視窗應用-工作壓力）對話視窗中，出現匯入的 SPSS 資料檔。

圖 12-74

Access 資料庫的檔案除可直接匯入於 SIMPLIS 系統資料檔中,也可先將其轉換匯出為 Excel 試算表的檔案,再匯轉換入於 SIMPLIS 系統資料檔。Access 資料庫檔案轉換為 Excel 試算表檔案的步驟:執行功能列【檔案】→【匯出】,開啟「匯出資料表 PRESS_1 至…」對話視窗,「檔案類型(T)」下拉式選單中選取「Microsoft Excel 97-2003」選項,「檔案名稱(N)」的右邊方格輸入試算表新檔案名稱,如「工作壓力_1」→按『全部匯出(X)』鈕。

圖 12-75

12.5　SIMPLIS Project 的簡化操作——一階三因素 CFA 為例

　　在下面的說明中以「社會支持量表」為例，研究者編製之社會支持量表共十六個題項，三個因素構面（家人支持、朋友支持、師長支持）。量表之一階三因素 CFA 假設模型圖如下：

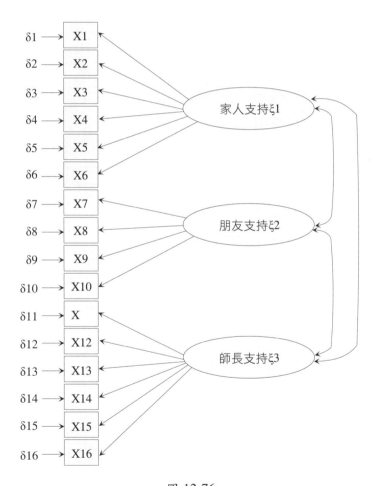

圖 12-76

步驟 1

在「LISREL Windows Application」（LISREL 視窗應用）對話視窗中，執行功能列【File】（檔案）→【New】（開新檔案）程序，打開「開啟新檔」對話視窗→在「開啟新檔（N）」的方盒中選取「SIMPLIS Project」（SIMPLIS 專案）選項→按【確定】鈕。

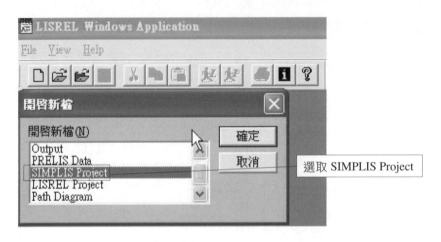

圖 12-77

按下【確定】鈕後，會開啟「另存新檔」對話視窗，「存檔類型（T）」為「SIMPLIS Project（*.spj）」，在「檔案名稱（N）」的右邊輸入新檔名「社會支持 CFA」→按『儲存（S）』鈕。

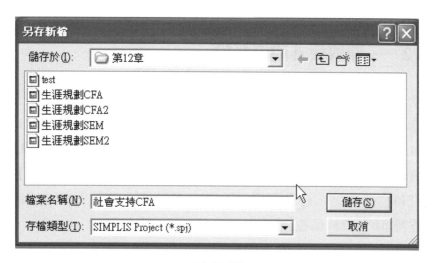

圖 12-78

　　按下『儲存（S）』鈕後，回到「LISREL Windows Application——社會支持CFA」（LISREL視窗應用——社會支持CFA）對話視窗，中間空白為SIMPLIS語法的撰寫區，語法輸入區的下方為模式之觀察變項與潛在變項的提示盒，內定的觀察變項有二個，變數名稱分別 VAR1、VAR2，無潛在變項。

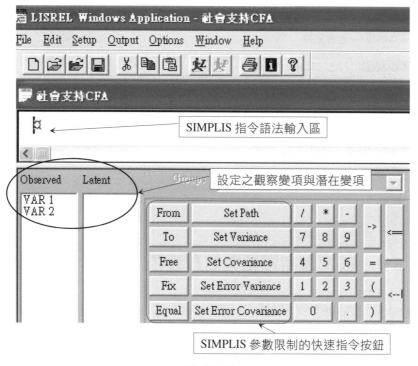

圖 12-79

▌步驟 2——開啟模式的資料檔

　　執行功能列【File】（檔案）→【Open】（開啟舊檔）程序，會出現「開啟舊檔」對話視窗，在「檔案類型（T）」的下拉式選單中選取 PRELIS 資料檔類型：「PRELIS Data（*.psf）」選項→在「搜尋位置（I）」中選取資料檔所存放的資料夾與資料檔檔案名稱，範例中為「社會支持」→按【開啟（O）】鈕→開啟 SIMPLIS 資料檔類型之「社會支持.psf」資料檔視窗，按右上角縮小鍵「－」，將「社會支持.psf」資料檔視窗縮小。

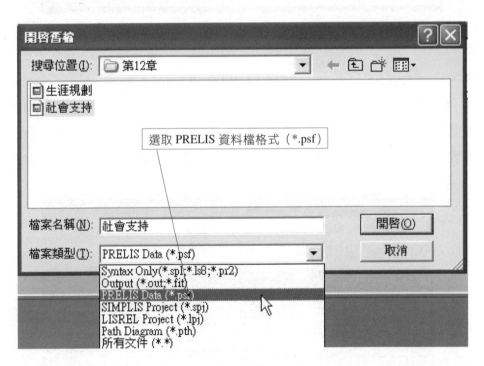

圖 12-80

▌步驟 3——設定觀察變項與潛在變項

　　執行功能列【Setup】（設定）→【Variables】（變項）程序，開啟「Labels」（標籤）對話視窗，按『Add/Read Variables』（增列／讀取變數）鈕選取PRELIS

資料檔：「社會支持.psf」，則「社會支持.psf」資料檔中所有變數均會讀入
「Observed Variables」（觀察變項）方盒中→按『Add Latent Variables』（新增潛
在變項）鈕，增列模式中三個潛在變項構念名稱：家人支持、朋友支持、師長支
持→按『OK』鈕。

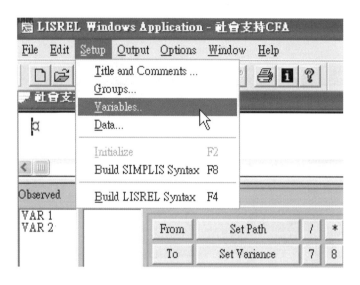

圖 12-81

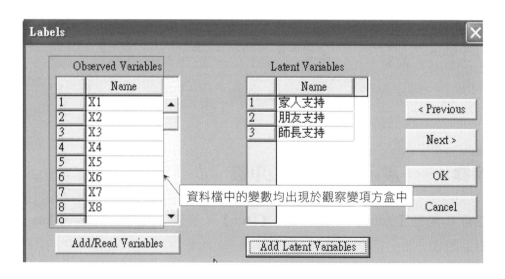

圖 12-82

增列觀察變項與潛在變項後，「LISREL Windows Application——社會支持

CFA」（LISREL 視窗應用——社會支持 CFA）對話視窗中最下面的方盒會出現增列設定的觀察變項（PRELIS 資料檔中所有變數）與潛在變項。雖然資料檔中的所有變項均匯入觀察變項方盒中，但在假設模型圖中可能只使用到少數觀察變數，部分的變項並沒有使用到，研究者不用將沒有使用到的觀察變數（資料檔中的變數）刪除，因為在其餘模型或多群組分析中可能會再使用到這些變數，此時就不用再重新進行資料檔的轉換或匯入程序。

圖 12-83

步驟 4——設定觀察值的樣本數

執行功能列【Setup】（設定）→【Data】（資料）程序，開啟「Data」（資料）對話視窗。

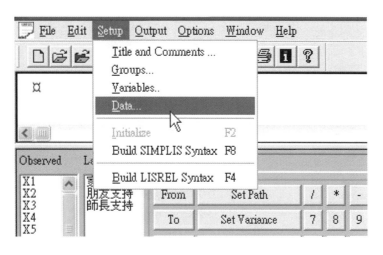

圖 12-84

　　在「Data」（資料）對話視窗中，「Number of observations」（觀察值數目）下的方格中預設值為 0，更改預設值的數字可設定分析的樣本數，範例中更改為200，表示分析的樣本數有 200 個。在「Statistics from」（統計來自）下的方盒中可設定分析的資料檔為原始資料檔（Raw Data）、變數間的共變異數矩陣（Co-variances）或變數間的相關矩陣（Correlations）。在資料檔案型態（File type）方面為 PRELIS 系統資料檔（PRELIS System Data），按『Browse』（瀏覽）鈕可重新選取 PRELIS 資料檔。由於在步驟二中開啟的資料檔類型為「PRELIS Data（*.psf）」、資料檔名為「社會支持.psf」，因而此視窗中的資料檔案型態與檔案名稱均不用更改，於「File type」（檔案型態）下的方格中之選項為「PRELIS System Data」、「File name」（檔案名稱）下的方格中之選項為「D:\第12章\社會支持.psf」。

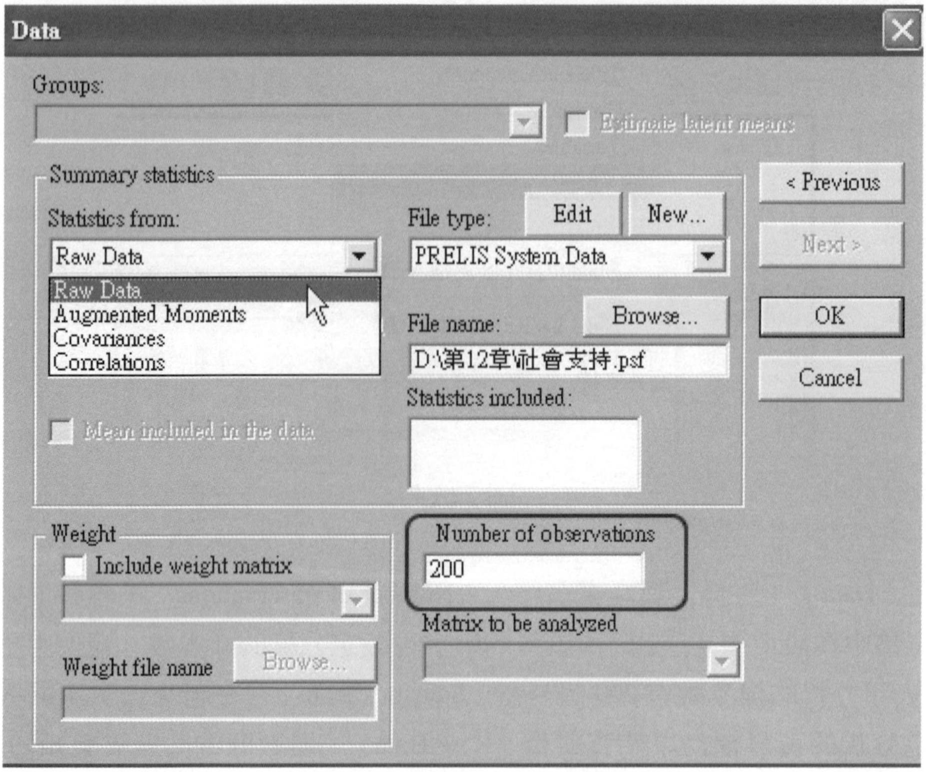

圖 12-85

步驟 5——設定 SIMPLIS 輸出

執行功能列【Output】（輸出）→【SIMPLIS Outputs】（SIMPLIS 輸出）程序，會於 SIMPLIS 語法編輯區域中自動出現以下的語法，包括分析的資料檔（觀察變項）、樣本數的設定（樣本數有 200 個）、潛在變項的設定（三個潛在變數）、模式變項間關係設定的關鍵字（Relationships）、呈現路徑分析圖的關鍵字（Path Diagram）、SIMPLIS 語法結束關鍵字（End of Problem）等。SIMPLIS 自動增列的六列指令為：

Raw Data from file 'D:\第 12 章\社會支持.psd'

Sample Size = 200

Latent Variables 家人支持 朋友支持 師長支持

Relationships

Path Diagram

End of Problem

圖 12-86

步驟6──增列變項間關係語法指令

根據步驟[5]LISREL 於 SIMPLIS 語法空白處出現的基本語法指令，增列變數間關係的語法指令，範例中於關鍵字「Relationships」下設定三個測量模式：「X1-X2=家人支持、X7-X10=朋友支持、X11-X16=師長支持」。研究者也可以根據研究所需，輸出 LISREL 格式的輸出結果（關鍵字為 LISREL Output），或利用選項「Options:」關鍵字輸出 SIMPLIS 的結果。

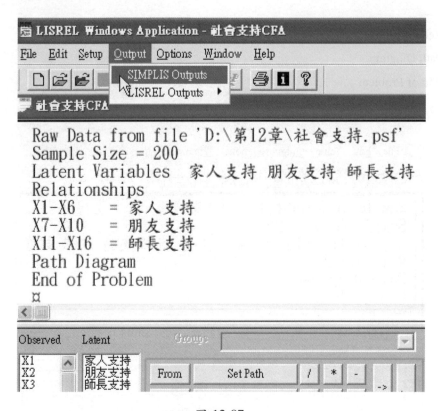

圖 12-87

Raw Data from file 'D:\第 12 章\社會支持.psd'

Sample Size = 200

Latent Variables 家人支持 朋友支持 師長支持

Relationships

X1-X6　= 家人支持

X7-X10　= 朋支支持

X11-X16 = 師長支持

Path Diagram

End of Problem

步驟 7——執行 SIMPLIS 語法程式

按工具列執行圖像鈕 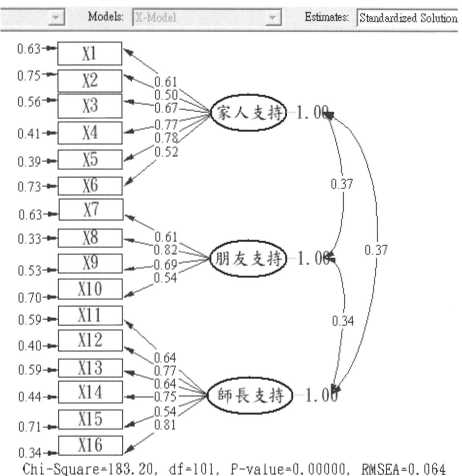（Run LISREL），會執行 SIMPLIS 語法程式。標準化估計值的模式圖如下，模式的自由度為 101、卡方值等於 183.20、顯著性機率值 p=0.000、RMSEA 值等於 0.064。

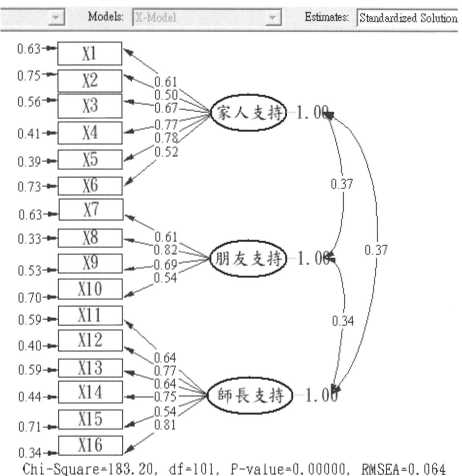

圖 12-88

假設模型相關的適配度統計量與修正指標如下，若是假設模型與樣本資料間無法適配，研究者可根據修正指標逐一修正假設模型，再重新驗證模型。

Goodness of Fit Statistics

Degrees of Freedom = 101

Minimum Fit Function Chi-Square = 198.12（P = 0.00）

Normal Theory Weighted Least Squares Chi-Square = 183.20（P = 0.00）

Estimated Non-centrality Parameter（NCP）= 82.20

90 Percent Confidence Interval for NCP =（48.17 ; 124.08）

Minimum Fit Function Value = 1.00

Population Discrepancy Function Value（F0）= 0.41

90 Percent Confidence Interval for F0 =（0.24 ; 0.62）

Root Mean Square Error of Approximation（RMSEA）= 0.064

90 Percent Confidence Interval for RMSEA =（0.049 ; 0.079）

P-Value for Test of Close Fit（RMSEA < 0.05）= 0.062

Expected Cross-Validation Index（ECVI）= 1.27

90 Percent Confidence Interval for ECVI =（1.10 ; 1.48）

ECVI for Saturated Model = 1.37

ECVI for Independence Model = 10.65

Chi-Square for Independence Model with 120 Degrees of Freedom = 2087.89

Independence AIC = 2119.89

Model AIC = 253.20

Saturated AIC = 272.00

Independence CAIC = 2188.66

Model CAIC = 403.64

Saturated CAIC = 856.57

Normed Fit Index（NFI）= 0.91

Non-Normed Fit Index（NNFI）= 0.94

Parsimony Normed Fit Index（PNFI）= 0.76

Comparative Fit Index（CFI）= 0.95

Incremental Fit Index（IFI）= 0.95

Relative Fit Index（RFI）= 0.89

Critical N（CN）= 138.59

Root Mean Square Residual（RMR）= 0.12

Standardized RMR = 0.072

Goodness of Fit Index（GFI）= 0.90

Adjusted Goodness of Fit Index（AGFI）= 0.86

Parsimony Goodness of Fit Index（PGFI）= 0.67

The Modification Indices Suggest to Add the

Path to	from	Decrease in Chi-Square	New Estimate
X10	師長支持	16.7	0.35

The Modification Indices Suggest to Add an Error Covariance

Between	and	Decrease in Chi-Square	New Estimate
X6	X1	11.9	0.32
X9	X2	8.6	0.24

　　根據修正指標值，逐一修正假設模型，假設最終的社會支持一階 CFA 假設模型圖如下：測量模型從單向度測量模式（unidimensional measurement model）改為多向度測量模式（multidimensional measurement model），觀察指標之測量誤差間彼此獨立修正為部分測量誤差項間有共變關係。新增列的路徑與誤差項共變路徑如下：觀察變項X10 除受到潛在變項「朋友支持」影響外，也受到潛在變項「師長支持」的影響，觀察變項 X1 與觀察變項 X6 之測量誤差間有共變關係、觀察變項 X3 與觀察變項 X8 之測量誤差間有共變關係、觀察變項 X1 與觀察變項 X8 之測量誤差間有共變關係、觀察變項 X6 與觀察變項 X12 之測量誤差間有共變關係。

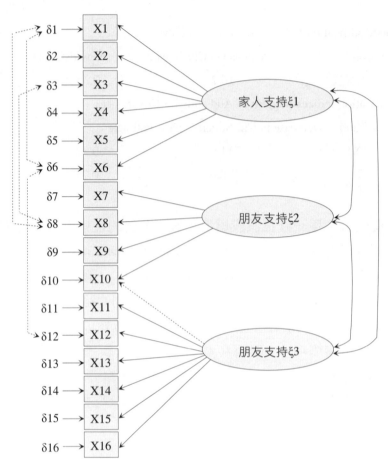

圖 12-89

修改原先 SIMPLIS 的語法如下。

Raw Data from file 'D:\第 12 章\社會支持.psf'

Sample Size = 200

Latent Variables 家人支持　朋友支持　師長支持

Relationships

X1-X6　　　= 家人支持

X7-X10　　= 朋友支持

X10 X11-X16 = 師長支持

Set the Error Covariance between X1 and X6 Free

Set the Error Covariance between X3 and X8 Free

Set the Error Covariance between X1 and X8 Free

Set the Error Covariance between X6 and X12 Free

Path Diagram

End of Problem

```
Raw Data from file 'D:\第12章\社會支持.psf'
Sample Size = 200
Latent Variables  家人支持 朋友支持 師長支持
Relationships
X1-X6   = 家人支持
X7-X10  = 朋友支持
X10 X11-X16 = 師長支持
Set Error Covariance of X1 and X6 Free
Set Error Covariance of X3 and X8 Free
Set Error Covariance of X1 and X8 Free
Set Error Covariance of X6 and X12 Free
Path Diagram
End of Problem
```

圖 12-90

　　研究者進一步假定「家人支持」構念六個測量指標之誤差變異數相等，可將
SIMPLIS 語法程式修改如下：

Raw Data from file 'D:\第 12 章\社會支持.psf'

Sample Size = 200

Latent Variables 家人支持　朋友支持　師長支持

Relationships

X1-X6　　　= 家人支持

X7-X10　　　= 朋友支持

X10 X11-X16 = 師長支持

Set the Error Covariance between X1 and X6 Free

Set the Error Covariance between X3 and X8 Free

Set the Error Covariance between X1 and X8 Free
Set the Error Covariance between X6 and X12 Free
Equal Error Variances: X1 X2 X3 X4 X5 X6
Path Diagram
End of Problem

在初始三因子 CFA 假設模型中，研究者假定「家人支持」對其六個測量指標之影響程度相同（六個測量指標有相同的因素負荷量）、「朋友支持」對四個測量指標之影響程度相同（四個測量指標有相同的因素負荷量）、「師長支持」對其六個測量指標之影響程度相同（六個測量指標有相同的因素負荷量），則須增列等化限制的路徑指令，其 SIMPLIS 語法如下：

Raw Data from file 'D:\第 12 章\社會支持.psf'
Sample Size = 200
Latent Variables 家人支持　朋友支持　師長支持
Relationships
X1-X6　　　= 家人支持
X7-X10　　= 朋友支持
X11-X16　　= 師長支持
SET　家人支持->X1=家人支持->X2=家人支持->X3=家人支持->X4=家人支持->X5=家人支持->X6
SET 朋友支持->X7= 朋友支持->X8 =朋友支持->X9=朋友支持->X10
SET 師長支持->X11=師長支持->X12=師長支持->X13=師長支持->X14=師長支持->X15=師長支持->X16
Path Diagram
End of Problem

12.6 SIMPLIS Project的簡化操作——SEM為例

在國中退休教師生涯規劃、生活適應與生活滿意的因果模型圖中，二個外因潛在變項為「生涯規劃」、「生活適應」，一個內因潛在變項為「生活滿意」。在 LISREL 的分析中，沒有特定增列參數限定條件，均假設所有外因潛在變項間有雙箭號的共變關係，若是研究者認為外因潛在變項間（ξ_1 與 ξ_2）為獨立關係，彼此間沒有相關，則需要增列界定外因潛在變項間的共變關係等於 0，其語法為：

「Set the Covariance between 生涯規劃 and 生活適應 to 0」（二個潛在變項的變異數均為 1，共變數為 0，則其相關係數等於 0）。

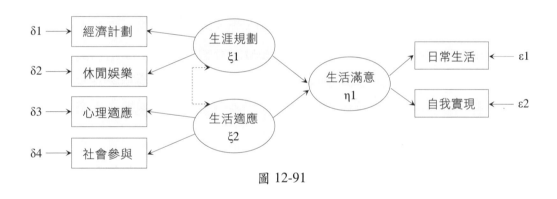

圖 12-91

步驟 1——新增 SIMPLIS 語法專案

在「LISREL Windows Application」（LISREL 視窗應用）對話視窗中，執行功能列【File】（檔案）→【New】（開新檔案）程序，打開「開啟新檔」對話視窗→在「開啟新檔（N）」的方盒中選取「SIMPLIS Project」選項→按【確定】鈕。

按下【確定】鈕後，會開啟「另存新檔」對話視窗，「存檔類型（T）」為「SIMPLIS Project（*.spj）」，在「檔案名稱（N）」的右邊輸入新檔名「生活滿意 SEM」→按『儲存（S）』鈕。

圖 12-92

按下『儲存（S）』鈕後，回到「LISREL Windows Application──生活滿意 SEM」（LISREL 視窗應用──生活滿意 SEM）對話視窗，中間空白為 SIMPLIS 語法的撰寫區，語法輸入區的下方為模式之觀察變項與潛在變項的提示方盒，內定的觀察變項有二個，變數名稱分別VAR1、VAR2，無潛在變項（因為尚未界定潛在變項）。

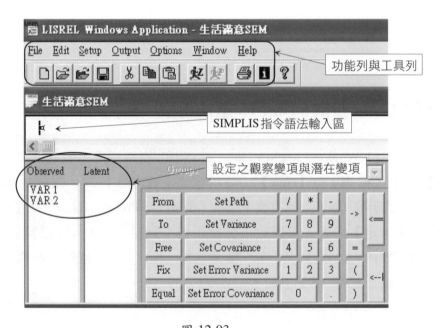

圖 12-93

步驟 2——開啟模式的資料檔

執行功能列【File】（檔案）→【Open】（開啟舊檔）程序或按工具列【開啟舊檔】鈕，會出現「開啟舊檔」對話視窗，在「檔案類型（T）」的下拉式選單中選取 PRELIS 資料檔類型：「PRELIS Data（*.psf）」選項→在「搜尋位置（I）」中選取資料檔所存放的資料夾與資料檔檔案名稱，範例中為「生涯規劃」→按【開啟（O）】鈕→開啟SIMPLIS資料檔類型之「生涯規劃.psf」資料檔視窗，按右上角縮小鍵「－」，將「生涯規劃.psf」資料檔視窗縮小。

圖 12-94

「生涯規劃.psf」資料檔的有效樣本數共有 468 位。

	性別	健康狀況	經濟狀況	健康維持	居家安排	經濟計劃	休閒娛樂	社會參與	整體生涯	生理適應
464	2.00	1.00	2.00	20.00	14.00	22.00	20.00	25.00	101.00	20.00
465	2.00	1.00	1.00	19.00	15.00	22.00	20.00	25.00	101.00	18.00
466	2.00	2.00	1.00	20.00	15.00	23.00	20.00	25.00	103.00	20.00
467	2.00	2.00	1.00	17.00	13.00	24.00	20.00	25.00	99.00	11.00
468	2.00	3.00	2.00	20.00	15.00	25.00	20.00	25.00	105.00	19.00

圖 12-95

▌步驟 3──設定觀察變項與潛在變項

執行功能列【Setup】（設定）→【Variables】（變項）程序，開啟「Labels」
（標籤）對話視窗，按『Add/Read Variables』（增列／讀取變數）鈕選取PRELIS
資料檔：「生涯規劃.psf」，則「生涯規劃.psf」資料檔中所有變數均會讀入
「Observed Variables」（觀察變項）方盒中→按『Add Latent Variables』（新增潛
在變項）鈕，增列模式中三個潛在變項構念名稱：「生涯規劃」、「生活適應」、
「生活滿意」→按『OK』鈕。

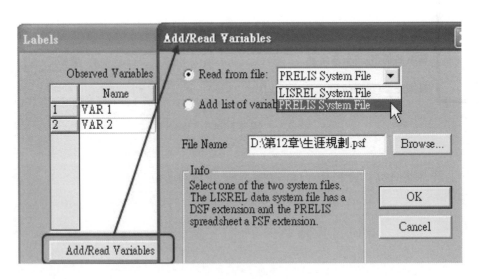

圖 12-96

【備註】

於『Add/Read Variables』（增列／讀取變數）對話視窗中，「Read from file」（讀取何種檔案）選單有二種：「LISREL System File」、「PRELIS System File」，內定為 LISREL 系統檔案類型，研究者必須將之改為 PRELIS 系統檔案類型（PRELIS System File）。

按『Add Latent Variables』（新增潛在變項）鈕增列界定的潛在變數名稱不能與觀察變項（資料檔中的變數名稱）相同，否則執行時會出現錯誤，因為一個假設模型中不能出現二個相同的變數名稱。

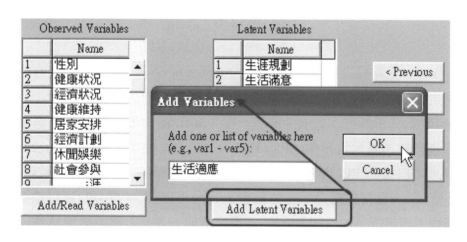

圖 12-97

步驟 4——設定觀察值的樣本數

執行功能列【Setup】（設定）→【Data】（資料）程序，開啟「Data」（資料）對話視窗。

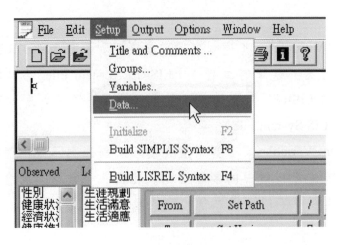

圖 12-98

　　在「Data」（資料）對話視窗中，「Number of observations」（觀察值數目）下的方格中預設值為 0，更改預設值的數字為統計設定分析的樣本數，範例中更改為 468，表示分析的樣本數有 468 個。在「Statistics from」（統計來自）下的方盒中選取資料檔為原始資料檔（Raw Data）；在資料檔案型態（File type）方面為 PRELIS 系統資料檔（PRELIS System Data）。由於之前開啟的資料檔類型為「PRELIS Data（*.psf）」、資料檔名為「生涯規劃.psf」，因而此視窗中的資料檔案型態與檔案名稱均不用更改，於「File type」（檔案型態）下的方格中之選項為「PRELIS System Data」（PRELIS 系統資料檔）、「File name」（檔案名稱）下的方格中之選項為「D:\第 12 章\生涯規劃.psf」。

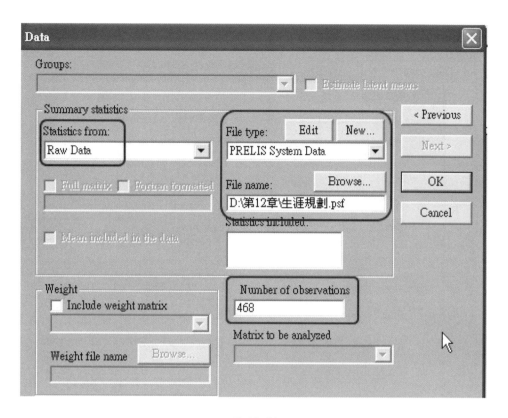

圖 12-99

步驟 5——設定SIMPLIS 輸出

執行功能列【Output】（輸出）→【SIMPLIS Outputs】（SIMPLIS 輸出）程序。在 SIMPLIS Outputs」（SIMPLIS 輸出）的對話視窗中，內定的估計方法為最大概似法（⦿ Maximum Likelihood）、估計運算疊代最大數目（Maximum Number of Iteration）為 250（此數字研究者也可以將其改為大於 250 中的任一數字）、輸出結果數字的小數點預設為 2 位（小數點數目研究者可以自行更改）→按『OK』鈕。

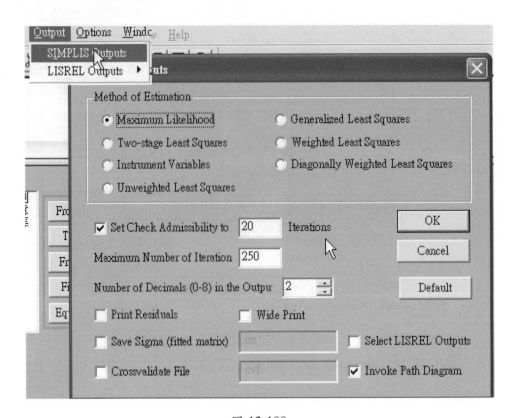

圖 12-100

　　在上述按下『OK』（確定）鈕後，會於 SIMPLIS 語法編輯區域中自動出現以下的語法，包括分析的資料檔（觀察變項）、樣本數的設定（樣本數有 468位）、潛在變項的設定（三個潛在變數）、模式變項間關係設定的關鍵字（Relationships）、呈現路徑分析圖的關鍵字（Path Diagram）、SIMPLIS語法結束關鍵字（End of Problem）等

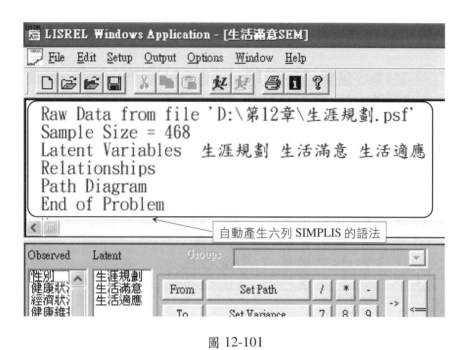

圖 12-101

◢ 步驟6——增列變項間關係語法指令

根據步驟5，LISREL於SIMPLIS語法空白處出現的基本語法指令，增列變數間關係的語法指令，範例中於關鍵字「Relationships」下設定三個測量模式及一個潛在變項關係模式：

Relationships

經濟計劃　休閒娛樂　＝　生涯規劃

日常生活　自我實現　＝　生活滿意

心理適應　社會適應　＝　生活適應

生活滿意　＝生涯規劃　　生活適應

除以關鍵字「Relationships」界定測量模式或潛在變項間的關係，也可以採用另一關鍵字「Paths」來界定測量模式或潛在變項間的關係。此外，研究者也可以根據研究所需，輸出LISREL格式的輸出結果（關鍵字為LISREL Output），或利

用選項「Options:」關鍵字輸出 SIMPLIS 的結果。

圖 12-102

下圖中為修改增列關鍵字「Paths」來界定潛在變項間的關係：

Paths

生涯規劃 —> 生活滿意

生活適應 —> 生活滿意

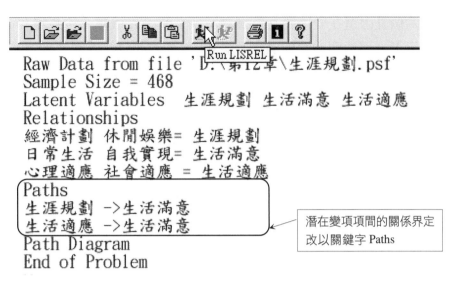

圖 12-103

步驟 7——執行 SIMPLIS 語法程式

按工具列執行圖像鈕 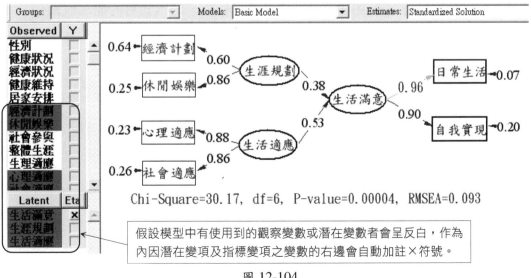（Run LISREL），會執行 SIMPLIS 語法程式。標準化估計值的模式圖如下，模式的自由度為 6、卡方值等於 30.17、顯著性機率值 p=0.000、RMSEA 值等於 0.093。

圖 12-104

　　界定二個外因潛在變項間互為獨立，二者間沒有相關（其共變關係為 0），則增列外因潛在變項間的共變關係等於 0，增列的 SIMPLIS 語法如下：

「Set Covariance of between 生涯規劃 生活適應 To 0」。

```
Raw Data from file 'D:\第12章\生涯規劃.psf'
Sample Size = 468
Latent Variables   生涯規劃 生活滿意 生活適應
Relationships
經濟計劃 休閒娛樂 = 生涯規劃
日常生活 自我實現 = 生活滿意
心理適應 社會適應 = 生活適應
Paths
生涯規劃 生活適應 ->生活滿意
Set Covariance of between 生涯規劃 生活適應 To 0
Path Diagram
End of Problem
```

圖 12-105

　　如果潛在變項的指標變項只有一個，則表示此潛在變項可以百分之百反映其指標變項，此時，指標變項的測量誤差變異要設為 0，或將設為微小的誤差變異值如 0.03。假設模型中若沒有界定測量誤差變異數，則模式可能無法收斂估計。

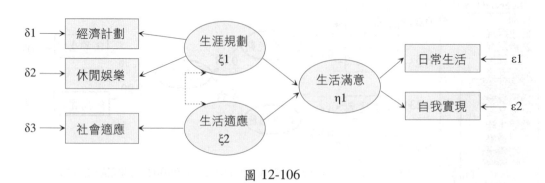

圖 12-106

　　在上列假設因果模式圖中，外因潛在變項只有一個測量指標變項「社會適應」，表示社會適應指標變項可以百分之百的反映其潛在變項，此時必須將生活

適應潛在變項之指標變項「社會適應」的誤差變異設定為0，表示潛在構念變項
生活適應可以解釋社會適應 100%的變異。SIMPLIS 的語法指令如下，其中增列
「Set the Error of 社會適應 equal to 0」。

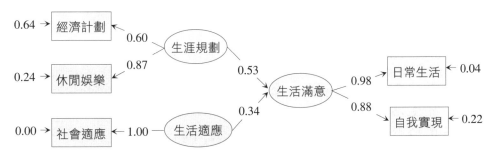

```
Raw Data from file 'D:\第12章\生涯規劃.psf'
Sample Size = 468
Latent Variables  生涯規劃 生活適應 生活滿意
Relationships
經濟計劃 休閒娛樂= 生涯規劃
日常生活 自我實現= 生活滿意
社會適應 = 生活適應
生活滿意 = 生涯規劃 生活適應
Set the Error Variance of 社會適應 equal to 0
Path Diagram
End of Problem
```

圖 12-107

按工具列執行圖像鈕 🈂 （Run LISREL），假設模型可以收斂估計。標準化
估計值的模式圖如下，模式的自由度為 3、卡方值等於 10.105、顯著性機率值
p=0.018、RMSEA 值等於 0.071。

Chi-Square=10.05, df=3, P-value=0.01816, RMSEA=0.071

圖 12-108

將外因潛在變項「生活適應」指標變項「社會適應」的測量誤差限定為一個
接近0的微小值（範例中為0.03），其 SIMPLIS 的語法如下：

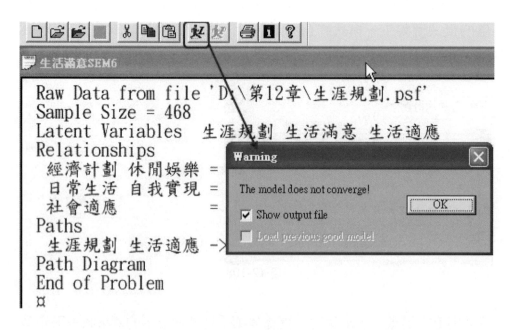

Raw Data from file 'D:\第12章\生涯規劃.psf'
Sample Size = 468
Latent Variables　生涯規劃　生活滿意　生活適應
Relationships
　經濟計劃　休閒娛樂　=　生涯規劃
　日常生活　自我實現　=　生活滿意
　社會適應　　　　　　=　　　　　　單一指標變項社會適應的測量誤差變異界定
Paths　　　　　　　　　　　　　　　　為接近 0 的微小值 0.03
　生涯規劃　生活適應 ->生活滿意
Set Error Covariance of 社會適應 To 0.03
Path Diagram
End of Problem

圖 12-109

　　外因潛在變項「生活適應」之單一指標變項「社會適應」的測量誤差變異沒
有加以界定，按工具列執行圖像鈕　（Run LISREL），模式無法收斂估計（The
model does not converge!），此時會出現「Warning」（警告）提示視窗。

圖 12-110

　　在SIMPLIS的模組中，採用上述的操作方法直接讀取「PRELIS系統資料檔」（*.psf），可以不用界定假設模型中的觀察變項，也可以直接採用SPSS或EXCEL建立的資料檔，不需要將變項轉為相關矩陣或共變異數矩陣，對使用者而言，較為便利。

第 13 章
SIMPLIS 專案
語法應用

Structural

Equation

Modeling

完整的 SEM 包含測量模式與結構模式，數個測量模式的組合後潛在變項間因果關係的探討即成為結構模式，結構模式的潛在變項又分為二種：外因潛在變項、內因潛在變項，前者又稱為自變項或因變項，後者又稱為依變項或果變項。

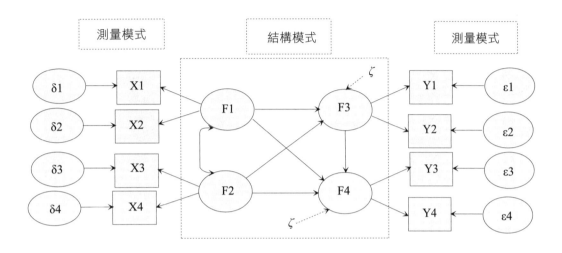

在上述 SEM 模型中，二個外因潛在變項（自變項）為 F1、F2，內因潛在變項（依變項）為 F3、F4，內因潛在變項F3就外因潛在變項而言為一個果變項（依變項），但對於潛在變項 F4 而言是一個因變項（自變項），其性質類似一個中介變項，以外因潛在變項來預測內因潛在變項會有預測殘差，因而內因潛在變項F3、F4 各要增列一個預測殘差項。在 SIMPLIS 的語法操作視窗中，內因潛在變項（依變項／果變項）者的預測殘差變項，及測量模型中各指標變項的測量誤差項均不用界定，研究者只要語法視窗中直接界定各測量模式及結構模式的關係即可。

此外，假設模式圖中所有橢圓形物件內的潛在變項名稱不能與 SPSS 資料檔內的變數名稱相同，SPSS資料檔內的變數名稱均被視為是觀察變項或測量變項，SEM 假設模型的潛在變項名稱不能與觀察變項名稱相同，每個潛在變項及觀察變項的變數名稱都有唯一性。完整的 SEM 模型中作為外因潛在變項至少要對一個內因潛在變項有直接影響效果（直接路徑），若是外因潛在變項完全對內因潛在變項沒有直接影響路徑，則增列的外因潛在變項是沒有意義的。以下圖有四個潛在變項的 SEM 假設模型圖為例，潛在變項「F1」對內因潛在變項 F3 沒有直接影響路徑，對內因潛在變項F4 也沒有直接影響路徑，即潛在變項F1對模型中的二個內因潛在變項都沒有直接效果值，此時假設模型中增列潛在變項 F1 是沒有

意義的，此模型應再簡化。

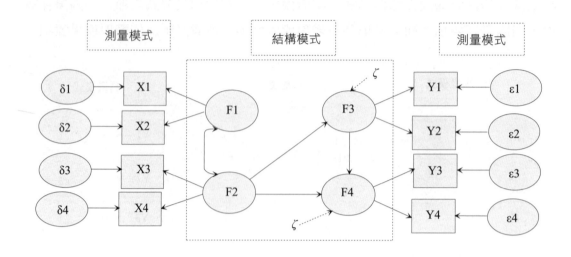

簡化後完整的 SEM 假設模型圖如下：

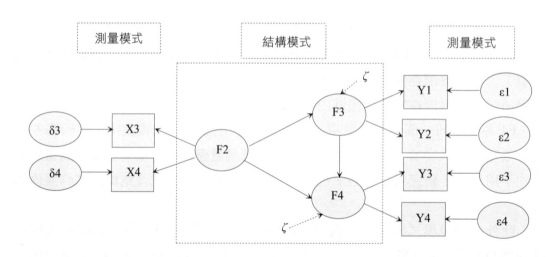

　　再以下述有六個潛在變項的 SEM 假設模型圖為例，潛在變項 F1、F3 對中介潛在變項 F4 沒有直接影響路徑，對內因潛在變項 F5、F6 也沒有直接影響效果，潛在變數對模型中任何內因潛在變項都沒有直接效果值，則模型中界定這些潛在變項是多餘的，F1 測量模型與 F3 測量模型沒有必要呈現於假設模型中，這二個測量模型最好刪除。

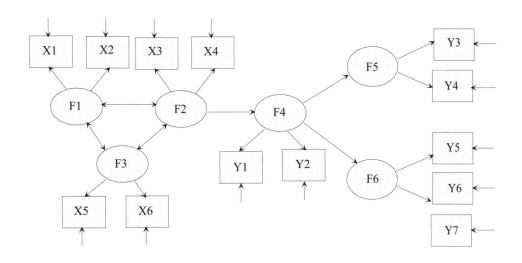

簡化的 SEM 假設模型圖如下：

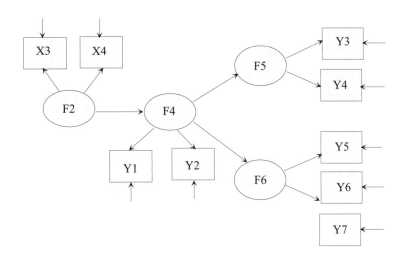

　　SEM 模式適配度的檢定方面，如果研究者所提的假設模型與樣本資料無法
契合，則假設模型無法被接受，此時研究者會根據SIMPLIS報表提供修正指標進
行模式的修正。模式修正一次只能釋放一組參數，常見者為增列測量誤差項的共
變關係，由於各潛在變項是每個量表所測得的心理特質或潛在構念，因而不同潛
在變項的指標變項所表示的特質態度或潛在構念是不同的，研究者不能只根據修
正指標值，任意界定二個觀察變項的測量誤差間有相關。SIMPLIS內定的選項為
假設所有測量指標的測量誤差間彼此獨立，沒有相關，如果研究者認為同一個測
量模型中某些測量誤差項有共變關係存在，則需要以語法另外界定。

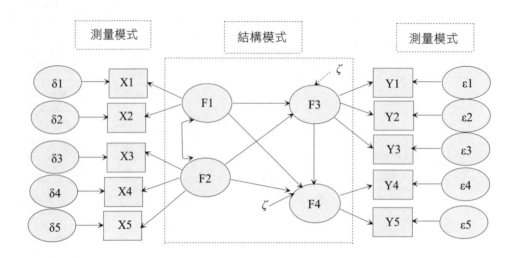

下圖範例為界定觀察變項 X3 與觀察變項 X5 間的測量殘差項有共變關係；此外，也界定觀察變項 Y4 與觀察變項 Y5 間的測量殘差項有共變關係的假設模型圖。

SIMPLIS 語法界定如下（以下三種語法均可）：

Let the errors between X3 and X5 correlate
Let the errors between Y4 and Y5 correlate
Set the error Covariance between X3 and X5 free
Set the error Covariance between Y4 and Y5 free
Set Error Covariance of between X3 and X5
Set Error Covariance of between Y4 and Y5

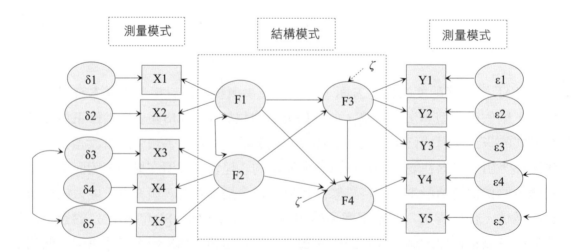

如果測量誤差間的共變關係是跨不同潛在變項，則此參數不應釋放。以下圖為列，研究者根據修正指標及減少的卡方值數值大小，增列觀察變項 X1 與觀察變項 X4 之測量誤差項的共變關係，之後再增列觀察變項 X3 與觀察變項 Y4 之測量誤差項的共變關係，此種模型的修正是不適切的。就不同外因潛在變項而言，若是其觀察變項間的測量誤差項有共變關係，表示潛在變項所測得的心理特質或構念可能十分接近，這些潛在變項可以再合併為一個因素構念；外因潛在變項與內因潛在變項在模型界定中，一個為因變項、一個為果變項，若是其觀察變項間的測量誤差項有共變關係，則變項的因果關係似乎很難界定，因而此種假設模型是無法合理解釋的。在增列觀察變項之測量誤差項間的共變關係時，最好是同一測量模型中的觀察變項，其次是同為外因潛在變項的觀察變項。

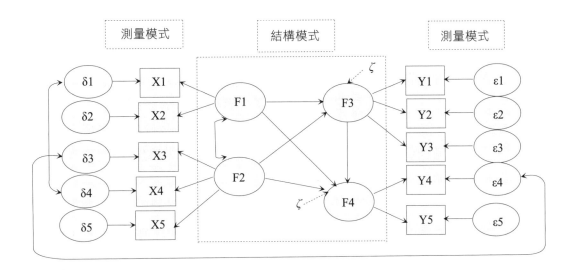

13.1　假設因果模式圖的驗證

在一項中小學退休教師生涯規劃、自我意向與個人調適及生活滿意關係的因果模式探究中，研究者根據相關理論文獻提出相關假設如下：

測量模式的假設

1. 「生涯規劃」為外因潛在變項,其觀察變項有「健康維持」、「理財規劃」、「服務規劃」,三個測量指標變項為受試者在「生涯規劃量表」上相對應題項加總後的分數,三個觀察變項為生涯規劃潛在構念的三個向度。

2. 「自我意向」為內因潛在變項,其觀察變項有「人生意向」、「價值意向」、「活動意向」等三個,三個測量指標變項為受試者在「自我意向量表」上相對應題項加總後的分數,三個觀察變項為自我意向潛在構念的三個向度。

3. 「個人調適」為內因潛在變項,其觀察變項有「生理調適」、「心理調適」、「人際調適」、「活動調適」等四個,四個測量指標變項為受試者在「個人調適量表」上相對應題項加總後的分數,四個觀察變項為自我意向潛在構念的四個向度。

4. 「生活滿意」為內因潛在變項,其觀察變項有「健康狀態」、「經濟穩定」、「日常活動」、「自我實現」等四個,四個測量指標變項為受試者在「生活滿意量表」上相對應題項加總後的分數,四個觀察變項為生活滿意潛在構念的四個向度。

各觀察變項(各向度)中所包含的題項個數並未完全相同。十四個指標變項的描述性統計量摘要表如下,由於各向度(觀察變項)所包含的題項數不同,因而雖採用李克特五點量表格式,各向度變項的最大值並不一樣,若是將各向度轉化為單題平均數,則單題平均數的數值均介於 1 至 5 之間。

十四個觀察變項的描述性統計量摘要表

觀察變項	個數	最小值	最大值	平均數	標準差	題項數	單題平均測量值
健康維持	900	10.00	30.00	22.898	3.824	6	3.816
理財規劃	900	6.00	30.00	20.203	3.933	6	3.367
服務規劃	900	3.00	15.00	11.696	2.015	3	3.899
人生意向	900	7.00	20.00	16.394	1.991	4	4.099
價值意向	900	12.00	25.00	19.677	2.537	5	3.935
活動意向	900	12.00	30.00	23.203	3.274	6	3.867
生理調適	900	13.00	25.00	20.034	2.214	5	4.007

觀察變項	個數	最小值	最大值	平均數	標準差	題項數	單題平均測量值
心理調適	900	8.00	20.00	15.301	2.290	4	3.825
人際調適	900	9.00	20.00	15.650	2.057	4	3.913
活動調適	900	11.00	25.00	19.868	2.397	5	3.974
健康狀態	900	14.00	25.00	20.273	2.490	5	4.055
經濟穩定	900	12.00	25.00	19.736	2.606	5	3.947
日常活動	900	12.00	25.00	19.570	2.607	5	3.914
自我實現	900	12.00	25.00	20.757	2.542	5	4.151

結果模式的假設

1. 「生涯規劃」變因直接影響「自我意向」、「個人調適」與「生活滿意」三個變項。
2. 「自我意向」變因直接影響「個人調適」與「生活滿意」二個變項。
3. 「個人調適」變因直接影響「生活滿意」變項。

　　四個潛在變項間的結構模式關係如下，徑路圖旁加註「＋」號表示變項間的影響為正向，若是外因潛在變項對內因潛在變項的影響為負向，則可於徑路圖旁加註「－」號以示區別。

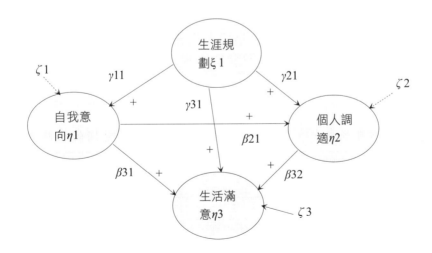

　　四個測量模式如下：

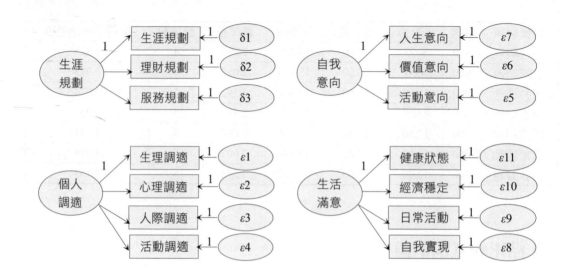

整體模式的假設

1. 每一個觀察變項皆反映其原先唯一的潛在構念，觀察變項沒有跨潛在變項的情形。

2. 指標變項（觀察變項）與指標變項（觀察變項）間的測量誤差（error）間沒有關連，即十四個測量誤差項間彼此獨立沒有共變關係，測量誤差相關（correlated error）係數值為 0。

3. 潛在變項與潛在變項間的預測殘差項（residual）間彼此獨立沒有共變關係。

4. 潛在變項間的預測殘差項與指標變項的測量誤差項間彼此獨立沒有共變關係。

整體生涯規劃、整體自我意向、整體個人調適與整體生活滿意間的相關矩陣摘要表

變項名稱	整體規劃	整體意向	整體調適	整體滿意
整體規劃	1			
整體意向	.462***	1		
整體調適	.448***	.719***	1	
整體滿意	.474***	.774***	.769***	1

***p<.001

　　從相關矩陣摘要表中發現，四個潛在變項間的相關係數介於.448 至.774 之間，均達到.05 顯著水準，相關係數值均為正數，表示四個潛在變項彼此間呈中度顯著正相關，其中整體自我意向、整體個人調適與整體生活滿意度的相關較為密切，相關係數分別為.774、.769，整體生涯規劃與整體自我意向、整體個人調適、整體生活滿意變數間的相關分別為.462、.448、.474。

　　藉由SPSS統計軟體執行功能列【分析】／【敘述統計】／【描述性統計量】程序，求出四個量表總分變數及十四個觀察變項的偏態與峰度。

十四個觀察變項及量表總分變項的常態性檢定摘要表

變項名稱	個數	平均數	標準差	偏態		峰度	
	統計量	統計量	統計量	統計量	標準誤	統計量	標準誤
健康維持	900	22.90	3.824	−.109	.082	−.086	.163
理財規劃	900	20.20	3.933	−.257	.082	.645	.163
服務規劃	900	11.70	2.015	−.295	.082	.138	.163
整體規劃	900	54.80	8.151	−.058	.082	.363	.163
人生意向	900	16.39	1.991	−.171	.082	1.088	.163
價值意向	900	19.68	2.537	.028	.082	−.013	.163
活動意向	900	23.20	3.274	.011	.082	.156	.163
整體意向	900	59.27	7.066	.046	.082	.194	.163
生理調適	900	20.03	2.214	−.017	.082	.569	.163
心理調適	900	15.30	2.290	−.198	.082	.417	.163
人際調適	900	15.65	2.057	.042	.082	.354	.163
活動調適	900	19.87	2.397	.117	.082	.459	.163
整體調適	900	70.85	7.782	.147	.082	.405	.163
健康狀態	900	20.27	2.490	.088	.082	−.038	.163
經濟穩定	900	19.74	2.606	−.138	.082	.016	.163
日常活動	900	19.57	2.607	.080	.082	.046	.163
自我實現	900	20.76	2.542	.013	.082	−.138	.163
整體滿意	900	80.34	8.848	.066	.082	.016	.163
最大值				0.147	0.082	1.088	0.163
最小值				−0.295	0.082	−0.138	0.163

　　從資料結構常態性檢定摘要表中發現：十四個觀察變項的偏態係數介於-0.295

至 0.147 之間，偏態係數的絕對值沒有大於學者所認定的常態偏離臨界值 3，峰度係數介於−0.138 至 1.088 之間，峰度係數的絕對值也沒有大於學者所認定的常態偏離臨界值 8，可見資料結構大致符合常態分配的假定，由於資料樣本來自多變項常態分配母群，因而採用最大概似法（ML）作為模式估計方法（若是資料結構變項的偏態與峰度檢定嚴重偏離常態分配的假定，而樣本又夠大時，可改採用漸進自由分配法 ADF 法-Asymptotically distribution-free，採用 ADF 法時，有效樣本數要為大樣本，否則模式估計的偏誤值會更大）。

　　國中退休教師生涯規劃、自我意向與個人調適及生活滿意的假設因果模式圖如下：

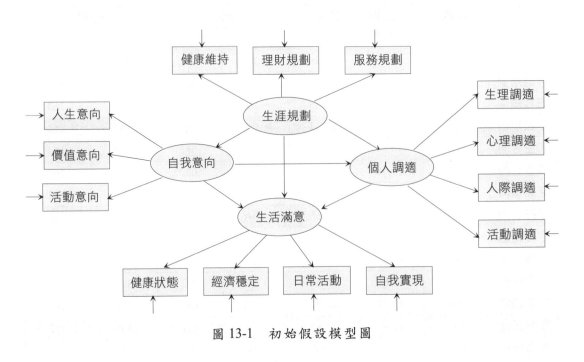

圖 13-1　初始假設模型圖

13.2　SIMPLIS 基本語法檔建立

　　在 SIMPLIS 的操作中可以採用觀察變項（指標變項）的「相關矩陣」、「共變異數矩陣」或「原始資料檔」。相關矩陣的語法關鍵字為「Correlation Matrix」，共變異數矩陣的語法關鍵字為「Covariance Matrix」，二個矩陣均可增列指標變項

的平均數（Means）與標準差（Standard Deviation），採用相關矩陣或共變異數矩陣必須要轉由原始資料檔轉換求得，因而操作較為麻煩。在一般單變量或多變量統計分析中，研究者使用最多的統計分析軟體為 SPSS，其資料檔副檔名為「*.sav」，研究者可將 SPSS 資料檔直接滙入轉換為「PRELIS Data（*.psf）」資料類型檔案，而以關鍵字「Raw Data from File」直接讀取資料檔，此種資料的讀取與分析較有彈性，也較為方便。

　　以國中退休教師生涯規劃、自我意向與個人調適、生活滿意因果關係分析之資料檔為例，在 SPSS 資料編輯程式的變數檢視中包括三個背景變項（性別、學校類別、學校地區）、十四個指標變項（題項加總後的向度分數）、四個量表總分加總變項（整體規劃、整體意向、整體調適、整體滿意），資料檔檔名為「退休生涯.sav」。

	名稱	類型	寬度	小數	標記	數值	遺漏	欄	對齊	測量
1	性別	數字的	1	0		{1, 男性}...	無	8	右	名義的
2	學校類型	數字的	1	0		{1, 小學}...	無	8	右	名義的
3	學校地區	數字的	1	0		{1, 北區}...	無	8	右	名義的
4	健康維持	數字的	8	0		無	無	10	右	尺度
5	理財規劃	數字的	8	0		無	無	10	右	尺度
6	服務規劃	數字的	8	0		無	無	10	右	尺度
7	整體規劃	數字的	8	0		無	無	16	右	尺度
8	人生意向	數字的	8	0		無	無	10	右	尺度
9	價值意向	數字的	8	0		無	無	10	右	尺度
10	活動意向	數字的	8	0		無	無	10	右	尺度
11	整體意向	數字的	8	0		無	無	14	右	尺度
12	生理調適	數字的	8	0		無	無	10	右	尺度
13	心理調適	數字的	8	0		無	無	10	右	尺度
14	人際調適	數字的	8	0		無	無	10	右	尺度
15	活動調適	數字的	8	0		無	無	10	右	尺度
16	整體調適	數字的	8	0		無	無	14	右	尺度

退休生涯 - SPSS 資料編輯程式

檔案(F)　編輯(E)　檢視(V)　資料(D)　轉換(T)　分析(A)　統計圖(G)　公用程式(U)　視窗(W)　輔助說明(H)

資料檢視　變數檢視

SPSS 處理器 已就緒

轉換與匯入資料檔

在「LISREL Windows Application」（LISREL 視窗應用）對話視窗中，執行功能列【File】（檔案）→【Import External Data in Other Formats】（以其他格式輸入外部資料）程序，開啟「開啟」對話視窗。如果資料檔是以ASCII文書檔之資料檔格式存檔，則選取「Import Data in Free Format」（以自由格式輸入資料）選項。

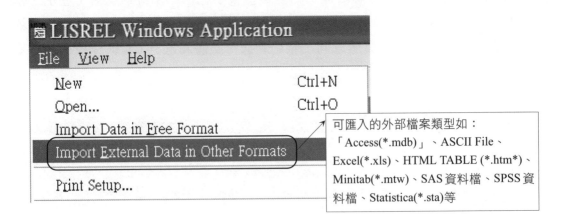

在「開啟」對話視窗中，「檔案類型（T）」下拉式選單中選取「SPSS Data File（*.sav）」選項，範例為選取SPSS資料檔「退休生涯」，再按『開啟（O）』鈕，出現「另存新檔」對話視窗。（社會科學研究中最為實用的統計軟體為SPSS，其資料檔的副檔名為.sav，研究者不用轉換原先 SPSS 建立的資料檔，只要直接將 SPSS 資料檔匯入即可，匯入 SPSS 資料檔後，研究者也不用另外求出觀察變項的相關矩陣或共變異數矩陣，直接利用滙入資料檔進行分析，此種操作較為簡易，也較有彈性）。

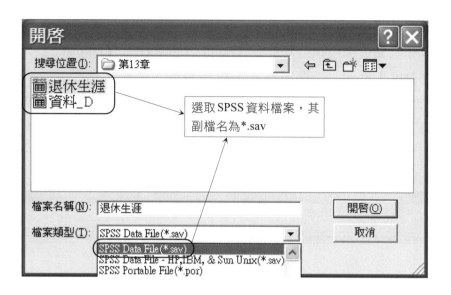

在「另存新檔」對話視窗中，「存檔類型（T）」右邊的下拉式選單選取「PRELIS Data（*.psf）」選項，在「檔案名稱（N）」的右邊輸入 PRELIS Data 類型的檔案名稱，範例為「生活滿意_1」（完整的檔案名稱為『生活滿意_1.psf』）→按『存檔（S）』鈕。（PRELIS Data 資料檔類型的副檔名為*.psf）。

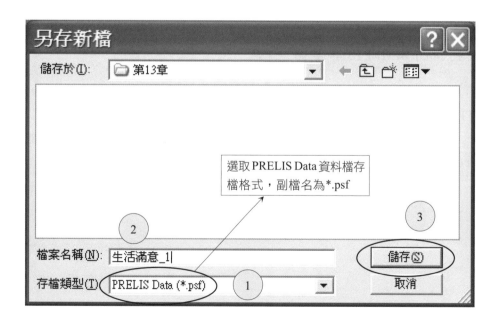

　　輸入的資料檔欄位的寬度內定為 8、小數點位數為小數二位，研究者若要更改欄位寬度與小數點位數可執行功能列【Edit】（編輯）／【Format...】（格式）程序，開啟「Data Format」（資料格式）對話視窗，內有二個選項：「Column Width」（欄位寬度），內定數值為 8、「Number of decimals」（小數點位數），內定的數值為 2，研究者可根據資料檔屬性設定欄位寬度與小數點位數，範例中的小數點設定為小數一位。

	性別	學校類型	學校地區	健康維持	理財規劃	服務規劃	整體規劃	人生意向	價值意向	活動意向	整體意向	生理調適	心理調適	人際調適	活動
1	2.0	1.0	1.0	21.0	19.0	11.0	51.0	16.0	20.0	24.0	60.0	20.0	16.0	16.0	20
2	2.0	1.0	1.0	22.0	21.0	10.0	53.0	16.0	20.0	24.0	60.0	20.0	14.0	16.0	20
3	2.0	1.0	1.0	25.0	16.0	12.0	53.0	16.0	20.0	24.0	60.0	20.0	15.0	16.0	20
4	2.0	1.0	1.0	19.0	16.0	13.0	48.0	15.0	21.0	19.0	55.0	21.0	17.0	16.0	25
5	1.0	1.0	1.0	24.0	20.0	11.0	55.0	16.0	20.0	24.0	60.0	19.0	14.0	16.0	20
6	2.0	1.0	1.0	27.0	22.0	13.0	62.0	16.0	20.0	24.0	60.0	20.0	15.0	18.0	20
7	2.0	1.0	1.0	23.0	19.0	11.0	53.0	16.0	20.0	23.0	59.0	19.0	16.0	16.0	20
8	2.0	1.0	1.0	26.0	17.0	9.0	52.0	18.0	22.0	24.0	64.0	23.0	19.0	15.0	21
9	2.0	1.0	1.0	16.0	15.0	12.0	43.0	18.0	20.0	30.0	68.0	18.0	16.0	19.0	20
10	1.0	1.0	1.0	30.0	23.0	12.0	65.0	18.0	21.0	29.0	68.0	21.0	18.0	17.0	21
11	1.0	1.0	1.0	21.0	13.0	9.0	43.0	16.0	20.0	22.0	58.0	17.0	9.0	16.0	20
12	2.0	1.0	1.0	14.0	6.0	7.0	27.0	20.0	25.0	30.0	75.0	25.0	20.0	20.0	25

建立 SIMPLIS 專案（Project）

增列新的 SIMPLIS 專案語法檔

　　在「LISREL Windows Application」（LISREL 視窗應用）對話視窗中，執行功能列【File】（檔案）／【New】（開新檔案）程序，打開「開啟新檔」對話視窗，在「開啟新檔（N）」的方盒中選取「SIMPLIS Project」（SIMPLIS 專案）選項，再按【確定】鈕。

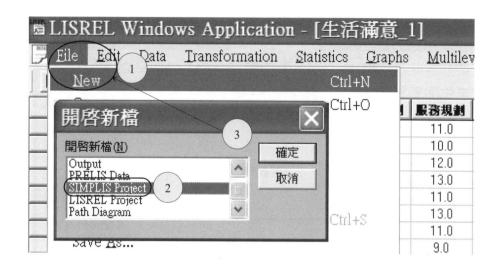

　　按下【確定】鈕後，會開啟「另存新檔」對話視窗，「存檔類型（T）」為「SIMPLIS Project（*.spj）」，在「檔案名稱（N）」的右邊輸入新檔名「退休滿意_1」，再按『儲存（S）』鈕，完整的SIMPLIS的語法檔名為「退休滿意_1.spj」。

　　按下『儲存（S）』鈕後，回到「LISREL Windows Application-退休滿意_1」（LISREL 視窗應用-退休滿意_1）對話視窗，中間空白為 SIMPLIS 語法的撰寫區，語法輸入區的下方為模式之觀察變項與潛在變項的提示方盒，內定的觀察變項有二個，變數名稱分別為VAR1、VAR2，因尚未設定潛在變項，所以沒有潛在變項的名稱。

　　如果研究者之前已建立「SIMPLIS Project（*.spj）」檔案或「PRELIS Data（*.psf）」資料檔，可執行功能列【File】（檔案）／【Open...】（開啟）程序，或直接按工具列「Open」（開啟）鈕，可打開「開啟舊檔」對話視窗。「檔案類型（T）」選項包括「Syntax Only」（單純 SIMPLIS 語法檔）、Output（結果輸出檔）、「PRELIS Data」（PRELIS 資料檔）、「SIMPLIS Project」（SIMPLIS 專案檔）、「LISREL Project」（LISREL 專案檔）、「Path Diagram」（路徑繪圖檔）等，研究者若要開啟PRELIS資料檔，檔案類型要選取「PRELIS Data（*.psf）」，若要開啟SIMPLIS專案檔案，檔案類型要選取「SIMPLIS Project（*.spj）」（副檔名為*.spj）。

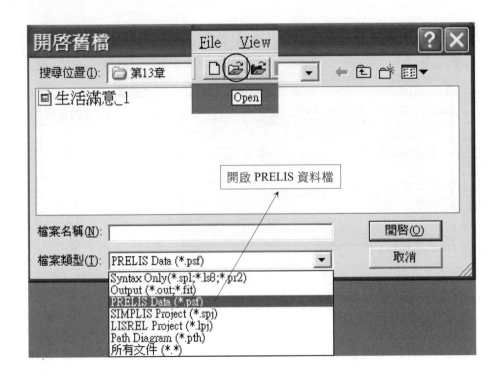

設定指標變項與增列潛在變項

　　執行功能列【Setup】（設定）／【Variables】（變項）程序，開啟「Labels」
（標籤）對話視窗。在「Labels」（標籤）對話視窗中可以設定假設模型圖的觀
察變項與潛在變項，觀察變項直接使用之前匯入之 PRELIS Data 檔案類型之資料
檔，範例中為「生活滿意_1.psf」。資料檔「生活滿意_1.psf」資料檔中的變數均
被視為觀察變項（指標變項）→按視窗左邊「Observed Variables」（觀察變項）
下之『Add/Read Variables』（增列／讀取變數）按鈕，可開啟「Add/Read Variables」
（增列／讀取變數）對話視窗。

　　在「Add ／ Read Variables」（增列／讀取變數）對話視窗中，選取內定選項
「◉ Read from file:」選項，其預設檔案格式為「LISREL System File」，在下拉式選
單中選取「PRELIS System File」（PRELIS 系統檔案）選項（因為資料檔是存成
PRELIS Data資料檔的格式）→按「File Name」（檔案名稱）方格之右邊『Browse...』
（瀏覽）鈕，開啟「Browse」（瀏覽）對話視窗，選取目的資料檔，副檔名為
「*.psf」，範例中的資料檔檔名為「生活滿意_1.psf」，檔案存放於D磁碟機「第
13章」資料夾中。

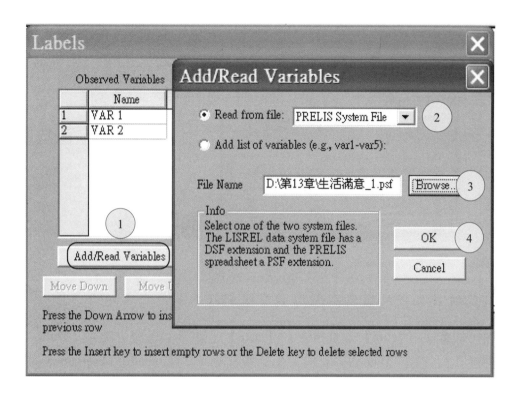

　　假設模型中的潛在變項由於沒有出現於資料檔「*.psf」中，因而必須另外增列設定：按視窗方格右下方『Add Latent Variables』（增列潛在變項）按鈕，開啟「Add Variables」（增列變項）次視窗。在「Add Variables」（增列變項）次對話視窗分別鍵入潛在變項「生涯規劃」、「自我意向」、「個人調適」、「生活滿意」，潛在變項的名稱不能與觀察變項中的變數名稱相同，且潛在變項名稱不能重複，若是研究者增列的潛在變項有次序性，可一次增列多個，如增列的五個潛在變項為 LF1、LF2、LF3、LF4、LF5，可於「Add Variables」（增列變項）次對話視窗空格鍵入「LF1-LF5」。

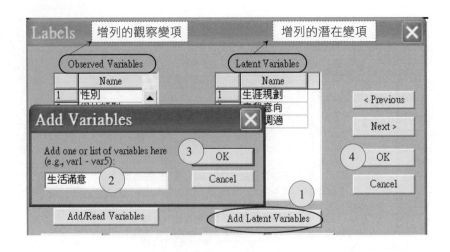

設定統計分析的檔案型態與觀察值的樣本數

執行功能列【Setup】（設定）／【Data】（資料）程序，開啟「Data」（資料）對話視窗。在「Data」（資料）對話視窗中，「Number of observations」（觀察值數目）下的方格中預設值為 0（有效樣本數為 0），更改預設值的數字為 900，表示分析的有效樣本數有 900 個。在「Statistics from」（統計來自）下的方盒中選取「Raw Data」（原始資料）選項。在「File type」（資料檔案型態）方面選取「PRELIS System Data」（PRELIS 系統資料檔）選項，按『Browse』（瀏覽）按鈕可重新選取 PRELIS 資料檔。

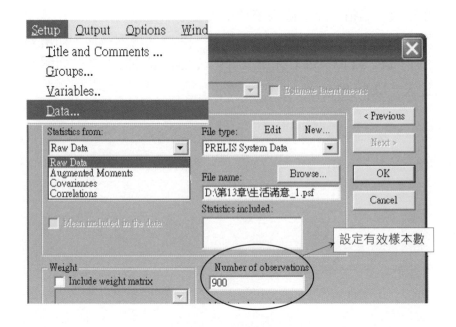

設定結果輸出類型

執行功能列【Output】（輸出）／【SIMPLIS Outputs】（SIMPLIS 輸出）程序，會開「SIMPLIS Outputs」對話視窗，內定的模式估計方法為「⊙ Maximum likelihood」（最大概似估計法），勾選「☑ Print Residuals」（印出殘差）選項，在 SIMPLIS輸出對話視窗中，內定輸出報表的小數點數字為小數第二位（Number of Decimals in the Output），研究者可根據實際所需，自行調整輸出統計量數的小數位數，設定完後，按『OK』（確定）鈕。

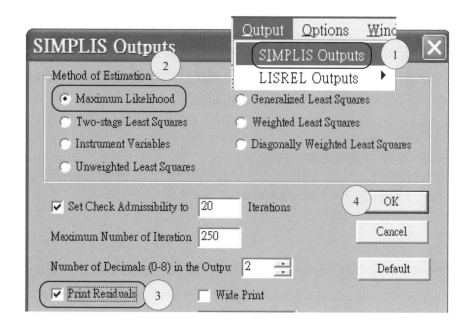

轉換 SIMPLIS 語法

執行功能列【Setup】（設定）／【Build SIMPLIS Syntax F8】（建立 SIMPLIS 語法）程序，可快速增列基本的 SIMPLIS 語法。

在SIMPLIS語法視窗中，會自動增列原始資料檔案來源、有效樣本數大小、模式中界定的潛在變項、界定測量模式與結構模式的關鍵字（Relationships）、印出殘差值選項、語法結束關鍵字（End of Problem）。

```
Raw Data from file 'D:\第13章\生活滿意_1.psf'
Sample Size = 900
Latent Variables    生涯規劃    自我意向    個人調適    生活滿意
Relationships
Path Diagram
Print Residuals
End of Problem
```

「Relationships」關鍵字的下方可設定各測量模式與結構模式，其語法為：

測量模式語法：「指標變項1　指標變項2　指標變項3　指標變項4……＝潛在變項」

結構模式語法：「外因變項（依變項）＝內因變項1（自變項）　內因變項2　內因變項3 ……」

研究者只要增列測量模式及結構模式即可，至於模式中所有的觀察變項不必另外用關鍵字「Observed Variables」界定，此外，由於模式估計時是使用原始資料檔，因而若有增刪觀察變項，也不必另外求出觀察變項的相關矩陣或共變異數矩陣。

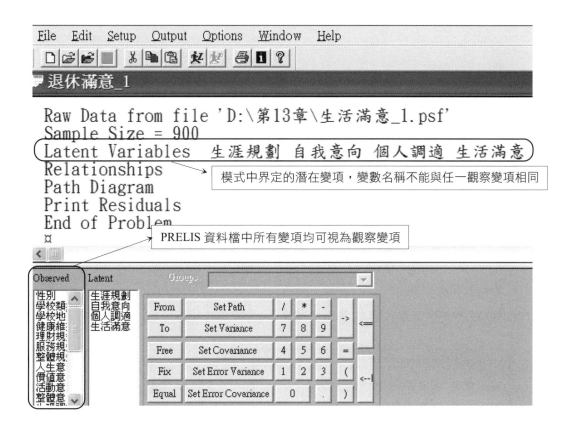

利用語法指令「Relationships」界定四個測量模型與三個結構模式關係，SIMPLIS 專案語法視窗中不能再界定觀察變項（測量指標變項）。

!初始假設模型

Raw Data from file 'D:\第 13 章\生活滿意_1.psf'

Sample Size = 900

Latent Variables 生涯規劃 自我意向 個人調適 生活滿意

Relationships

> 健康維持 理財規劃 服務規劃＝生涯規劃
> 人生意向 價值意向 活動意向＝自我意向
> 生理調適 心理調適 人際調適 活動調適＝個人調適
> 健康狀態 經濟穩定 日常活動 自我實現＝生活滿意

界定的四個測量模式

> 生活滿意＝生涯規劃 自我意向 個人調適
> 個人調適＝生涯規劃 自我意向
> 自我意向＝生涯規劃

界定的結構模式

Path Diagram
Print Residuals
End of Problem

　　如果研究者於SIMPLIS專案語法中重複界定觀察變項，則執行『Run LISREL』工具鈕時，會出現模式無法收斂聚合（The model does not converge）的警告視窗。

!增列觀察變項初始假設模型
Raw Data from file 'D:\第 13 章\生活滿意_1.psf'
Sample Size = 900
Latent Variables 生涯規劃 自我意向 個人調適 生活滿意

Observed Variables
健康維持 理財規劃 服務規劃
人生意向 價值意向 活動意向
生理調適 心理調適 人際調適 活動調適
健康狀態 經濟穩定 日常活動 自我實現

　　　　　　　　　　　　→ 增列十四個觀察變項

Relationships
健康維持 理財規劃 服務規劃 = 生涯規劃
人生意向 價值意向 活動意向 = 自我意向
生理調適 心理調適 人際調適 活動調適 = 個人調適
健康狀態 經濟穩定 日常活動 自我實現 = 生活滿意

生活滿意 = 生涯規劃 自我意向 個人調適
個人調適 = 生涯規劃 自我意向
自我意向 = 生涯規劃
Path Diagram
Print Residuals
End of Problem

　　模式輸出結果報表中會出現警告訊息，提示研究者模式中有變項的名稱重複出現，因而若是使用 SIMPLIS Project（副檔名為 .spj）的語法執行模式檢定，不用再重新界定模式中的所有觀察變項（或測量指標變項），否則模式無法辨識收斂。

> W_A_R_N_I_N_G: The variable name 活動調適 occurs at least twice
> 　　　　　　The variable name 健康狀態 occurs at least twice
> 　　　　　　The variable name 經濟穩定 occurs at least twice
> 　　　　　　The variable name 日常活動 occurs at least twice
> 　　　　　　The variable name 自我實現 occurs at least twice
> F_A_T_A_L E_R_R_O_R: At least two variable names are identical.

　　以 SIMPLIS 格式輸出的測量模式方程與結構模式方程摘要表如下，以第一個測量方程為例：

$$人生意向 = 1.71*自我意向，Errorvar.= 1.04，R^2 = 0.74$$
$$(0.066)$$
$$15.58$$

　　潛在變項「自我意向」對測量指標變項「人生意向」預測的非標準化徑路係數（非標準化迴歸係數）值為 1.71，測量誤差的變異數為 1.04，誤差變異數的標準誤為 0.066，誤差變異數顯著性檢定的 t 統計量為 15.58， t 統計量絕對值大於 1.96，表示誤差變異數參數值達到顯著。潛在變項「自我意向」對測量指標變項「人生意向」的解釋量為 74%，.74 開根號值為 .86，.86 為標準化迴歸係數（LISREL 輸出報表中的完全標準化解值數據），即測量指標變項「人生意向」的因素負荷量。

> LISREL Estimates (Maximum Likelihood)
> 　　Measurement Equations（測量模式方程）
> 　　人生意向 = 1.71*自我意向，Errorvar.= 1.04，$R^2 = 0.74$
> 　　　　　　　　　　(0.066)
> 　　　　　　　　　　15.58

價值意向 = 2.25*自我意向，Errorvar.= 1.38，$R^2 = 0.79$
 　　　　　(0.065)　　　　　　　　　(0.099)
 　　　　　 34.45　　　　　　　　　　13.90

活動意向 = 2.67*自我意向，Errorvar.= 3.57，$R^2 = 0.67$
 　　　　　(0.089)　　　　　　　　　(0.21)
 　　　　　 30.20　　　　　　　　　　17.29

生理調適 = 1.92*個人調適，Errorvar.= 1.23，$R^2 = 0.75$
 　　　　　　　　　　　　　　　　　　(0.079)
 　　　　　　　　　　　　　　　　　　15.52

心理調適 = 1.71*個人調適，Errorvar.= 2.33，$R^2 = 0.56$
 　　　　　(0.065)　　　　　　　　　(0.12)
 　　　　　 26.45　　　　　　　　　　18.86

人際調適 = 1.65*個人調適，Errorvar.= 1.51，$R^2 = 0.64$
 　　　　　(0.056)　　　　　　　　　(0.085)
 　　　　　 29.68　　　　　　　　　　17.80

活動調適 = 2.07*個人調適，Errorvar.= 1.45，$R^2 = 0.75$
 　　　　　(0.062)　　　　　　　　　(0.093)
 　　　　　 33.64　　　　　　　　　　15.54

健康狀態 = 1.96*生活滿意，Errorvar.= 2.38，$R^2 = 0.62$
 　　　　　　　　　　　　　　　　　　(0.13)
 　　　　　　　　　　　　　　　　　　18.38

經濟穩定 = 2.23*生活滿意，Errorvar.= 1.79，$R^2 = 0.74$
 　　　　　(0.078)　　　　　　　　　(0.11)
 　　　　　 28.57　　　　　　　　　　16.24

日常活動 = 2.24*生活滿意，Errorvar.= 1.76，$R^2 = 0.74$
 　　　　　(0.078)　　　　　　　　　(0.11)
 　　　　　 28.70　　　　　　　　　　16.10

自我實淚 = 1.91*生活滿意，Errorvar.= 2.82，$R^2 = 0.56$
 　　　　　(0.079)　　　　　　　　　(0.15)
 　　　　　 24.14　　　　　　　　　　18.95

健康維持 = 2.51*生涯規劃，Errorvar.= 8.32，$R^2 = 0.43$

$$(0.13) \qquad\qquad (0.49)$$

$$19.83 \qquad\qquad 17.10$$

理財規劃 = 3.30*生涯規劃, Errorvar.= 4.58，$R^2 = 0.70$

$$(0.13) \qquad\qquad (0.50)$$

$$26.26 \qquad\qquad 9.17$$

服務規劃 = 1.37*生涯規劃, Errorvar.= 2.19，$R^2 = 0.46$

$$(0.066) \qquad\qquad (0.13)$$

$$20.62 \qquad\qquad 16.47$$

Structural Equations（結構模式方程）

自我意向 = 0.53*生涯規劃, Errorvar.= 0.72，$R^2 = 0.28$

$$(0.038) \qquad\qquad (0.050)$$

$$14.02 \qquad\qquad 14.36$$

個人調適 = 0.72*自我意向 + 0.16*生涯規劃，Errorvar.= 0.32 ，= 0.68

$$(0.036) \qquad (0.033) \qquad\qquad (0.027)$$

$$19.86 \qquad 4.86 \qquad\qquad 12.20$$

生活滿意 = 0.51*自我意向 + 0.42*個人調適 + 0.052*生涯規劃, Errorvar.= 0.16，$R^2 = 0.84$

$$(0.045) \qquad (0.044) \qquad (0.027) \qquad\qquad (0.018)$$

$$11.37 \qquad 9.62 \qquad 1.89 \qquad\qquad 8.99$$

　　所有估計的參數，只有生涯規劃對生活滿意直接的迴歸係數值（非標準化徑路係數值等於 0.052，估計標準誤為 0.027）未達 0.05 顯著水準，參數顯著性檢定的 t 值等於 1.89，絕對值小於 1.96，其餘估計的參數均達 0.05 顯著水準。

　　整體模式適配度指標值如下（部分指標值省略）：

Goodness of Fit Statistics（整體適配度統計量）

Degrees of Freedom = 71

Minimum Fit Function Chi-Square = 548.85 (P = 0.0)【模式適配度卡方值】

Root Mean Square Error of Approximation (RMSEA) = 0.087【RMSEA 值】

Expected Cross-Validation Index (ECVI) = 0.69

Model AIC = 619.87【AIC】

Model CAIC = 817.15【CAIC 值】

Normed Fit Index (NFI) = 0.98【NFI 值】

Non-Normed Fit Index (NNFI) = 0.97【NNFI 值】

Parsimony Normed Fit Index (PNFI) = 0.76【PNFI 值】

Comparative Fit Index (CFI) = 0.98【CFI 值】

Incremental Fit Index (IFI) = 0.98【IFI 值】

Relative Fit Index (RFI) = 0.97【RFI 值】

Critical N (CN) = 167.46【CN 值】

Root Mean Square Residual (RMR) = 0.27【RMR 值】

Standardized RMR = 0.039【SRMR 值】

Goodness of Fit Index (GFI) = 0.92【GFI 值】

Adjusted Goodness of Fit Index (AGFI) = 0.88【AGFI 值】

Parsimony Goodness of Fit Index (PGFI) = 0.62【PGFI 值】

　　整體模式適配度指標值的卡方值易受樣本數大小而波動，當樣本數愈大時，所有卡方值幾乎都會達.05 顯著水準，造成虛無假設被拒絕，出現假設模型推導的結構化共變異數矩陣與樣本資料導出的非結構化共變異數矩陣顯著不同，假設模型無法被接受。因而當樣本資料是大樣本時，卡方值適配度指標值只能作為參考指標。範例中的樣本數高達 900 位，整體模式適配度的卡方值為 548.854（顯著性 p=.000<.05），卡方自由度比值=548.85÷71=7.730（未符合小於 3.000 理想標準）、RMSEA 值等於.087（未符合小於 0.080 理想標準）、CN 值等於 167.46（未符合大於 200 理想標準）、RMR 值等於 0.27（未符合小於 0.050 理想標準）、AGFI 值等於 0.88（未符合大於 0.900 理想標準）。從外在模式適配統計量來看，其中卡方自由度比值、AGFI 值、RMSEA 值、RMR 值、CN 值等適配度指標值均未符合理想標準，整體而言，初始假設模型與樣本資料的契合度並不是很好，假設模型應再修正簡化或剪裁。

　　若研究者想以傳統 LISREL 報表輸出結果，只要增列修改輸出結果列即可：「Lisrel Output SE TV RS EF MI SS SC ND=3 ITERATION=100」，其中輸出選項關鍵字研究者可根據實際需要增列。

!初始假設模型

Raw Data from file 'D:\第 13 章\生活滿意_1.psf'

Sample Size = 900

Latent Variables 生涯規劃 自我意向 個人調適 生活滿意

Relationships

健康維持 理財規劃 服務規劃 = 生涯規劃

人生意向 價值意向 活動意向 = 自我意向

生理調適 心理調適 人際調適 活動調適 = 個人調適

健康狀態 經濟穩定 日常活動 自我實淚 = 生活滿意

生活滿意 = 生涯規劃 自我意向 個人調適

個人調適 = 生涯規劃 自我意向

自我意向 = 生涯規劃

Path Diagram

Lisrel Output SE TV RS EF MI SS SC ND=3 ITERATION=100

End of Problem

　　LISREL 輸出結果報表之非標準化估計值與標準化估計值摘要表如下（其餘報表省略），其中「Standardized Solution」（標準化解值）為非標準化估計值，「Completely Standardized Solution」（完全標準化解值）為標準化徑路係數，測量模型中為測量指標變項的因素負荷量，結構模式中為外因變項對內因變項的標準化迴歸係數（即直接效果值）。

Standardized Solution【標準化解值-非標準化迴歸係數／徑路係數】

LAMBDA-Y

	自我意向	個人調適	生活滿意
人生意向	1.711	--	--
價值意向	2.249	--	--
活動意向	2.673	--	--
生理調適	--	1.916	--
心理調適	--	1.706	--

人際調適	--	1.649	--
活動調適	--	2.073	--
健康狀態	--	--	1.955
經濟穩定	--	--	2.235
日常活動	--	--	2.244
自我實現	--	--	1.908

LAMBDA-X

	生涯規劃
健康維持	2.511
理財規劃	3.300
服務規劃	1.369

BETA

	自我意向	個人調適	生活滿意
自我意向	--	--	--
個人調適	0.724	--	--
生活滿意	0.507	0.425	--

GAMMA

	生涯規劃
自我意向	0.531
個人調適	0.162
生活滿意	0.052

Regression Matrix ETA on KSI （Standardized）

	生涯規劃
自我意向	0.531
個人調適	0.546
生活滿意	0.553

!初始假設模型

Completely Standardized Solution【完全標準化解值-標準化徑路係數】

LAMBDA-Y

	自我意向	個人調適	生活滿意
人生意向	0.860	- -	- -
價值意向	0.886	- -	- -
活動意向	0.816	- -	- -
生理調適	- -	0.865	- -
心理調適	- -	0.745	- -
人際調適	- -	0.802	- -
活動調適	- -	0.865	- -
健康狀態	- -	- -	0.785
經濟穩定	- -	- -	0.858
日常活動	- -	- -	0.861
自我實現	- -	- -	0.751

LAMBDA-X

	生涯規劃
健康維持	0.657
理財規劃	0.839
服務規劃	0.679

BETA

	自我意向	個人調適	生活滿意
自我意向	- -	- -	- -
個人調適	0.724	- -	- -
生活滿意	0.507	0.425	- -

GAMMA

	生涯規劃
自我意向	0.531
個人調適	0.162
生活滿意	0.052

LISREL 格式輸出的標準化解值的估計值即為 SIMPLIS 語法輸出報表中的測量方程與結構方程的參數估計值，此參數估計值即為非標準化迴歸係數。

增列標準化估計值的假設模式圖如下：

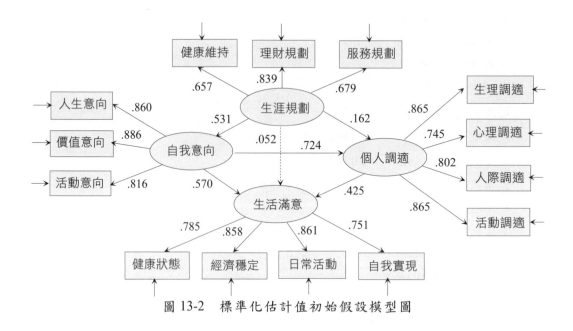

圖 13-2　標準化估計值初始假設模型圖

修正的結構模式圖中主要將外因潛在變項「生涯規劃」對內因潛在變項「生活滿意」的直接影響路徑刪除，因為所有估計的參數只有此徑路係數不顯著，因而在修正模型中將外因潛在變項「生涯規劃」對內因潛在變項「生活滿意」的直接影響效果刪除。修正模型的結構模式如下圖：

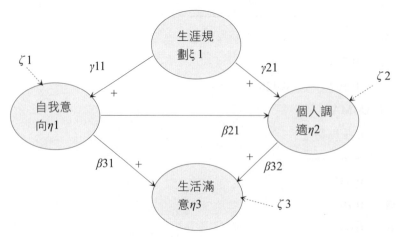

圖 13-3　修正後模式的結構模型圖

修正後完整的假設模型圖如下：

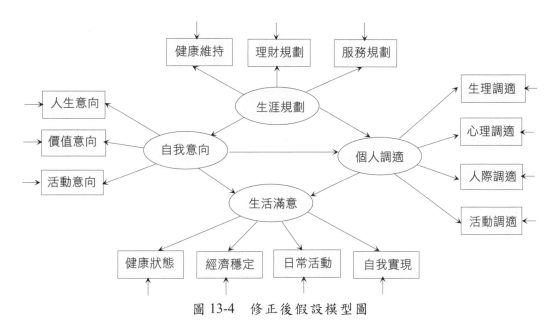

圖 13-4　修正後假設模型圖

簡化結構模式的假設模型之 SIMPLIS 語法檔如下：

!簡化結構模式的假設模型
Raw Data from file 'D:\第 13 章\生活滿意_1.psf'
Sample Size = 900
Latent Variables 生涯規劃 自我意向 個人調適 生活滿意
Relationships
健康維持 理財規劃 服務規劃＝生涯規劃
人生意向 價值意向 活動意向＝自我意向
生理調適 心理調適 人際調適 活動調適＝個人調適
健康狀態 經濟穩定 日常活動 自我實現＝生活滿意

生活滿意＝自我意向 個人調適

個人調適＝生涯規劃 自我意向
自我意向＝生涯規劃
Path Diagram
Print Residuals
End of Problem

簡化結構模式的假設模型圖之整體模式適配度統計量如下：

Goodness of Fit Statistics（整體模式適配度統計量）

Degrees of Freedom = 72

Minimum Fit Function Chi-Square = 552.32 (P = 0.0)

Root Mean Square Error of Approximation (RMSEA) = 0.087

Normed Fit Index (NFI) = 0.98

Non-Normed Fit Index (NNFI) = 0.97

Parsimony Normed Fit Index (PNFI) = 0.77

Comparative Fit Index (CFI) = 0.98

Incremental Fit Index (IFI) = 0.98

Relative Fit Index (RFI) = 0.97

Critical N (CN) = 168.35

Root Mean Square Residual (RMR) = 0.28

Standardized RMR = 0.040

Goodness of Fit Index (GFI) = 0.92

Adjusted Goodness of Fit Index (AGFI) = 0.88

Parsimony Goodness of Fit Index (PGFI) = 0.63

整體模式適配度的卡方值為 552.32（顯著性 p=.000<.05，修正前的卡方值為 548.85），模式自由度為 72（修正前為 71），卡方自由度比值=552.32÷72=7.671（未符合小於 3.000 理想標準）、RMSEA 值等於.087（未符合小於 0.080 理想標準）、CN 值等於 168.35（未符合大於 200 理想標準）、RMR 值等於 0.28（未符合小於 0.050 理想標準）、AGFI 值等於 0.88（未符合大於 0.900 理想標準）。從外在模式適配統計量來看，其中卡方自由度比值、AGFI 值、RMSEA 值、RMR 值、CN 值等適配度指標值均未符合理想標準，整體而言，只刪除「生涯規劃」對「生活滿意」直接影響路徑的簡化結構模式圖與樣本資料的契合度也不好，整體外在模式適配度的改善情形不大，假設模型應再進一步修正簡化或進一步剪裁。

增列測量變項之誤差項共變關係的修正指標值摘要表如下

The Modification Indices Suggest to Add an Error Covariance

Between	and	Decrease in Chi-Square	New Estimate
活動意向	人生意向	8.1	−0.28
生理調適	人生意向	18.1	0.21
生理調適	價值意向	16.4	−0.25
心理調適	人生意向	8.7	−0.18
人際調適	價值意向	9.5	0.19
人際調適	活動意向	14.5	0.35
健康狀態	價值意向	38.6	0.49
健康狀態	心理調適	16.1	−0.36
經濟穩定	心理調適	9.5	0.25
經濟穩定	人際調適	10.2	−0.22
日常活動	生理調適	12.2	−0.23
日常活動	活動調適	11.9	0.24
自我實現	價值意向	30.1	−0.46
自我實現	生理調適	55.4	0.56
自我實現	人際調適	31.2	−0.44
自我實現	經濟穩定	15.3	0.38
健康維持	生理調適	14.3	−0.50
理財規劃	心理調適	16.2	0.62
服務規劃	人生意向	10.9	0.21
服務規劃	價值意向	21.5	−0.35
服務規劃	生理調適	26.7	0.35
服務規劃	心理調適	34.6	−0.51
服務規劃	人際調適	11.1	−0.24
服務規劃	自我實現	37.9	0.59
服務規劃	健康維持	10.3	−0.74

　　如果假設模型導出的共變異數矩陣與樣本資料估計出的共變異數矩陣的差異過大,表示假設模型與樣本資料無法適配,此時研究者可根據SIMPLIS輸出結果的修正指標值進行假設模型的修正,修正指標值只能作為參考,其重要前提是修正後假設模型不能違反 SEM 的基本假定與假設模型建構的理論基礎。研究者不

能只根據最大修正指標值來進行模式修正,以為讓模式卡方值減少為最大的修正指標是適切,這在模型修正中是非常冒險的,因為 SIMPLIS 提供的修正指標值有些是違反 SEM 基本假定,有些會讓假設模型無法合理詮釋的。以上述提供的修正指標值為例,若增列測量指標變項「自我實現」與測量指標變項「生理調適」間誤差變項的共變關係(即設定二個觀察變項間有相關),則大約可以降低模式卡方值 55.4。

13.3　不適切的模式修正

▌第一次修正假設模型

在第一次修正模式中增列測量指標變項「自我實現」與測量指標變項「生理調適」誤差變項間有共變關係。其假設模型圖如下:

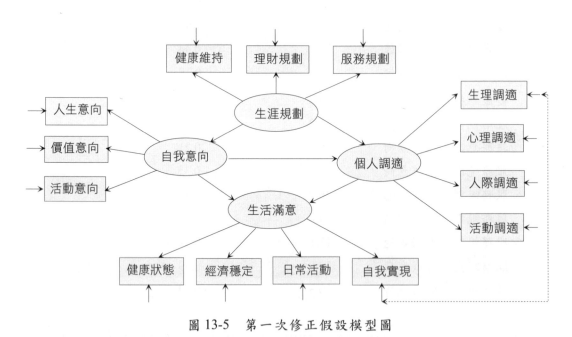

圖 13-5　第一次修正假設模型圖

第一次修正假設模型圖 SIMPLIS 語法檔如下:

Raw Data from file 'D:\第 13 章\生活滿意_1.psf'

Sample Size = 900

Latent Variables 生涯規劃 自我意向 個人調適 生活滿意

Relationships

健康維持 理財規劃 服務規劃＝生涯規劃

人生意向 價值意向 活動意向＝自我意向

生理調適 心理調適 人際調適 活動調適＝個人調適

健康狀態 經濟穩定 日常活動 自我實淚＝生活滿意

生活滿意＝自我意向 個人調適

個人調適＝生涯規劃 自我意向

自我意向＝生涯規劃

Set Error Covariance of between 自我實現 and 生理調適

Path Diagram

Print Residuals

End of Problem

整體模式適配度指標值如下：

Goodness of Fit Statistics

Degrees of Freedom = 71

Minimum Fit Function Chi-Square = 495.02 (P = 0.0)

Root Mean Square Error of Approximation (RMSEA) = 0.082

Normed Fit Index (NFI) = 0.98

Non-Normed Fit Index (NNFI) = 0.98

Parsimony Normed Fit Index (PNFI) = 0.76

Comparative Fit Index (CFI) = 0.98

Incremental Fit Index (IFI) = 0.98

Relative Fit Index (RFI) = 0.97

Critical N (CN) = 185.56

Root Mean Square Residual (RMR) = 0.28

Standardized RMR = 0.040

Goodness of Fit Index (GFI) = 0.93

Adjusted Goodness of Fit Index (AGFI) = 0.89

Parsimony Goodness of Fit Index (PGFI) = 0.63

模式適配度的卡方值由 552.32 減為 495.02（顯著性 p 值=.000<.05），卡方自由度比值由 7.671 減為 6.972（=495.02÷71），RMSEA 值由.087 變為.082，RMR 值沒有變動（數值等於.28），其數值等於.028，CN 值由 168.35 增為 185.56，AGFI 值由.88 增為.89。第一次修正模式的整體模式適配度有稍為改善，但模式還須修正。

第一次修正模式提供的修正指標值摘要表如下：

The Modification Indices Suggest to Add an Error Covariance

Between	and	Decrease in Chi-Square	New Estimate
生理調適	人生意向	20.2	0.22
心理調適	人生意向	9.4	−0.19
人際調適	活動意向	12.8	0.33
健康狀態	價值意向	37.7	0.48
健康狀態	心理調適	18.0	−0.38
經濟穩定	心理調適	9.9	0.26
經濟穩定	人際調適	11.1	−0.22
日常活動	活動調適	9.0	0.21
自我實現	價值意向	18.5	−0.35
自我實現	人際調適	15.8	−0.31
自我實現	活動調適	22.9	0.41
自我實現	經濟穩定	22.7	0.45
健康維持	生理調適	15.8	−0.51
理財規劃	心理調適	16.7	0.63
服務規劃	人生意向	11.5	0.21
服務規劃	價值意向	20.7	−0.35
服務規劃	生理調適	14.3	0.25

服務規劃	心理調適	30.7	−0.48
服務規劃	人際調適	9.1	−0.21
服務規劃	自我實現	25.9	0.47
服務規劃	健康維持	10.0	−0.74

　　從修正指標值提供的數據，若是增列測量變項「健康狀態」與測量變項「價值意向」間的誤差項有誤差共變關係，則可減少模式卡方值37.7。在第二次修正模型中，再於原先第一次修正的假設模型圖中增列測量指標變項「健康狀態」與測量指標變項「價值意向」的測量誤差間有共變關係（二個觀察變項的測量誤差間有相關）。

第二次修正假設模型

　　第二次修正的假設模型圖如下：

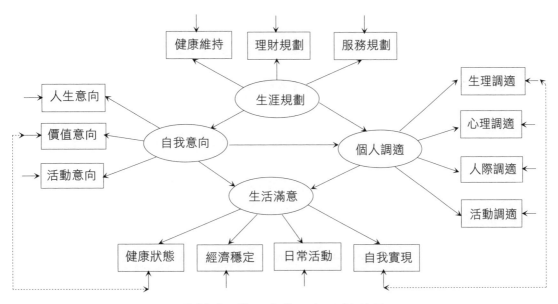

圖 13-6　第二次修正假設模型圖

　　第二次修正假設模型圖 SIMPLIS 語法檔如下：

Raw Data from file 'D:\第 13 章\生活滿意_1.psf'

Sample Size = 900

Latent Variables 生涯規劃 自我意向 個人調適 生活滿意

Relationships

健康維持 理財規劃 服務規劃＝生涯規劃

人生意向 價值意向 活動意向＝自我意向

生理調適 心理調適 人際調適 活動調適＝個人調適

健康狀態 經濟穩定 日常活動 自我實淚＝生活滿意

生活滿意＝自我意向 個人調適

個人調適＝生涯規劃 自我意向

自我意向＝生涯規劃

Set Error Covariance of between 自我實現 and 生理調適

Set Error Covariance of between 健康狀態 and 價值意向

Path Diagram

Print Residuals

End of Problem

第二次修正假設模型適配度統計量摘要表

Goodness of Fit Statistics

Degrees of Freedom = 70

Minimum Fit Function Chi-Square = 457.38 (P = 0.0)

Root Mean Square Error of Approximation (RMSEA) = 0.078

Normed Fit Index (NFI) = 0.98

Non-Normed Fit Index (NNFI) = 0.98

Parsimony Normed Fit Index (PNFI) = 0.75

Comparative Fit Index (CFI) = 0.98

Incremental Fit Index (IFI) = 0.98

Relative Fit Index (RFI) = 0.97

Critical N (CN) = 198.39

Root Mean Square Residual (RMR) = 0.27

Standardized RMR = 0.039

Goodness of Fit Index (GFI) = 0.93

Adjusted Goodness of Fit Index (AGFI) = 0.90

Parsimony Goodness of Fit Index (PGFI) = 0.62

第二次修正假設模型模式適配度的自由度為70，與第一次修正假設模型模式適配度的卡方值比較之下，模式適配度的卡方值由495.02減為457.38（顯著性 p 值=.000<.05），卡方自由度比值由6.972減為6.534（=457.38÷70），RMSEA值由0.082變為0.078（符合小於.080的適配標準），RMR值由0.28變為0.27，CN值由185.56增為198.39，AGFI值由.89增為.90（符合適配理想標準）。可見增列觀察變項「價值意向」與觀察變項「健康狀態」的測量誤差項間有共變關係，模式的整體模式適配度有改善，但模式可以繼續修正。

增列誤差共變的修正指標值摘要表如下：

The Modification Indices Suggest to Add an Error Covariance

Between	and	Decrease in Chi-Square	New Estimate
活動意向	人生意向	8.9	−0.29
生理調適	人生意向	19.5	0.21
心理調適	人生意向	11.7	−0.22
人際調適	活動意向	12.9	0.33
活動調適	人生意向	8.9	−0.16
健康狀態	人生意向	12.2	0.24
健康狀態	心理調適	17.4	−0.36
經濟穩定	心理調適	9.0	0.24
經濟穩定	人際調適	10.9	−0.22
日常活動	活動調適	8.5	0.21
自我實現	價值意向	12.0	−0.28
自我實現	人際調適	15.6	−0.31
自我實現	活動調適	22.2	0.40
自我實現	經濟穩定	18.3	0.40

健康維持	生理調適	16.0	−0.51
理財規劃	心理調適	16.6	0.63
服務規劃	人生意向	10.6	0.21
服務規劃	價值意向	18.3	−0.32
服務規劃	生理調適	14.2	0.25
服務規劃	心理調適	31.2	−0.48
服務規劃	人際調適	9.4	−0.22
服務規劃	自我實現	25.1	0.46
服務規劃	健康維持	10.2	−0.74

根據修正指標值再增列測量變項「服務規劃」與測量變項「心理調適」的測量誤差項有共變關係，可減少模式卡方值約 31.2。

第三次修正假設模型

第三次修正假設模型增列觀察變項「服務規劃」與觀察變項「心理調適」的測量誤差間有共變關係。

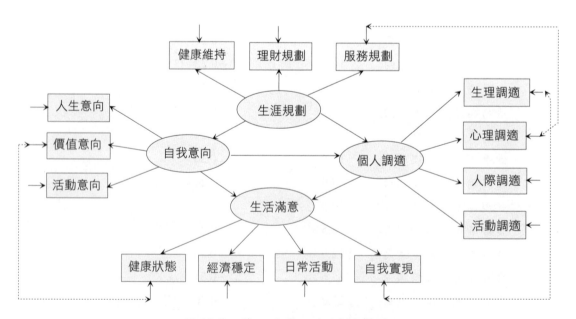

圖 13-7　第三次修正假設模型圖

第三次修正假設模型圖 SIMPLIS 語法檔如下：

Raw Data from file 'D:\第 13 章\生活滿意_1.psf'

Sample Size = 900

Latent Variables 生涯規劃 自我意向 個人調適 生活滿意

Relationships

健康維持　理財規劃　服務規劃＝生涯規劃

人生意向　價值意向　活動意向＝自我意向

生理調適　心理調適　人際調適　活動調適＝個人調適

健康狀態　經濟穩定　日常活動　自我實淚＝生活滿意

生活滿意＝自我意向　個人調適

個人調適＝生涯規劃　自我意向

自我意向＝生涯規劃

Set Error Covariance of between 自我實現 and 生理調適

Set Error Covariance of between 健康狀態 and 價值意向

Set Error Covariance of between 服務規劃 and 心理調適

Path Diagram

Print Residuals

End of Problem

第三次修正假設模型適配度統計量摘要表

Goodness of Fit Statistics

Degrees of Freedom = 69

Minimum Fit Function Chi-Square = 425.05 (P = 0.0)

Root Mean Square Error of Approximation (RMSEA) = 0.075

Normed Fit Index (NFI) = 0.98

Non-Normed Fit Index (NNFI) = 0.98

Parsimony Normed Fit Index (PNFI) = 0.74

Comparative Fit Index (CFI) = 0.98

Incremental Fit Index (IFI) = 0.98

Relative Fit Index (RFI) = 0.98

Critical N (CN) = 210.87

Root Mean Square Residual (RMR) = 0.27

Standardized RMR = 0.039

Goodness of Fit Index (GFI) = 0.94

Adjusted Goodness of Fit Index (AGFI) = 0.90

Parsimony Goodness of Fit Index (PGFI) = 0.62

　　第三次修正假設模型模式適配度的自由度為69，與第二次修正假設模型模式適配度的卡方值比較之下，模式適配度的卡方值由457.38減為425.05（顯著性 p 值=.000<.05），卡方自由度比值由6.534減為6.160（=425.05÷69），RMSEA值由0.078變為0.075（符合小於.080的適配標準），RMR 值數值均為 0.27，CN 值由198.39增為210.87（符合模式適配理想標準），AGFI值不變，其數值等於.90（符合適配理想標準）。與之前假設模型相較之下，第三次修正假設模型的整體適配度較佳。所有適配度統計量中，除卡方自由度比值與 RMR 值未符合理想標準外，所有指標值均符合模式適配標準，可見第三次修正假設模型圖與樣本資料可以契合。

　　此種根據 LISREL 提供的修正指標值增列誤差間的共變關係，在模型剪裁中是屬合理的程序，但研究者沒有考量到增列的測量誤差項之觀察變項所反映的潛在變項（因素構面）。第一次修正假設模型圖中增列觀察變項「生理調適」與觀察變項「自我實現」測量誤差間有共變關係，雖然可以改善模式適配度（模式的卡方值會減少一定的數值），但此種設定並不合理，因為觀察變項「生理調適」反映的潛在因素構念為「個人調適」，觀察變項「自我實現」反映的潛在因素構念為「生活滿意」，假設模型圖中的潛在變項及其對應的觀察變項屬性間應是不同的，若是不同潛在變項之觀察變項的測量誤差項間又有共變關係，則各潛在變項間並非相互獨立，如果潛在變項不是互為獨立，就不應再區隔外因潛在變項與內因潛在變項。第二次修正假設模型中增列觀察變項「健康狀態」與觀察變項「價值意向」測量誤差間有共變關係，觀察變項「健康狀態」與觀察變項「價值意向」所反映的潛在變項分別為「生活滿意」、「自我意向」。第三次修正假設模型中增列觀察變項「服務規劃」與觀察變項「心理調適」測量誤差間有共變關

係，但觀察變項「服務規劃」與觀察變項「心理調適」所反映的潛在變項分別為「生涯規劃」、「個人調適」，其中「生涯規劃」為外因潛在變項，「個人調適」為內因潛在變項，此種測量誤差項的增列是不合理的。

13.4　合理模式的修正

在簡化結構模式之假設模型之模式估計結果，模式可聚合收斂，模式提供「增列測量變項之誤差項共變關係的修正指標值」如下，如果研究者原先假定：所有觀察變項的測量誤差彼此互為獨立，則下述的誤差項共變關係參數值均不予釋放，而是直接將「自我實現」指標變項自假設模型中刪除，以簡化模式。之所以刪除「自我實現」指標變項乃是此觀察變項與其他觀察變項間的誤差項若增列有共變關係，模式卡方值的變動數值最大。

The Modification Indices Suggest to Add an Error Covariance

Between	and	Decrease in Chi-Square	New Estimate
活動意向	人生意向	8.1	−0.28
生理調適	人生意向	18.1	0.21
生理調適	價值意向	16.4	−0.25
心理調適	人生意向	8.7	−0.18
人際調適	價值意向	9.5	0.19
人際調適	活動意向	14.5	0.35
健康狀態	價值意向	38.6	0.49
健康狀態	心理調適	16.1	−0.36
經濟穩定	心理調適	9.5	0.25
經濟穩定	人際調適	10.2	−0.22
日常活動	生理調適	12.2	−0.23
日常活動	活動調適	11.9	0.24
自我實現	價值意向	30.1	−0.46
自我實現	生理調適	55.4	0.56
自我實現	人際調適	31.2	−0.44
自我實現	經濟穩定	15.3	0.38

健康維持	生理調適	14.3	−0.50
理財規劃	心理調適	16.2	0.62
服務規劃	人生意向	10.9	0.21
服務規劃	價值意向	21.5	−0.35
服務規劃	生理調適	26.7	0.35
服務規劃	心理調適	34.6	−0.51
服務規劃	人際調適	11.1	−0.24
服務規劃	自我實現	37.9	0.59
服務規劃	健康維持	10.3	−0.74

在測量模型假定中研究者假定所有觀察變項的測量誤差項彼此互為獨立，但若是根據修正指標值，同一測量模型中的指標變項的測量誤差項有共變關係，研究者也可以修正原先假定。但從修正指標中的測量誤差共變關係，並不是同一測量模型中觀察變項的測量誤差有共變關係，模式卡方值減少較大值所增列的測量誤差相關，都是跨不同測量模型，此種測量誤差共變關係的界定與原先假設模型的理論文獻不合，因而不釋放測量誤差項共變項參數，而是直接將潛在變項「生活滿意」的觀察變項「自我實現」自模式中刪除，之所以刪除「自我實現」指標變項，因為此變項的測量誤差與其他指標變項的測量誤差間的關係最為密切，表示此測量指標變項欠缺獨特性效度。

第一次修正假設模型

第一次修正假設模型主要是將外因潛在變項「生活滿意」的測量指標變項「自我實現」自測量模型中移除，外因潛在變項「生活滿意」的測量指標變項由四個減為三個：「健康狀態」、「經濟穩定」、「日常活動」。

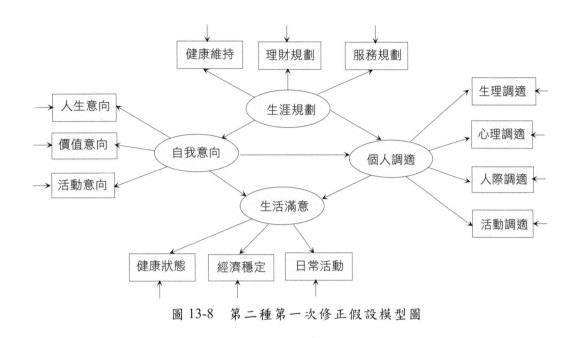

圖 13-8　第二種第一次修正假設模型圖

第一次修正假設模型 SIMPLIS 語法檔如下：

!第一次修正假設模型
Raw Data from file 'D:\第 13 章\生活滿意_1.psf'
Sample Size = 900
Latent Variables 生涯規劃 自我意向 個人調適 生活滿意
Relationships
健康維持　理財規劃　服務規劃＝生涯規劃
人生意向　價值意向　活動意向＝自我意向
生理調適　心理調適　人際調適　活動調適＝個人調適
健康狀態　經濟穩定　日常活動＝生活滿意

生活滿意＝自我意向　個人調適
個人調適＝生涯規劃　自我意向
自我意向＝生涯規劃
Path Diagram
Print Residuals
End of Problem

模式適配度統計量如下：

Goodness of Fit Statistics

Degrees of Freedom = 60

Minimum Fit Function Chi-Square = 377.36 (P = 0.0)

Root Mean Square Error of Approximation (RMSEA) = 0.076

Normed Fit Index (NFI) = 0.98

Non-Normed Fit Index (NNFI) = 0.98

Parsimony Normed Fit Index (PNFI) = 0.75

Comparative Fit Index (CFI) = 0.98

Incremental Fit Index (IFI) = 0.98

Relative Fit Index (RFI) = 0.97

Critical N (CN) = 211.56

Root Mean Square Residual (RMR) = 0.25

Standardized RMR = 0.034

Goodness of Fit Index (GFI) = 0.94

Adjusted Goodness of Fit Index (AGFI) = 0.91

Parsimony Goodness of Fit Index (PGFI) = 0.62

模式估計結果可以收斂，非標準化估計值方程中沒有出現負的誤差變異數，表示模式估計結果沒有不合理的參數出現。模式的自由度為 60，模式整體適配度統計量卡方值為 377.36（顯著性 p=.000<.05），卡方自由度比值等於 6.289（=377.36÷60）（未符合小於 3.000 理想標準），RMR 值等於.025（未符合小於 0.050 理想標準），除卡方自由度比值與 RMR 值未符合模式適配標準化外，其餘所有指標值均符合理想標準。其中 RMSEA 值等於 0.076、NFI 值等於 0.98、NNFI 值等於 0.98、PNFI 值等於 0.75、CFI 值等於 0.98、IFI 值等於 0.98、RFI 值等於 0.97，CN 值等於 211.56，SRMR 值等於 0.034，GFI 值與 AGFI 值分別為 0.94、0.91，PGFI 值等於 0.62。

第一次修正模型輸出之修正指標值：

The Modification Indices Suggest to Add an Error Covariance

Between	and	Decrease in Chi-Square	New Estimate
生理調適	人生意向	22.0	0.24
生理調適	價值意向	14.4	−0.23
心理調適	人生意向	8.8	−0.19
人際調適	活動意向	12.7	0.33
健康狀態	價值意向	29.0	0.42
健康狀態	心理調適	16.3	−0.36
經濟穩定	心理調適	11.0	0.28
經濟穩定	人際調適	15.1	−0.27
日常活動	活動調適	14.8	0.27
健康維持	生理調適	13.3	−0.49
理財規劃	心理調適	16.1	0.62
服務規劃	人生意向	13.1	0.23
服務規劃	價值意向	18.5	−0.32
服務規劃	生理調適	29.8	0.38
服務規劃	心理調適	32.7	−0.50
服務規劃	人際調適	10.0	−0.23
服務規劃	健康維持	9.5	−0.72

　　從修正指標值可以發現，外因潛在變項「生涯規劃」的觀察變項「服務規劃」的測量誤差與其餘潛在變項的多個指標變項的測量誤差項間均有共變關係，研究者界定各測量誤差項間彼此獨立，因而上述測量誤差共變項參數都不予釋放，而是直接將外因潛在變項「生涯規劃」的觀察變項「服務規劃」，自假設模型圖中刪除（如果是測量模型的驗證性因素分析，研究者不應將任何測量指標變項刪除，因為刪除一個測量指標變項，整個量表的因素結構模型會改變，此種因素結構模型的改變可能與原先研究者編製的理論基礎無法契合）。

▌第二次修正假設模型

　　第二次修正假設模型圖如下：

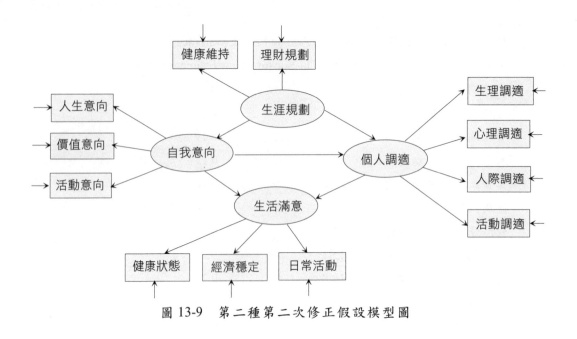

圖 13-9　第二種第二次修正假設模型圖

第二次修正假設模型圖的 SIMPLIS 語法檔如下：

```
!第二次修正假設模型
Raw Data from file 'D:\第 13 章\生活滿意_1.psf'
Sample Size = 900
Latent Variables 生涯規劃　自我意向　個人調適　生活滿意
Relationships
健康維持　理財規劃 = 生涯規劃
人生意向　價值意向　活動意向 = 自我意向
生理調適　心理調適　人際調適　活動調適 = 個人調適
健康狀態　經濟穩定　日常活動 = 生活滿意

生活滿意 = 自我意向　個人調適
個人調適 = 生涯規劃　自我意向
自我意向 = 生涯規劃
Path Diagram
Lisrel Output SE TV RS EF MI SS SC ND=3 ITERATION=100
End of Problem
```

模式適配度統計量如下：

Goodness of Fit Statistics

Degrees of Freedom = 49

Minimum Fit Function Chi-Square = 277.805 (P = 0.0)

Root Mean Square Error of Approximation (RMSEA) = 0.070

Expected Cross-Validation Index (ECVI) = 0.360

Model AIC = 324.080

Model CAIC = 492.349

Normed Fit Index (NFI) = 0.985

Non-Normed Fit Index (NNFI) = 0.983

Parsimony Normed Fit Index (PNFI) = 0.731

Comparative Fit Index (CFI) = 0.987

Incremental Fit Index (IFI) = 0.987

Relative Fit Index (RFI) = 0.979

Critical N (CN) = 243.446

Root Mean Square Residual (RMR) = 0.214

Standardized RMR = 0.0278

Goodness of Fit Index (GFI) = 0.953

Adjusted Goodness of Fit Index (AGFI) = 0.925

Parsimony Goodness of Fit Index (PGFI) = 0.599

與之前第一次修正假設模型相較之下，模式的自由度由 60 變為 49，整體模式適配度卡方值由 377.36 減為 277.805，卡方自由度比值由 6.289 減為 5.669，RMSEA 值由 0.076 減為 0.070，SRMR 值由 0.034 減為 0.0278，CN 值由 211.56 變為 243.446，GFI 值與 AGFI 值分別由 0.94、0.91 變為 0.953、0.925。整體而言，第二次修正的假設模型較第一次修正的假設模型，其整體模式適配度較佳，修正後的假設模式與樣本資料可以契合，修正後的假設模型圖可以被接受。

完全標準化解值（標準化徑路係數）的數值如下：

Completely Standardized Solution

LAMBDA-Y

	自我意向	個人調適	生活滿意
人生意向	0.857	--	--
價值意向	0.889	--	--
活動意向	0.816	--	--
生理調適	--	0.860	--
心理調適	--	0.747	--
人際調適	--	0.807	--
活動調適	--	0.865	--
健康狀態	--	--	0.791
經濟穩定	--	--	0.846
日常活動	--	--	0.867

LAMBDA-X

	生涯規劃
健康維持	0.707
理財規劃	0.792

BETA

	自我意向	個人調適	生活滿意
自我意向	--	--	--
個人調適	0.730	--	--
生活滿意	0.585	0.381	--

GAMMA

	生涯規劃
自我意向	0.543
個人調適	0.148
生活滿意	--

根據標準化估計值所繪製的假設模型圖如下：

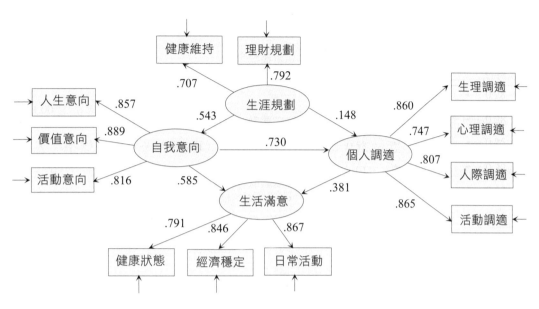

圖 13-10　第二次修正假設模型增列標準化估計值圖

【表格範例】

國中教師退休生活滿意影響路徑模式之整體適配度指標統計量摘要表（N=900）

統計檢定量	適配的標準或臨界值	檢定結果數據	模式適配判斷
自由度		49	
絕對適配度指數			
χ^2 值	p>.05（未達顯著水準）	277.805（p<.05）	否（參考指標）
RMR 值	<0.05	0.214	否
RMSEA 值	<0.08	0.070	是
SRMR	<0.05	0.028	是
GFI 值	>.90 以上	0.953	是
AGFI 值	>.90 以上	0.925	是
增值適配度指數			
NFI 值	>.90 以上	0.985	是
RFI 值	>.90 以上	0.979	是
IFI 值	>.90 以上	0.987	是
NNFI 值	>.90 以上	0.983	是

統計檢定量	適配的標準或臨界值	檢定結果數據	模式適配判斷
簡約適配度指數			
PGFI 值	>.50 以上	0.599	是
PNFI 值	>.50 以上	0.731	是
CN 值	>200	243.446	是
自由度比	<3.00	5.669	否

在絕對適配度指標值方面，除卡方值外（因為研究樣本數高達 900 位，卡方值只作為參考用），五個指標值只有一個指標值（RMR）未達理想標準；五個增值適配度指標值（NFI、RFI、IFI、NNFI、CFI）均符合模式適配標準，四個簡約適配度指標值（PGFI、PNFI、CN、χ^2/df）除一個指標值（χ^2/df）未達理想標準，餘三個均符合模式適配標準，以三大項模式適配指標值過半的標準來看，修正模式二的假設模式圖是個可以接受的模式，此修正模式與樣本資料的契合度良好。結構模式圖的直接效果徑路係數如下圖：

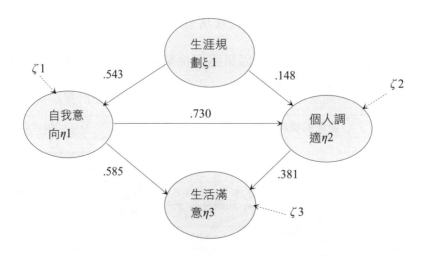

以 LISREL 報表格式輸出的間接效果值與總效果值摘要表如下：

Standardized Total and Indirect Effects

    Standardized Total Effects of KSI on ETA

        生涯規劃

自我意向   0.543

個人調適　　0.544

生活滿意　　0.525

Standardized Indirect Effects of KSI on ETA

生涯規劃

自我意向　　- -

個人調適　　0.397

生活滿意　　0.525

Standardized Total Effects of ETA on ETA

	自我意向	個人調適	生活滿意
	------------	------------	------------
自我意向	- -	- -	- -
個人調適	0.730	- -	- -
生活滿意	0.863	0.381	- -

Standardized Indirect Effects of ETA on ETA

	自我意向	個人調適	生活滿意
	------------	------------	------------
自我意向	- -	- -	- -
個人調適	- -	- -	- -
生活滿意	0.278	- -	- -

結果模式中潛在變項影響的直接效果、間接效果與總效果值如下摘要表：

【表格範例】

假設模式潛在變項之間的效果值摘要表

影響路徑	直接效果	間接效果	總效果
生涯規劃→自我意向	.543	.000	.543
生涯規劃→個人調適	.148	.397	.544
生涯規劃→生活滿意	.000	.525	.525
自我意向→個人調適	.730	.000	.730
自我意向→生活滿意	.585	.278	.863
個人調適→生活滿意	.381	.000	.381

潛在變項影響的總效果值等於直接效果值（直接影響路徑）加上間接效果值（間接影響路徑）。表中「生涯規劃→個人調適」路徑間接效果值的計算：為「生涯規劃→自我意向」的直接效果值（徑路係數）×「自我意向→個人調適」的直接效果值（徑路係數）＝.543×.730＝.397。「自我意向→生活滿意」的間接效果值＝.730×.381＝.278。「生涯規劃→生活滿意」影響路徑的間接效果值＝（.543×.585）＋（.148×.381）＋（.543×.730×.381）＝.318＋.056＋.151＝.525。「生涯規劃→生活滿意」的三條間接效果路徑如下：

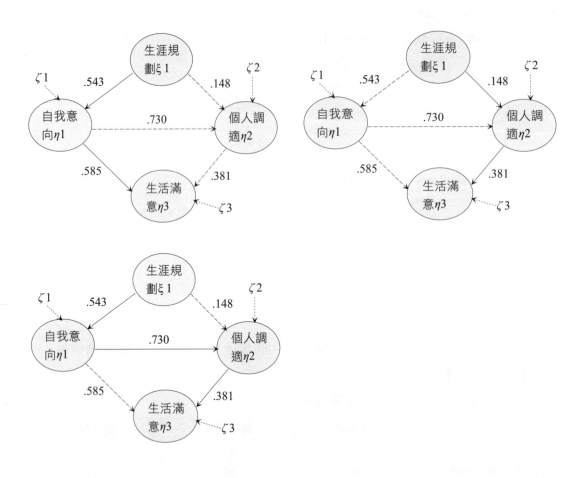

Measurement Equations（測量模式方程）

人生意向 = 1.71*自我意向，Errorvar.= 1.05，$R^2 = 0.73$

(0.066)

15.83

價值意向 = 2.25*自我意向，Errorvar.= 1.35， $R^2 = 0.79$
        (0.065)   (0.097)
        34.58   13.90

活動意向 = 2.67*自我意向，Errorvar.= 3.58， $R^2 = 0.67$
        (0.089)   (0.21)
        30.16   17.39

生理調適 = 1.90*個人調適，Errorvar.= 1.28， $R^2 = 0.74$
                                (0.082)
                             15.65

心理調適 = 1.71*個人調適，Errorvar.= 2.32， $R^2 = 0.56$
        (0.065)   (0.12)
        26.34   18.78

人際調適 = 1.66*個人調適，Errorvar.= 1.48， $R^2 = 0.65$
        (0.056)   (0.084)
        29.65   17.60

活動調適 = 2.07*個人調適，Errorvar.= 1.45， $R^2 = 0.75$
        (0.062)   (0.094)
        33.18   15.42

健康狀態 = 1.97*生活滿意，Errorvar.= 2.33， $R^2 = 0.62$
                                (0.13)
                             17.92

經濟穩定 = 2.21*生活滿意，Errorvar.= 1.93， $R^2 = 0.72$
        (0.078)   (0.12)
        28.11   16.12

日常活動 = 2.26*生活滿意，Errorvar.= 1.68， $R^2 = 0.75$
        (0.078)   (0.11)
        28.98   15.04

健康維持 = 2.70*生涯規劃，Errorvar.= 7.32， $R^2 = 0.50$
        (0.14)   (0.60)
        18.82   12.12

理財規劃 = 3.12*生涯規劃，Errorvar.= 5.75， $R^2 = 0.63$

$$(0.15) \qquad\qquad (0.71)$$
$$20.56 \qquad\qquad 8.07$$

Structural Equations（結構模式方程）

自我意向 = 0.54*生涯規劃，Errorvar.= 0.70，$R^2 = 0.30$
$$(0.040) \qquad\qquad (0.051)$$
$$13.73 \qquad\qquad 13.80$$

個人調適 = 0.73*自我意向 + 0.15*生涯規劃，Errorvar.= 0.33，$R^2 = 0.67$
$$(0.038) \qquad\quad (0.036) \qquad\qquad\qquad (0.027)$$
$$19.29 \qquad\quad 4.10 \qquad\qquad\qquad 12.11$$

生活滿意 = 0.58*自我意向 + 0.38*個人調適，Errorvar.= 0.15，$R^2 = 0.85$
$$(0.046) \qquad\quad (0.044) \qquad\qquad\qquad (0.019)$$
$$12.69 \qquad\quad 8.68 \qquad\qquad\qquad 8.24$$

　　SIMPLIS輸出的測量模式方程與結構模式方程的數據中可以看出，沒有出現負的誤差變異數，估計的誤差變異數標準誤數值都很低，此外，所有估計的參數都達到 0.05 顯著水準，其參數顯著性檢定 t 統計量絕對值均大於 1.96。

測量指標變項的個別信度摘要表

外因變項／指標變項	(R^2)	備註	標準
自我意向	0.30	解釋量	
個人調適	0.67	解釋量	
生活滿意	0.85	解釋量	
活動調適	0.75	指標變項個別信度	理想
人際調適	0.65	指標變項個別信度	理想
心理調適	0.56	指標變項個別信度	理想
生理調適	0.74	指標變項個別信度	理想
健康狀態	0.62	指標變項個別信度	理想
經濟穩定	0.72	指標變項個別信度	理想
日常活動	0.75	指標變項個別信度	理想
人生意向	0.73	指標變項個別信度	理想
價值意向	0.79	指標變項個別信度	理想
活動意向	0.67	指標變項個別信度	理想
理財規劃	0.63	指標變項個別信度	理想
健康維持	0.50	指標變項個別信度	理想

註：個別信度係數為因素負荷量的平方值，其理想指標準值為數值>.500

　　「生涯規劃」對「自我意向」解釋的變異量為 30.0%，「生涯規劃」、「自我意向」對「個人調適」聯合解釋的變異量為 67.0%，「生涯規劃」變項對「個人調適」變項影響的直接效果、間接效果均達顯著，「生涯規劃」、「自我意向」、「個人調適」三個變項對「生活滿意」聯合解釋的變異量高達 85.0%，「生涯規劃」對「生活滿意」的間接效果顯著，直接效果不顯著、「個人調適」對「生活滿意」的直接效果值顯著，沒有間接效果值，「自我意向」對「生活滿意」的直接效果與間接效果均顯著。

　　根據觀察變項的因素負荷量（標準化徑路係數）可以估計各潛在變項組合信度與平均變異數抽取量的數值。

參考書目

王保進（民 93）。多變量分析－套裝程式與資料分析。台北：高等教育。

余民寧（民 95）。潛在變項模式－ SIMPLIS 的應用。台北：高等教育。

吳明隆、涂金堂（民 95）。SPSS 與統計應用分析。台北：五南。

周子敬（民 95）。結構方程模式（SEM）－精通 LISREL。台北：全華。

邱皓政（民 94）。結構方程模式－LISREL 的理論、技術與應用。台北：雙葉書廊。

傅粹馨（民 87）。典型相關分析簡介。教育研究，6，25-40。

傅粹馨（民 91）。典型相關分析與結構方程模式關係之探究。屏東師院學報，16，231-262。

程炳林（民 94）。結構方程模式。載於陳正昌、程炳林、陳新豐、劉子鍵合著：多變量分析方法－統計軟體應用（pp.341-469）。台北：五南。

黃芳銘（民 93）。統構方程模式理論與應用。台北：五南。

黃芳銘（民 94）。社會科學統計方法學－統構方程模式。台北：五南。

Arnold, M. E. (1996). The relationship of canonical correlation analysis to other parametric methods. Paper presented at the annual meeting of the Southwest Educational Research Association, New Oreleans. (ERIC Document Reproduction Service No. ED 395 994).

Bagozzi, R. P., & Yi, Y. (1988). On the evaluation of structural equation models. Academic of Marketing Science, 16, 76-94.

Bagozzi, R. P., Fornell, C., & Larcker, D. F. (1981). Canonical correlation analysis as a special case of a structural relations model. Multivariate Behavioral Research, 16, 437-454.

Bandalos, D. L. (1993). Factors influencing the cross-validation of confirmatory factor analysis models. Multivariate Behavioral Research, 28, 351-374.

Bentler, P. M. (1995). EQS: Structural equations program manual. Encino, CA: Multivariate Software Inc.

Bentler, P. M., & Weeks, D. G. (1979). Interrelations among models for the analysis of moment structures. Multivariate Behavioral Research, 14, 169-185.

Bentler, P. M., Chou, C. P. (1987). Practical issues in structural modeling. Sociological Methods and Research, 16, 78-117.

Bentler, P. M., Yuan, K-H. (1999). Structural equation modeling with small samples: Test statistics. Multivariate Behavioral Research, 34, 181-197.

Biddle, B. J., & Marlin, M. M. (1987). Causality, confirmation, credulity and structural equation modeling. Child Development, 58, 4-17.

Blalock, H. M., Jr. (1968). The measurement problem. In H. M. Blalock, Jr. and A. Blalock (eds.), Methodology in social research. New York: McGraw-Hill(pp.5-27).

Bollen, K. A. (1989). Structural equations with latent variables. New York: Wiley.

Bollen, K. A., & Long, S. L. (1993). Testing structural equation modeling . Newbury, UK: Sage Publication.

Boomsma, A. (1987). The robustness of maximum likelihood estimation in structural equation models. In P. Cutance & R. Ecob(eds.), Structural modeling by example(pp. 160-188). New York: Cambridge University Press.

Breckle, S. J. (1990). Applications of covariance structure modeling in psychology: Cause of concern? Psychological Bulletin, 107, 260-271.

Browne, M .W., & Cudeck, R. (1993). Alternative ways of assessing model fit. In K. A. Bollen & J. S. Long (eds.), Testing structural equation models(pp.136-162). Newbury Park, CA: Sage.

Browne, M. W. (1984). The decomposition of multitrait-multimethod matrics. British of Mathematical and Statistical Psychology, 37, 1-21.

Byrne, B. M. (1998). Structural equation modeling with LISREL, PRELIS and SIMPLIS: Basic concepts, applications and programming. Mahwah, NJ: Lawrence Erlbaum Associates.

Campbell, K. T., & Taylor, D. L. (1996). Canonical correlation analysis as a general linear model: A Heuristic lesson for teachers and students. The Journal of Experimental Education, 64(2), 157-171.

Carmines, E. G., & McIver, J. P. (1981). Analysing models with unobservable variables. In G. W. Bohrnstedt and E. E. Borgatta (eds.), Social measurement current issues (pp. 65-115). Beverly Hills, CA: Sage.

Cliff, N. (1983). Some caution concerning the application of causal modeling methods. Multivariate Behavioral Research, 18, 115-116.

Cudeck, R., & Browne, M. W. (1983). Cross-validation of covariance structures. Multivariate Behavioral Research, 18, 147-167.

Cudeck, R., & Henly, S. J. (1991). Model selection in covariance structure analysis and the ' problem' of sample size: A clarification. Psychological Bulletin, 109, 512-519.

Darden, W. R. (1983). Review of behavioral modeling in marking. In W. R. Darden, K. B. Monroe & W. R. Dillon (eds.), Research methods and causal modeling in marking. Chicago: American Marketing Association.

Dawson, T. E. (1998, April). Structural equation modeling versus ordinary least squares canonical analysis: Some heuristic comparisons. Paper presented at the annual meeting of the American Educational Research Association, San Diego. (ERIC Document Reproduction Service No. ED 418 126).

Diamantopoulos, A., Siguaw, J. A. (2000). Introducing LISREL: A guide for the uninitiated. Thousand Oaks, CA: Sage.

Ding, L., Velicer, W. F., & Harlow, L. L. (1995). Effects of estimation methods, number of indicators per factor, and improper solutions on structural equation modeling fit indices. Structural Equation Modeling, 2, 119-143.

Everitt, B., Dunn, G. (2001). Applied multivariate data analysis. New York: Oxford.

Fan, X. (1997). Canonical correlation analysis and structural equation modeling: What do they have a common? Structural Equation Modeling, 4(1), 65-79.

Gerbing, D. W., & Anderson, J. C. (1984). On the meaning of within-factor correlated measurement errors. Journal of Consumer Research, 11, 572-580.

Hair, J. F. Jr., Anderson, R. E., Tatham, R. L., & Black, W. C. (1998). Multivariate data analysis(5th ed.). Upper Saddle River, NJ: Prentice Hall.

Hair, J. F. Jr., Anderson, R. E., Tatham, R. L., & Black, W. C. (1992). Multivariate data analysis with reading (3rd ed.). New York: Macmillan Publishing Company.

Hayduk, L. A. (1987). Structural equation modeling with LISREL: Essentials and advances. Baltimore MD: The Johns Hopkins University Press.

Hoelter, J. W. (1983). The analysis of covariance structures: Goodness-of-fit indices. Sociological Methods and Research, 11, 325-344.

Homburg, C. (1991). Cross-validation and information criteria in causal modeling. Journal of Marketing Research, 28, 137-144.

Hoyle, R. H., & Panter, A. T. (1995). Writing about structural equation models. In R. H. Hoyle (ed.), Structural equation modeling: Concepts, issues, and applications(pp.158-176). Thousand Oaks, CA: Sage.

Hu, L. T., & Bentler, P. M. (1995). Evaluation model fit. In R. H. Hoyle (ed.), Structural equation modeling: Concepts, issues, and applications(pp.76-99). Thousand Oaks, CA: Sage.

Hu, L. T., & Bentler, P. M. (1999). Cutoff criteria for fit indexes in covariance . Structural Equation Modeling, 6(1), 1-55.

Huberty, C. J., & Morris, J. D. (1988). A single contrast test procedure. Educational and Psychological Measurement, 48, 567-578.

Johnson, R. A., & Wichern, D. W. (1998). Applied multivariate statistical analysis. London: Prentice-Hall.

Joreskog, K. G. (1993). Testing structural equation models. In K. A. Bollen & J. S. Long (eds.), Testing structural equation models(pp.294-316). Newbury Park, CA: Sage.

Joreskog, K. G., Sorbom, D.(1989). LISREL 7 : A guide to the program and applications. Chicago: SPSS Inc.

Joreskog, K. G., Sorbom, D.(1993). LISREL 8 user's reference guide. Mooresville, IN: Scientific Software, Inc.

Joreskog, K. G., Sorbom, D.(1996). LISREL 8 user's reference guide. Chicago: Scientific Software International.

Kaplan, D. (1988). The impact of specification error on the estimation, testing and improvement of structural equation models. Multivariate Behavioral Research, 23, 69-86.

Kaplan, D. (1989). Model modifications in covariance structure analysis: Application of the expected parameter change statistic. Multivariate Behavioral Research, 24, 285-305.

Kaplan, D. (1995). Statistical power in structural equation modeling. In R. H. Hoyle (ed.), Structural equation modeling: Concepts, issues and application(pp.100-117). Thousand Oaks, CA: Sage.

Kelloway, E. K. (1996). Common practice in structural equation modeling. In C. L. Looper & I. Robertson (eds.), International review of industrial and organizational psychology(pp. 141-180). Chichester, UK: John Wiley and Sons.

Kelloway, E. K. (1998). Using LISREL for structural equation modeling-A researcher's guide. Thousand Oaks, CA: Sage Publication.

Kline, R. B.(1998). Principles and practice of structural equation modeling. New York: Guilford Press.

Loehlin, J. C. (1992). Latent variable model: An introduction to factor, path, and structural analysis (2nd). Hillsdale, NJ: Lawrence Erlbaum.

Lomax, R. (1989). Covariance structure analysis: Extensions and development. In B. Thompson (ed.), Advance in social science methodology, 1, 171-204.

Long, J. S. (1983). Confirmatory factor analysis: A preface to LISREL. Beverly Hills, CA: Sage.

M acCallum, R. C.(1995). Model specification: Procedures, strategies, and related issues. In R. H. Hoyle (ed.), Structural equation modeling: Concepts, issues and application(pp. 16-36). Thousand Oaks, CA: Sage.

M acCallum, R. C., Browne, M. W., & Sugawara, H. M. (1996). Power analysis and determination of sample size for covariance structure modeling. Psychological Methods, 1(2), 130-149.

M acCallum, R. C., Roznowski, M., & Necowitz, L. B. (1992). Model modifications in covariance structure analysis: The problem of capitalization on chance. Psychological Bulletin, 111, 490-504.

Marsh, H. W., & Balla, J. R. (1994). Goodness of fit in confirmatory factor analysis: The effect of sample size and model parsimony. Quality & Quality, 28, 185-217.

Marsh, H. W., Balla, J. R., & Grayson, D. (1998). Is more ever too much? The number of indicators per factor in confirmatory factor analysis. Multivariate Behavioral Research, 33(2), 181-220.

McDonald, R. P., & Ho, M. R. (2002). Principles and practice in reporting structural equation analysis. Psychological Methods, 7, 64-82.

McQuitty, S. (2004). Statistical power and structural equation models in business research. Journal of Business Research, 57, 175-183.

Moustaki, I., Joreskog, K. G., & Mavridis, D.(2004). Factor models for ordinal variables with covariance effects on the manifest and latent variables: A Comparison of LISREL and IRT Approaches. Structural Equation modeling, 11(4), 487-513.

Mueller, R. O. (1997). Structural equation modeling: Back to basics. Structural Equation Modeling, 4, 353-369.

Raine-Eudy, Ruth. (2000). Using structural equation modeling to test for differential reliability and validity: An empirical demonstration. Structural Equation Modeling, 7(1), 124-141.

Rigdon, E. (1995). A necessary an sufficient identification rule for structural equation models estimated. Multivariate Behavioral Research, 30, 359-383.

Rigdon, E. (2005). SEM FAQ. http://www.gsu.edu/~mkteer/sem.html.

Saris, W. E., & Stronkhorst, H. (1984). Causal modeling in non experimental research: An introduction to the LISREL approach. Amsterdam: Sociometric Research Foundation.

Schumacker, R. E., & Lomax, R. G. (1996). A beginner's guide to structural equation modeling. Mahwah, NJ: Lawrence Erlbaum Associates.

Specht, D. A. (1975). On the evaluation of causal models. Social Science Research, 4, 113-133.

Spicer, J. (2005). Making sense of multivariate data analysis. London: Sage.

Steiger, J. H. (1989). EzPATH: A supplementary module for SYSTAT and SYSGRAPH[computer program]. Evanston, IL: SYSTAT.

Stevens, J. (1996). Applied multivariate statistics for the social science. Mahwah, NJ: Lawrence Erlbaum.

Sugawara, H. M., & MacCallum, R. C. (1993). Effect of estimation method on incremental fit indexes for covariance structure models. Applied Psychological Measurement, 17,365-377.

Sullivan, J. L., Feldman, S. (1979). Multiple indicators: An introduction. Beverly Hills, CA: Sage.

Thompson, B. (2000). Ten commandments of structural equation modeling. In L. G. Grimm & P. R. Yarnold(eds.), Reading and understanding more multivariate statistics(pp. 261-283). Washington, DC: American Psychological Association.

Wheaton, B. (1987). Assessment of fit in overidentified models with latent variables. Sociological Methods and Research, 16, 118-154.

Wothke, W. (1993). Nonpositive definite matrices in structural modeling. In K. A. Bollen & J. S. Long(eds.), Testing structural equation models(pp.256-293). Newbury Park, CA: Sage.

Yi, Y., & Nassen, K. (1992). Multiple comparison and cross-validation in evaluating structural equation models. In V. L. Crittenden (ed.), Developments in marketing science XV(pp. 407-411). Miami, FL: Academy of Marketing Science.

國家圖書館出版品預行編目資料

結構方程模式—SIMPLIS 的應用／吳明隆著.

一三版.一臺北市：五南，2009.10

面；　公分.

I S B N: 978-957-11-5762-7（平裝附光碟）

1.社會科學　2.統計方法　3.電腦程式

501.28　　　　　　　　　　　98015001

1H46

結構方程模式—SIMPLIS的應用

作　　者 －	吳明隆 (60.2)
發 行 人 －	楊榮川
總 經 理 －	楊士清
總 編 輯 －	楊秀麗
主　　編 －	侯家嵐
責任編輯 －	吳靜芳　鐘秀雲
封面設計 －	盧盈良
出 版 者 －	五南圖書出版股份有限公司
地　　址：	106 台北市大安區和平東路二段 339 號 4 樓
電　　話：	(02)2705-5066　傳　　真：(02)2706-6100
網　　址：	http://www.wunan.com.tw
電子郵件：	wunan@wunan.com.tw
劃撥帳號：	01068953
戶　　名：	五南圖書出版股份有限公司

法律顧問　林勝安律師事務所　林勝安律師

出版日期	2006 年 10 月初版一刷
	2008 年 3 月二版一刷
	2009 年 10 月三版一刷
	2020 年 10 月三版二刷

定　　價　新臺幣 780 元

經典永恆·名著常在

五十週年的獻禮——經典名著文庫

五南，五十年了，半個世紀，人生旅程的一大半，走過來了。

思索著，邁向百年的未來歷程，能為知識界、文化學術界作些什麼？

在速食文化的生態下，有什麼值得讓人雋永品味的？

經典·當今名著，經過時間的洗禮，千錘百鍊，流傳至今，光芒耀人；

不僅使我們能領悟前人的智慧，同時也增深加廣我們思考的深度與視野。

我們決心投入巨資，有計畫的系統梳選，成立「經典名著文庫」，

希望收入古今中外思想性的、充滿睿智與獨見的經典、名著。

這是一項理想性的、永續性的巨大出版工程。

不在意讀者的眾寡，只考慮它的學術價值，力求完整展現先哲思想的軌跡；

為知識界開啟一片智慧之窗，營造一座百花綻放的世界文明公園，

任君遨遊、取菁吸蜜、嘉惠學子！